Gerwing/Reinhardt (Hrsg.)
Wahrheit auf dem Weg

WAHRHEIT AUF DEM WEG

FESTSCHRIFT FÜR LUDWIG HÖDL
ZU SEINEM FÜNFUNDACHTZIGSTEN GEBURTSTAG

HERAUSGEGEBEN VON MANFRED GERWING UND
HEINRICH J.F. REINHARDT

Aschendorff
Verlag

BEITRÄGE ZUR GESCHICHTE DER PHILOSOPHIE
UND THEOLOGIE DES MITTELALTERS

Texte und Untersuchungen

Begründet von Clemens Baeumker
Fortgeführt von Martin Grabmann, Michael Schmaus,
Ludwig Hödl und Wolfgang Kluxen

Im Auftrag der Görres-Gesellschaft
herausgegeben von Manfred Gerwing und Theo Kobusch

Neue Folge
Band 72

© 2009 Aschendorff Verlag GmbH & Co. KG, Münster

Druck: Aschendorff Medien GmbH & Co. KG. Druckhaus Aschendorff, Münster, 2009
Gedruckt auf säurefreiem, alterungsbeständigem Papier ∞

ISBN 978-3-402-10282-4

Inhalt

Vorwort

„Im Schoße der Vergangenheit wurzelt und keimt die Fülle und Mannigfaltigkeit der theologischen Begrifflichkeit. Die Erschließung der Wurzeln und Quellen offenbart den tiefgründigen Gehalt der Begriffe und deren Entwicklung, und sie zeigt den sicheren Gang der Wissenschaft im theologischen Urteil. Die Aufhellung der Geschichte der Theologie wirft einen hellen Schein auf die Theologie der Gegenwart."[1]

Ludwig Hödl, der am 19. November 2009 seinen fünfundachtzigsten Geburtstag feiert, schrieb diese Zeilen im Vorwort zu seiner Inaugural-Dissertation. Sie waren und sind dem Autor bis auf den heutigen Tag Forschungsprogramm. Dabei fällt Ludwig Hödls konzentrierter Blick vor allem auf die „temps moyens". Sie gelte es, wie er betont, weder als „saeculum obscurum" abzuqualifizieren noch als „monumentum aere perennius" zu glorifizieren, sondern um der Gegenwart willen nach allen Regeln mediävistischer Kunst zu erforschen. „Das Mittelalter ist nicht Vergangenheit, sondern Geschichte der Gegenwart".[2]

Von Anfang an – bereits seit seiner Promotion in München bei Michael Schmaus, Wintersemester 1954/55 – hat die mittelalterliche Theologie- und Dogmengeschichte zu den Forschungsschwerpunkten Ludwig Hödls gehört. Der Dogmatikprofessor Schmaus hatte dort – an der Ludwig-Maximilians-Universität München – am 3. Januar 1953 das Martin-Grabmann-Forschungsinstitut gegründet und damit eine Einrichtung geschaffen, die sich bis heute keineswegs nur dem Namen, sondern auch dem Wissenschafts-Programm nach diesem bedeutenden Erforscher der mittelalterlichen Theologie und Philosophie verbunden weiß. In eben dieser auf Martin Grabmann zurückgehenden, die literarhistorischen wie problemgeschichtlichen Fragestellungen gleichermaßen beachtenden Denk- und Forschungstradition steht auch Ludwig Hödl. Bereits die erwähnte

---

[1] Hödl, Ludwig: Die Grundfragen der Sakramentenlehre nach Herveus Natalis O.P. (+ 1323). München 1956, VII (= Münchener Theologische Studien II, 10).
[2] Vgl. dazu: Renovatio et Reformatio. Wider das Bild vom „finsteren" Mittelalter. Festschrift für Ludwig Hödl zum 60. Geburtstag überreicht von Freunden sowie Kollegen und Schülern. Hrsg. von Manfred Gerwing und Godehard Ruppert. Münster 1985, bes. V f.

Inaugural-Dissertation zeigt es: Auf der Basis von zahlreichen un-
edierten scholastischen Handschriften setzt sich der Autor mit der
Sakramententheologie des Herveus Natalis auseinander und vermag – fast en passant – nachzuweisen, dass dieser Angehörige des
Dominikanerordens und Kenner des Thomas von Aquin zu den ein-
flussreichen philosophisch-theologischen Gelehrten gehörte, die zu
Beginn des 14. Jahrhunderts an der Universität in Paris gewirkt haben.

Noch profilierter aber kommt diese wesentlich von Martin
Grabmann fundierte Wissenschaftstradition in der 1958 ebenfalls der
Münchener Theologischen Fakultät vorgelegten Habilitationsschrift
Ludwig Hödls zur Geltung. „Die Geschichte der scholastischen
Literatur und der Theologie der Schlüsselgewalt"[3] ist geradezu ein
Musterbeispiel dafür, wie meisterhaft der Autor die systematische
Begriffsanstrengung und die historische Quellenforschung – *mens et
litterae* – nicht nur je für sich anzuwenden, sondern auch konzentriert
zur methodischen Einheit zu führen versteht. Dabei gingen der groß
angelegten, von der DFG geförderten Studie über das scholastische
Verständnis der Schlüsselgewalt langjährige Forschungsaufenthalte
und intensive Recherchen in Rom an der Biblioteca Apostolica Vaticana
und in Paris an der Bibliothèque Nationale sowie der Bibliothèque
Mazarine voraus. Zahlreiche mittelalterliche Handschriften mussten
gesammelt, gesichtet und kritisch ausgewertet werden. Unedierte
Quellen kommen zur Sprache, von denen die Forschung bis dato
überhaupt nicht bzw. kaum Notiz genommen hatte und die selbst
heute – über ein halbes Jahrhundert später – noch längst nicht genügend ausgeschöpft sind.

Publiziert wurde Ludwig Hödls Habilitationsschrift übrigens in
der vorliegenden Reihe, in den „Baeumker Beiträgen zur Geschichte
der Philosophie und Theologie des Mittelalters". Diese Reihe hat
er ab 1968 zusammen mit Wolfgang Kluxen († 2007), der für die
Philosophie zeichnete, mustergültig herausgegeben. Bis zum Jahr
2004 konnten rund 70 Bände publiziert werden.

Bereits 1959 erfolgte die Ernennung zum ordentlichen Professor,
die Berufung auf den Lehrstuhl für Dogmatik und theologische Propädeutik an der Katholisch-Theologischen Fakultät der
Rheinischen Friedrich-Wilhelms-Universität Bonn. Mit Ludwig Hödl

---

[3]   Hödl, Ludwig: Die Geschichte der scholastischen Literatur und die Theologie der
       Schlüsselgewalt. 1. Teil: Die scholastische Literatur und die Theologie der Schlüssel-
       gewalt von ihren Anfängen an bis zur Summa Aurea des Wilhelm von Auxerre. Mün-
       ster 1960 (= Beiträge zur Geschichte der Philosophie und Theologie des Mittelalters.
       Bd. 38, 4).

kam auch Joseph Ratzinger an die Theologische Fakultät. Papst Benedikt XVI. ist drei Jahre jünger als unser Jubilar, stammt – wie alle Welt weiß – ebenfalls aus Bayern und denkt, wie nachzulesen ist, an „die Bonner Jahre" gern zurück. In seiner Biographie kommt der Heilige Vater ausdrücklich auch auf Ludwig Hödl zu sprechen. Immerhin habe dieser neben Johann Auer u. a. zu jenen bayerischen Kollegen in Bonn gehört, die ihm, Joseph Ratzinger, „schnell ein Gefühl der Beheimatung gaben". Vor allem aber habe ihn stets Ludwig Hödls fachliche Kompetenz beeindruckt. Er sei ein ausgezeichneter „Kenner der ungedruckten Quellen mittelalterlicher Theologie, dessen Meisterschaft in der Schule von Schmaus immer mit Recht bewundert" werde.[4]

In Bochum setzte Ludwig Hödl seine Meisterschaft in Lehre und Forschung fort, ja intensivierte sie dort noch einmal. Zum Sommersemester 1964 trat er seinen Dienst an: als ordentlicher Professor für Dogmatik und Dogmengeschichte an der dortigen Katholisch-Theologischen Fakultät. Ludwig Hödl gehört zu den Gründungsprofessoren der Ruhr-Universität Bochum. Am rasanten Auf- und Ausbau dieser mitten im „Revier" errichteten Hochschule wirkte er in den verschiedenen Gremien und Kommissionen engagiert, energisch und ideenreich mit. Seine Forschungstätigkeit vernachlässigte er dabei keineswegs. Exemplarisch erwähnt sei nur seine Mitarbeit an der in Löwen erschienenen Edition der Opera omnia des Heinrich von Gent († 1293), seine Mitherausgeberschaft des inzwischen in mehreren Auflagen publizierten „Lexikon des Mittelalters" und das 2001 auf CD-ROM zusammen mit Professor Dr. Wendelin Knoch herausgegebene „Repertorium der lateinischen Sermones des Mittelalters für die Zeit von 1350 – 1500."[5]

Kleine Meisterwerke stellen zweifellos auch seine in philosophischen und theologischen Fachzeitschriften publizierten Aufsätze dar. Einige davon wurden bereits vor einigen Jahren unter dem Titel „Welt-Wissen und Gottes-Glaube" im Eos Verlag gesondert herausgegeben. Der Band bietet guten Einblick in das Gesamtwerk des hier Geehrten. Vor allem sei auf die dort publizierte Werkübersicht Ludwig Hödls verwiesen.[6] Insgesamt zeigt sich:

4   Ratzinger, Joseph Kardinal: Aus meinem Leben. Erinnerungen (1927 – 1977). München 1997, 95 (= Heyne Sachbuch 19/709).

5   Repertorium der lateinischen Sermones des Mittelalters für die Zeit von 1350 – 1500. Nach den Vorarbeiten von J. B. Schneyer. Hrsg. von Ludwig Hödl und Wendelin Knoch. Münster 2001.

6   Welt-Wissen und Gottes-Glaube in Geschichte und Gegenwart. Festgabe für Ludwig Hödl zu seinem 65. Geburtstag. Ausgewählte Aufsätze, gesammelte Forschungen. Hrsg. von Manfred Gerwing. St. Ottilien 1990, bes. 297 – 315.

Ludwig Hödls dogmengeschichtliche Arbeiten sind methodisch durchgehend doppelt – nicht zweifach – orientiert, historisch wie systematisch. Dabei werden das historische und das systematische Moment methodisch dergestalt aufeinanderbezogen, dass sie gleichsam eine Beziehungseinheit bilden. Insofern Dogmengeschichte als systematische Wissenschaft betrieben wird, ist sie dogmatisch zu fokussieren und als „Vorarbeit" für die Dogmatik zu etablieren, deren „Aufriss" und spezifische Themenstellung übernehmend. Insofern sie als historische Wissenschaft zum Zuge kommt, ist Dogmengeschichte möglichst mit den Augen der Vergangenheit und aus der Geschichte ihres Ursprungs zu sehen. Im Zentrum steht die Frage, wie die christliche Botschaft bezogen auf eine bestimmte Glaubenslehre in einem bestimmten Zeitabschnitt verstanden, angenommen und weitergegeben werden konnte. In jedem Fall geht es Ludwig Hödl um Theologie. Theologie wird dabei nicht im Sinne einer Spezialdisziplin genommen, sondern als das angestrengte Bemühen, vor Ort aus der vollen Mitte ihrer verschiedenen Disziplinen die zentralen Aussagen des christlichen Glaubens historisch wie systematisch darzulegen und wissenschaftlich zu verantworten. Nicht von ungefähr kommt Ludwig Hödl in seinen Forschungen immer wieder auf die Wahrheit des Wortes Gottes zu sprechen. Er fragt und forscht nach der Wahrheit, nicht um einem irgendwie gearteten Relativismus das Wort zu reden, sondern im Gegenteil: um der je größeren Wahrheit (veritas semper maior) immer wieder neu nachzugehen und nahe zu kommen.

Ludwig Hödl war stets ein engagierter akademischer Lehrer, der zahlreiche Schüler zur Promotion und zur Habilitation geführt hat. Die Herausgeber zählen sich dazu und danken ihm mit dieser Festschrift im Namen aller, denen Ludwig Hödl den wissenschaftlichen Weg wies. Dieser Weg war nicht immer und für alle Beteiligten das reinste Vergnügen. Ludwig Hödl forderte gerade von „seinen Leuten" Qualitätsarbeit. Doch er erwartete nichts von anderen, was er nicht selbst erfüllte. Gerade in diesem Punkt war und ist er Vorbild. Ludwig Hödl steht zu dem, was er lehrt. Persönlich lebt er bescheiden. Überhaupt ist, wer mit Ludwig Hödl näher zu tun hat, angenehm überrascht von seiner unkomplizierten, unprätentiösen, ganz und gar uneitlen Art. Er ist katholischer Priester, der neben der Wissenschaft auch stets ein offenes Ohr für die Nöte und Sorgen der Menschen hat. Er kann zuhören, vermag sich einzufühlen, sorgt sich. Die Verbindung seines eigenen christlich-herben Lebensstils, geprägt von spiritueller Dichte, mit seiner tiefgründigen theologischen Forschung ist beeindruckend. Sie unterstreicht die Glaubwürdigkeit seiner Person. Sie gibt zu denken und zu danken.

Wir haben dieser Festschrift ihm zur Ehre den Titel „Wahrheit auf dem Weg" gegeben. Die Wahrheit ist auf dem Weg, weil sie sich in Jesus Christus, wie der christliche Glaube bekennt, auf den Weg gemacht hat, auf dem Weg zum Menschen. Die Erkenntnis der Wahrheit des Wortes Gottes geschieht im Glauben, im anerkennenden und vertrauenden Glauben an den dreifaltigen Gott des Lebens und der Geschichte. „Wir glauben nicht an die Welt; aber wir glauben in der Welt an Gottes Macht und Gegenwart. Wir erwarten und erhoffen nicht von der Welt Heil und Gnade; aber wir erhoffen Gottes Heil in der Welt. ,Gottes Kraft lassen wir zuerst in die Welt herein, indem wir glauben' (J. Ratzinger). Wir glauben aber, indem wir die Fenster öffnen, durch die wir seine Gegenwart, Macht und Güte gewahr werden."[7]

Sämtliche Beiträge dieser Festschrift kreisen exemplarisch und punktuell, aus unterschiedlichen Perspektiven und diversen fachwissenschaftlichen Fragestellungen heraus um dieses in der Titulatur angegebene Thema; und zwar im deutlichen Blick auf das europäische Mittelalter. Die vorliegende Festschrift ist ganz und gar der theologischen und philosophischen Mittelalter-Forschung verhaftet. Die Reihenfolge der Artikel richtet sich dabei nicht nach der Stellung der Autorennamen innerhalb des Alphabets, sondern orientiert sich deutlicher an der Chronologie des im jeweiligen Beitrag Behandelten: von ehetheologischen Entwicklungen in der Frühscholastik bis hin zum Wahrheitsverständnis des späten Cusanus.

All denen, die am Zustandekommen dieser Festschrift mitgewirkt haben, sei herzlich gedankt: zunächst jenen Kolleginnen und Kollegen, die ihren Beitrag fristgerecht eingereicht haben, sodann aber auch denen, die gern einen entsprechenden Artikel zum Generalthema verfasst hätten, sich aber außerstande sahen, ihn zugleich – entsprechend den Vorgaben der Herausgeber – so zu gestalten, dass er der theologischen und philosophischen Mittelalter-Forschung dient. Ihnen ist vor allem für ihr Verständnis bei der Anwendung dieser Vorgabe zu danken, konkret für ihre Bereitschaft, auf einen entsprechenden Beitrag zu verzichten. Tatsächlich wäre die Publikation der Festschrift in dieser fachspezifischen Reihe ohne diese thematische Konzentration auf die Epoche zwischen Antike und Neuzeit nicht möglich gewesen.

---

[7]   Hödl, Ludwig: Welt-Wissen und Gottes-Glaube in der Synthese des Thomas von Aquin. In: Ders. 1990, 17 (s. Anm. 6).

Zu danken ist auch Herrn Dr. Dirk F. Paßmann für professionelle wie zugleich unkomplizierte Hilfe, überhaupt dem Aschendorff Verlag für seine großzügige Unterstützung, die noch einmal durch finanzielle Beiträge der Bistümer Essen und Passau flankiert wurden. Dafür sei den Bistümern aufrichtig gedankt. Ein spezielles Wort des Dankes aber sei an Frau Karin Kuhl, Bochum, und Frau Heidi Klehr, Eichstätt, gerichtet. Frau Kuhl hat nicht nur die Fotographie Ludwig Hödls aus ihrem Privatbesitz zur Verfügung gestellt, sondern stand auch sonst mit Rat und Tat zur Seite. Frau Heidi Klehr hat vor allem die Mühe des Korrigierens auf sich genommen und das Register erstellt. Herzlichen Dank!

Bochum und Eichstätt,
3. Oktober, Gedenk- und Festtag des heiligen Franz von Assisi, 2009

Manfred Gerwing   Heinrich J. F. Reinhardt

Eheseparationsverfahren in der Frühscholastik auf dem Weg zur Ehenichtigkeitserklärung[1*]

Heinrich J.F. Reinhardt

1. PROBLEMAUFRISS

Wir kennen heute viele verschiedene Wege, Ehen, die ungültig geschlossen wurden, zu „separieren", um den in der Frühscholastik geläufigen Oberbegriff für Eheauflösungen und Ehenichtigerklärungen zu nehmen. Erst seit dem Tridentinum gibt es Ehenichtigkeitsfeststellungen aufgrund von Fehlern oder dem gänzlichen Fehlen der vorgeschriebenen Eheschließungsform. Die Frühscholastik, die im Focus dieses Beitrages stehen soll, kennt Separationsverfahren von Ehen wegen bestehender Ehehindernisse und Willensmängeln aber nicht nur im heutigen Sinn, dass im Nachhinein dieser Sachverhalt als beim Abschluss der Ehe vorliegend festgestellt und die Ehe daher von Anfang an für nichtig erklärt wird. Es konnten auch Ehen separiert werden, wenn Ehehindernisse erst nach der Eheschließung eintraten, so etwa wenn ein Vater sein Kind taufte und dadurch mit der leiblichen Mutter des Kindes ‚geistig' verwandt wurde, weshalb diese Ehe aufzulösen war.[2]

Ein in allen frühscholastischen Ehetraktaten ausführlich behandeltes Thema war die Ehe von und mit Nichtgetauften sowie deren Trennung mit Wiederheiratsmöglichkeit. Ebenso umfangreich waren

---

[1] * Mit herzlichem Dank an den mit dieser Festschrift Geehrten, der mir den Zugang zu dieser Zeit der Frühscholastik ermöglicht hatte.

[2] Vgl. Freisen, Joseph, Geschichte des kanonischen Eherechts bis zum Verfall der Glossenliteratur, 2. Auflage, Paderborn 1893 (Neudruck: Aalen 1963), 514; Reinhardt, Heinrich J.F., Die Ehelehre der Schule des Anselm von Laon. Eine theologie- und kirchenrechtsgeschichtliche Untersuchung zu den Ehetexten der frühen Pariser Schule des 12. Jahrhunderts (BGPhMA.NF 14), Münster 1974, 120; dieser Missbrauch wurde jedoch mehrfach verworfen, vgl. Hartmann, Wilfried, Die Briefe Fulberts von Chartres als Grundlagen des Rechts, in: Festschrift für Peter Landau, hrsg. v. R.H. Helmholz, P. Mikat, J. Müller und M. Stolleis, Paderborn 2000, 93-103, 98f.; vgl. auch Plöchl, Willibald M., Geschichte des Kirchenrechts, Bd. 1, 2. Auflage, Wien-München 1960, 404.

die Ausführungen über Ehen mit Verwandten und Verschwägerten mit den unterschiedlichen Festlegungen der verbotenen Grade.

Mit den angesprochenen Themen hat sich die Kirche seit früher Zeit auseinandergesetzt. Bedeutung bekam diese Auseinandersetzung aber vor allem nach der Übernahme der Ehegerichtsbarkeit durch die Kirche etwa ab dem 9. Jahrhundert. Gratians Satz „...cum matrimonia hodie regantur iure poli, non iure fori"[3] zeigt eine bereits abgeschlossene Entwicklung, die erst viele Jahrhunderte später mit der Einführung der Zivilehe im 17./18. Jahrhundert zu den Doppelinstanzen – staatliche Gerichte und Gerichtshöfe der katholischen Kirche – führte, allerdings mit der Maßgabe, dass nach geltendem deutschen Zivilrecht etwa die Scheidung einer gültig geschlossenen Ehe der durchgängige Weg einer Eheseparation darstellt[4], während in den Gerichtshöfen der katholischen Kirche vorwiegend der Weg von Ehenichtigerklärungen beschritten wird, wenn man von den Verfahren „in favorem fidei" und dem Inkonsumationsverfahren absieht. Diese Ehenichtigkeitsverfahren jedoch stehen immer wieder im Focus auch innerkirchlicher Auseinandersetzungen[5]. Die Auseinandersetzungen betreffen nicht nur die Dauer der Verfahren oder einzelne „capita", sondern den Kern der Verfahren, nämlich dass eine Ehe auch nach 20 oder 30 Jahren als nie bestanden erklärt wird. Einige katholische Eheberatungsstellen beispielsweise erklären, sie würden vorrangig den Partnern einer gescheiterten Ehe helfen, das Positive ihres gemeinsamen Lebensweges in den Vordergrund zu heben („diese Zeit hatte auch Gutes, sie war nicht nichts!"). Aus dem Grunde würden sie ihre Klienten auch nicht zum kirchlichen Gericht schicken, weil dort alles für „null und nichtig", für gar nicht bestanden erklärt wird.[6]

Neben vielen gegenwärtigen Versuchen von kirchlichen Richtern, diese Verfahren anders anzugehen (in der Deutung, in der Prozesssprache usw.)[7], muss auch der Blick auf die Anfänge dieser Verfahren gerichtet werden und die Frage nach damals be-

---

[3]   C. 2, q. 3, c. 7 (dictum Gratiani), in: Corpus Iuris Canonici, ed. E. Friedberg, Bd. I, Leipzig 1879 (Neudruck: Graz 1955), 453.

[4]   Frühere Eheauflösungen, z.B. wegen Furcht und Zwang, werden nach dem geltenden Eherecht wie Scheidungen abgehandelt.

[5]   Vgl. schon früh Flatten, Heinrich, Das Ärgernis der kirchlichen Eheprozesse, Paderborn 1965.

[6]   Vgl. Reinhardt, Heinrich J.F., Ehenichtigkeitsverfahren und ihre Spannungen zur kirchlichen Ehepastoral, in: DPM 10 (2003), 41-54; vgl. dagegen Selge, Karl-Heinz, Einen Neuanfang ermöglichen, in: Der Dom: Kirchenzeitung des Erzbistums Paderborn 63 (2008), 9, der diese pauschale Kritik der Beratungsstellen zurückweist.

[7]   Vgl. etwa Kahler, Hermann, Vom Sinn, Unsinn und tieferen Sinn kirchlicher Ehenichtigkeitsverfahren, in: Festgabe für Heinrich J.F. Reinhardt zum 60. Geburtstag, hrsg.

reits bestehenden Alternativen sowie nach den Gründen ihrer Nichtdurchsetzung gestellt werden. Der Zugangsweg hierzu ist schwierig, da eine „Geschichte der kirchlichen Eheverfahren" noch nicht geschrieben wurde, wie es mehrere Autoren bereits bemängelt haben. Es bleibt nur der mühsame Weg über das materielle Eherecht, wie es sich in den einschlägigen Traktaten aufzeigen lässt.

2. DAS MATERIELLE EHERECHT IN DER FRÜHSCHOLASTIK

Zu Beginn des 12. Jahrhunderts war die Entwicklung des materiellen Eherechts im Wesentlichen abgeschlossen. Das betrifft die Ehehindernisse (z.B. Blutsverwandtschaft, Schwägerschaft, geistige und gesetzliche Verwandtschaft, Impotenz, Weihe und Gelübde, Gattenmord, Ehebruch, Ungläubigkeit, Blutschande) wie auch die Willensmängel, die einer gültigen Ehe entgegenstanden (Total- und Partialsimulation, Personenirrtum, Irrtum über den Sklavenstand, Arglist, bedingte Eheschließung, Entführung, Furcht und Zwang). Die Sakramentalität der Ehe wurde in den Schulen gelehrt und reflektiert (lehramtlich auf dem IV. Laterankonzil 1215 festgelegt und auf dem Konzil von Lyon 1274 erneuert), die Ehe konnte, solange sie nicht geschlechtlich vollzogen wurde, vom Papst aufgehoben werden. Strittig war lange die Frage, ob Ehen unter oder mit Ungetauften aufgelöst werden konnten und ob ein oder beide Partner wiederheiraten konnten. Ebenso groß war – wie gesagt – die Auseinandersetzung, welcher Grad der Blutsverwandtschaft und Schwägerschaft eine gültige Ehe zustande kommen ließ. Durchgesetzt hatte sich, das ist ein entwicklungsgeschichtlicher Meilenstein für die gesamte europäische Rechtsgeschichte, die in der Schule von Laon erarbeitete Klärung der Sponsalienfrage, d.h. der Unterscheidung von Verlöbnis („sponsalia de futuro"), das Heiratsversprechen, das bei Versprechensbruch ggf. zu Schadensersatz für bereits aufgebrachte Leistungen für die Ehe nach sich zog, aber keinen Rechtsanspruch auf Eingehen einer Ehe beinhaltete. Dies erfolgt erst mit der Eheschließung selbst („sponsalia de praesenti").[8]

---

v. R. Althaus, R. Oehmen-Vieregge und J. Olschewski (AIC 24), Frankfurt a. M. 2002, 141-162.

[8] Vgl. hierzu Matecki, Bernd, Der Traktat In primis hominibus. Eine theologie- und kirchenrechtsgeschichtliche Untersuchung zu einem Ehetext der Schule von Laon aus dem 12. Jahrhundert (AIC 20), Frankfurt a. M. 2001, 308-344; Reinhardt (Anm. 2), 78-86.

Neben diesen Rechtsfragen wurden im Hinblick auf die Theologie der Ehe reflektiert die Frage der (doppelten) Einsetzung der Ehe, die Ehezwecke, die bona matrimonialia und vor allem die Besonderheit des Sakramentes der Ehe und ihre Gnadenwirkung.[9]

In allen Sentenzensammlungen, die inhaltlich voneinander abhingen, aber auch unterschiedliche Akzente setzten, wird das „Patrimonium", d.h. die Heilige Schrift und die Kirchenväter sowie Konzilserlasse und Entscheidungen von Päpsten, analysiert und in eine einheitliche Lehre zusammengeführt. Eheprozessfragen, d.h. Reflexionen über Eheverfahren, die zur Separation von Ehen führen, werden in diesen Texten weitgehend nicht behandelt.[10] Es gibt Sonderheiten, auf die nun hinzuweisen ist.

3. DIE REFLEXIONEN ÜBER DIE EX-NUNC BZW. EX-TUNC NICHTIGKEIT VON EHEN IN DER SCHULE VON LAON

Eheverstöße gravierender Art, wie etwa Ehebruch oder Inzest (nach dem Eheabschluss), führen zu einer von der Kirche verfügten Trennung ohne Wiederheiratsmöglichkeit, wenn der Sachverhalt öffentlich bekannt wurde, anderenfalls dürfen die Eheleute, wenn sie es wollten, zusammenbleiben, sollten aber enthaltsam leben.[11] Das entspricht in etwa unserem heutigen Verfahren der Trennung von „Tisch und Bett" (bei bleibendem Eheband). Ein anderer Casus liegt vor, wenn zum Zeitpunkt der Eheschließung das Hindernis der Blutsverwandtschaft zwischen den Gatten bestand und erst später bekannt wird. In der heutigen Gerichtspraxis werden solche Ehen, wenn keine Sanktion (mit Dispens) angestrebt wird, für nichtig erklärt. Das heißt, sie haben nie bestanden. Genau das sehen die Texte der Schule von Laon anders. In beiden Traditionsblöcken der Ehetexte der Anselmschule wird betont, dass in diesen Fällen die Ehe bis zur Trennung durch die Kirche als Ehe bestanden hat. Sowohl im Ehetraktat des Liber pancrisis, „De coniugiis tractantibus"[12], wie in der Tradition des weiteren

---

9 Vgl. Jacobi, Kerstin A., Der Ehetraktat des Magister Rolandus von Bologna. Redaktionsgeschichtliche Untersuchung und Edition. Studienausgabe (Schriften zur Mediävistik 3), Hamburg 2004, 201-210; Matecki (Anm. 8), 87-157.

10 Es gibt Ausnahmen, vgl. etwa Landau, Peter, Papst Cölestin II. und die Anfänge des kanonischen Eheprozessrechtes, in: DPM 13 (2006), 57-71, 61-71.

11 Vgl. Reinhardt (Anm. 2), 116.

12 Zunächst ediert von Lefèvre, Georges-Joseph, Les variations des Guillaume de Champeaux et la question des universaux (Travaux et mémoires de l'Université de Lille VI, 20), Lille 1898, 68-74; eine spätere kritische Neuedition erfolgte von Bliemetzrieder, Franz P., Zu den Schriften Ivos von Chartres († 1116). Ein literargeschichtlicher Bei-

Textes nach sich ziehenden Traktates „In primis hominibus" heißt es, dass bis zur Separation durch die Kirche eine Ehe vorlag („inter tales matrimonium est"), weil in dieser Zeit ein Ehebruch mit einer anderen Person ein *Ehe*bruch gewesen wäre (und die gemeinsame Zeit kein „nullum" ist) und weil der Verkehr der verwandten Gatten miteinander nicht verdammenswert war.[13] Diese Kernaussage gilt für alle Varianten, die zur Trennung der Eheleute führen können. Der Traktat „In primis hominibus" behandelt auch die Ehe von Ungläubigen („infideles"), die auflösbar, aber dennoch ein „bonum" sei. Sie kann von der Kirche getrennt werden. Dennoch ist sie bis zur Trennung aus den genannten Gründen eine Ehe.[14] Das entspricht dem Verständnis der heutigen Separationsverfahren zugunsten des Glaubens, das auch an dem Bestand der Ehe bis zur Trennung durch die Kirche festhält. Der anschließend in „In primis hominibus" angesprochene Fall der Impotenz wird in diesem Traktat in dieser Hinsicht nicht reflektiert, wohl aber in den von „In primis hominibus" abhängigen[15] „Sententiae Atrebatenses" (nach der Stadtbibliothek Arras, in der die Handschrift bewahrt wird). Dort wird nach der „frigiditas naturae", der absoluten Impotenz, das „maleficium" („Verhexung"), also die relative Impotenz reflektiert. Es wird zunächst festgehalten, dass die „decreta sanctorum" und die „Ecclesia romana" eine Trennung solcher Ehen nicht kennt, wohl aber die „Ecclesia gallicana" und einige andere Kirchen.[16] Dann folgt der wichtige Satz: „Et est sciendum quod usque ad separationem quam facit Ecclesia inter tales coniugium fuit."[17] Hier unterscheidet sich die Schule von Laon von der späteren Entwicklung, die die Separation in Form einer Nichtigerklärung ausspricht.

Vorsichtig geht der Autor noch weiter, wenn es um das (noch nicht festgelegte) Ehehindernis der Weihe geht. Er stellt zunächst fest: „Sacri vero ordines sunt causa discidii, ut presbyteratus, diaconatus, subdiaconatus." Dann geht der Verfasser zwei Varianten durch, nämlich dass

---

trag (SAWW.PH 182; 6. Abhandlung), Wien 1917, 1-89, 76; vgl. auch Reinhardt (Anm. 2), 10 und 114.

13   Edition von Matecki (Anm. 8), 14*, vgl. Reinhardt (Anm. 2), 114.

14   Edition von Matecki (Anm. 8), 29*-30*: „Et quamvis coniugium infidelium sit solubile, tamen est bonum sequi consilium apostoli propter lucrandum infidelem ... Deinde hec aliud an inter eos fuerit coniugium priusquam ab ecclesia separentur. Et est sciendum usque ad separationem quam facit ecclesia coniugium inter eos esse, quoniam si aliquis eorum relicta priori copula alii commisceretur adulterium esset."

15   Vgl. Reinhardt (Anm. 2), 31-34 und 39.

16   Wie uneinheitlich in dieser Frage die kirchliche Judikatur der damaligen Zeit war, beschreibt Gaudemet, Jean, Vie et rupture du couple, in: RDC 40 (1990), 3-15, besonders 11f.

17   Edition von Lottin, Odo, Psychologie et morales aux XIIe et XIIIe siècles, Bd. V, Gembloux 1959, 437.

jemand nach der Weihe heiraten will. In dem Fall kann er sich vom
Amt trennen und heiraten. Diese Ehe nennt der Verfasser „coniugium ..., quia ius coniugii habuit." Schließlich wird der Fall behandelt,
dass jemand nach der Eheschließung geweiht wird. Auch dann ist es
angezeigt, das „officium ordinis" ruhen zu lassen und der Frau ein
eventuell gefordertes „debitum coniugale" zu geben.[18]

Bei den weiteren Tatbeständen, die einer Eheschließung entge-
genstehen, etwa Gelübde, Irrtum über den Sklavenstand, geistliche
Verwandtschaft usw., wird die Frage der Separation mit ex-nunc oder
ex-tunc Wirkung nicht mehr thematisiert.

Es ist festzuhalten, dass in einer der bedeutenden Schulen der
Frühscholastik, nämlich der Schule von Laon, gelehrt wird, dass in allen Fällen einer von der Kirche durchgeführten Ehetrennung die Ehe
bis zur Trennung als Ehe bestanden hat, die Trennung also eine ex-
nunc-Auflösung darstellt. Eine Erklärung, dass eine Ehe von Anfang
an nichtig war, ist der Schule von Laon nicht nur fremd, sondern sie
lehnt eine derartige Lehre ausdrücklich ab. Dass die Schule von Laon
hier einen singulären Weg ging, bestätigt bereits Heinrich Portmann
im Jahre 1938, wenn er hervorhebt: „Allem Anschein nach dominiert
bei den Theologen und Kanonisten Frankreichs noch der Gedanke,
dass es bei der Beseitigung solcher Ehen um Lösung, nicht etwa um
Nullitätserklärung geht."[19] Das wurde zur damaligen Zeit in Rom offenbar anders gesehen, wo mit aller Strenge an der Unauflöslichkeit
der christlichen Ehe festgehalten wurde.[20]

4. DER KONTEXT DER LEHRE

a) Die kirchliche Gerichtsbarkeit in Ehesachen

Es ist zunächst darauf hinzuweisen, dass sich die Judikatur der Kirche
über die Ehe in der infrage stehenden Zeit des 11. und 12. Jahrhunderts
(weitgehend) durchgesetzt hat. Bis zum 9. Jahrhundert bestanden
die staatliche und kirchliche Ehegesetzgebung noch nebeneinan-

[18] Edition von Lottin, ebda., 437: „Si enim ante coniugium aliquis fuerit ordinatus, licet separari et illi uxori nubere. Coniugium autem illud appello, quia ius coniugii
habuit. Si autem post coniugium fuerit ordinatus, si uxor maritale debitum poscit,
oportet ei reddere et ab officio ordinis cessare." Zu den Zölibatsverpflichtungen von
Majoristen in der Gesetzgebung Urbans II. und den Folgen ihrer Übertretung vgl.
auch den Artikel von Bernd Matecki in dieser Festschrift.
[19] Portmann, Heinrich, Wesen und Unauflöslichkeit der Ehe in der kirchlichen Wissenschaft und Gesetzgebung des 11. und 12. Jahrhunderts, Emsdetten 1938, 139.
[20] Ebda., 140.

der. Ab dem 9. Jahrhundert erreichte die Kirche den Vorrang und war im 11. Jahrhundert ausschließlich zuständig. Allerdings bestand, wie Willibald Plöchl[21] feststellt, in der Eherechtspraxis infolge vieler Faktoren (er nennt den Partikularismus, den Einfluss der insularen Bußbücher und deren kontinentalen Fortsetzungen, die Verquickung von staatlichem und kirchlichem Recht, die Gewaltenkonkurrenz sowie allgemeine Verfallserscheinungen und kirchlichen Laxismus) viel Unklarheit und Verwirrung. Gerade die Bußbücher (vor allem das „Poenitentiale Theodori") haben vom Ende des 7. Jahrhunderts an einer weitgehenden Trennungspraxis den Weg geebnet.[22] Ausgeübt wurde die kirchliche Ehegerichtsbarkeit nach einer gut durchstrukturierten Gerichtsorganisation. Alle untergeordneten Richter unterstanden dem Bischof, es gab später auch eigens vom Bischof eingesetzte Offizialate. Dazu judizierte der Bischof selbst im Rahmen der Visitationen seiner Diözese (die sog. Sendgerichte). Das nächsthöhere Gericht war das des Metropoliten und schließlich kam dem Papst als iudex ordinarius die Höchstgerichtsbarkeit zu.[23]

Es ist zwar, wie G. H. Joyce[24] feststellt, kein genaues Datum auszumachen, ab wann die Kirche die Gerichtsbarkeit ausschließlich in ihrem Namen ausübt, aber spätestens mit dem Konzil von Tours im Jahre 1060[25], in dem der Kirchenbann gegen jenen ausgesprochen wurde, der ohne Genehmigung durch das Bischofsgericht seine Frau verstoßen und eine andere genommen hat, sei die Reform in Gang gekommen, das Gesetz der Unauflöslichkeit der Ehe einzuschärfen.[26] Diese Reformbewegung im 11. Jahrhundert beendete das Verständnis, so Wilfried Hartmann, „daß die Bischöfe im Dienst der

---

21 Plöchl (Anm. 2), 399f.
22 Ebda., 401.
23 Plöchl, Willibald M., Geschichte des Kirchenrechts, Bd. 2, 2. Auflage, Wien-München 1962, 351f. mit weiteren Differenzierungen im Hinblick auf die Nichtigkeitsverfahren, die gemäß dem allgemeinen Verfahrensrecht unterschieden wurden in Akkusations-, Denunziations- und Inquisitionsverfahren; vgl. zur Eidesleistung im Eheprozess auch dann Corbet, Patrick, Autour de Burchard de Worms. L'Église allemands et les interdits de parenté (IXème – XIIème siècle) (Ius commune: Sonderhefte, Studien zur europäischen Rechtsgeschichte 142), Frankfurt a.M. 2001, 22-23.
24 Joyce, George Hayward, Die christliche Ehe. Eine geschichtliche und dogmatische Studie, Leipzig 1934, 205.
25 Daudet, Pierre, L'établissement de la compétence de l'église en matière de divorce et de consanguinité (France – Xème- XIIème siècles), Études sur l'Histoire de la Juridiction Matrimoniale, Paris 1941, 41.
26 Vgl. Joyce (Anm. 24), 206; vgl. zu diesem Prozess auch Selge, Karl-Heinz, Ehe als Lebensbund: die Unauflöslichkeit der Ehe als Herausforderung für den Dialog zwischen katholischer und evangelisch-lutherischer Theologie (AIC 12), Frankfurt a.M. 1999, 52-76.

Könige an der Verwirklichung einer christlichen Gesellschaft mitzu-
wirken hätten."[27]

Diesen Befund teilt auch Heinrich Geffken[28], der zunächst ebenfalls die ausschließliche kirchliche Ehegerichtsbarkeit in Ehesachen
im 10. Jahrhundert als gegeben festgestellt hat. Diese Neuheit hatte jedoch noch der Kirche eine gewisse Rücksicht gegenüber „alt-
eingewurzelten, der strengchristlichen Doktrin widersprechenden
Anschauungen auf dem Gebiet des materiellen Eherechts"[29] abge-
fordert. Erst im Laufe des 11. Jahrhunderts habe die Kirche laxere
Bestimmungen endgültig beiseite lassen können.

Inhaltlich ging es durchweg um die Fragen der Scheidung bei
Ehebruch, Heirat bei langer Verschollenheit des Gatten (Gefangen-
schaft), Scheidung bei Eintritt von Wahnsinn nach abgeschlossener
Ehe und nach einseitigem Klostergelübde.[30] In diesen Fragen setzte
die Kirche das Unauflöslichkeitsprinzip durch, d.h. in einzelnen Fällen
eine Scheidung im Sinne der Trennung von Tisch und Bett, aber keine
(früher zugelassene) Wiederheirat eines oder beider Partner.

b) „Ehenichtigkeitsfeststellung" als noch offene Rechtsfrage

Neben der Frage einer Ehescheidung aus den genannten Gründen
gab es auch Eheverfahren, in denen der Bestand der Ehe als solcher in Frage gestellt wurde, etwa bei den Verwandtenehen in gewissen Graden. Das Verbot der Verwandtenehe (sowie der Ehe unter
Verschwägerten und geistlich oder gesetzlich Verwandten) hat in der
kirchlichen Rechtsgeschichte eine große und lange Tradition.[31] Wenn
eine derartige Ehe als nicht bestanden festgestellt werden sollte, stell-
te sich stets die Frage, ob die Zeit bis zur Separation durch die Kirche
als Ehebruch anzusehen war und ob Kinder aus dieser Ehe legitim
sind oder nicht. Dass Kinder ehelich sind, hängt ab von der Gültigkeit
der Ehe ihrer Eltern. In der Zeit der Frühscholastik hat sich eine
Lösung dieser schwierigen Frage angebahnt, und zwar dadurch, dass
die legitimierende Wirkung auch jenen Verbindungen beigelegt wurde, die im guten Glauben, gültig zu heiraten, eingegangen worden
sind. Fragt man jedoch, wann dieses Rechtsinstitut der Putativehe, so

---

27 Hartmann, Wilfried, Der Bischof als Richter, in: Römische historische Mitteilungen
    28 (1986), 103-124, 124.
28 Geffken, Heinrich F., Zur Geschichte der Ehescheidung vor Gratian, Leipzig 1894.
29 Ebda., 82.
30 Ebda., 80f.
31 Vgl. die umfassende Darstellung von Freisen (Anm. 2), 371-561.

wie wir es heute kennen, sich durchgesetzt hat, kann man eine ein-
deutige Regelung erst bei Petrus Lombardus (1095-1160) ausmachen,
und zwar in seiner um 1155 geschriebenen Sentenzensammlung.[32]
Dort reflektiert er in Lib. IV, D. 71, c.3 die anstehende Frage.

Die Kirche trennt, so Lombardus, Ehen von Blutsverwandten in
bestimmten Graden. Was ist, wenn die Nupturienten diese Ehe un-
wissend um dieses Ehehindernis eingegangen sind? Macht die ge-
schlechtliche Vereinigung diese Verbindung zur Ehe? Einige sagen,
so Lombardus, das ist keine Ehe, wird nur für eine Quasi-Ehe gehalten, „quia bona fide et per manum ecclesiae convenerunt. Unde et filii eorum legitimi habentur." Andere sagen aber, es sei eine Ehe „licet
non essent legitimae personae, quia talium conjunctiones vocant canones conjugia."[33]

Nach Freisen[34] wurde das Thema der ehelichen Wirkungen einer
ungültigen, aber für gültig gehaltenen Ehe bis Petrus Lombardus
nicht näher reflektiert, auch nicht bei Gratian. Erst im Kommentar
des Magister Rolandus zum Gratianischen Dekret (nach 1150 geschrieben) und bei den folgenden Kanonisten hat sich diese Rechtsfigur
durchgesetzt.[35]

In der Zeit, als die Ehetexte der Schule von Laon verfasst wurden,
d.h. Ende des 11. Jahrhunderts und zu Beginn des 12. Jahrhunderts,
war das Rechtsinstitut der Putativehe nicht bekannt.

Erst als sich das Rechtsinstitut der Putativehe überall durchgesetzt
hatte, konnten Ehen für nichtig, d.h. für nie bestanden erklärt werden, was sich auch in der Verwendung des einschlägigen Vokabulars
der Rechtstexte widerspiegelt.[36] Für das 11. Jahrhundert jedenfalls
stellt P. Corbet[37] fest, dass die in dieser Zeit ausgesprochenen „di-
vortia" oder „dissolutiones" von Ehen weit davon entfernt waren,
Ungültigkeitserklärungen „ab initio" zu sein.

Die Spannbreite der Zielsetzungen frühmittelalterlicher Ehe-
trennungen geht noch weiter. Peter Landau hat jüngst aufgezeigt,
dass die Trennung von Eheleuten durch die Kirche lange Zeit auch

---

[32]   Petrus Lombardus, Sententiae in IV libris distinctae, tomus II: Lib. III et IV (Spicile-
       gium Bonaventurianum 5), editio tertia, Rom 1981.
[33]   Lib. IV, D. 41, cap. 3, in: Ebda., 498-499.
[34]   Freisen (Anm. 2), 858.
[35]   Ebda., 858f.
[36]   Gaudemet, Jean, « Separare » Équivoque des mots et faiblesse du droit (IIe-XIIIe
       siècle), in: RDC 38 (1988), 8-25; Lefèbvre, Charles, Origines et évolution de l'Action
       en Déclaration de Nullité de mariage, in: RDC (1976), 26-42.
[37]   Corbet (Anm. 23), 177-178 und 230, der hier auch hervorhebt, dass die Kirche im
       11. Jahrhundert noch keine trennenden Ehehindernisse kennt, die zur Nichtigkeit
       einer Ehe führen.

einen Strafcharakter hatte, um die kirchliche Disziplin durchzusetzen.[38] Dieser Aspekt wurde später nicht weiter verfolgt, hilft aber, die gesamte Breite des Themas „Eheseparationen" auf dem Wege zu Ehe nichtigkeitsfeststellungen besser zu verstehen. Der Ansatz der Schule von Laon jedenfalls, Ehen bis zur Trennung durch die Kirche als solche bestehen zu lassen, hätte einen anderen systematischen Weg im kirchlichen Umgang mit gescheiterten Ehen ermöglichen können.

Gerade die Reflexion über die Entwicklung der Eherechtsgeschichte bis zum Mittelalter hat Rudolf Weigand seinerzeit fragen lassen: „Kann vielleicht die Kirche alle Ehen auflösen, aber weiß sie es noch nicht? Von der positiven Antwort auf diese Fragestellung bin ich überzeugt...".[39]

Die Schule von Laon hätte den Weg dazu vielleicht etwas weiterführen können.

---

[38]   Landau, Peter, Ehetrennung als Strafe. Zum Wandel des kanonischen Eherechts im 12. Jahrhundert, in: ZSRG.K 81 (1995), 148-188, der bei Gratian den Übergang vom Sanktionsverfahren zum Nichtigkeitsverfahren feststellt, 176-183.

[39]   Weigand, Rudolf, Die Kirche und die wiederverheirateten Geschiedenen, in: Anzeiger für die katholische Geistlichkeit 9 (1998), 433-439, 436.

Die Bestimmungen des Konzils von Melfi (1089) zur Enthaltsamkeit von Klerikern höherer Weihegrade – ein Schlaglicht auf den Stand der Entwicklung des Ehehindernisses der Weihe zum Ende des 11. Jahrhunderts

Bernd Matecki

Das aktuelle Recht der katholischen Kirche formuliert das Ehehindernis der Weihe in c. 1087 CIC/1983 knapp und unmissverständlich: „Invalide matrimonium attentant, qui in sacris ordinibus sunt constituti" (vgl. ähnlich c. 804 CCEO). Das heißt: Vor dem Hintergrund der in c. 277 § 1 normierten Zölibatsverpflichtung kann der Betreffende (ohne vorherige Dispens[1]) erst gar keine nach der Rechtsordnung der katholischen Kirche gültige Ehe schließen, selbst wenn er dies verbotenerweise versucht! Sein Versuch liefe schlicht und einfach ins Leere, die Ehe wäre *ab initio* ungültig. Darüber hinaus bewehrt die Kirche dieses Hindernis noch zusätzlich mit den in c. 1394 angedrohten Strafen[2], formuliert in diesem Zusammenhang also sogar ein *ius plus quam perfectum.*

Bis zum 12. Jahrhundert kam die Kirche allerdings ohne die Konzeption einer *nullitas matrimonii ab initio* aus, was bereits Peter Landau 1995 in seinem Aufsatz „Ehetrennung als Strafe. Zum Wandel des kanonischen Eherechts im 12. Jahrhundert"[3] deutlich herausgearbeitet hat. In diesem Aufsatz stellt Landau die These auf, dass „die Fülle der Differenzierungen, die im kanonischen Recht als Ehenichtigkeitsgründe entwickelt wurden, ... ursprünglich eher als

[1] Vgl. hierzu ausführlich Lüdicke, K., in: Ders. (Hrsg.), Münsterischer Kommentar zum Codex Iuris Canonici (Loseblattwerk, Stand Februar 2009), Essen seit 1984 [=MKCIC], 1087, 4-7.

[2] C. 1394 § 1 CIC/1983: „Firmo praescripto can. 194, § 1, n. 3, clericus matrimonium, etiam civiliter tantum, attentans, in suspensionem latae sententiae incurrit; quod si monitus non resipuerit et scandalum dare perrexerit, gradatim privationibus ac vel etiam dimissione e statu clericali puniri potest." C. 194 § 1 n. 3, auf den hier Bezug genommen wird, droht außerdem mit der Amtsenthebung des Betreffenden: „Ipso iure ab officio ecclesiastico amovetur: ... clericus qui matrimonium etiam civile tantum attentaverit."

[3] Landau, P., Ehetrennung als Strafe. Zum Wandel des kanonischen Eherechts im 12. Jahrhundert, in: ZSRG.K 81 (1995) 148-188, 153.

Festlegung von Straftatbeständen zu verstehen" sei. Und genauer: „Das sogenannte Eherecht des Mittelalters ist bis 1100, und zum Teil auch noch später, ein Teil kirchlichen Sanktions- und Strafrechts und erhielt erst danach den uns aus der Ehegerichtsbarkeit der katholischen Kirche bis zum heutigen Tag vertrauten Charakter, daß es der Feststellung des Bestehens oder Nichtbestehens einer Ehe dienen soll", wobei – so Landau im Rückgriff auf Jean Gaudemet[4] – „die Konzeption der Nichtigkeit einer Ehe von Anfang an ... nur im Rahmen einer mit juristischen Abstraktionen arbeitenden Rechtskultur denkbar" sei. „Das ältere Sanktionsrecht ist gesellschaftsorientiert: es soll das Skandalon für eine christliche Gesellschaft beseitigen, welches darin besteht, daß Einzelne in Lebensgemeinschaften verharren, die von der Bibel oder von kirchlichen Autoritäten mißbilligt werden."[5]

In dem vorliegenden Beitrag soll nun dieses ältere, gesellschaftsorientierte Sanktionsrecht exemplarisch anhand der einschlägigen Eheverbote und Zölibatsbestimmungen für höhere Weihegrade beleuchtet werden, die 1089 auf dem Konzil von Melfi formuliert wurden. Hierbei soll nicht nur der Rechtscharakter dieser Bestimmungen näher in den Blick genommen werden, sondern zugleich deren rechts-, theologie- und sozialgeschichtlicher Hintergrund im Kontext der gregorianischen Reformbewegung aufgezeigt werden. Gerade Letztere versuchte ja bekanntlich, die damals wie heute kontrovers diskutierte Zölibatsverpflichtung für höhere Weihegrade mit massivsten Mitteln durchzusetzen. In diesem Zusammenhang soll dann mit Blick auf die recht differenziert zu beurteilende ‚Durchschlagskraft' dieser Bestimmungen in der zeitgenössischen Lebenswirklichkeit auch kritisch gefragt werden, inwieweit die verbotene und strafrechtlich sanktionierte Ehe eines Majoristen in der Öffentlichkeit tatsächlich als Skandalon wahrgenommen wurde. Aber nicht nur aus dieser rechtsgeschichtlichen Perspektive scheint eine eingehendere Beschäftigung mit diesem Themenkomplex lohnenswert. Denn bis auf den heutigen Tag verzichtet die Kirche nicht auf massive Strafandrohungen, die – wie c. 1394 § 1 CIC/1983 verrät – letztendlich der Beseitigung oder Vermeidung eines Skandalon für die christliche Gemeinschaft dienen sollen.[6] Das heißt, bis heute hat sich wohl wie bei keinem ande-

---

4   Landau, Ehetrennung als Strafe (Anm. 3), 153, Anm. 15. Vgl. dazu Gaudemet, J., Le mariage en occident. Les mœurs et le droit, Paris 1987, 220.
5   Landau, Ehetrennung als Strafe (Anm. 3), 153.
6   So nimmt c 1394 § 1 CIC/1983 explizit Bezug auf den Begriff des *scandalum*: „... quod si monitus non resipuerit et scandalum dare perrexerit, gradatim privationibus ac vel etiam dimissione e statu clericali puniri potest."

ren Ehehindernis[7] das ältere Sanktionsrecht erhalten. Dass nun das Konzil von Melfi als Beispiel ausgewählt wurde, hat im Wesentlichen zwei Gründe:

1. Bei diesem in Süditalien (Apulien) wohl vom (10.09.-21.09.1089[8]) abgehaltenen Konzil handelt es sich um die erste päpstliche Synode seit Beginn des Pontifikates Urbans II.[9], die sich immerhin aus 70 Bischöfen und 12 Äbten zusammensetzte[10] und deren 16 Kanones das Reformprogramm Urbans II. kompakt zusammenfassten.[11]

2. Wie manch andere eherechtlich relevante Entscheidung Urbans II. wurden auch die im Folgenden zu analysierenden Bestimmungen z.T. weit über das 11. Jahrhundert hinaus tradiert.[12] Dass diese Bestimmungen umgekehrt nicht unbedingt originell waren, sondern Urban II. mehr oder weniger auf seine Vorgänger, insbesondere Gregor VII. zurückgriff[13], sollte diesen Befund nicht schmälern.

---

7   Zu verweisen wäre in diesem Zusammenhang freilich auch auf das *impedimentum voti* (vgl. c. 1088 i.V.m. c. 1394 § 2 und c. 694 § 1 n. 2 CIC/1983), das im vorliegenden Beitrag aber außerhalb der Betrachtung bleibt.

8   Zur Datierung, Dauer und zum Ablauf vgl. ausführlicher Somerville, R. / Kuttner, St., Pope Urban II, the Collectio Britannica, and the Council of Melfi (1089), Oxford u.a. 1996, 240-245, die aufgrund der unsicheren Quellenlage das von ihnen ebd., 245 vorgestellte genauere Ergebnis letztendlich mit einigen Fragezeichen versehen. Deren moderne textkritische Edition, ebd., 252-259 [abgekürzt: Ed. Somerville/Kuttner], bildet auch die Grundlage der folgenden Ausführungen! Vgl. zum Konzil von Melfi überdies Gresser, G., Die Synoden und Konzilien in der Zeit des Reformpapsttums in Deutschland und Italien von Leo IX. bis Calixt II. 1049-1123 (= Konziliengeschichte. Reihe A: Darstellungen), Paderborn u.a. 2006, 265-273.

9   Vgl. Somerville/Kuttner, Pope Urban II (Anm. 8), 175.

10 Vgl. die Präambel, Ed. Somerville/Kuttner (Anm. 8), 252: „... congregata est ... sinodus episcoporum lxx, abbatum xii."

11 Vgl. Amann, É., Art. „Urbain II", in: DThC 6, 2269-2285, 2278 und Somerville/Kuttner, Pope Urban II (Anm. 8), 213f.

12 Vgl. zur weiteren Traditionsgeschichte der Kanones von Melfi ausführlich Somerville/Kuttner, Pope Urban II (Anm. 8), 186-214. Vgl. darüber hinaus Gaudemet, J., Le célibat ecclésiastique. Le droit et la pratique du XIe au XIIIe s., in: ZSRG.K 68 (1982) 1-31, 31.

13 Vgl. differenziert Somerville/Kuttner, Pope Urban II (Anm. 8), 181. Vgl. hierzu auch Hefele, Ch.-J., Histoire des conciles d'après les documents originaux. Nouvelle traduction française faite sur la deuxième édition allemande corrigée et augmentée de notes critiques et bibliographiques par H. Leclerq, Bd. V,1, Paris 1912, 344f., der ebd., 344 aber nur sehr allgemein feststellt: „On y confirma les ordonnances antérieures dans les seize canons ..."

1. DIE EINSCHLÄGIGEN KANONES DES
KONZILS VON MELFI (1089)

„Subiunxit deinde atque ait:
<1c> Ut unica Domini nostri sponsa sine macula et ruga permaneat,
<c. 2> sacrorum canonum instituta renovantes precipimus ut a subdia-
conatus tempore nulli liceat carnale commercium exercere. Quod qui
deprehensus fuerit ordinis sui periculum sustinebit."[14]

Ganz allgemein verbietet dieser Canon zunächst Klerikern vom
Subdiakonat an jeglichen fleischlichen Verkehr (carnale commercium). Wer ‚ergriffen' (deprehensus) bzw. entdeckt wird, läuft Gefahr,
seinen Weihegrad zu verlieren. Wie der Verweis auf die „sacrorum canonum instituta renovantes" schon anzeigt, steht diese Bestimmung
in einer längeren Tradition, die ihren Ursprung in der alten Kirche
hat[15], wobei nun im Zuge der Gregorianischen Reformbewegung unter dem Stichwort *Kampf gegen den Nikolaitismus*[16] mit einer bis dahin nicht gekannten Energie versucht wurde, die Beachtung des
Zölibats durchzusetzen.[17] Diese Bestrebung muss wiederum im

[14]   Ed. Somerville/Kuttner, Pope Urban II (Anm. 8), 253.
[15]   Vgl. die rechtshistorische Entwicklung in Ost und West im kompakten Überblick bei
       Reinhardt, H.J. F., in: MKCIC (Anm. 1), vor 277, 2-3. Des Weiteren sei an dieser Stelle
       exemplarisch verwiesen auf die einschlägigen Artikel von Lentes, Th. / Hödl, L., Art.
       „Zölibat" (I. Theologie), in: LMA 9, 663-665, bes. 664 und Zapp, H., Art. „Zölibat" (II.
       Kanonisches Recht), in: LMA 9, 665f.
[16]   Neben dem Kampf gegen die Laieninvestitur und die Simonie gehörte auch das
       Eintreten für die Zölibatspflicht zu den Hauptprogrammpunkten der Reform! Vgl.
       bereits mit Blick auf Leo IX. (1049-54) Boelens, M., Die Klerikerehe in der Gesetzge-
       bung der Kirche unter besonderer Berücksichtigung der Strafe. Eine rechtsgeschicht-
       liche Untersuchung von den Anfängen der Kirche bis zum Jahre 1139, Paderborn
       1968, 135. Zum Begriff ‚Nikolaitismus' im Rückgriff auf Offb. 2,6.15 vgl. ebd., 143:
       „Als Sammelbezeichnung für das Priesterkonkubinat gebrauchte man den Ausdruck:
       die nikolaitische Häresie, und deren Anhänger waren die Nikolaiten." Vgl. hierzu
       auch Denzler, G., Die Geschichte des Zölibats (=Herder/Spektrum; 4146), Freiburg
       i. Br. u.a. 1993, 33f., der ebd., 33 auf den von Kardinal Humbert von Silva Candida
       (im Kontext des Schismas von 1054) in diesem Sinne geprägten polemischen Begriff
       Nikolaiten eingeht, aber herausstellt, dass „sich ein Nikolaos historisch nicht nach-
       weisen läßt". Vgl. mit Verweis auf den in Apg 6,5 genannten, aber dort keinesfalls
       diskreditierten Diakon Nikolaus Gaudemet, Le célibat ecclésiastique (Anm. 12), 7.
[17]   Vgl. Gaudemet, Le célibat ecclésiastique (Anm. 12), 7. Vgl. auch Stickler, A.M.,
       L'évolution de la discipline du célibat dans l'église en occident de la fin de l'âge pa-
       tristique au concile de Trente, in: Coppens, J. (Hrsg.), Sacerdoce et célibat. Études
       historiques et théologiques (=BEThL; 28), Gembloux u.a. 1971, 373-442, besonders
       394-405. Vgl. zum theologiegeschichtlichen Hintergrund den fundierten Artikel von
       Hödl, L., Die Lex continentiae. Eine problemgeschichtliche Studie über den Zöli-
       bat, in: ZKTh 83 (1961) 325-344, der zunächst ebd., 333f. auf den strengen Bezug
       zwischen 1 Kor 7,7 und 7,25, zwischen der *vita apostolica* insgesamt und dem *consilium
       continentiae*, verweist, und der ebd., 337 die Bedeutung der gregorianischen Reform

Gesamtzusammenhang mit den Reformzielen gesehen werden, weshalb – Gaudemet folgend – festzustellen ist, „que la lutte contre le mariage des prêtres s'insère dans la grande tentative de soustraire l'Eglise à l'emprise laïque. Un clergé non-marié est moins engagé dans le siècle. Telle sera l'idée qui guidera le combat de Grégoire VII: *Non liberari potest ecclesia a servitud[in]e laïcorum, nisi liberantur clerici ab uxoribus.* A quoi s'ajoute un idéal d'ascétisme et de pureté, une certaine répugnance à l'égard de l'union sexuelle, déjà affirmée à l'époque ancienne, mais que prêchent avec une vigueur nouvelle les réformateurs des XIe-XIIe siècles."[18]

Ohne hier nun eine konkrete unmittelbare Vorlage für c. 2 zu postulieren, wäre auf diverse Bestimmungen ähnlicher Art[19] in den einschlägigen Quellen zu verweisen, die die Ideen des Reformpapsttums stützen. Entsprechend werden hier in der Tat lediglich bestehende *instituta sacrorum canonum* nur erneuert[20], nicht neu aufgestellt. In diesem Zusammenhang wäre auf die Ergebnisse der grundlegenden Studie von Boelens hinzuweisen, näherhin:

1. auf den Kreis der betroffenen Personen, der sich – wie in der Gesetzgebung Gregors VII.[21] – auf die sogenannten Majoristen, d.h. die Träger der höheren Weihen (Subdiakone, Diakone, Priester), beschränkt;

2. auf die schon bei Gregor VII. längst nicht mehr erfolgte Differenzierung zwischen Unenthaltsamkeit im Rahmen einer le-

---

in Bezug auf die Enthaltsamkeit des Klerus auf den Punkt bringt: „Die gregorianische Reform und die aufstrebende Theologie und Mystik haben durch einen doppelten Schritt nach vorne Wandlung geschaffen. Sie haben die Gesetzlichkeit und die Geistigkeit der *lex continentiae* überholt, und zwar in Richtung auf die vollkommene, radikale Pflicht zur Enthaltsamkeit."

18   Vgl. Gaudemet, Le célibat ecclésiastique (Anm. 12), 10f.

19   Vgl. in direktem Kontext zu c. 2 des Konzils von Melfi die Quellenverweise im Rahmen des Kommentars von Somerville/Kuttner, Pope Urban II (Anm. 8), 268 und dort die Anm. 19-20.

20   Vgl. zur Bedeutung dieses Rückgriffes auf die Tradition im Rahmen mittelalterlicher Synoden Gresser, Synoden und Konzilien (Anm. 8), 584f., 584: „Worum es den Versammelten wirklich ging, war das bereits geoffenbarte Wort Gottes, sei es in der Bibel, den Kirchenvätern oder den frühen, als heilig bezeichneten Konzilien. Diese Wahrheiten, die durch die Tradition gewahrt wurden, mußten nur wieder neu ausgesprochen werden, um in einer Form des ständigen Sich-Erinnerns wieder lebendig gemacht zu werden. Neue Erkenntnisse sollten und wollten gar nicht gefunden werden. Die Vergegenwärtigung der wahren Glaubenslehre durch die Testimonia der Tradition ist das immer wieder auf den Synoden ausgesprochene Anliegen und das Ziel aller Erörterungen."

21   Vgl. dazu Boelens, Klerikerehe (Anm. 16), 143: „Offenbar hatte Gregor anfangs (1074) versucht, von allen Klerikern Enthaltsamkeit zu fordern, mußte sich aber später auf die Majoristen beschränken."

gitimen Ehe oder eines Konkubinates[22], zumal eine klandestine, allein durch den Konsens der Brautleute geschlossene Ehe und ein Konkubinat nach außen hin nur schwer zu unterscheiden waren;[23]

3. auf die relativ ‚offene' Formulierung *ordinis sui periculum sustinebit*, die einerseits Raum lässt für die in c. 12 aufgeführten Strafmaßnahmen, die von Boelens kurz als „Deposition"[24] identifiziert werden, die andererseits aber ebenso offen ist für die in c. 12 implizierte, auch schon von Gregor VII. eröffnete Möglichkeit, dass der betreffende Kleriker nach der bischöflichen *commonitio* von seinem bisherigen Verhalten Abstand nimmt, insofern hier ‚nur' von einem *periculum* die Rede ist.[25]

Bemerkenswert ist sodann noch die (oben mitzitierte) Begründung des Verbotes (1c) bzw. der Zweck desselben, da sich das Konzil an dieser Stelle auf eine eher 'traditionelle', theologisch fundierte Argumentationslinie zurückzieht: *Ut unica Domini nostri sponsa sine macula et ruga permaneat* (vgl. Eph 5,27).

1. Zunächst ist mit Lentes allgemein auf die besondere Bedeutung des Motivs „der Brautschaft zw. Christus und Kirche bzw. Kleriker"[26] hinsichtlich des Zölibats hinzuweisen:

„Verstanden die frühen Asketen ihre Enthaltsamkeit als Ausdruck ihres ‚engelsgleichen', d.h. geschlechtslosen Lebens, so wurde seit dem 4. Jh. mit dem Brautschaftsmotiv gegenüber Christus argumentiert. Als Bräutigam der Kirche wolle er diese rein und ohne Makel wissen (z.B. Papst Siricius). Schon in der Antike, vermehrt aber seit der individualisierenden H[ohe]l[ie]d-Auslegung des 12. Jh. wird dieses Motiv auf den individuellen Zölibatär angewandt. Auch Kleriker (nicht nur Nonnen und Mönche) galten als Bräute Christi und waren mit ihm und der Kirche eine geistl.-geistige Ehe bis hin zum connubium spirituale eingegangen."[27]

Genau vor diesem Hintergrund sind auch die Bestimmungen von Melfi zu sehen.

---

22 Vgl. Boelens, Klerikerehe (Anm. 16), 117 und 152 und Gaudemet, Le célibat ecclésiastique (Anm. 12), 8.
23 Vgl. hierzu Gaudemet, Le célibat ecclésiastique (Anm. 12), 3.
24 Vgl. Boelens, Klerikerehe (Anm. 16), 153. Vgl. zu dieser unten noch einmal zu thematisierenden harten Strafe auch Schimmelpfennig, B., Art. „Deposition. 1. D.", in: LMA 3, 708.
25 Von der Synode nicht erwähnt wird in diesem Zusammenhang allerdings die unter Gregor VII. urgierte Einschränkung der Gliedschaftsrechte der Betroffenen, denen selbst der Eintritt in die Kirche verwehrt war. Vgl. hierzu Boelens, Klerikerehe (Anm. 16), 148f., 148.
26 Lentes/Hödl, Art. „Zölibat" (Anm. 15), 664.
27 Ebd.

2. Demgegenüber nennt Gregor VII. zwar über das hier angeführte Motiv hinaus eine Vielzahl anderer theologisch-fundierter
Begründungen für die Zölibatspflicht, doch ist mit Boelens darauf
hinzuweisen, dass „sein Hauptmotiv ... der Gehorsam gegenüber
der Kirche [war]; und was die Kirche forderte, wurde durch seine
(Gregors) Vorschriften und durch frühere päpstliche und synodale
Gesetze ausgedrückt."[28] Von dieser formaleren, schwerpunktmäßig
streng auf den Gehorsam abstellenden Linie scheint das Konzil von
Melfi jedenfalls abgerückt zu sein.

„<3> Nemo preterea ad sacrum ordinem permittatur accedere nisi aut
virgo aut probate sit castitatis, et qui usque ad subdiaconatum unicam
et virginem uxorem habuerit."[29]

Während c. 2 Kleriker betrifft, die bereits das Subdiakonat erreicht haben, bezieht sich c. 3 nun auf Kleriker, die *vor* der höheren[30]
Weihe stehen und zu dieser nur zugelassen werden, sofern sie entweder noch unverheiratet (virgo) sind oder zumindest ihre Fähigkeit zu
einem keuschen Lebenswandel unter Beweis gestellt haben und die
bis zum Subdiakonat nur eine einzige und dazu immer noch ‚unbe-
rührte‘ Ehefrau hatten.
    Auch diese Bestimmung lässt sich bis ins 4. Jahrhundert zurückver-
folgen, als Vorlage dürften nach Somerville/Kuttner aber eher zwei
Passagen aus Kardinal Humberts von Silva-Candida *Contradictio Nicitae*
(Mai 1054) gedient haben, die Humbert im Mai 1054 zur Verteidigung
der lateinischen Tradition gegenüber der byzantinischen Tradition
am Vorabend des großen abendländischen Schismas verfasst hat.[31]

28   Boelens, Klerikerehe (Anm. 16), 147, der ebd. auch weitere Motive Gregors anführt:
      „Viel seltener wurden andere Motive genannt, wie z.B. daß die Keuschheit notwendig
      sei, um andere Tugenden erwerben zu können; daß die Kirche in ihrer alten Herr-
      lichkeit strahlen solle; dass Christus keusch und makellos gelebt hätte und es die Kir-
      che darum auch sein müsse; dass es nicht erlaubt sein könne, daß jemand zugleich
      einen Hurenleib und den Leib Christi berühre; daß Gott nur keusch gedient werden
      könne; daß sonst Segen zum Fluch und Gebet zur Sünde würden." Vgl. zu den im
      Hintergrund stehenden Vorstellungen bzw. Denkmustern, deren Ursprünge sich
      nicht auf den christlichen Rahmen beschränken, Lentes/Hödl, Art. „Zölibat" (Anm.
      15), 663f. und Denzler, Geschichte des Zölibats (Anm. 16), 60-84.
29   Ed. Somerville/Kuttner, Pope Urban II (Anm. 8), 253.
30   So die nachvollziehbare Interpretation von Somerville/Kuttner, Pope Urban II
      (Anm. 8), 269.
31   Vgl. genauer Somerville/Kuttner, Pope Urban II (Anm. 8), 270f. Zur historischen
      Entwicklung in Ost- und Westkirche vgl. in größerem Zusammenhang auch Freisen,
      J., Geschichte des Canonischen Eherechts bis zum Verfall der Glossenliteratur, Pa-
      derborn 1893 (Neudruck: Aalen 1963), 719-741. Zur Rolle Kardinal Humberts im
      Zuge der Kirchenspaltung vgl. anschaulich auch Denzler, Geschichte des Zölibats

Jedenfalls stellen Somerville/Kuttner mit Blick auf die bisherige Rechtslage im Zuge der Reformbewegung zu diesem Kanon fest:
„In the second half of the century, drawing on earlier traditions, Reforming synods repeatedly mandated sexual abstinence for this order [i.e. den Subdiakonat] (...), but the restrictions applicable to clerical marriage which Siricius [384-399] delineated, and which Melfi applied in c. 3, have not been located in eleventh-century papal councils before 1089."[32]

Doch wird hier anzuschließen sein, dass die auch in Melfi nicht (mehr) aufgeworfene, aber nahe liegende Frage nach der Eheschließung eines Majoristen, also eines Klerikers, der bereits die Subdiakonatsweihe empfangen hat, klar dahingehend beantwortet werden muss, dass eine solche Eheschließung ohnehin schon verboten war, also gar nicht mehr zur Debatte stand: „Danach war ein Majorist, der öffentlich die Ehe geschlossen hatte, zur Strafe solange deponiert, bis nach den kanonischen Gesetzen Sühne geleistet war."[33]

> „<12> Porro eos, qui a subdiaconatu uxoribus vacare voluerint, ab omni sacro ordine removemus, officioque atque beneficio ecclesie carere decernimus. Quod si ab episcopo commoniti non se correxerint, principibus licentiam indulgemus ut eorum feminas mancipent servituti. Si vero episcopi consenserint eorum pravitatibus, ipsi officii interdictione multentur."[34]

C. 12 spezifiziert nun die in c. 2 relativ offen umschriebene Strafe für diejenigen, die ihren Lebenswandel nicht ändern bzw. gegen die in c. 2 und c. 3 erlassenen Bestimmungen verstoßen, und legt zumindest ansatzweise die zu erfolgenden Verfahrensschritte offen:

(Anm. 16), 33. Zumindest an dieser Stelle sei im Rückgriff auf Zapp, Art. „Zölibat" (Anm. 15), 666 kurz die oben erwähnte ostkirchliche Tradition bzw. Disziplin des Zölibats umrissen: „Danach erging für die B[ischö]fe die Verpflichtung zum ehelosen Leben, gegebenenfalls nach vorgängiger, in gegenseitigem Einvernehmen erfolgter Trennung von der Ehefrau (...); Subdiakonen, Diakonen und Priestern wurde zwar nach der Weihe die Eheschließung verwehrt (...), jedoch – unter Berufung auf die ‚apostol[ischen] Canones' – die Fortführung einer vor der Weihe bereits bestehenden Ehe (bei Enthaltsamkeit an den Tagen des Altardienstes) ausdrückl[ich] gestattet, ja sogar die Absetzung angedroht, falls sie aus angebl[icher] ‚Frömmigkeit' (pietatis praetextu) ihre Ehefrauen verstoßen sollten (...)."

[32] Somerville/Kuttner, Pope Urban II (Anm. 8), 270.
[33] So das Ergebnis von Boelens, Klerikerehe (Anm. 16), 128f. Vgl. hierzu detaillierter den rechtsgeschichtlichen Überblick bei Freisen, Geschichte (Anm. 31), 728-741 und kompakt Zapp, Art. „Zölibat" (Anm. 15), 665f.
[34] Ed. Somerville/Kuttner, Pope Urban II (Anm. 8), 256.

1. Zunächst setzt c. 12 die *remotio* aus jedem *ordo sacer* fest, ferner den Entzug des Amtes und des Benefiziums, was eng interpretiert eine Strafverschärfung gegenüber der vorherigen Rechtslage bedeuten würde, insofern eine *remotio ab omni sacro ordine* im Endeffekt doch einer ‚Laisierung' gleichkäme.[35]

2. Im Nachsatz wird sodann eine *commonitio* des Bischofs vorausgesetzt, die auf die Besserung des betroffenen Klerikers zielen dürfte. Nicht explizit erwähnt wird, was passieren soll, wenn sich die betroffenen Kleriker einsichtig zeigen und von ihrem bisherigen Lebenswandel Abstand nehmen. Im Rückgriff auf die Rechtspraxis Gregors VII. wäre – wie oben bereits angedeutet – zu unterstellen, dass ihre Deposition nach einer Buße aufgehoben würde und sie Amt und Benefizium zurückerhalten.[36] Ansonsten, d.h. wenn sich die Pönitenten nicht einsichtig zeigen, wird den weltlichen *principes*[37] die Erlaubnis erteilt, die Frauen in die ‚Sklaverei' zu verkaufen[38] mit der Folge, dass die Verbindung faktisch letztendlich doch getrennt wurde.

Eine ähnliche Androhung hatte nach Petrus Damiani bereits Leo IX. (1049–1054) ausgesprochen, allerdings sollten solche „*damnabiles feminae*" als *ancillae* dem Lateranpalast zugesprochen werden[39], was sich im Übrigen mit dem einschlägigen Befund einer neueren Studie von *Christian Delacampagne* decken würde: „Das ganze Mittelalter hindurch arbeiteten Tausende von Sklaven auf den bei Rom gelegenen Landgütern der Päpste oder auf den Besitzungen der großen Klöster der abendländischen Christenheit."[40] Zusammen mit der Beobachtung, dass die Sklaverei im engeren Sinne gerade in Südeuropa eine bedeutendere Rolle spielte[41], dürfte dieser Befund – unbeschadet der von Landau aufgezeigten kirchenrechtstermino-

---

35 Gegen eine solche Interpretation wehrt sich allerdings Boelens, Klerikerehe (Anm. 16), 119 und 153, Anm. 206. Vgl. zur bisherigen Rechtslage auch Somerville/Kuttner, Pope Urban II (Anm. 8), 288.

36 Vgl. Boelens, Klerikerehe (Anm. 16), 148f.

37 Nach der Visigothischen Gesetzgebung kam dieses Recht noch dem Diözesanbischof zu. Vgl. hierzu Somerville/Kuttner, Pope Urban II (Anm. 8), 289.

38 Vorsichtiger formuliert Gresser, Synoden und Konzilien (Anm. 8), 271: „Die Frauen dürfen dann von Fürsten zu Dienstleistungen herangezogen werden."

39 Vgl. Petrus Damiani, Die Briefe des Petrus Damiani, hrsg. v. K. Reindel, 4 Bände, Teil 3, Nr. 91-150 (=MGH.Epistolae: Sectio 2, Die Briefe der deutschen Kaiserzeit; 4), München 1989, 280. Vgl. Somerville/Kuttner, Pope Urban II (Anm. 8), 288, die ebd. auf Petrus Damiani verweisen.

40 Delacampagne, Chr., Die Geschichte der Sklaverei. Aus dem Französischen v. U. Vones-Liebenstein (Titel der franz. Originalausgabe: Histoire de l'Esclavage. De l'antiquité à nos jours), Düsseldorf u.a. 2004, 97-127, 109.

41 Vgl. Delacampagne, Geschichte der Sklaverei (Anm. 40), 111.

logischen Unwägbarkeiten[42] – nahe legen, dass diese Androhung Urbans a) durchaus ernst zu nehmen ist und b) für die weltlichen Fürsten zugleich ein lukratives Geschäft bedeuten konnte.[43]

3. Mit in den Blick genommen wurde sodann der zuständige Bischof, der, wenn er nichts unternahm bzw. dem als *pravitates* bezeichneten, von Gregor VII. rechtlich als *crimen (fornicationis)* qualifizierten[44],Treiben' seines Klerus zustimmte, suspendiert wurde, was im übrigen aber schon der bisherigen Rechtslage entsprach.[45]

2. RECHTLICHE EINORDNUNG

Wie im Verlauf der bisherigen Ausführungen schon deutlich geworden sein dürfte, geht es hier in den vorgestellten Kanones zunächst und in erster Linie um die Durchsetzung der Zölibatspflicht für Kleriker ab dem Subdiakonat im Rahmen eines Grundsatzprogramms, das im Wesentlichen auf der bisherigen Rechtslage bzw. den Bestimmungen der Vorgänger Urbans II. beruht. Das heißt, in Melfi wurde weder ein weitergehendes Ehe(schließungs)verbot oder gar ein ehevernichtendes Ehehindernis aufgestellt. Selbst eine bereits bestehende (allerdings unvollzogene) Ehe ist nach c. 3 kein Hindernis für den Empfang höherer Weihen. Mehr noch: Die Frage nach der ‚Gültigkeit', besser ‚Ungültigkeit', der Ehe in dem Sinne, dass die eheliche Verbindung getrennt wurde und einer oder gar beide sich mit einem anderen Partner verbinden konnten, stand gar nicht zur Debatte. Ziel war es

---

[42] Vgl. Landau, P., Hadrians IV. Dekretale «Dignum est» (X.4.9.1.) und die Eheschließung Unfreier in der Diskussion von Kanonisten und Theologen des 12. und 13. Jahrhunderts, in: StGra 12 (1967) 511-553, 517: „Das Kirchenrecht kennt nur die Kategorien *servi, liberti und liberi*, ... Da die Ständeordnung sich in West- und Mitteleuropa im Hochmittelalter in sehr unterschiedlichen Formen entwickelt hat, läßt sich der Umfang des Begriffs servus nur sehr schwer festlegen." Vgl. zum Sklavenhandel in den Mittelmeerländern auch ebd., 518 und darüber hinaus L'Hermite-Leclercq, P., Die feudale Ordnung (11. und 12. Jahrhundert), aus dem Französischen v. H. Musahl, in: Duby, G. / Perrot, M. (Hrsg.), Geschichte der Frauen (5 Bde.), Editorische Betreuung der deutschen Gesamtausgabe: H. Wunder, Bd. 2: Mittelalter, hrsg. v. Klapisch-Zuber, Chr. (Titel der Originalausgabe: Storia delle donne in occidente, Vol. 2: Il Medioevo), Frankfurt a.M. u.a. 1993, 213-263, 245f., 246.

[43] Zumindest an dieser Stelle sei – Delacampagne, Geschichte der Sklaverei (Anm. 40), 114 folgend – darauf hingewiesen, dass „seit dem 5. Jahrhundert der Handel mit christlichen Sklaven wiederholt von Konzilien verurteilt worden war," dass „es seit dem 11. Jahrhundert [aber] nicht selten vor[kam], dass christliche Besitzer orthodoxe oder sogar andere ‚Christenmenschen' als Sklaven hielten."

[44] Vgl. Boelens, Klerikerehe (Anm. 16), 147 und Zapp, Art. „Zölibat" (Anm. 15), 666.

[45] Vgl. Boelens, Klerikerehe (Anm. 16), 151f. und Somerville/Kuttner, Pope Urban II (Anm. 8), 288.

lediglich, den Majoristen mit allen Mitteln von einer auch sexuell aus-
gelebten Verbindung abzuhalten:

Eine ‚legitime' Eheschließung nach der Ordination wird ihm nicht
gewährt, und eine zuvor geschlossene und vollzogene Ehe verwehrt
einem Minoristen bereits den Zugang zum Subdiakonat. Von diesem
Ansatz her war nur eine (illegitime) außereheliche Verbindung und
eine nichtöffentliche, klandestine Eheschließung mit dem Risiko der in
c. 12 normierten empfindlichen Strafen möglich. Letztere konnten freilich erst dann greifen, wenn die Unenthaltsamkeit des Paares bekannt
oder (z.B. in Gestalt eines Kindes) offenkundig wurde. Im Ergebnis
stand damit rechtssystematisch eine Konstruktion zur Verfügung, die

1. das Prinzip der Unauflöslichkeit der (legitimen) Ehe nicht gefähr-
   dete,
2. aus Sicht der Kirche missliebige und skandalöse Verbindungen
   strafweise de facto terminierte und
3. theologisch bzw. biblisch (in Melfi: konkret mit Eph 5,27) begründet war.

Mit Blick auf die Praktikabilität bzw. Realitätsnähe dieses Ansatzes wäre
allerdings die Regelung des c. 3 zu hinterfragen. Denn auch wenn der
Kanon darauf abstellt, dass der Kandidat für die höhere Weihe in gewisser Weise seine (bisherige!) Enthaltsamkeit unter Beweis gestellt
hat, so scheint zumindest aus heutiger Sicht – nun Denzler folgend
– „die Vorstellung von einem sexuell total enthaltsamen Eheleben der
Geistlichen realitätsfremd"[46], weshalb die „Päpste vom 11. Jahrhundert
an als vordringliches Reformziel einen unverheirateten Klerus"[47] an-
strebten.

3. DER ZEITGENÖSSISCHE HINTERGRUND UND DIE FRAGE NACH DEM SKANDALON EINES VERHEIRATETEN MAJORISTEN IN ‚DER' ÖFFENTLICHKEIT

Ein sicherer Indikator dafür, dass das eben beschriebene Instru-
mentarium trotz der Androhung harter Strafen letztendlich das

---

[46] Denzler, Geschichte des Zölibats (Anm. 16), 146. Realitätsfremd schien diese Vorstel-
    lung vor allem mit Blick auf das auch in c. 4 des Konzils von Melfi geforderte, immer
    noch relativ niedrige Mindestalter von 14 Jahren für den Empfang der Subdiakonats-
    weihe! Vgl. Ed. Somerville/Kuttner, Pope Urban II (Anm. 8), 253 und den Kommen-
    tar Somerville/Kuttner, Pope Urban II (Anm. 8), 271-278. Denn bei dem ebenfalls
    relativ geringen Mindestheiratsalter von 12 Jahren für Mädchen, kann sich – wie der
    folgende Abschnitt im Ergebnis zeigt – die Situation mit fortschreitendem Alter des
    Paares noch einmal ganz anders darstellen.
[47] Denzler, Geschichte des Zölibats (Anm. 16), 146.

‚Übel' eines verheirateten bzw. – allgemeiner ausgedrückt – liierten Klerus, der seine Beziehung auch sexuell auslebte, nicht ‚ausmerzen' konnte, scheinen die zahlreichen Konzilsbeschlüsse bzw. Dekretalen zu dieser Materie zu sein, in deren Tradition schließlich auch die oben besprochenen Bestimmungen von Melfi einzureihen sind. Nun lässt sich nicht einmal ansatzweise abschätzen, wie groß der Anteil des liierten Klerus Ende des 11. Jahrhunderts im Verhältnis zum unverheirateten wirklich war[48], da hierzu verständlicherweise keine statistischen Erhebungen vorliegen. Mit Gaudemet ist jedoch festzuhalten, dass nicht nur in den Randzonen des christlichen Europas (z.B. Skandinavien) verheiratete (bzw. im Konkubinat lebende) Priester (z.T. auch Bischöfe) bis weit ins 12. Jahrhundert hinein keine Einzelfälle darstellten, sondern die Verletzung bzw. Nichtbeachtung der Zölibatspflicht in bestimmten Regionen weit verbreitet, wahrscheinlich sogar eher gängige Praxis war — und zwar trotz der angedrohten Strafen.[49]

Dem entsprechen die Widerstände, ja z.T. heftigen Reaktionen von Seiten der betroffenen (vor allem niederen) Kleriker, die sich auf althergebrachtes Gewohnheitsrecht beriefen[50], schon bei der Bekanntgabe der einschlägigen Reformbestimmungen. Dem entsprechen darüber hinaus auch die Volksbewegungen, die sich im Zuge der allgemeinen religiösen Aufbruchsstimmung um eine sittliche Erneuerung der Kirche mühten und die sich explizit neben der Bekämpfung der Simonie auch den Kampf für das Zölibat der Kleriker zum Ziel ge-

---

48 Vgl. Gaudemet, Le célibat ecclésiastique (Anm. 12), 3.

49 Vgl. mit diversen Beispielen Gaudemet, Le célibat ecclésiastique (Anm. 12), 4f. Diese Praxis mag mit Schimmelpfennig, B., Ex Fornicatione Nati: Studies on the Position of Priests' Sons from the Twelfth to the Fourteenth Century, in: SMRH.NS 2 (1979) 1-50, 42 als „a kind of factual criticism of the ecclesiastical legislation with regard to celibacy" angesehen werden, die flankiert wurde von – weiter Schimmelpfennig folgend – „occasional explicit writings which opposed enforced celibacy or the banning of the children of clerics."

50 Vgl. die von Boelens, Klerikerehe (Anm. 16), 144-146 angeführten Beispiele aus Frankreich und Deutschland, die von gar lebensbedrohlichen Situationen für Legaten und Bischöfe zeugen, die Reformbestimmungen zu exekutieren suchten. Vgl. hierzu auch Gaudemet, Le célibat ecclésiastique (Anm. 12), 13f. Nur wird mit Blick auf das Stichwort ‚Gewohnheit' zumindest an dieser Stelle etwa mit Stickler, A.M., Der Klerikerzölibat. Seine Entwicklungsgeschichte und seine theologischen Grundlagen, Abensberg 1993, besonders 30-32 noch einmal auf die Zölibatstradition der (West-)Kirche zu verweisen sein.

setzt hatten[51], wobei das Volk z.T. bewusst von Rom gegen unbotmä-
ßige Kleriker mobilisiert bzw. instrumentalisiert wurde.[52]

Vor diesem Hintergrund wäre überdies die Frage zu stellen, welche Eltern[53] der Heirat ihrer Tochter bzw. welche Frau (dann mit fort-
schreitender Durchsetzung des Konsensprinzips) selbst einer solchen
Eheschließung zustimmte. Dem Kleriker (und seiner Familie) wurde
im schlimmsten Fall – wie in c. 12 des Konzils von Melfi angedroht –
mit Entzug des Benefiziums die Lebensgrundlage entzogen, die Frau
lief Gefahr, ihre Freiheit zu verlieren.[54]

Mit Blick aber auf die oben skizzierte Lebenswirklichkeit werden hier die Grenzen der allgemeinen Durchsetzbarkeit der konzi-
liaren bzw. auch päpstlichen Gesetzgebung zu berücksichtigen sein:
Innerkirchlich sind – wie oben beschrieben – diese Grenzen zunächst
beim direkt betroffenen Klerus auszumachen, sodann bei den mittel-
bar betroffenen Bischöfen, die nicht gewillt waren, gegen ihren un-
enthaltsamen Diözesanklerus einzuschreiten, ‚außer‘ kirchlich dort,
wo weltliche Machthaber den Zölibatsgesetzen relativ gleichgültig
gegenüberstanden[55], sich also nicht genötigt sahen, von ihrer Seite
her auf die Beachtung der entsprechenden Bestimmungen zu ach-

---

51 Vgl. mit Verweis auf die Bewegung der sogenannten ‚Pataren‘ bzw. ‚Patarener‘ in Mai-
    land Boelens, Klerikerehe (Anm. 16), 139. Zur Pataria in Mailand vgl. in größerem
    Zusammenhang den Artikel von Keller, H., Pataria und Stadtverfassung, Stadtge-
    meinde und Reform: Mailand im ‚Investiturstreit‘, in: Investiturstreit und Reichsver-
    fassung, hrsg. v. Fleckenstein, J. (= Vorträge und Forschungen; 17), Sigmaringen u.a.
    1973, 321-350, besonders 331f. und 338-340.
52 Vgl. Boelens, Klerikerehe (Anm. 16), 146: „Verheiratete Priester wurden verspottet
    und verhöhnt, ihren priesterlichen Dienst wie die Spendung des Bußsakramentes,
    die Krankensalbung oder das kirchliche Begräbnis nahm man nicht mehr entge-
    gen.“
53 Bei den Eltern setzte bereits das Konzil von Bourges (1031) an, insofern hier in c. 19
    den Eltern verboten wurde, ihre Tochter einem Majoristen (ab Subdiakon!) oder des-
    sen Sohn zur Frau zu geben! Vgl. *Concilium Bituricense*, in: Mansi 19, 501-508, 505C:
    „Vt nullus filiam suam det uxorem presbytero, neque diacono, neque subdiacono,
    neque filiis eorum.“ Vgl. im größeren Kontext auch Schimmelpfennig, Ex Fornicatio-
    ne Nati (Anm. 49), 18f.
54 Boelens, Klerikerehe (Anm. 16), 147 bringt die Lage der von der kirchlichen Re-
    formgesetzgebung betroffenen Klerikerfamilien folgendermaßen auf den Punkt:
    „Tatsache aber war doch, daß die meisten [Kleriker] verheiratet waren und daß sie
    Frau und Kinder hatten, für die sie zu sorgen hatten. Wie sich die gregorianische Re-
    form für sie auswirkte, wurde in den Gesetzen nie erwähnt. Man verfügte nicht, was
    mit Frau und Kindern geschehen sollte, wo sie wohnen konnten und wovon sie leben
    sollten; nur immer wieder das Eine: ‚crimen fornicationis‘ oder ‚morbus fornicationis
    clericorum‘ oder bloß einfach ‚fornicatio‘ muß streng bestraft werden. Indem man
    das Benefizium entzog, war es eine besonders einschneidende Strafe.“ Kanon 12 des
    Konzils von Melfi gibt hierbei zumindest Aufschluss über den angedrohten Verbleib
    der Frau! Zur ‚Unterhaltsfrage‘ vgl. aber auch Freisen, Geschichte (Anm. 31), 739.
55 Vgl. mit Blick auf das Eigenkirchenwesen Denzler, Geschichte des Zölibats (Anm.
    16), 96: „Ehelosigkeit oder gar Enthaltsamkeit als Voraussetzung für die Übertragung

ten, oder wo die Zölibatsbestimmungen den (allzu) persönlichen Interessen der Laien gar entgegenstanden.[56]

Jedenfalls lässt sich hier bereits festhalten, dass die in Melfi normierten (und die im weiteren Verlauf der Rechtsgeschichte erlassenen) Strafbestimmungen, die die zuvor theologisch-rechtlich begründeten Verbotsbestimmungen umgeben, eine massive Drohkulisse aufgebaut haben, die das Skandalon des ‚befleckten‘ Ordo verhindern bzw. aus der Welt schaffen sollten. Und genau in diesem Zusammenhang ist auch das Eheverbot für Majoristen zu sehen, das freilich nur eine Maßnahme unter anderen darstellte.

Ein Grund dafür aber, dass dieses Eheverbot, hier noch als *lex minus quam perfecta* formuliert, letztendlich doch nicht vermochte, wirksam und flächendeckend das oben beschriebene Skandalon aus der Welt zu schaffen, mag sicherlich darin liegen, dass ein verheirateter Majorist in der ‚Öffentlichkeit‘ zum Teil gar nicht als Skandalon wahrgenommen wurde. Das heißt, der Begriff der Öffentlichkeit wird näher in den Blick zu nehmen sein. Versteht man unter diesem Begriff die vom Reformgeist durchdrungene kirchliche Öffentlichkeit, als deren Repräsentant sicher auch Urban II. zu benennen ist, bestand hier in der Tat ein Skandal.[57] Wie die Skizze des zeitgenös-

---

(Investitur) eines Kirchenamtes lagen dem Grundherrn im allgemeinen völlig fern.“ Vgl. in diesem Zusammenhang auch Stickler, Klerikerzölibat (Anm. 50), 33.

[56] So stellt Denzler, Geschichte des Zölibats (Anm. 16), 151 – allerdings für das 13./14. Jahrhundert – fest: „Laien waren oft die ersten, welche die Geistlichen dazu drängten, eine Frau zu nehmen. Sie taten dies, weil sie meinten, auf diese Weise ihre eigenen Ehefrauen vor der Verführung durch Kleriker am besten schützen zu können.“ Dass diese Aussage weder für die Wende vom 13. zum 14., noch für die Wende vom 11. zum 12. Jahrhundert generalisiert werden kann, ist klar, zumal es ja – wie oben dargestellt – Volksbewegungen gab, die im Zeichen der Kirchenreform gerade für die Beachtung der Zölibatsbestimmungen vehement eintraten. Nur ist angesichts der oben beschriebenen Lebenswirklichkeit um 1100, d.h. angesichts eines in weiten Teilen faktisch nicht zölibatär lebenden Klerus, ebenso nachvollziehbar, dass es in den Augen der Männer, zumal vor dem Hintergrund des vorherrschenden Frauenbildes, für das soziale Gefüge ‚sicherer‘ war, wenn Kleriker sich ihrer ‚eigenen‘, legitimen oder illegitimen Frau widmen konnten. Zum vorherrschenden (negativen), freilich überwiegend von Männern gezeichneten Frauenbild jener Zeit vgl. exemplarisch etwa L'Hermite-Leclercq, Die feudale Ordnung (Anm. 42), 237f., wo im Rückgriff auf einschlägige Quellen recht plastisch die Gefahr dargestellt wird, die besonders von den natürlichen Reizen einer ‚schönen‘ Frau ausging, denen auch Geistliche nicht immer widerstehen konnten.

[57] Gresser, Synoden und Konzilien (Anm. 8), 281f., 282 sieht genau in diesem Punkt auch die Position des Gegenpapstes Wibert zur Unenthaltsamkeit des Klerus begründet: „Während Urban in seinen Briefen Befehle und Entscheidungen von Synoden mitteilt, erteilt Wibert lediglich den Bischöfen einen Rat, wie sie ihre Kleriker zu ermahnen haben. Besonders kennzeichnend für die schwache Haltung des Gegenpapstes ist aber die Begründung: Wibert beruft sich nicht auf die Entscheidungen des älteren Kirchenrechts, sondern auf die öffentliche Meinung, die in gefährlicher

sischen Hintergrunds zeigt, bestand aber nicht einmal innerkirchlich Einmütigkeit in dieser Frage.[58] Zudem scheint die eben noch einmal angeführte Strafandrohung gegenüber untätigen Bischöfen ein Indiz dafür, dass längst nicht alle Bischöfe die Umsetzung dieser Verbotsbestimmungen urgierten. Versteht man hingegen unter diesem Begriff allgemein die ‚breite Öffentlichkeit', so werden in punc-

Weise aufgebrachte Menschen hervorbringe, die es zu beruhigen gelte. Nicht die Durchsetzung kanonischer Normen ist also sein Ziel, sondern die Beseitigung einer die öffentliche Ordnung gefährdenden Provokation, wobei die jeweils notwendigen Maßnahmen dazu jedem Bischof selbst überlassen werden. Die am Schluß genannte Verfügung, daß alle diejenigen, die die Messen sündiger Priester nicht annehmen wollen, von der Gemeinschaft mit der Kirche getrennt werden sollen, also der Exkommunikation verfallen, steht im krassen Gegensatz zur Rechtsauffassung der Reformer ...". Im Ergebnis hätte sich Wibert bei dieser Strafandrohung allerdings durchaus auf die im Dekret Burchards überlieferten einschlägigen Bestimmungen berufen können! Vgl. nämlich mit Verweis auf Buch III, cc. 75 u. 207 Koeniger, A.M., Burchard I. von Worms und die deutsche Kirche seiner Zeit (1000-1025). Ein kirchen- und sittengeschichtliches Zeitbild (=VKHSM II. Reihe; 6), München 1905, 34.

[58]   Zumindest an dieser Stelle sei in diesem Zusammenhang auf die – freilich weder in Melfi, noch von Gregor VII. explizit erwähnten – sicher nicht ganz auszublendenden handfesten ökonomischen Interessen der Kirche hingewiesen. Vgl. zu diesem Thema ausführlicher Denzler, Geschichte des Zölibats (Anm. 16), 94-100. Zu Gregor VII., der auf diese ökonomischen Interessen der Kirche gerade nicht abstellte, vgl. Boelens, Klerikerehe (Anm. 16), 147. Vgl. auch Plöchl, W.M., Geschichte des Kirchenrechts, Bd. II: Das Kirchenrecht der abendländischen Christenheit 1055 bis 1517, Wien u.a. ²1962, 183, der überdies als Motiv für den Kampf gegen die Klerikerehen das Argument eines „berufstüchtigeren Klerus" anführt, „aus dem die Elemente ferngehalten werden sollten, die im Klerikerstand bloß eine Versorgungsquelle sahen." Einmal abgesehen von der faktischen ‚Erblichkeit' der Ämter in der frühen Kirche bis ins 11. Jahrhundert hinein muss überdies die Situation des Landklerus mitbedacht werden! Vgl. hierzu Denzler, Geschichte des Zölibats (Anm. 16), 94-96, 96: „Die Landpfarrer im Mittelalter mußten die Kirchenpfründen, von denen sie ihren Lebensunterhalt bestritten, auch verwalten. Wenn sie nun selbst eine Familie hatten, wie dies im ersten Jahrtausend gang und gäbe war, erfuhr das kirchliche Vermögen eine Schmälerung und durch Vererbung eine zusätzliche Dezimierung. Dies erschien auf die Dauer als untragbar. Darüber hinaus oblag den Geistlichen auf dem Land auch die Sorge für Knechte und Mägde. Was lag da näher, als daß sie selbst Frau und Kinder hatten, die ihnen bei den landwirtschaftlichen Arbeiten als beste und billigste Kräfte zur Verfügung standen?" Hierbei kann – Schimmelpfennig, Ex Fornicatione Nati (Anm. 49), 9f., 10 folgend – die eben von Denzler aufgeworfene (rhetorische) Frage sogar in einen größeren sozio-ökonomischen Zusammenhang gestellt werden: „If we also consider that rural priests needed female help for the cultivation of the land at their disposal, then we will be able to appreciate how a successful campaign which forced celibacy on all priests would have disrupted the entire social organization." Inwieweit diese Gefahr von den Reformern wahrgenommen wurde, sei dahingestellt, denn – nun weiter Denzler, Geschichte des Zölibats (Anm. 16), 96 folgend – genau „gegen diese bepfründeten und ‚beweibten' Kleriker richtete sich im 11. und 12. Jahrhundert der rücksichtslose Kampf der Kirchenreformer, ..., welche die Geistlichen aus der Abhängigkeit von ihren Grundherren und aus der Verbindung mit ihren Ehefrauen ganz zu lösen suchten. Den größten Erfolg versprach man sich wieder davon, wenn Priestersöhnen die Erbschaft aus Kirchengut verwehrt wurde."

to Skandalträchtigkeit eines verheirateten Majoristen erhebliche
Abstriche vorzunehmen sein, die dadurch kompensiert werden konnten bzw. sollten, dass – zumindest wie in Melfi statuiert – über den
binnenkirchlichen Raum hinaus auch weltliche Strafen durch weltliche Machthaber exekutiert wurden (wie die Übereignung in die
Unfreiheit). Auf diesen *differenzierten* Öffentlichkeitsbegriff hat bereits *Karl Michaelis* in seiner Studie „Das abendländische Eherecht im
Übergang" von 1989 hingewiesen:
    „Der Begriff der Öffentlichkeit kann auf sehr verschiedene Kreise
bezogen werden. Auf die Sippe bzw. auf die durch die Eheschließung
in Verbindung gebrachten beiderseitigen Sippen, auf andere herr-
schaftliche oder genossenschaftliche Verbände (...), auf die kirchliche
Gemeinde, die Bürgergemeinde oder endlich den modernen Staat.
Hinter der Frage, welche Öffentlichkeit gemeint ist, steht aber die wei-
tergreifende einerseits, wer *die Voraussetzungen* der Eheschließung *auf-
stellt* und diese selbst billigen muß, andererseits, wer den *Bestand der
Ehe* und die Erfüllung der darin begründeten Pflichten *garantiert*: der
Ehemann mit seiner Munt- oder Hausgewalt, die männliche oder weibliche Sippe oder andere Verbände mit ihren Einwirkungsmöglichkeit
en, die Kirche mit ihren Zuchtmitteln oder schließlich eine weltliche
Gemeinschaft, – eine für das Verständnis der Ehe und ihrer geschichtlichen Entwicklung m.E. wesentliche Fragestellung"[59], die nicht nur
mit Blick auf die Entwicklung hin zum *impedimentum ordinis* im engeren
Sinne mit zu berücksichtigen sein wird.

4. AUSBLICK

Der eben skizzierte zeitgeschichtliche Hintergrund möge gezeigt
haben, in welchem Spannungsfeld die oben angeführten Kanones
von Melfi zu sehen sind, die – wie gesagt – zunächst einmal Teil
eines Grundsatzprogrammes Urbans II. sind, das weitestgehend in
der Tradition der Kirchenreform steht. Rechtssystematisch verblei-
ben die Bestimmungen zur Durchsetzung der Zölibatsverpflichtung
für höhere Weihegrade und der damit verbundenen einschlägigen
Eheverbotsbestimmungen ausschließlich auf der Ebene eines *ius minus quam perfectum*: Die Kirche formulierte entsprechende Eheverbote,
bewehrte dieselben mit Strafbestimmungen, die die Betreffenden im
Vorfeld von einer Eheschließung abhalten oder im Nachhinein die

---

[59] Michaelis, K., Das abendländische Eherecht im Übergang vom späten Mittelalter
zur Neuzeit (= Nachrichten der Akademie der Wissenschaften in Göttingen. Philolo-
gisch-Historische Klasse; 3/1989), Göttingen 1989, [6]-[7].

strafweise Trennung einer dennoch geschlossenen Ehe erzwingen sollten, ohne freilich deren Nichtigkeit *ab initio* zu statuieren. Genau hier ist ein wesentlicher Unterschied des älteren Sanktionsrechts zur eingangs skizzierten aktuellen Rechtslage zu sehen, die freilich das Ergebnis der weiteren Rechtsentwicklung ist. Bekanntlich wird der entscheidende Wendepunkt[60], ab dem von einem ‚trennenden' Hindernis der Weihe gesprochen werden kann, in c. 7 des unter dem Vorsitz Papst Innozenz' II. (1130-1143) abgehaltenen II. Laterankonzils (1139) ausgemacht. Dessen Konzilsväter statuieren in dem genannten Kanon, der offensichtlich auf eine ähnlich lautende Bestimmung des Konzils von Pisa (1135) zurückgreift:

„... Ut autem lex continentiae et Deo placens munditia in ecclesiasticis personis et sacris ordinibus dilatetur, statuimus quatenus *episcopi presbyteri diaconi subdiaconi regulares canonici et monachi atque conversi professi*, qui sanctum transgredientes propositum uxores sibi copulare praesumpserint, *separentur*. Huiusmodi namque copulationem, quam contra ecclesiasticam regulam constat esse contractam, *matrimonium non esse censemus*. Qui etiam ab invicem separati, pro tantis excessibus condignam poenitentiam agant."[61]

Entscheidend ist, dass hier nicht nur eine *separatio* der genannten Personen (*episcopi ... conversi professi*) von ihren Frauen nebst anschließender *poenitentia* gefordert wird, sondern dass einer solchen *copulatio* deren ehelicher Charakter abgesprochen wird: *matrimonium non esse censemus*. Das, was da geschlossen wurde, ist nach dem Urteil der Konzilsväter also gar keine Ehe, womit sie – rund 50 Jahre nach Melfi – offensichtlich schon den Kern der heutigen Rechtslage trafen!

---

60   Vgl. Gaudemet, Le célibat ecclésiastique (Anm. 12), 19f. Vgl. darüber hinaus auch Stickler, L'évolution de la discipline du célibat (Anm. 17), 406 und Hödl, L., La Lex continentiae. Une étude sur le problème du célibat, in: Coppens, J. (Hrsg.), Sacerdoce et célibat. Études historiques et théologiques (=BEThL; 28), Gembloux u.a. 1971, 507-533, 524f.

61   *Concilium Lateranense II* – 1139, in: *Istituto per le Scienze Religiose*, Bologna (Hrsg.), Dekrete der ökumenischen Konzilien [Lateinisch-Deutsch]. Besorgt von G. Alberigo u.a. in Zusammenarbeit m. H. Jedin. Bd. 2: Konzilien des Mittelalters: vom ersten Laterankonzil (1123) bis zum fünften Laterankonzil (1512-1517). Im Auftrag der Görres-Gesellschaft ins Deutsche übertragen und hrsg. unter Mitarbeit v. G. Sunnus u. J. Uphus v. J. Wohlmuth, Paderborn u.a. 2000, 195-203, 198.

Anmerkungen zu den unter den Werken Hugos von St.-Victor überlieferten
Allegoriae in epistolas Pauli[1]

Rolf Peppermüller

Schon seit langem ist bekannt, dass zwischen den beiden unter Hugos Namen überlieferten Kommentarwerken zu den Paulinischen Briefen, nämlich den *Quaestiones in epistolas Pauli*[2] und den *Allegoriae in epistolas Pauli*[3] sowie einem anonymen Paulinenkommentar, der in den Handschriften Paris, Arsenal 534, Vaticanus Ottobonianus 445 und Troyes 770 erhalten ist[4], eine enge Beziehung besteht[5]. P. Glorieux hat

---

[1] PL 175, 879D-924A (= Posteriores excerptiones, Allegoriae in Vetus et Novum Testamentum, Bücher 6-8). Unter dieser Bezeichnung wird – nach der Patrologia Latina – das Werk im allgemeinen zitiert. Besser wäre aufgrund der handschriftlichen Überlieferung und auch des Inhalts der Titel Notulae: so P. Glorieux, Essai sur les „Quaestiones in epistolas Pauli" du Ps.-Hugues de Saint Victor. Recherches de Théologie ancienne et médiévale 19 (1952) 48-59, dort 53: vgl. A.M. Landgraf / A.M. Landry, Introduction a l'histoire de la littérature théologique de la scolastique naissante. Édition francaise, Montreal-Paris 1973, 92; vgl. F. Stegmüller, Repertorium Biblicum Medii Aevi 3 (1951) 186-189. 9 (Suppl. 2, 1977) 143f.

[2] PL 175, 431C-634A; vgl. F. Stegmüller, RBMA 3, 182-185.

[3] Vgl. Anm. 1. Dank der freundlichen Hilfe des Centre National de la Recherche Scientifique, Intitut de Recherche et d'Histoire des Textes, Paris, konnte zur Kontrolle der Edition PL 175 eine Kopie der Handschrift Paris, Bibliothèque Mazarine Nr. 1002, fol. 247va – 266va (= M) hinzugezogen werden (13. Jahrh. aus St. Victor, Überschrift S. 247va: *Incipiunt notule super epistolam ad Romanos*, S. 258ra: *Explicunt notulae super epistolam ad Romanos. Incipiunt notule super epistolam ad Cointhios,* dagegen fol. 264va lediglich: *super epistolam secundam ad Corinthios;* vgl. Auguste Molinier, Le catalogue des manuscrits de la Bibliothèque Mazarine, Paris 1885-1892; Stegmüller, a.a.O. [Anm. 1]); Catalogue en ligne des archives et des manuscrits de l'enseignement supérieur [calames] s. v. Mazarine Ms. 1002; Gilbert Ouy, Les Manuscrits de l'abbaye de Saint-Victor, 2 Bde. [Biblioteca Victorina 10], Tornhout 1999, II p. 238-266). Dabei zeigten sich keine substantiellen Abweichungen; am auffälligsten ist, dass im Codex Mazarine 1002 in der Regel die Lemmata des Paulustextes fehlen. Auf Einzelheiten wird, wo es sinnvoll scheint, jeweils ad hoc hingewiesen.

[4] Stegmüller, RBMA 4 (1954) 297f. Anonymi auctoris saeculi XII expositio in epistolas Pauli (Ad Romanos – II Ad Corinthios 12), ed. Rolf Peppermüller, Münster 2005 (= Beiträge zur Geschichte der Philosophie und Theologie des Mittelalters NF 68).

[5] H. Denifle, Die abendländischen Schriftausleger bis Luther, Mainz 1905, 65, Anm. 1; A.M. Landgraf, Familienbildung bei Paulinenkommentaren des 12. Jahrhunderts. Biblica 18 (1932) 61-72. 169-193; ders.: Die „Quaestiones super epistolas Pauli" und

sodann darauf hingewiesen, dass der Autor der Sentenzenkommentar-Abbreviatio London, Lambeth-Palace 116, und Luxemburg, Bibl. nat. 65, sowie der unter dem Namen Hugos überlieferten, Johannes von Cornwallis zugeschriebenen *Apologiae de verbo incarnato*[6] mit dem der *Quaestiones* und der *Allegoriae in apistolas Pauli* identisch sei[7]. Offen bleiben muss die Frage nach dem Autor des anonymen Kommentars; Glorieux nennt als möglichen Verfasser Herbert von Bosham[8], doch ist das nicht mehr als eine Vermutung[9].

Das Verhältnis der drei exegetischen Werke (QEP, AEP, K = anonymer Kommentar) zueinander beschreibt Glorieux so[10]: Zuerst wurden im Zeitraum von etwa 1155-1165 die QEP von einem Autor aus dem Umkreis von Robert de Melun verfasst, der auch von Petrus Lombardus die *Collectanea in omnes D. Pauli epistolas*[11] und die *Sententiae*[12] kannte und ausgiebig benutzte. Nach Abschluss der QEP lernte er den anonymen Paulinenkommentar kennen und war offenbar von diesem so beeindruckt, dass er – gewissermaßen als Nachtrag und Ergänzung zu seinem eigenen Werk – die AEP verfasste[13].

Da der anonyme Paulinenkommentar inzwischen ediert worden ist[14], lassen sich auch präzisere Angaben über die Arbeitsweise des Verfassers der AEP machen: Weil es sich um eine Ergänzung zu den QEP handelt, finden sich natürlich kaum inhaltliche Überschneidungen[15].

die „Allegoriae". Collectanea Franciscana 16/17 (1946/1947) 186-200; ders.: The Commentary on St. Paul of the Codex Paris Arsenal lat. 534 and Baldwin of Canterbury. The Catholic Quarterly 10 (1948) 55-62; P. Glorieux a.a.O. (vgl. Anm. 1), 48-59.

6 N.M. Haring, The so-called Apologia de verbo incarnato. Franciscan Studies 16 (1956) 102-143; corrigenda ebda. 17 (1957) 85.

7 A.a.O. 59. Haring hält den Versuch von Glorieux, den Autor der Apologia de verbo incarnato mit dem der drei anderen Werke gleichzusetzen, für nicht gelungen (a.a.O. 102).

8 A.a.O. 59. Ablehnung früherer Zuweisungsversuche ebda. 56-59; vgl. vor allem Philip S. Moore, The Autorship of the Allegoriae super Vetus et Novum Testamentum. The New Scholasticism 9 (1935) 209-225.

9 „S´il était permis de hasarder ...", a.a.O. 59. Kritisch A. Landgraf, Theologische Revue 49 (1952) 48. Walter von St.-Victor hält R. Berndt, Art. Walter von St.-Victor, Lexikon des Mittelalters 8 (1999) 2000f. als Autor für möglich.

10 A.a.O. 54.

11 PL 191, 1207A-1696C. 192, 9A-520A.

12 *Sententiae in IV libris distinctae.* Ed. I. Brady, Grottaferrata I (1971). II (1981) = Spicilegium Bonaventurianum 4.5.

13 „*Arsenal 534 qui provoqua le second travail de leur auteur: les Notulae*", Glorieux a.a.O. 54.

14 S. Anm. 4!

15 Im Testimonienapparat der Edition des anonymen Kommentars sind die QEP nur wenige Male als alleinige Parallelstellen aufgeführt.

Bei der Exegese von I Cor 15,9 wird in den AEP auf die ausführliche Behandlung in den QEP zurückverwiesen[16].

1. Der Text des Kommentars ist weithin wörtlich exzerpiert, oft verkürzt[17], mit eigenen Worten paraphrasiert und zusammengefasst, mit erläuternden Anmerkungen versehen. Ein durchgehender Vergleich der AEP mit dem anonymen Kommentar führt zu dem eindeutigen Ergebnis, dass dieser offenbar nahezu alleinige Quelle für die AEP gewesen ist, so dass man diese als *Abbreviatio* des Kommentars ansehen kann[18]. Daher enden auch die AEP ebenso wie der Kommentar mit der Auslegung von II Cor 10, 12[19].

2. An einigen Stellen weichen die AEP von ihrer Vorlage, dem anonymen Kommentar, ab: So zitieren sie zweimal *magister Acardus*[20] (der in den QEP nur ein einziges Mal erwähnt wird[21]): zu Rm 5,18[22] und zu Rm 13,8[23]; zu dieser Stelle fehlt ein entsprechender Abschnitt im Kommentar ganz[24]. Der etwas längere Text der AEP zu Rm 5,18 lässt sich nur zum Teil auf den Kommentar zurückführen: Zunächst wird

---

16 PL 175, 918AB: Dort wird zunächst kurz die Meinung von *quidam* (sie findet sich im Kommentar S. 320f) referiert und dann angefügt: *Huius quaestionis solutionem melius pertractatam in quaestionibus nostris super Epistolas Pauli invenies.* Damit dürfte QEP q. 129 (PL 175, 538B-539B) gemeint sein; vgl. Landgraf, The commentary ... (vgl. Anm. 5) 57; ders.: Die Quaestiones ... (vgl. ebda.) 190; Stegmüller, RBMA 3, 187. 5 (1955) 103; Glorieux a.a.O. 53.

17 Das kann so weit gehen, dass der Sinn einer Stelle kaum ohne Zuhilfenahme des Kommentars verständlich wird, so z.B. bei der Erklärung zu Rm 3, 24 (PL 175, 884D); die *solutio* zu Rm 8, 20 (PL 175, 891C); die Auslegung von I Cor 4,2 (PL 175, 908CD).

18 Vgl. R. Peppermüller, Zum Fortwirken von Abaelards Römerbriefkommentar in der mittelalterlichen Exegese: Pierre Abélard – Pierre le Vénérable. Actes et Mémoires du Colloque International 546, hrsg. von R. Louis / J. Jolivet, Paris 1975, 557-568; ders.: *Anonymi auctoris* ... VII. Zweifel daran, ob man von einem Extrakt des Kommentars sprechen dürfe, äußert J.-I. Saranyana: La discussión medieval sobre la condición femenale (sieglos VIII al XIII), Salamanca 1997, 88.

19 PL 175, 924A. Die Vorlage der AEP kann nicht der Codex Arsenal 534 gewesen sein, da auch aus dem langen Exkurs zur Christologie im Anschluss an Rm 1,3 zitiert wird, der Arsenal 534 fehlt, sondern eine dem Vat Ottobonianus 445 und Troyes 770 entsprechende Fassung. Die Tatsache, dass aus dem Exkurs exzerpiert worden ist, ist ein weiteres Indiz dafür, dass dieser kein späterer Zusatz ist, vgl. Edition S. XIV!

20 Ac[h]ardus von St.-Victor + 1171; vgl. R. Berndt, Art. Achard v. St. Victor (A. v. Bridlington), Lexikon des Mittelalters 1 (1999) 78.

21 Q. 93 zu I Cor 10,16 (PL 175, 559C): *Solet autem quaeri an aqua cum vino mutetur in sanguinem. Solutio: Dicunt quidam quod mutatur, nobis autem videtur quod non mutatur, quod a magistro Acardo accepimus.*

22 PL 175, 887A. Bei der Bemerkung *secundum magistrum Acardum* dürfte es sich um eine ursprüngliche Randnotiz handeln, die sich auf die folgende Textpassage bezieht, die sich im Kommentar auf S. 90 zu Rm 4,3 findet; der betreffende Text (Z. 43ff) beginnt mit den Worten: *Responsio: Si homo non pecasset ...*, der der AEP 887B: *Si primi parentes non peccassent ....* .

23 PL 175, 902B.; vgl. unten S. 33f.

24 Nach 225, 357.

dieser zitiert[25], dann folgt eine eigene Glosse des Verfassers: *Quod probat utrumque natura inspecta* und der folgende, mit Paragraphenzeichen eingeführte Text: *In baptismate confertur originalis justitia, non illa quam haberent parvuli, si non esset corruptio peccati; sed illa quae intelligitur in participatione meritorum Christi. Privatio igitur illius primordialis justitiae sic in baptismate tollitur; non sic ut ejus habitus conferatur[26], sed sic ut non imputetur. Haec autem originalis justitia, quae datur in sacramento regenerationis, tantum valet ad meritum, quantum illa prima, et forsitan plus, quia nostri parvuli, qui decedunt statim intrant ad gaudium[27].* Da die Herkunft dieser Passage sich nicht ermitteln ließ, muss davon ausgegangen werden, dass hier der Verfasser der AEP spricht. Möglicherweise trifft die Notiz *secuncum magistrum Acardum[28]* auch auf diesen Text zu. Die Fortsetzung der Exegese schließt sich dann wieder eng an den Kommentar an[29], ehe die Bemerkung eingeschoben wird: *Magister Acardus sic exposuit: Clamavi in toto corde meo[30]. Id est in quantum est meum, in quantum enim concupiscentia illud possidet, non est meum[31].*

Als Randnotiz findet sich im anonymen Kommentar dreimal der Vermerk *secuncum (magistrum) Acardum[32]*. Da nur die Handschrift des Codex Ottobonianus 445 diese Bemerkungen enthält, ist anzunehmen, dass es sich um spätere Zusätze handelt; möglicherweise hat der Schreiber sie aus seiner Kenntnis von Achardus hinzugefügt[33].

Die AEP beginnen nicht damit, dass sie auf den Prolog des anonymen Kommentars eingehen[34], sondern stellen als Motto den Spruch Sapientia 11,21 *Omnia fecit Deus in pondere et numero et mensura* voran[35]. Dieser ist im anonymen Kommentar bei der Exegese zu Rm 11,36 angeführt[36], und auch die anschließende Auslegung[37] stammt fast wörtlich

---

25 115, 388-393.
26 *conferatur* PL et M; sed fortasse legendum *conteratur*.
27 PL 175, 887B. Das Problem der (Kinder)taufe wird in den Kommentaren in der Regel im Anschluss an Rm 4,11 behandelt; vgl. z.B. die Glossa Ordinaria zur Stelle (Biblia Latina cum Glossa Ordinaria Ed. A. Rusch, Strassburg 1480/1481, Nachdruck Turnhout 1992, IV 292ab[mg]).
28 PL 887A; cf Komm 90, 43-45 (Randglosse zu Rm 4,3).
29 116, 413f. 429-434. 118, 485-489.
30 Ps 118, 145.
31 PL 175, 902B.
32 Zu Rm 4,3 S. 90; zu Rm 4,15 S. 98; zu Rm 5,5 S. 105.
33 Zitiert wird *magister Achardus, in libro suo De Trinitate* auch im Eulogium ad Alexandrum III papam (Ed. N.M. Haring: Ioannes Cornubiensis Eulogium ad Alexandrum Papam tertium. Medieval Studies 13 (1951) 253-300, S. 267.
34 Der Grund dürfte sein, dass die QEP ja bereits einen ausführlichen Prolog besaßen. Dieser fehlt in der Edition PL 175, ist jedoch von Denifle, Die abendländischen Schriftausleger, Mainz 1905, 67-70, abgedruckt.
35 PL 175, 879D.
36 194, 368.
37 PL 175, 880CD.

von dort. Ansonsten ist in der Regel die Reihenfolge des Kommentars, die dem Paulustext folgt, beibehalten; Umstellungen finden sich etwa bei der Reihenfolge der Lemmata I Cor 1,3-16; II Cor 5,11; 6, 11. 17[38].

Abweichungen von den Formulierungen des anonymen Kommentars finden sich unter anderem bei der Exegese folgender Stellen: Rm 1,32[39]. Dort heißt es zunächst – in Anlehnung an den Kommentar zu Rm 1,17[40] –: *Justitia Dei dicitur gratia, qua gratis justificat impium*, angefügt wird: *et hac Deus non est justus, sed apparet. Justitia Dei dicitur essentia Dei, quae est ipse Deus.* Bei der Exegese von Rm 2,13[41] wird am Schluss – statt den Kommentartext zu exzerpieren – Rm 10,4 zitiert und ausgelegt: *Hic est finis legis in Christum credere et ei per dilectionem adhaerere.* Sinngemäß sagt das aber auch der Text des Kommentars[42]. Abschließend, zu 2,14[43], wird die Auslegung des Kommentars exzerpiert und mit erläuternden Zwischenbemerkungen versehen: *Naturaliter – id est non adiuti per legem; sola naturali ratione reformata per gratiam; sine lege, sed non sine gratia.* Bei Rm 2,18 ist der Text des Kommentars *uoluntas dei quandoque est ad rem et ad actum rei* um das Beispiel ut in bonis quae sunt ergänzt[44]. In der Exegese von Rm 5,3[45] wird – zum besseren Verständnis des gekürzten Textes – zu *dispositionem* und *habitum* jeweils der Begriff *patientiae* gesetzt[46]. Zu Rm 5,5 wird *per gratiam Dei* durch *solam et meram* ergänzt[47]. Bei der Auslegung von Rm 5,18[48] ist die Aussage des Kommentars: *Maior enim uiuacitas sensuum uiget in brutis animalibus illius etatis quam in paruulis* mit *Quod probat utrumque natura inspecta* bekräftigt. Im übrigen folgen die AEP inhaltlich weitgehend dem Kommentar[49], doch wird der folgende Text vorangestellt: *Christus meruit, id est aliquid prius non sibi debitum acquisivit, non est verum. Christus meruit, id est opus virtutis dignum remuneratione fecit, verum est.* Auch für diese Formulierung konnte bislang keine Quelle nachgewiesen werden; hier könnte sich möglicherweise wie-

---

38 Allerdings sind des Öfteren in der Edition PL 175 die einzelnen *notulae* nicht voneinander abgesetzt: So geht zum Beispiel die Exegese von I Cor 15,9 mit dem Zitat von I Cor 15,41 *Alia claritas solis, alia claritas lunae, et alia claritas stellarum* unmittelbar in die Exegese von Vers 28 über.

39 PL 175, 882C.

40 38, 820; ebenso zu Rm 3,21 (84, 230f); vgl. auch Petrus Lombardus, Collectanea in omnes D. Pauli epistolas, PL 191, 1323A.

41 PL 175, 883D/K 70, 318f.

42 70, 318-320.

43 PL 175, 883D-884A/K 70, 321-339.

44 PL 175, 884 A/K 73, 314f.

45 PL 175, 886C/K 104, 71-73.

46 Ebda.

47 PL 175, 886D/K 105, 110f.

48 PL 175, 887B/K 115, 392f.

49 PL 175, 887D/K 118, 502-119, 540 (zu Rm 5,19).

der ein Einfluss von Achardus von St.-Victor bemerkbar machen[50]. Den Satz zu Rm 5,20 *plus peccaret Iudeus quam gentilis* ...[51] ergänzen die AEP durch *et monachus quam laicus in eodem facto*. Zu Rm 6,3 fügen sie[52] in das Zitat aus dem Kommentar *ut bonus* und *ut fictus* ein. Bei der Auslegung von Rm 7,2 interpretieren sie[53] die Aussagen über David durch den Zusatz: *Nondum tamen gratiae instituta et novae legis sacramenta servabat*. Zu der Erklärung von Rm 9,21 ergänzen sie *uasa in contumeliam, vasa culine* des Kommentars durch *aut egestionis*[54]. Bei der Exegese von Rm 10,20 fügen sie in *pena comminata* ein *injuste* ein[55]. Zu Rm 11,2 erklären sie die *prescientia specialis* durch den Zusatz *quae tantum est bonorum*[56], bei Rm 11,3 ergänzen sie *propter reges ydolatras* durch *post divisionem regni*[57]. Zu der Auslegung von Rm 11,33 fügen sie dem *oculum admirationis* ein *et oculum fidei* hinzu[58]. Den Auszug aus der Exegese von Rm 12,1 ergänzen sie durch *sed vivat virtute*[59]; bei der Erklärung von Rm 12,2 fügen sie ein: *Per gratiam Christi innovamur et reformamur, et Deo conformamur*[60] und in die von *voluntas bona: vel bona voluntas in subjectione majorum, beneplacens in subjectione aequalium, perfecta in subjectione minorum*[61]. Zu Rm 12,14 ist an den Text des Kommentars angefügt: *ideoque (ut nobis videtur) maledictionis reatum non incurrunt*[62]. Bei Rm 12,15 ist in den AEP in die knappe Zusammenfassung des Kommentartextes die Ergänzung *non cadentibus insultandum*[63] eingefügt. Nur in den AEP steht das Beispiel Abrahams[64], nur dort findet sich auch der Achardus-Text: *Magister Acardus sic exposuit: Clamavi in toto corde meo. Id est in quantum est meum; in quantum enim concupiscentia illud possidet, non est meum*[65].

Singulär ist, dass M bei der Auslegung von Rm 13,1 eine ausführlichere Fassung bietet als die PL[66]. Zugrunde liegt beiden offensichtlich die Aussage des anonymen Kommentars: *Non concedimus, quod pos-*

---

50   Vgl. oben S. 31.
51   PL 175, 888B/K 122, 638.
52   PL 175, 888C/K 124, 26f.
53   PL 175, 889AB/K 130, 19-24.
54   PL 175, 893D/K 166, 326-328.
55   PL 175, 895C/K 180, 330.
56   PL 175, 896A/K 182, 5f.
57   PL 175, 896A/K 182, 19.
58   PL 175, 897A/K 192, 301.
59   PL 175, 897B/K 198, 29f.
60   PL 175, 897BC/K nach 198, 43-199, 48.
61   PL 175, 897C nach K 199, 56f.
62   PL 175, 899A/nach K 206, 286f.
63   PL 175, 899B/K 207, 291-307.
64   PL 175, 902A.
65   PL 175, 902B; vgl. oben S. 30.
66   PL 175, 899D-900A/M fol. 255vb/vgl. K 215,67-99.

se facere malum sit pars liberi arbitrii, immo potius repugnat et contrarium est libero arbitrio. In angelis enim est liberum arbitrium, qui peccare non possunt, immo tanto liberius quanto minus peccare possunt. Sunt autem liberi arbitrii partes: posse dimittere malum ert facere bonum. Vnde in demonibus non dicimus esse liberum arbitrium, quia nec malum dimittere nec bonum facere possunt. M formuliert hier: § *Dicunt quidam, quod potestas peccandi non est pars liberi arbitrii, cum in angelis, immo in ipso deo sit liberum arbitrium, non tamen potestas peccandi est in angelis uel in deo. Hii dicunt, quod in demonibus non est liberum arbitrium. Aliis aliter uidetur. Sunt autem liberi arbitrii partes: posse dimittere malum et posse facere bonum. Vnde diabolus, quia non potest dimittere malum nec facere bonum, non habet secundum eos liberum arbitrium.* Die PL hat folgenden Text: *Dicunt quidam, quod potestas peccandi non est pars liberi arbitrii, cum in angelis non sit vel in Deo. Hi dicunt, quod in daemonibus non est liberum arbitrium. Aliis aliter videtur. Sunt autem liberi arbitrii partes, posse dimittere malum, et posse facere bonum. Unde diabolus, quia non potest dimittere malum, nec facere bonum, non habet secundum eos liberum arbitrium.*

Bei der Erläuterung von Rm 14,5 gibt der Kommentar als Quelle die *glossa* an; die AEP schreiben: *ut dicit auctoritas*[67]. Rm 16,18 ist an das Terenz-Zitat die Bemerkung *et ita inimicos* angefügt[68]; in die Auslegung von Rm 16,19 ist bei der Erklärung von *simplices in malo* hinzugefügt: *sic se habent quasi nihil sciant*[69]. Bei der Exegese von I Cor 1,1 wird in die Beschreibung der beiden Arten von *superbia* eingefügt, dass sich daraus die Anordnung des Römerbriefes an erster und des Korintherbriefes an zweiter Stelle erkläre[70]. Zum Lemma I Cor 1,13 *Aut in nomine Pauli baptizati estis?* geben die AEP am Ende eine eigene *solutio: Per nomen notitia intelligitur, id est fides: tamen melius dicit in nomine, quia corde creditur ad justitiam, ore fit confessio ad salutem* (Rm 10,10)[71].

Eine weitere, etwas längere Passage, die nicht allein auf dem Text des Kommentars basiert, findet sich in der Auslegung zu I Cor 2,8. Dort zieht der Kommentar Lc 20,14 und Joh 19,14 heran. Die AEP geben seine Ausführung als die von *quidam* wieder, fügen aber den Evangelienzitaten die Bemerkung an: *Et secundum hos Judaei non vere Christum cognoverunt.* Dem entgegnet der Verfasser der AEP: *Nobis*

---

[67] PL 175, 903A/K 232, 79. Der Text findet sich in der Glossa Ordinaria – nach Augustinus – Ed. Rusch IV, 302[amg]; ebenfalls bei Petrus Lombardus, Collectanea in omnes epistolas D. Pauli PL 191, 1513C; Robert von Melun, Questiones [Theologice] de epistolis Pauli I, ed. R.M. Martin, Louvain 1938, 162, 5-7 sowie QEP Rm q. 315 (PL 175, 508B).

[68] PL 175, 904C/K 245, 44.

[69] PL 175, 904D/K 245, 54f.

[70] PL 175, 903D.904D.905A/K 248, 9-12.

[71] PL 175, 905D.906A/K 253, 166-254, 193.

autem quod aliqui ex his vere eum cognoverunt, scilicet, esse promissum in lege, et vere justum, videtur[72]. An das Zitat aus dem Kommentar: *Malo enim nemo invidet sed bono tantum* fügt er an: *Sed Judaei illi invidebant; quomodo ergo non bonum esse credebant*[73]? Die AEP führen dann zusätzlich Joh 9,39 an, ehe sie mit *Sed dicemus quod*[74] ... wieder den Ausführungen des Kommentars folgen[75].

Zu I Cor 4,2 ergänzen die AEP: *Qui autem dispensatores ministeriorum arbitrantur gratiarum auctores, Ecclesiam Dei Ecclesiam hominum faciunt*[76]. Zur Exegese von I Cor 5,7 fügen sie als Bemerkung hinzu: *Et quilibet peccator, qui alios corrumpit*[77]. Zur Auslegung von I Cor 6,17 ergänzen sie: *Et ideo non est quaerendum, an spiritus creatus, an increatus*[78]. Bei der Exegese von I Cor 7,28 fügen sie eigene Bemerkungen ein: *Solutio absque praejudicio melioris sententiae: Dico quod non peccat, si nondum fecit votum majoris status*[79], in das Iovinian-Zitat: *Et Deus reddet unicuique*, eine *solutio: Non est verum, quod ubi major labor, et majus meritum. Haec auctoritas videtur velle, quod virginitas praeferri conjugio non debeat*, sowie *Quamvis persona Joannis persona Abrahae in merito non fuit major*[80]. Bei der Exegese von I Cor 7,29 *Tempus breve est* ersetzen die AEP den ersten Teil des Kommentartextes durch *Quia quidquid finem habet*[81], bei der von I Cor 8,7 sind in den AEP *mens* und *conscientia* gegenüber dem Kommentartext vertauscht[82]. Die Auslegung zu I Cor 8,13 ist in den AEP um den Relativsatz *qui sciebant idolum nihil esse* ergänzt[83]. Bei I Cor 9,20 stellen die AEP die rhetorische Frage *Atqui propterea reprehendit Petrum?*, folgen dann aber dem Kommentar[84]. Zu I Cor 9,21 wird gefragt: *Si igitur Christus sub lege quomodo non et Paulus?* Danach schließen die AEP sich wieder genau dem Kommentar an[85]. Die Erklärung der AEP von *coena* I Cor 10,25 basiert auf dem Text des Kommentars, doch ist zu Beginn der griechische Ausdruck apo tou koinou hinzugesetzt[86]. Anlässlich von I Cor 11,5 schreiben die AEP zum Gedanken,

---

[72] PL 175, 906D/K 257, 44. 47.
[73] PL 175, 906D-907A/K 257, 52.
[74] *Sed ... quom* om. M.
[75] PL 175, 907AB/K 258, 73-87.
[76] PL 908CD/K 266, 10-16.
[77] PL 175, 909A/K 269, 13-20.
[78] PL 175, 909D/K 273, 130-134.
[79] PL 175, 911C/K 283, 257-266.
[80] PL 175, 911D/K 283, 272.
[81] PL 175, 912A/K 284, 289f.
[82] PL 175, 913A/K 289, 43f.
[83] PL 175, 913B/K 289, 61-290, 66.
[84] PL 175, 913C/K 291, 30-292, 35.
[85] PL 175, 913BC/K nach 292, 41-45.
[86] PL 175, 914D/K 300, 175-179.

dass Äbtissinnen ihren Ordensschwestern die Schrift auslegen und
predigen dürfen: ... *quod, ut credo, Apostolus non prohibet*[87]; I Cor 12,13
fügen sie an den Text des Kommentars an: *et quod facit vinum materiale
Deo, facit spiritus mundo*[88]. Bei der Auslegung von II Cor 5,2 ergänzen
die AEP nach dem Lemma des Kommentars *superindui cupientes: quod
nolumus spoliari, sed supervestiri. Aliud est affectus rationis, aliud affectus
carnis*[89], bei II Cor 6,1 wird an den Gedankengang des Kommentars
eine eigene *solutio* angefügt: *De diversis sunt illae auctoritates: prima de
peccatoribus non infidelibus; secunda de his, qui post fidem redeunt ad infi-
delitatem*[90]. II Cor 8,13 ist das Ende der *solutio* im Anschluss an den
Kommentartext ... *piis tamen operibus et elemosinis operam dantes paupe-
rum Christi, quos sustentant, orationibus gratiam dei consequuntur, qua digni
fiunt salute* mit eigenen Worten formuliert: ... *per merita aliorum salutem
consequentur, prius quidem gratiam, per quam liberentur, post charitatem, qua
digni sint gloria*[91]. Ähnlich ist bei der Auslegung von II Cor 8,15 die *solutio* der AEP[92] frei formuliert, auch wenn sie sich inhaltlich an den
Kommentartext anschließt. Zu II Cor 8,21 fügen die AEP am Ende
der *solutio* die Bemerkung an: ... *intelligendum est quantum ad nos*[93]; bei
der Auslegung von II Cor 10,12 ergänzen sie den Kommentartext *persona quandoque excedit potestatem* durch das Beispiel: *ut quando aliquis
exercet tyrannidem, sumens occasionem ix ipsa potestate*[94].

3. Bisweilen sind Wörter des Kommentars durch Synonyma oder
ähnliche Begriffe ersetzt: So zu Rm 1,15 *operibus* statt *factis*[95]; Rm 1,32
justitia statt *uirtute*[96]; Rm 3,24 *pro proximo* statt *pro nobis*[97]; Rm 4,15 *Crede*
statt *Dilige*[98]; Rm 5,3 *tribus de causis* statt *tribus modis*[99]; *consideranda* statt
attendenda[100]; *in poena* statt *propter causam*[101]; Rm 5,18 *culpam* statt *cau-*

87 PL 175, 915BC/K vgl. 301, 34-39.
88 PL 175, 917B/K 314, 36-38. Was gemeint ist, sieht man am besten bei Walter v. St.-
    Victor, sermo 20 (Ed. Châtillon, CCM 30 [1975] 171): *Quemamodum uinum materiale
    est inebrians, acidum et acutum, sic uinum spiritale est inebrians, calidum et acutum: sed uinum
    materiale, quando inebriat, obliuionem Dei generat, uinum uero spiritale, cum inebriat, mundi
    delectationem siue peccati in spritalem commutat.*
89 PL 175, 920CD/K 337, 18.
90 PL 175, 921C/K 340, 6-14.
91 PL 175, 922A/K 342, 8-10.
92 PL 175, 922BC/K 342, 11-343, 30.
93 PL 175, 922D/K 343, 31-35.
94 PL 175, 924A/K 345, 27.
95 PL 175, 881D/K 30, 587.
96 PL 175, 882D/K 56, 1278.
97 PL 884D/K 86, 268.
98 PL 175, 886A/K 98, 309.
99 PL 175, 886B/K 103, 51f.
100 PL 175, 886B/K 104, 55.
101 PL 175, 886B/K 104, 60.

sam[102]; Rm 6,14 *fomes peccati* statt *peccatum*[103]; Rm 6,19 *permissio* statt *indulgentia*[104]; *gratia* statt *misericordia*[105]; Rm 7,6 *hominem* statt *spiritum*[106]; Rm 8,5 *gratanter* statt *curiosa gaudentique aure*[107]; Rm 8,18 *conventionem* statt *conditionem*[108]; *argentum argento* statt *aurum auro*[109]; *conventionem* statt *conditionem*[110]; Rm 10,21 *tota die, id est omni tempore gratiae* statt *toto illo tempore*[111]; Rm 12,8 *apponat* statt *opponat*[112]; Rm 12,15 *defectu et casu ac culpa aliorum* statt *defectu et casu aliquorum*[113]; Rm 12,19 *injurias* statt *contumelias*[114]; Rm 13,8 *forma et causa* statt *causa*[115]; Rm 14,5 *auctoritas* statt *glosa*[116]; Rm 14,23 *plurimorum* statt *philosophorum*[117]; Rm 16,19 *haeretici* statt *pseudo-predicatores*[118]; I Cor 1,17 *mundi* statt *philosophorum*[119]; I Cor 3,23 *Petri* statt *Apollo*[120]; I Cor 5,7 *in mutua dilectione* statt *in fraternam dilectionem*[121]; I Cor 7,6 *indulgentia* statt *uenia*[122]; I Cor 8,7 *conscientia* statt *mens*[123] I Cor 10,4 *Novi Testamenti* statt *nostrorum*[124]. *Veteris [Testamenti]* statt *illorum*[125]; I Cor 10,11 *diabolus* statt *malus angelus*[126].

4. Die AEP enthalten in der Druckfassung der Patrologia Latina einige Fehler[127]: So dürfte bei der Exegese von Rm 2,8 der Zusatz (nach K 68, 249f) *prae infirmitate ut Thomas* wegen eines Homoioteleutons ausgefallen sein[128]; zu Rm 2,15 heißt es: ... *nec ubi non est scientia, nec conscientia*, im anonymen Kommentar dagegen: *Non est autem conscien-*

---

[102] PL 175, 887C/K 118, 485.

[103] PL 175, 888D/K 127, 129.

[104] PL 175, 888D/K 128, 154.

[105] PL 175, 889A/K 129, 168f.

[106] PL 175, 889B/K 131, 55.

[107] PL 175, 890A/K 140, 61.

[108] PL 175, 890D/K 145, 194.

[109] PL 175, 890D/K 145, 195.

[110] PL 175, 890D/K 145, 194.

[111] PL 175, 895D/K 181, 351.

[112] PL 175, 898C/K 203, 186.

[113] PL 175, 899B/K 207, 291f.

[114] PL 175, 899B/K 209, 355.

[115] PL 175, 901B/K 222, 277.

[116] PL 175, 903A/K 232, 79.

[117] PL 175, 903C/K 234, 152. Hier könnte ein Fehler eines Schreibers vorliegen, der das Kürzel für philosophorum falsch gelesen hat.

[118] PL 175, 904D/K 245, 52.

[119] PL 175, 906A/K 254, 195.

[120] PL 175, 908C/K 264, 120.

[121] PL 175, 909B/K 270, 38.

[122] PL 175, 910D/K 279, 151. Auch hier dürfte ein Fehler der Druckfassung vorliegen.

[123] PL 175, 913A/K 289, 43.

[124] PL 175, 913D/K 296, 58.

[125] PL 175, 913D/K 296, 59.

[126] PL 175, 914B/K 298, 129.

[127] Auch einige der unter 3. genannten Beispiele dürften auf Fehlern beruhen.

[128] PL 175, 883C/M 248va, cf. K 18, 249f.

tia, ubi non est scientia[129]. Bei der Auslegung von 4,8 muss es – mit M – richtig heißen: ... *totum esse ex gratia, sed non ex sola gratia*[130]. Wenig später ist mit M statt *gratiae effectu caret* zu lesen *gratia effectu caret*[131]. Zu Rm 4,11 schreibt die Druckfassung der AEP: *Dicunt quidem,* im Kommentar ist auf Beda verwiesen[132]; die richtige Lesart der AEP dürfte *quidam* sein. Im Lemma Rm 7,18 fehlt in der Druckfassung der AEP[133] das *nisi*. Bei Rm 7,23 liest die Druckfassung der AEP *videtur,* M mit dem Kommentar *uidemus*[134]. In der Exegese von Rm 8,12 liest M zusammen mit dem anonymen Kommentar richtig *secundum voluntatem* statt *secundum voluptatem* und *dominum facit* statt *deum facit*[135]; Rm 8,34 heißt es in der Druckfassung der AEP *humana* an Stelle des (richtigen) *humanitas bei M und* im Kommentar[136]. Bei der Auslegung von Rm 9,6 stehen bei M und im anonymen Kommentar im Gegensatz zur Druckfassung der PL die Verbformen *apprehendant* und *respuant* richtig im Plural[137]. Bei Rm 9,13 ist mit M und dem anonymen Kommentar ... *aeternae reprobationis causa sit culpa temporalis* statt ... *aeternae reprobationis sit causa temporalis* zu lesen[138], in der Responsio *utrique* statt *utrisque*[139]. Im Lemma Rm 10,15 steht in der Druckfassung der AEP *Evangelizentium*[140], in dem zu Rm 12,1 *carnis* statt *carni*[141], zu Rm 12,3 *donerum* statt *donorum*[142]; statt *insignis* ist bei Rm 12,3 mit dem anonymen Kommentar *in signis* zu lesen[143], bei Rm 12,15 *Flete* statt *Flere*[144]. Bei Rm 13,13 heißt es in der Druckfassung der AEP *collata* statt *collatio* und *cupiditatibus* statt *cubitationibus*[145], bei Rm 13,14 *induunt* statt des korrekten *induuntur*[146], bei Rm 14,5 in der Solutio *anima* statt wie bei M und dem anonymen Kommentar *animo*[147], in der Definition

---

[129] PL 175, 884A/M 248vb/K 71, 348.
[130] PL 175, 885B/M 249rb; cf. K 92, 120-124.
[131] PL 175, 885B.
[132] PL 175, 885D/K 94, 191f.
[133] PL 175, 889C.
[134] PL 175, 889C/M 251va/K 137, 251.
[135] PL 175, 890A/K 141, 78.
[136] PL 175, 892B/M 252va/K 155, 433.
[137] PL 175, 783A/M 252vb, cf K 158, 79f.
[138] PL 175, 893B/M 253ra/K 162, 196f.
[139] PL 175, 893B/M 253ra/K 162, 216.
[140] PL 175, 895A.
[141] PL 175, 897B/K 254vb; cf. K 198, 22.
[142] PL 175, 897D/K 200, 22f.
[143] PL 175, 897D/K 200, 80. Statt *Petrus ... insignis* steht bei M *pectus insignis!*
[144] PL 175, 899A/K 207, 291. Bei M 255va fehlt das Lemma.
[145] PL 175, 902CD/K 228, 451. 229, 467.
[146] PL 175, 902D/K 229, 481. Auch M liest induunt (257rb).
[147] PL 175, 903B/M 257rb/K 232, 80.

von *tribunal* zu Rm 14,10 *regnum* statt *regum*[148], in dem Cicero-Zitat zu Rm 15,30 *facultatem* statt *facilitatem*[149].

Zu I Cor 1,3-13 bietet M eine andere Reihenfolge der Lemmata als die Druckfassung; zu V. 5 fehlen Lemma und Auslegung[150]. Bei der Exegese von I Cor 1,11 schreibt die Druckfassung der AEP *quicunque nostrum* statt *unicuique nostrum*[151], nach dem Lemma I Cor 11,29 heißt es zu I Cor 11,27: *Non timorem. Injuriam facit Christo ...*, bei M und im anonymen Kommentar steht hingegen: *Non enim minorem ei facit imiuriam ...*[152]. I Cor 13,3 *argumentum* statt *augmentum*[153]; die Auslegung von I Cor 2,8 enthält zwei (Druck-)Fehler im Johanneszitat: *venit* statt *ueni* und *saeci* statt *ceci*[154]. Zu II Cor 5,13 bietet die Druckfassung der AEP fehlerhaft *inferiorem ... memoriam* anstatt *inferiorum memoriam*[155].

5. Besonders interessant ist die Frage, wer sich hinter den *quidam* verbirgt, die in den AEP wiederholt zitiert werden.

Stets ist mit *quidam* auf den Kommentar verwiesen, dabei werden dessen Ansichten durchaus nicht immer geteilt. An einigen Stellen hatte der Kommentar bereits selbst schon auf *quidam* verwiesen, und die AEP übernehmen dies. Schließlich muss bei einigen Nennungen von *quidam* offen bleiben, wer gemeint ist[156].

Einige Beispiele: Die Exegese von Rm 1,24 schließt sich sehr eng an den Kommentar an[157]. Wie dieser die (abgelehnte) These, die Strafe komme von Gott, als Ansicht von *quidam* referiert[158], formulieren die AEP: *illis, qui dicunt ...*[159]. Bei der Definition von *justitia* Rm 1,32 heißt es in den AEP: *Istud suum non ad accipientem, sed ad reddentem referendum est secundum quosdam: quod nobis non placet*[160]. Im anonymen Kommentar steht: *Istud suum non ad accipientem, ut multi uolunt, sed ad reddentem referendum est*[161]. Auch zu Rm 2,18 folgen die AEP dem Kommentar[162]. Dieser lehnt die Meinung ab, Gott lasse zu, dass Übel

---

[148] PL 175, 903B/M 257va; cf. K 233, 120f.

[149] PL 175, 904B/K 242, 181. Auch bei M 257vb steht *facultatem*.

[150] PL 175, 905AB/M 258rab.

[151] PL 175, 905C/K 250, 78 zu I Cor 1,1, ebenso M 258ra.

[152] PL 175, 916D/M 263va/K 310, 269.

[153] PL 175, 917B. Auch hier dürfte es sich um das Versehen eines Schreibers handeln; M schreibt (263vb) *augmentum*, der Kommentar 315, 20 *incrementum*.

[154] PL 175, 907A.

[155] PL 175, 912C/M 265vb *inferiorum*/K 339, 76f.

[156] Petrus Lombardus wird durchgehend als *expositor* zitiert; auch hierin folgen die AEP dem anonymen Kommentar.

[157] K 48, 1057-51, 1144.

[158] 48, 1160f.

[159] PL 175, 881D.

[160] PL 175, 882C.

[161] 55, 1255f.

[162] 73, 314-409.

geschehe[163]. Die AEP schreiben diese Ansicht *quidam* zu und geben
die Ablehnung des Kommentars mit *videtur quibusdam* wieder[164]. Bei
der Auslegung von Rm 2,25 führen die AEP die mit *uel* eingeleitete
Ansicht des Kommentars über die *circumcisio cordis*[165] an und sagen
dazu: *Sic quidam de circumcisione cordis intelligunt: haec autem circumcisio
prodest, etc.*[166]. Bei Rm 4,8 nehmen die AEP Bezug auf Bemerkungen
des Kommentars zum *liberum arbitrium*[167]: *Dicunt quidam quod posse malum non pertinet ad liberum arbitrium. Secundum quos sic describitur: Liberum
arbitrium est discretio boni et mali cum facultate faciendi bonum et dimittendi
malum.* Dies ist exakt die Definition des Kommentars[168]. Anschließend
lehnen die AEP diese aber mit der eigenen Formulierung ab: *Nobis
autem videtur quod liberum arbitrium sit facultas discernendi et eligendi, et
exsequendi. Hoc dico secundum primum statum: quae facultas per culpam
quantum ad exsecutionem penitus deleta est; quantum vero ad discretionem et
electionem multum diminuta*[169]. Nicht sehr glücklich ist die Bearbeitung
bzw. Kürzung des Kommentars durch die AEP beim Vergleich von
Beschneidung und Taufe zu Rm 4,11[170]: Zunächst wird mit *Dicunt
quidam ...*[171] der Satz des Kommentars referiert, dass beide dieselbe
Wirkung hätten. Dabei wird aber nicht erwähnt, dass diese Aussage
durch das folgende *nisi quia non statim introducebat in regnum celi, sicut
Beda dicit; sed nec baptismus nisi quia sanguis Christi effusus est*[172] relativiert
wird. So können die AEP nun mit *Quibus sic objicitur ...* eine scheinbare
Gegenposition formulieren. In Wirklichkeit aber geben sie lediglich
Gedanken des Kommentars wieder[173]. Die *quidam* sind also auch hier
zwar Ansichten des Kommentars, der sich aber seinerseits auf Beda
beruft[174]. Eine echte Gegenposition zum Kommentar bieten die AEP
auch hier nicht. Zu Rm 5,13f geben sie ihre *solutio* in engem Anschluss
an den Kommentar, speziell dessen *responsio*[175]. Auch hier schreiben
sie einleitend: *Dicunt quidam ...* Bei der kurzen Anmerkung zu Rm
5,15 *Unius hominis Jesu Christi* nach der Darstellung des Kommentars

---

[163] *Dicunt ...* 73, 399.
[164] PL 175, 884B.
[165] 72, 472-481.
[166] PL 175, 884C.
[167] PL 175, 885C/K 93, 145-151.
[168] PL 175, 885C/K 93, 145f.
[169] PL 175, 885C.
[170] PL 175, 885D-886A/K94, 190-195.
[171] PL 175, 885D/M 249va.
[172] K 94, 192-95.
[173] K 95, 205-209. 210-219.
[174] 94, 192f; vgl. auch P. Lombardus, collectanea PL 191, 1372B; sententiae 4, 1, 7 (Ed.
       Brady II, 236).
[175] PL 175, 887A/K 109, 215-217.

sind mit *quidam* die Vertreter der Habitustheorie gemeint[176]. Zu Rm 5,18 geben die AEP kurz vier Definitionen des *originale peccatum* wieder, die jeweils mit *secundum alios* eingeleitet werden. Dabei folgen sie dem Kommentar[177], ohne sich für eine der vier Möglichkeiten zu entscheiden. Die vom Kommentar akzeptierte Definition: *Originale ergo peccatum est iniusticia originalis, id est priuatio siue absentia cuiusdam originalis iusticie, que debent esse in prima etate secundum primam institutionem dei*[178] wird von den AEP an dritter Stelle angeführt. Etwas später referieren sie die im Kommentar wiedergegebene These von *quidam*, in der Taufe werden das *originale peccatum* vergeben *secundum aeternae damnationis debitum*, bleibe aber auch nach der Taufe *secundum culpam* bestehen. Dem entgegnen sie: *Nobis autem videtur, imo fere omnibus, quod non sit culpa, vel peccatum post baptisma*[179]. Zu Rm 10,18 bemerken sie, dass nach der Meinung von *quidam* die Juden erkannt hätten, dass Christus Gottes Sohn sei; andere seien der Meinung, sie hätten nicht erkannt, dass er Gottes Sohn sei[180]. Die AEP entscheiden sich nicht für eine der beiden Möglichkeiten. Bei der Erklärung zu Rm 13,1 beginnen die AEP mit einer Augustinussentenz, die sie, ohne den Autor zu nennen, mit der zugehörigen Interpretation aus dem Kommentar übernehmen[181]. Dann fahren sie fort und referieren weiter aus dem Kommentar: *Dicunt quidam, quod potestas peccandi non est pars liberi arbitrii, cum in angelis non sit vel in Deo. Hi dicunt, quod in daemonibus non est liberum arbitrium*[182]. Allerdings wird diese Aussage im Kommentar durch ein *Aliis aliter videtur* relativiert[183]. Statt von *daemones* sprechen die AEP auch hier vom *diabolus*[184]. In der Exegese von Rm 13,8 heißt es: *Dicunt quidam ...* Der Kommentar sagt hier: *Sunt nonnulli, qui ...*[185]. Deren Behauptung: *Ergo minoris meriti est homicidium non committere quam in lingua non offendere* wird in den AEP formuliert: *quod majus bonum est non offendere lingua quam non committere homicidium*[186]. Auch bei der Erklärung des Liebesgebotes[187] folgen die AEP weithin den

---

[176] PL 175, 887A/K 111, 272-276; vgl. 111, 273 ... *qui negant Christum unum hominem uel aliquem hominem esse.*
[177] PL 175, 887A/K 113, 333-114, 373.
[178] K 114, 371-373.
[179] PL 175, 887CD; K 118, 485-488.
[180] PL 175, 895C; v gl. K 178, 272-278. *Aliis videtur* ... PL 175, 895C; vgl. K 178, 266-271.
[181] PL 175, 899D/K 215, 58-62.
[182] PL 175, 899D.
[183] K 215, 63-73.
[184] PL 175, 899D-900A/K 215, 90.
[185] PL 175, 901A/K 221, 232.
[186] PL 175, 901A/K 221, 234f.
[187] Deuteronomium 6,5 (zu Rm 13,8).

Ausführungen des Kommentars[188]. Dabei gehen sie auf Einwände ein, die sich auch schon dort finden; so heißt es: *Dicunt quidam, quod praeceptum Decalogi quodlibet est de illis sine quibus non est salus* ...[189]; *Item objiciunt sic nobis* ...[190]; *Item dicunt* ...[191]; *Ipsi dicunt* ...[192]; *Quod autem objiciunt* ...[193]; *Sic exponunt* ...[194]. Zu Rm 14,23 schreiben die AEP: *Quidam dicunt quod infidelibus peccatum est etiam bona facere* und lehnen dies mit den Worten *... quod nobis esse videtur falsum* ab[195]. Bei der Auslegung von I Cor 2,8 wird Mt 21,38 angeführt und mit *Quidam sic exponunt ... die Deutung des Kommentars zitiert*[196]. Auch zu I Cor 13,3 wird die Ansicht von *quidam* referiert, und wieder findet sich diese im Kommentartext zusammen mit der Kritik an ihr[197]. Der Term *scientia ex parte* wird bei der Auslegung von I Cor 13,9 *secundum quosdam* beschrieben, und es wird hinzugefügt, dass *secundum eosdem charitas non dicitur esse ex parte*. Auch diese Gedanken finden sich im Kommentar[198]. Zu I Cor 15,9 wird in der *solutio* bei der Frage, warum Paulus sich als den geringsten der Apostel bezeichne, auf die Ansicht von *quidam* verwiesen[199], dann aber hinzugefügt, dass sich eine ausführlichere Erörterung dieses Problems in den *quaestiones* des Autors finde[200]. Bei der Auslegung von II Cor 5,10 wird die *solutio* von *quidam* übernommen; auch sie findet sich im Kommentar[201].

6. Aus all dem ergibt sich, dass man die AEP nicht länger als eigenständiges Werk ansehen kann und bei ihrer Lektüre immer die Hauptquelle, den anonymen Paulinenkommentar, zur Hand haben sollte. Dieser hat seinerseits also indirekt – über die AEP – großen Einfluss auf die Exegese des Mittelalters gewonnen, wie die Zahl der erhaltenen Handschriften zeigt[202].

---

[188] PL 175, 901B–902B/K 224, 308-225, 365.
[189] PL 175, 901D/K 224, 308-312.
[190] PL 175, 902A/K 224, 313-315.
[191] PL 175, 902A/K 224, 316-319.
[192] PL 175, 902A/K 224, 327f.
[193] PL 175, 902B mit der Auslegung von *magister Acardus* (vgl. oben S. 30) / K 225, 356.
[194] PL 175, 902B/K 225, 345-354. Dabei wurde in den AEP der Term *intellectu – uoluntate – memoria* durch *corde – anima – mente* ersetzt.
[195] PL 175, 903C; im Kommentar als Meinung von *quidam* 234, 155-157.
[196] PL 175, 906D/K 257, 46f.
[197] PL 175, 917B/K 315, 4-10.
[198] PL 175, 917CD/K 316, 51f. 46-50.
[199] PL 175, 918AB/K 320, 26-28.
[200] Gemeint sind wohl die Quaestiones in epistolas Pauli PL 175, 918B; vgl. oben S. 30 mit Anm. 16.
[201] PL 175, 921A/K 338, 42f.
[202] P.S. Moore a.a.O. (vgl. Anm. 8); Stegmüller, RBMA V, 8. 103; Peppermüller, Zum Fortwirken ... (vgl. Anm. 18).

„Ad Mariam recurre"
(Sermo in Nativitate beatae Mariae, 7).
Mariologische Impulse Bernhards von Clairvaux

Wendelin Knoch

1. DER ORDENSVATER BERNHARD VON CLAIRVAUX, EIN BEGNADETER PREDIGER UND GELEHRTER MÖNCHSTHEOLOGE

Die Persönlichkeit Bernhards von Clairvaux, dessen Leben und Wirken unlösbar mit dem raschen Aufblühen des Zisterzienser-Ordens im 12. Jahrhundert verbunden ist, ist in ihren Facetten vielseitig erschlossen.[1] Sein Gesamtwerk, das in kritischer Edition zweisprachig vorliegt[2], erweist ihn als begnadeten Prediger, der auch die zisterziensische Predigtkultur nachhaltig geprägt hat[3], darüber hinaus in seiner geistigen und geistlichen Wegweisung als feinsinnigen Lehrer und

---

[1] Peter Dinzelbacher, Bernhard von Clairvaux. Leben und Werk des berühmten Zisterziensers, WBG, Darmstadt 1998; ferner: Jean Leclercq, Bernhard von Clairvaux. Ein Mann prägt seine Zeit, München 1990; zur Spiritualität: Sr. M. Pia Schindele, Das monastische Leben nach der Lehre des heiligen Bernhard von Clairvaux, Baden-Baden 2003; ferner: Bernhard von Clairvaux, Die Botschaft der Freude. Texte über Askese, Gebet und Liebe. Ausgewählt und eingeleitet von Jean Leclercq, Einsiedeln/ Zürich/Köln 1953; La dottrina della vita spirituale nelle opere di San Bernardo di Clairvaux. Atti del Convegno Internazionale Roma, 11-15 settembre 1990 (Analecta Cisterciensia XLVI), Rom 1991; Michaela Diers, Bernhard von Clairvaux. Elitäre Frömmigkeit und begnadetes Wirken; BGPhThMA, NF 34, Münster 1991.

[2] Gerhard B. Winkler, Bernhard von Clairvaux, Sämtliche Werke, lateinisch-deutsch, Innsbruck 1990-1999. Im Folgenden werden die Schriften Bernhards nach dieser Gesamtausgabe zitiert.

[3] Wendelin Knoch, Der Abt Bernhard von Clairvaux. Vater zisterziensischer Predigtkultur ..., in: Zisterzienserakademie, Berichtsheft 2, Symposion 1999: Die Identität der Zisterzienser aus dem Geist ihrer Liturgie gestern und heute, Langenwaden 1999, 49-59.

tiefschürfenden Theologen.[4] In Bernhard hat die „Mönchstheologie"[5] ihren prägnanten Ausdruck gefunden, wie sich nicht zuletzt in der Auseinandersetzung mit Petrus Abaelard[6] ablesen lässt. Dessen rational bestimmter Zugang zur Erhellung des Glaubens nimmt Bernhard als Gefährdung des Glaubens wahr.[7] Bernhard ist zudem Autor von 539 Briefen, in denen sich nicht zuletzt sein weit gespanntes kirchliches wie auch kirchenpolitisches Engagement widerspiegeln.[8] Sein Einfluss ist so weitreichend, dass „zumindest für die 2. Hälfte des 12. Jahrhunderts" die Bezeichnung „Bernhardinisches Zeitalter" zutrifft.[9] Festzuhalten ist freilich, dass Bernhard von Clairvaux als Abt in Sonderheit die Formung seiner Mönchsgemeinschaft am Herzen lag. Das Leben im Kloster muss eine Gebets- und Lebensgemeinschaft in Freundschaft ermöglichen.[10] Die genau festgelegte Gestaltung des klösterlichen Alltags will dem geistlichen Leben des Einzelnen wie der Gemeinschaft den ihm gebührenden Raum sichern.

Die von Bernhard angesprochenen theologischen Themenfelder sind weit gespannt, von ihm in bestechender Sprache entfaltet, rückgebunden an die Aussagen der Heiligen Schrift, die Festgeheimnisse

[4] Einen kompakten Überblick zu Persönlichkeit, Leben und Werk Bernhards von Clairvaux bietet: G. Binding, Bernhard von Clairvaux, Lexikon des Mittelalters I, München 1980, 1992-1998 (Literatur).

[5] Bernhard ist in seinem Denken und Werk ein exemplarischer Vertreter der Mönchstheologie im Hochmittelalter. Vgl. dazu Ulrich Köpf, Bernhard von Clairvaux. Monastische Theologie, in: Theologen des Mittelalters. Eine Einführung. Hrsg. v. Ulrich Köpf, Darmstadt 2002, 79-95 (Lit.); Jean Leclercq, Wissenschaft und Gottverlangen. Zur Mönchstheologie des Mittelalters, Düsseldorf 1963; vgl. ders., Bernhard von Clairvaux, LThK, 3. Auflage, Bd. 2, 268-270, hier 269 (III. Lehre).

[6] Siehe: Stephan Ernst, Petrus Abaelardus. Münster 2003.

[7] Näheres dazu: Wendelin Knoch, Der Streit zwischen Bernhard von Clairvaux und Petrus Abaelard – ein exemplarisches Ringen um verantworteten Glauben, in: FZ Ph Th 38 (1991), 299-315.

[8] Vgl. Wendelin Knoch, Bernhard von Clairvaux und das Recht; in: Althaus, Lüdicke, Pulte (Hrsg.), Kirchenrecht und Theologie im Leben der Kirche, FS Heinrich J. F. Reinhardt, Bz MK, Essen 2007, 253-267.

[9] Arno Paffrath, Bernhard von Clairvaux, Bd. I Leben und Wirken, dargestellt in den Bilderzyklen von Altenberg bis Zwettl, Köln 1984 (I. Einführung 22-25, 22); Bd. II Die Darstellung des Heiligen in der bildenden Kunst, Köln 1990; Peter Dinzelbacher, Die „bernhardinische Epoche" als Achsenzeit der europäischen Geschichte, in: Bernhard von Clairvaux und der Beginn der Moderne, Hrsg. v. Dieter R. Bauer, Gotthard Fuchs, Innsbruck 1996, 9-26 (Lit. 47-3). „Der heilige Bernhard ... war zwar ein Künder des ‚neuen Gefühls' des 11. und 12. Jahrhunderts und, wie man gesagt hat, der erste große französische Prosaschriftsteller; gleichzeitig war er aber auch ‚der letzte Kirchenvater', wie ihn, nach den Humanisten des 16. und 17. Jahrhunderts, Papst Pius XII. genannt hat." (Leclercq, Wissenschaft und Gottverlangen, 126 [siehe Anm. 5]).

[10] Wendelin Knoch, Gebets- und Lebensgemeinschaft in Freundschaft – Bernhardinische Reformimpulse, in: Verwandtschaft, Freundschaft, Bruderschaft. Soziale Lebens- und Kommunikationsformen im Mittelalter, hrsg. v. Gerhard Krieger, Berlin 2009, 118-126.

und heiligen Feste, die das Kirchenjahr begleiten. In der Mitte seiner theologischen Aussagen wie geistlichen Erwägungen steht Jesus
Christus.[11] Er ist in Wort und Tat die Quelle der Vertiefung des geistlichen Lebens. Aus dieser Christozentrik heraus erschließt sich deshalb
auch der geistliche Weg, den Bernhard seinen Mönchen vorzeich-
net. Der „imitatio" des Lebenswandels Christi folgt das „Einswerden
mit Christus". Deshalb ist geistliches Leben unlösbar mit der Feier
der Eucharistie verbunden.[12] Hier geschieht Gottbegegnung. In der
Verkündigung und Auslegung der Heiligen Schrift erschließt sich uns
der Logos, bezieht Christus als der Bräutigam unsere Seele in seine
Liebe ein. Von hier her ist auch zu verstehen, dass der Gekreuzigte
im Zentrum des geistlichen Lebens Bernhards stand. Das bezeugt der
Abt in einem Brief, den er an den Novizen Hugo geschrieben hat:
„Die Strenge des Ordens soll Dein zartes Alter nicht erschrecken...
Christi Süße wird Dir beistehen, das Mehl des Propheten wird die un-
genießbare Speise würzen (4 Könige 4,41). Wenn Du die Stacheln der
Versuchung nun spürst, blick hin auf die am Kreuz erhöhte eherne
Schlange und suche Nahrung nicht zu sehr aus den Wunden, son-
dern aus dem liebenden Herzen des Gekreuzigten. Er selbst wird Dir
Mutter sein, Du wirst ihm Sohn sein ...".[13] Nicht von ungefähr ist es der
„Amplexus", in dem diese geistliche Ausrichtung ihren signifikanten
Ausdruck gefunden hat. Bernhard, der kniend vor dem Kreuz den
Herrn anbetet, wird von diesem, der seine Arme vom Kreuzesbalken
löst, in Liebe umfasst.[14]

2. BERNHARDS MARIENFRÖMMIGKEIT

Bernhards Äußerungen über Maria, die ihn als leidenschaftlichen
Verehrer der Gottesmutter ausweisen und zugleich hinreichend be-
gründen, ihn als „doctor marianus" zu bezeichnen[15], sind in späterer
Zeit von einer Frömmigkeit überlagert worden, die Bernhard fremd
war. Dazu gehört u. a. auch die unter seinem Namen überlieferte
Aussage: „De Maria numquam satis".[16] Bernhard „hütet sich ... vor

---

[11] Dazu in kompakter Darstellung: J. Leclercq, Bernhard von Clairvaux (s. o. Anm. 1),
„Der Mittler", 137-148.

[12] Bernhard Vosicky, Bernhards Leben mit der Eucharistie, in: D. R. Bauer, G. Fuchs
(Hrsg.), Bernhard (s. o. Anm. 9), Innsbruck 1996, 214-228.

[13] Brief 322, Sämtl. Werke II, 539-541.

[14] Zu Darstellung und zeitgeschichtlicher sowie frömmigkeitsgeschichtlicher Einordnung: A. Paffrath, Bernhard von Clairvaux (s. o. Anm. 9), Bd. I, 192-194, 256.

[15] Dazu: J. Leclercq, Bernhard von Clairvaux (s. o. Anm. 1), 149.

[16] Ebd. 149 f.

Übertreibungen. ... Gleichzeitig ist er für die Marienfrömmigkeit und die marianische Theologie richtungsweisend. Man hat ihn nicht zu Unrecht den ‚Chorista Mariae' genannt. Sein Lobpreis Mariens ist für die Marienverehrung klassisches Vorbild geworden. Besonders charakteristisch ist seine Ausdeutung des Namens der Maria".[17]

Dazu führt Bernhard wörtlich aus: „Laßt uns noch ein paar Worte über diesen Namen sagen, der übersetzt „Stern des Meeres" bedeutet und ein für die jungfräuliche Mutter ganz besonders passender Name ist. Sehr treffend wird sie nämlich mit einem Gestirn verglichen, denn wie das Gestirn seinen Strahl aussendet, ohne selbst abzunehmen, so hat die Jungfrau den Sohn geboren, ohne ihre Unversehrtheit zu verlieren. ... Sie ist, sage ich, jener glänzende und alles überstrahlende Stern, zu unserem Heil emporgehoben über dieses große, weithin sich ausdehnende Meer, funkelnd durch Verdienste, Licht spendend durch ihr Vorbild. Ihr Menschen, ... wendet eure Augen nicht ab von dem Glanz dieses Gestirns, wenn ihr von den Stürmen nicht überwältigt werden wollt! ... In Gefahren, in Ängsten, in bedenklichen Lagen, denk an Maria, ruf Maria an! Sie weiche nicht von Deinen Lippen, nicht aus Deinem Herzen, und damit Du die Hilfe ihrer Fürbitte erlangen kannst, verliere nie das Beispiel ihres Lebenswandels aus Deinen Augen! Wenn Du ihr folgst, weichst Du nicht vom rechten Wege ab, wenn Du sie bittest, verzweifelst Du nicht, wenn Du an sie denkst, gehst Du nicht fehl. Wenn sie Dich hält, fällst Du nicht, wenn sie Dich schützt, bist Du ohne Furcht, wenn sie Dich führt, ermattest Du nicht, wenn sie Dir gnädig ist, gelangst Du ans Ziel".[18] Die tiefe Marienfrömmigkeit Bernhards bezeugt sogar Dante Alighieri (1265-1321). In seiner „Göttlichen Komödie" benennt er den Abt nicht nur als seinen greisen Wegbegleiter ins Paradies; er bestätigt eindrucksvoll die innige Bindung Bernhards an die Gottesmutter: „Dann sprach der Greis: Auf dass Dich bald erfreue – mit allem Lohn das letzte Ziel der Reise, – dahin auf ihr Gebet ich Dich betreue: – betrachte nun des Gottes Garten Kreise, – denn sicher richtet dann Dein Blick Dein Steuer – zum Gotteslicht hinan die steilen Gleise. – Die Himmelskönigin – im heilgen Feuer – glüht ihr mein Herz – wird huldreich uns beraten, – weil ich ihr Bernhard bin, ihr viel Getreuer".[19] Er spricht sodann für seinen Schützling zur Gottesmutter auch ein inniges Bittgebet, „eine

---

17 Walter Delius, Geschichte der Marienverehrung, München-Basel 1963, 149-170 (X. Die Marienverehrung des Mittelalters), hier: 158.
18 „Zum Lob der jungfräulichen Mutter", Sämtl. Schriften IV, 75-77.
19 31. Gesang. In: Dante Alighieri: Die göttliche Komödie. Ital./dt., Übertragung, Einleitung und Erläuterung von August Vezin. Freiburg: Herder, 1956, Verse 59-69/102 (dt. 1105/07).

Paraphrase seines uns überlieferten und heute noch viel gebeteten Memorare".[20]

Dantes Worte sind nicht nur eine Verbeugung vor einer Persönlichkeit, die ihr Jahrhundert geprägt hat wie kein Anderer. Diese marianische Frömmigkeit hat Bernhard seinem Orden tief eingepflanzt, wie nicht zuletzt auch die zisterziensischen Klosterpatrozinien ausweisen.[21]

3. DIE MARIOLOGISCHE BILDSPRACHE BERNHARDS

Ist Bernhards Beitrag zur Marienfrömmigkeit unbestritten, so ist noch zu klären, ob er als Prediger, Literat und geistlicher Lehrer auch einen Beitrag zur Mariologie seiner Zeit geleistet hat. Hier findet die Forschung zu keiner einhelligen Antwort.[22] Zweifelsohne „ist seine schriftliche Hinterlassenschaft zu diesem Thema nicht sehr umfangreich: vier Predigten über die Verkündigung, ein Brief (Ep. 174) an die Kanoniker von Lyon zum Fest Maria Empfängnis, die Ansprache zum Fest Maria Geburt sowie einige Ansprachen zum Fest der Aufnahme Mariens in den Himmel. Hinzu kommen einige kürzere Fragmente und Andeutungen, die in vielen seiner Schriften verstreut sind. Bernhard musste weder in einer Kontroverse Stellung beziehen, noch wollte er eine neue mariologische Synthese vorlegen".[23] Dennoch will beachtet sein, dass es Bernhard, wenn er in betörender Sprache und

---

[20] 33. Gesang, Einleitung (s. o. Anm. 19), 1122; vgl. Verse 1-39. Der Text des Memorare lautet (dt. Fassung): „Gedenke, gütigste Jungfrau Maria: Man hat es noch niemals gehört, dass jemand, der zu dir seine Zuflucht nahm, deine Hilfe anrief, um deine Fürsprache flehte, von dir sei verlassen worden. Von solchem Vertrauen beseelt, nehme ich meine Zuflucht zu dir, Mutter, Jungfrau der Jungfrauen. Zu dir komme ich, vor dir stehe ich seufzend als Sünder. Mutter des ewigen Wortes, verschmähe nicht meine Worte, sondern höre mich gnädig an und erhöre mich. Amen".

[21] W. Delius, Marienverehrung (s.o. Anm. 17), 157: „Die Zisterzienser haben die in Frankreich heimische Marienverehrung in ihren Klöstern nach Deutschland gebracht. ... Ihre Kirchen weihten sie der Maria, in ihren Klöstern wurden die Horen der Jungfrau gebetet."

[22] Georg Söll, Maria in der Geschichte von Theologie und Frömmigkeit, in: Handbuch der Marienkunde, hrsg. v. Wolfgang Beinert und Heinrich Petri, Regensburg 1984, 93-231, hier: 167, schreibt: „Bernhard von Clairvaux hat weniger die Marienlehre als die Marienverehrung bereichert". P. Dinzelbacher, Bernhard von Clairvaux (s. o. Anm. 1), vermerkt: es lag Bernhard nahe, „sich in Gebet und Reflexion mit Maria einläßlich zu befassen" (71) und überdies „war er doch als Abt gehalten, an ihren Festtagen über sie zu predigen" (72). Im Übrigen vermisst er aber „theologische Innovationen" (ebd.) bei seinen (frühen) Homilien. Für Josef Riegler, Die Bedeutung der marianischen Symbolik in den Ansprachen Bernhards von Clairvaux, Cisterzienserchronik (90), 1983, 12-21, hier: 12, steht fest, „dass die marianische Größe des hl. Bernhard nicht von theologisch-spekulativer Art ist.".

[23] J. Leclercq, Bernhard von Clairvaux (s. o. Anm. 1), 149.

Eloquenz Maria in den Blick nimmt, nicht nur um geistliche Erbauung
geht; er will vielmehr konkrete Bekenntnisinhalte wachrufen und
im Glaubenswissen seiner Zuhörer tiefer verankern. Nicht von ungefähr ist „ein nicht unerheblicher Teil der marianischen Ansprachen
ohne marianische Symbolik".[24] Auch die Tatsache, dass das besondere Verhältnis Bernhards zu Maria in der sogenannten „Lactatio"-
Legende einen berühmten Ausdruck gefunden hat, weist über die bloße Marienfrömmigkeit hinaus zum Bekenntnis. In dieser visionären
Begegnung Bernhards gibt die Gottesmutter ihm mit entblößter Brust,
diese drückend, mit breitem Strahl ihre Milch zu trinken.[25]

4. DIE MARIOLOGISCHEN AUSSAGEN BERNHARDS

Auch den Aussagen Bernhards über Maria liegt als unverrückbares
Fundament zugrunde, was das Konzil von Ephesus (431) als Dogma fest-
geschrieben hat: „Maria ist Gottesgebärerin".[26] Von diesem Glaubenssatz
her lassen sich deshalb die mariologischen Aussagen Bernhards struk-
turieren. Zum Einen ist hier das einmalige Verhältnis Mariens zu
Jesus Christus festgehalten; des Weiteren wird das Maria persönlich
Auszeichnende begründet, und ist schließlich auch benannt, welche
Bedeutung Maria für die Gläubigen und damit für die Kirche besitzt.

4.1 Maria, die Mutter Jesu Christi

Dem Willen des Vaters gemäß hat Maria in der Kraft des Heiligen
Geistes den ewigen Sohn des ewigen Vaters in ihrem Schoß empfan-
gen und geboren. Maria ist also in das Heilshandeln Gottes durch
Jesus Christus von Anfang an einbezogen. Bernhard geht darauf
mehrfach ein, ist er doch von der Überzeugung durchdrungen:
Was Cyrill und mit ihm dann die Bischöfe seiner Zeit erkannt und

---

[24] J. Riegler, Symbolik (s. o. Anm. 22), 16.
[25] A. Paffrath, Bernhard von Clairvaux (s. o. Anm. 9), Mystische Visionen, 188-201, hier:
188-191; ferner dazu: Gregor Martin Lechner, (X) Marienverehrung und Bildende
Kunst, in: Handbuch der Marienkunde (s. o. Anm. 22), 559-621, hier: 610 (mit Verweis auf barocke Madonnentypen). Auch Marina Warner, Maria, Geburt, Triumph,
Niedergang – Rückkehr eines Mythos?, München 1982, notiert diese Legende als
Verdeutlichung von Bernhards Liebe zu Maria und als Antwort auf die Anrufung:
„Monstra esse matrem" (235).
[26] DH 251: „Gottesgebärerin, ... weil der vernünftig beseelte heilige Leib aus ihr geboren wurde; mit ihm hat sich das Wort der Hypostase nach geeint. Und deshalb wird
von ihm gesagt, es sei dem Fleische nach geboren worden."

als Wahrheit bekannt haben, begründet nicht nur die existenzielle Realität und Erwählung Mariens. In der Mariologie wird zudem das Christusbekenntnis verifiziert. Ist Christus der Mittler zwischen seinem Vater und der Menschheit, so bezeugt Maria, „dass Gott die Welt genauso erlösen wollte, wie sie auch gefallen war, nämlich durch eine Frau. Darum gehört die Darstellung Mariens als zweite Eva zu den Schlüsselstellen der marianischen Symbolik Bernhards. Durch Eva kam die Sünde in die Welt, durch Maria das Heil. ... Durch die zweite Eva kommt der zweite Adam und besiegt Eva und Adam."[27]

Bernhard führt wörtlich aus: „Unbegreiflich und unzulänglich war Gott, unsichtbar und unerdenklich. Jetzt aber wollte er begriffen werden. Wie, fragst Du? Wie er in der Krippe liegt, auf dem Schoß der Jungfrau ruht, auf dem Berge predigt, im Gebet die Nacht durchwacht; oder wie er am Kreuze hängt, im Tod erbleicht, frei unter den Toten weilt, in der Vorhölle gebietet; oder wie er dann am dritten Tage wieder aufersteht, den Aposteln die Male der Nägel als Siegeszeichen weist und zuletzt vor ihren Augen in den Himmel auffährt. Was von alledem lässt sich nicht wirklich und fromm und heilig überdenken? Was ich davon denke, immer denke ich Gott und in allem ist er mein Gott. Das zu betrachten nannte ich Weisheit; und für Klugheit hielt ich es, die Erinnerung an Süßigkeit aufleben zu lassen, die das priesterliche Reis (der Stab des hohen Priesters Aaron) in derlei Früchten so überreich hervorgebracht hat. In des Himmels Höhen schöpft Maria diese Süßigkeit und ließ sie reichlich auf uns nieder strömen; ja im Himmel, und zwar über den Engeln, da sie das ewige Wort aus dem Herzen des Vaters unmittelbar empfing, wie geschrieben steht: ‚Ein Tag bringt dem Tag das Wort'.[28] In Maria erfüllte sich das, was die Propheten geweissagt haben, verweist der brennende Dornbusch auf die jungfräuliche Geburt Jesu durch Maria, bezeugt sie ‚Aaron im blühenden Stab, Gideon im betauten Vlies, Salomon im starken Weib und seinem unvergleichlichen Wert, noch deutlicher Jeremias in der Frau, die den Mann umgibt, und am deutlichsten Jesaja in der Jungfrau, die Gott gebären wird'."[29]

Da Maria „die Morgenröte der zweiten Schöpfung" ist, in der das Verhängnis, welches über der alten Menschheit lastet, gebannt wird, ruft Bernhard aus: „Freu Dich, Vater Adam, noch mehr aber frohlocke Mutter Eva! Wie ihr die Eltern aller seid, so seid ihr auch die Verderber aller gewesen – und was noch unseliger ist, ihre Verderber,

---

27 J. Riegler, Symbolik (s. o. Anm. 22), 19.
28 Predigt zu Mariä Geburt, Sämtl. Werke VIII, 621-647, hier: 11, 635-637.
29 Vinzens Stebler, Bernhards Marienminne, Anima 8, 1953, 12-17, hier: 13 f. Dazu: Zum Lob der jungfräulichen Mutter, Sämtl. Schriften IV, 2. Homilie, 49-77.

ehe ihr noch beide ihre Eltern geworden seid. Doch sage ich, sollt Ihr
Trost finden durch Eure Tochter. Darum eile, Eva, zu Maria. Mutter
eile zur Tochter. Die Tochter soll für die Mutter Antwort stehen und
ihrer Mutter Schmach auslöschen. ... Siehe, der Mann, der durch
die Frau zu Fall gekommen, wird nur durch sie wieder aufgerich-
tet. Was sagtest Du, Adam? ... Ändere das Wort Deiner ungerechten
Entschuldigung in ein Wort der Danksagung und sprich: ‚Herr, die
Frau, die Du mir gegeben, gab mir vom Baum, und ich aß, und sü-
ßer als Honig ist meinem Gaumen die Speise geworden (Psalm 118,
103), denn Du hast mich damit wieder zum Leben erweckt'. Denn
siehe, dazu ist der Engel zur Jungfrau gesandt worden. Jungfrau, be-
wundernswert und jeder Ehre aufs höchste würdig! Oh Frau, vereh-
renswürdig wie keine, über alle Frauen erhaben, Ehrenretterin der
Stammeltern, Lebensquell für die Nachkommen!".[30]

Bernhard findet hier auch noch zu einem weiteren Bild, das zunächst fremd erscheinen mag. In der zweiten Ansprache auf das
Pfingstfest nämlich führt er aus: „Eine tückische Schlange wurde vom
Teufel gesandt. So sollte durch die Ohren des Weibes (Eva) das Gift
in ihre Seele gespritzt werden und so sollte sich dieses Gift in den
Stamm der ganzen Nachkommenschaft ergießen. Inzwischen ward
aber auch der Engel Gabriel von Gott gesandt, damit er das Wort des
Vaters durch das Ohr der Jungfrau in ihren Leib und in ihre Seele ein-
kehren lasse. So sollte auf dem gleichen Wege, auf dem das Gift ein-
gedrungen war, das Gegengift eingeführt werden. ... Christus wand-
te also zuerst das Heilmittel an der Stelle an, wo die erste Wunde geschlagen ward. ... So war sein Leben selbst im Mutterleib nicht mü-
ßig, reinigte er doch in den neun Monaten die alte Wunde und un-
tersuchte die giftige Fäulnis, wie man sagt, auf ihrem Herd, spürte
sie sozusagen bis in den tiefsten Grund auf, damit Heilung für immer folge".[31] – Dass die mit der Geburt Jesu Christi bezeugte einmalige Beziehung Mariens zu dem göttlichen Sohn sie zur „Königin des
Himmels" macht, ist für Bernhard selbstverständlich, „steht Maria
doch direkt neben Christus"[32].

---

[30] Zum Lob, ebd., Nr. 3, 51-53.
[31] Pfingsten, 2. Predigt, Nr. 3-4, Sämtl. Schriften VIII., 405-407.
[32] W. Delius, Marienverehrung (s.o. Anm. 17), 157. Ebd. erläutert er den Titel: „Her-
      rin". „Die Bezeichnung ist durch die Zisterzienser, besonders durch Bernhard von
      Clairvaux in den Mittelpunkt der Marienverehrung gerückt worden. Maria ist nicht
      mehr nur die Mutter mit dem Kind, sondern die Himmelskönigin, die Patronin des
      Kämpfers und des Sünders, ... die Königin aus dem Davidsgeschlecht". – Als Textbe-
      leg siehe: Pfingsten, Nr. 4,2. Predigt, Sämtl. Schriften VIII, 407: „Die Mutter Gottes,
      die Herrin der Welt und Königin des Himmels".

4.2 Maria, die Begnadete

Bernhard beginnt seine vierte Predigt zum Fest „Maria Himmelfahrt"
mit einem beeindruckenden Lobpreis Mariens. Wörtlich führt er hier
u.a. aus: „Sollte ich das nicht als Freude bezeichnen: die Schönheit
der Jungfräulichkeit mit dem Geschenk der Fruchtbarkeit, die
Zierde der Demut, den fließenden Honig der Liebe, das Herz voller Barmherzigkeit, die Fülle der Gnade, den Vorzug einzigartiger
Herrlichkeit? Als die Königin der Welt so aus der Wüste heraufstieg,
erwies sie sich sogar für die heiligen Engel, wie die Kirche singt, als
schön und lieblich in ihren Freuden".

Und doch ordnet Bernhard auch dieses mitreißende Marienlob
dem Blick auf Jesus Christus unter. Weit staunenswerter nämlich
als der Aufstieg Mariens „aus dem Wüstenland mit überfließender
Freude" ist, „dass Christus in Armut aus der Fülle des himmlischen
Reiches herabsteigt! Ein viel größeres Wunder scheint es nämlich
zu sein, dass sich der Sohn Gottes ein wenig unter die Engel erniedr-
rigt, als dass die Mutter Gottes über die Engel erhöht wird. Seine
Entäußerung wurde zu unserer Erfüllung, ... und sogar die Schmach
des Kreuzes wurde zum Ruhm der Glaubenden".[33]

Dennoch berechtigen freilich der unaussprechliche Vorzug der
Verdienste Marias und ihre ganz einzigartige Auszeichnung „zu
überschwänglichem Marienlob", wie Bernhard weiter verdeutlicht.
„Welche Zunge – und sei es auch die eines Engels – vermöchte mit
angemessenem Lob die jungfräuliche Mutter zu preisen, die nicht
die Mutter irgendeines, sondern die Mutter Gottes ist?"[34] Sie steht
an unserer Seite, sie wendet sich uns zu, legt Fürsprache für uns ein
bei Jesus Christus, ihrem Sohn. Deshalb beschließt Bernhard seine Predigt mit der Bitte: „Sache Deiner Güte sei es nun, die Gnade,
die Du bei Gott gefunden hast, der Welt bekannt zu machen und
durch Deine heilige Fürbitte den Sündern Vergebung, den Kranken
Heilung, den Kleinmütigen Stärke, den Bedrängten Trost und den
Gefährdeten Hilfe und Befreiung zu erlangen".[35] Dieser Gnadenfülle
Mariens widmet Bernhard nicht nur seine (kurze) sechste Predigt
am nämlichen Festtag.[36] Er rückt zudem in den Mittelpunkt, was ihm
in seinen mariologischen Aussagen gleichsam zum „Cantus firmus"
wird: Das Ausloten dessen, was der Engel Gabriel in Nazareth Maria
mit den Worten verkündet hat: „Du bist voll der Gnade" (Lk 1,28).

[33] Mariä Himmelfahrt, 4. Predigt, Sämtl. Werke, VIII, 559-571, hier: 559-561.
[34] Ebd., 567.
[35] Ebd., 571.
[36] Ebd., 591-593.

Damit ist nicht nur die Jungfräulichkeit Mariens bezeugt[37], in alttes-
tamentlichen Bildern vielfach vorgezeichnet.[38] „Maria ist von Gott be-
vorzugt auserwählt worden, die Mutter Christi zu sein".[39] Bernhard
hält dazu fest: „Gesandt wurde der Engel zu einer Jungfrau dem Leibe
nach, eine Jungfrau im Geiste, eine Jungfrau durch ihr Gelübde, und
schließlich zu einer Jungfrau, wie sie der Apostel beschreibt, heilig an
Geist und Leib (1 Kor 7,34). Sie wurde nicht erst kurz vorher, nicht
durch Zufall gefunden, nein, sie war von Ewigkeit her erwählt, vom
Allerhöchsten vorausgekannt und für ihn bereitet, von den Engeln
behütet, von den Vätern angekündigt, von Propheten verheißen".[40]

Auch diese Aussagen hat Bernhard „klassischer Weise" christologisch rückgebunden. Am Beginn dieser Homilie führt er aus: Maria
„rühmt sich ... der Geburt nicht, als ob es ihre Ehre wäre; nein, sie
rühmt sich in dem, den sie geboren hat. Gott freilich – denn Gott ist
es, den sie geboren hat – war gewillt, seine Mutter im Himmel mit
einzigartiger Glorie zu beschenken und er zeichnete sie auch auf der
Erde mit der einzigartigen Gnade aus, durch die sie auf unaussprechliche Weise unberührt empfing und unversehrt gebar. Andererseits
geziemt Gott eine Geburt dieser Art, nämlich dass er nur von einer Jungfrau geboren werde; eine solche Geburt war aber auch der
Jungfrau angemessen, dass sie nur Gott gebären sollte. Deshalb musste der Schöpfer der Menschen, der, um Mensch zu werden, aus einem
Menschen geboren werden wollte, sich aus allen eine solche Mutter
erwählen, ja sogar schaffen, von der er wusste, dass sie seiner würdig
sein würde, von der er erkannt hatte, dass sie sein Gefallen finden
würde. Er wollte also, dass es eine makellose Jungfrau sei, aus der er
makellos hervorgehen sollte, um die Makel aller zu tilgen; er wollte
auch, dass es eine demütige sei".[41]

---

[37] Siehe Brief 77, Sämtl. Werke II, 609-641, hier: 637, verbunden mit der Sondermei-
      nung Bernhards, „dass den heiligen Engeln bis zuletzt der Ratschluß Gottes unbe-
      kannt war". Das bezieht sich nicht auf das göttl. Heilswirken „durch das Mysterium
      der Fleischwerdung des Wortes. ... Unbekannt aber war, welche bestimmte Zeit,
      welchen Ort und welche Weise, vor allem aber welche Jungfrau Gott erwählt hatte,
      seinen Plan auszuführen". (Diese Meinung hat Hugo v. St Victor wohlwollend kriti-
      siert.)
[38] J. Riegler, Symbolik (s. o. Anm. 22), 13 zitiert dazu passend aus: „Zum Lob der jung-
      fräulichen Mutter", 2. Homilie, Sämtl. Schriften IV, 49-77, hier: Nr. 4-11 (s. o. Anm.
      29). Bernhard deutet im Vorblick auf Maria Gen. 3,15, Sp. 31,10 („Wer wird ein star-
      kes Weib finden"?), Num. 17,20 (Aarons Stab), Jes. 11,1 (Reis aus der Wurzel Jesse,
      Ri 6,37 (Gideons Vlies), Jer. 31,22 (Neuschöpfung) und Jes. 7,14 (Geburt der Jung-
      frau).
[39] W. Delius, Marienverehrung (s. o. Anm. 17), 162.
[40] Zum Lob der jungfräulichen Mutter (siehe Anm. 38), 53.
[41] Ebd., 49-51.

Die allumfassende Gnade Gottes, die Maria empfing, unterscheidet sie von allen anderen. Bevor der Heilige Geist über sie kam, war sie schon mit reicher Gnade beschenkt; nun aber ist die Fülle überfließender Gnade über sie ausgegossen worden in der Empfängnis ihres Sohnes. Deshalb ist Sie „Gottes Schatz".[42] Zugleich uns zugewandt, öffnet sie „allen den Schoß des Erbarmens, damit alle aus ihrer Fülle empfangen".[43] Diese Begnadung Mariens verdeutlicht Bernhard in einer Predigt zum Fest „Mariä Geburt" im Bilde des Aquädukts. Auch an dieser Stelle bindet Bernhard seine Aussagen über Maria rück an Jesus Christus, in dem ewiges Leben erfahrbar wird. Denn „das ewige Leben ist der nie versiegende Quell, der die ganze Weite des Paradieses bewässert. Und der bewässert sie nicht nur, sondern berauscht sie auch, ,die Quelle der Gärten, der Brunnen des lebendigen Wassers, das in einer Flutwelle daher braust'" (Hohes Lied 4,15) und „als die Wasserflut eines Flusses die Gottesstadt erfreut" (Psalm 45,5). Wer aber ist der Quell des Lebens, wenn nicht Christus, der Herr?"[44] Und Bernhard fährt fort: „Freilich hat sich diese Fülle entäußert, um für uns zu Gerechtigkeit, Heiligung und Erlösung zu werden, doch noch nicht zum unverhüllten Leben, zur Herrlichkeit oder Seligkeit. Herabgeleitet wurde die Quelle bis zu uns, die Wasser wurden über die Plätze geleitet, auch wenn kein Fremder aus ihnen trinken darf. Durch einen Aquädukt stieg jene himmlische Wasserader herab, doch bringt sie uns nicht die Fülle der Quelle, sondern gießt die Gnade tropfenweise in unsere trockenen Herzen, in das eine mehr, in das andere weniger". Und an seine Zuhörer gewandt, sagt Bernhard weiter: „Ihr habt schon erfasst, wenn ich mich nicht täusche, wen ich als Aquädukt bezeichnen möchte, die die Fülle der Quelle aus dem Herzen des Vaters selbst aufnimmt und uns mitteilt, zwar nicht so, wie diese ist, sondern so, wie wir sie fassen können. Ihr wisst nämlich, zu wem gesagt wurde: „Sei gegrüßt, Du voll der Gnade".[45] Dieser Aquädukt ist Maria.

Bernhard weiß, dass sich solche Aussagen über Maria nur dem Glaubenden erschließen können. Im Ausklang seiner ersten Predigt zum Fest Mariä Himmelfahrt hält er deshalb fest: „Wer kann die Geburt Christi und die Aufnahme Mariens ergründen? So groß die Gnade war, die sie auf Erden vor den übrigen empfing, so groß und

---

42 Zum Fest der Verkündigung, Sämtl. Werke, VIII, 3. Predigt, 139-155, hier: Nr. 7, 149. Vgl. Johannes Heil, Rainer Kampling (Hrsg.), Maria Tochter Sion?. Mariologie, Marienfrömmigkeit und Judenfeindschaft. Paderborn 2001, 61.
43 Sonntag in der Oktav von Mariä Himmelfahrt, ebd., 595-619, hier: Nr. 2, 597. Siehe auch: W. Delius, Marienverehrung (s. o. Anm. 17), 162.
44 Predigt zu Mariä Geburt, Sämtl. Werke, VIII, 621-647, hier: Nr. 3, 623-625.
45 Ebd., 625.

einzigartig ist auch die Herrlichkeit, die ihr im Himmel zuteil wird. Denn wenn ‚kein Auge gesehen, kein Ohr gehört hat und es keinem Menschen in den Sinn gekommen ist, was Gott denen bereitet hat, die ihn lieben' (1 Kor 2,9), was hat dann der bereitet, die ihn gebar, und ihn, was für alle gewiss ist, mehr liebte als alle? Wer könnte das in Worte fassen? Ja, glücklich ist Maria, in vielfacher Weise glücklich, ob sie nun den Erlöser empfängt oder vom Erlöser empfangen wird: hier wie dort ist die Begnadung der jungfräulichen Mutter wunderbar, hier wie dort die Gnade der göttlichen Majestät greifbar".[46]

Nicht unerwähnt darf bleiben, dass Bernhard, der dem Hohen Lied viele seiner berühmten Predigten gewidmet hat, auch das innige Verhältnis Jesu zu Maria hier widergespiegelt findet, – und uns selbst dann sogleich einbezieht. „Immer liebt Jesus die Mitte, Seitenwege und Ruhelager aber verwirft der Menschensohn, der Mittler zwischen Gott und den Menschen. ‚Mein Geliebter ist mein, und ich bin sein. Er weidet in den Lilien'" (Hohes Lied 2,16). Bemühen wir uns, Brüder, Lilien zu besitzen, beeilen wir uns, Dornen und Disteln auszujäten und Lilien auszusäen. Vielleicht wird der Geliebte uns dann die Gnade erweisen, auch zu uns herabzusteigen, um hier zu weiden. – Bei Maria weidete er jedenfalls, und das besonders ergiebig wegen ihrer vielen Lilien. Oder sind das keine Lilien: die Zierde der Jungfräulichkeit, der Schmuck der Demut und die überragende Größe der Liebe?"[47]

4.3 Maria, Königin des Himmels und Mittlerin und Fürsprecherin

Welche Bedeutung hat Maria für uns? Bernhard hat der Antwort auf diese Frage besondere Aufmerksamkeit geschenkt. Was er hierzu ausführt, trennt ihn von späteren mariologischen Überzeichnungen. In seiner ersten Predigt zum Fest Mariä Himmelfahrt führt Bernhard aus: „Vorausgegangen ist uns unsere Königin; sie ist vorausgegangen und so glorreich aufgenommen worden, dass wir unserer Herrin als ihre kleinen Diener zuversichtlich folgen und ihr zurufen: ‚Zieh uns hinter Dir her! Wir wollen dem Duft Deiner Salben nacheilen!'" (Hohes Lied 1,3). Eine Fürsprecherin unserer Pilgerschaft haben wir vorausgeschickt, die sich als Mutter des Richters und Mutter der Barmherzigkeit demütig und wirkungsvoll für das Anliegen unseres Heils einsetzen wird. – ... Die Königin des Himmels ist sie und zugleich barmherzig; dazu sogar die Mutter des eingeborenen Gottessohnes.

---

[46] Zum Fest Mariä Himmelfahrt, Sämtl. Werke, VIII, 527-593, 1. Predigt, 527-533, hier: 533.
[47] Predigt zu Mariä Geburt, Sämtl. Werke VIII, 645, hier: Nr. 17-18.

Nichts anderes kann uns die Größe ihrer Macht und Mutterliebe
so sehr vor Augen stellen. Oder glaubt da einer vielleicht, der Sohn
Gottes ehre seine Mutter nicht? Oder kann jemand daran zweifeln,
dass der Schoß Mariens ganz Liebe geworden ist, wo doch die Liebe,
die doch aus Gott ist, dort neun Monate ihre leibliche Ruhestätte hatte?"[48] Maria gilt deshalb die Bitte: „Durch Dich, milde Königin, möge
auch am heutigen frohen Festtag Deinen Dienern, die mit Lobpreis
den wunderbaren Namen Maria anrufen, das Geschenk der Gnade
zuteil werden durch Jesus Christus, Deinen Sohn, unseren Herrn,
‚der als Gott über allem steht. Ihm sei Lobpreis in Ewigkeit (Röm.
9,5)'".[49]

Bernhard weiß, dass in Sonderheit von der Apokalypse her sich
auch die Kirche Jesu Christi in ihren Konturen zeichnen lässt. Aber
für ihn steht mit der Frau, die „mit der Sonne bekleidet ist", Maria
im Blick. In Würdigung dessen, was sie auch für uns ist, führt er aus:
„Glaubst Du nicht, dass Sie die mit der Sonne bekleidete Frau ist?
Mag sein, dass der Ablauf der prophetischen Vision einen Hinweis
darauf gibt, dass dies von der gegenwärtigen Kirche her zu verstehen
sei. Trotzdem wird es sicher nicht unpassend scheinen, es auf Maria
zu beziehen".[50]

Die einzigartige Stellung Mariens schließt ihre Mittlerschaft für
uns ein. In weiterer Ausdeutung dieser Frau, von der die Apokalypse
sagt, dass der Mond zu ihren Füßen ist, hält Bernhard fest: „Wenn
man unter dem Wort ‚Mond' eher die Kirche zu verstehen meint,
weil sie eben nicht aus sich selbst leuchtet, sondern durch den, der
da sagt: ‚Ohne mich könnt ihr nichts vollbringen' (Joh. 15,5), dann
findest Du hier die Mittlerschaft Mariens ... deutlich ausgedrückt.
... Umfangen wir die Füße Mariens, meine Brüder, und werfen wir
uns mit demütigen Bitten vor ihren seligen Füßen nieder. Halten wir
sie fest und lassen wir sie nicht los, bis sie uns gesegnet hat: Sie hat
nämlich die Macht dazu. Denn das Vlies ist zwischen Tau und Tenne
(Richter 6,36), die Frau zwischen Sonne und Mond, Maria zwischen
Christus und Kirche gestellt".[51]

Diese Mittlerschaft Mariens, die Bernhard eine kostbare Wahrheit
ist: – „Wir brauchen nämlich eine Mittlerin bei diesem Mittler, und
niemand anderer ist uns dabei nützlicher als Maria"[52] –, bleibt an
Jesus Christus rückgebunden, den „der Vater" selbst „als Mittler" ge-

---

48   Zum Fest Mariä Himmelfahrt, Sämtl. Werke VIII, 1. Predigt, Nr. 1 und 2, 529.
49   Ebd., 4 Predigt, 559-571, hier: 571.
50   Sonntag in der Oktav von Mariä Himmelfahrt, ebd., Nr. 3, 597.
51   Ebd. Nr. 5, 601.
52   Ebd., Nr. 2, 597.

geben hat.[53] Als seine Mutter in die göttliche Heilsgeschichte unlösbar eingebunden, ist sie in das „für uns" des Heilshandeln Gottes in Jesus Christus von Anfang an einbezogen. Die Verzahnung der Persönlichkeit Mariens in die Begebenheit auf der Hochzeit zu Kana vermag den Blick dafür zu schärfen, dass hier nicht Emotionen zum Thema gemacht sind, sondern schlaglichtartig die Dimension von Erlösung aufstrahlt. Als Vorbild im Glauben verweist Maria auf den rechten Weg: „was er Euch sagt, das tut" (Joh. 2,5). Deshalb wird Maria auch als mächtige Fürsprecherin am Thron der Gnade angerufen. So wirkt sie gleichsam „indirekt" beim Heilswerk des Sohnes mit.[54] Bernhard nennt sie deshalb: „inventrix gratiae, mediatrix salutis, restauratrix saeculorum".[55] Maria hat das Heil vermittelt.

In besonderer Dichte bringt Bernhard das in seiner Predigt zu Mariä Geburt zum Ausdruck. Er führt wörtlich aus: „Aus tiefstem Herzensgrund, mit der ganzen Liebe unseres Gemütes und aller Hingabe wollen wir diese Maria ehren, denn so ist es der Wille Gottes: Er wollte, dass wir alles durch Maria haben. Ja, das ist sein Wille, doch für uns. In allem und durch alles sorgt er nämlich für die Elenden: Er lindert unsere Angst, weckt den Glauben, stärkt die Hoffnung, überwindet das Misstrauen, richtet den Kleinmut auf. Vor den Vater hinzutreten hattest Du Angst; schon allein beim Hören erschrakst Du und flohst zu den Blättern: so gab er Dir Jesus als Mittler. Was würde ein solcher Sohn bei einem solchen Vater nicht erlangen? Er wird sicher um seiner Ehrfurcht willen erhört werden (Heb 5,7), denn ‚der Vater liebt den Sohn' (Joh. 5,20). Oder zitterst Du auch vor ihm? Dein Bruder ist er und Dein Fleisch, er wurde in allem in Versuchung geführt, ohne zu sündigen (Heb 4,15), ‚um barmherzig zu werden' (Heb 2,17). Ihn gab Dir Maria als Bruder. Doch vielleicht erschrickst Du auch bei ihm vor der göttlichen Majestät, denn obwohl er Mensch wurde, blieb er doch Gott. Willst Du auch bei ihm einen Fürsprecher haben? Wende Dich an Maria. Reine Menschlichkeit findest Du bei Maria, nicht nur rein von jeder Befleckung, sondern auch rein, da sie nur diese Natur besitzt. Und ich möchte sagen, ohne zu zweifeln: Auch sie wird um ihrer Ehrfurcht willen erhört werden. Erhören wird doch der Sohn die Mutter, und erhören der Vater den Sohn".[56]

---

[53] Siehe Predigt zu Mariä Geburt, ebd., Nr. 7, 629.
[54] Siehe W. Delius, Marienverehrung (s. o. Anm. 17), 161.
[55] Brief 174, Sämtl. Werke, II, 1017-1025, hier: 1018.
[56] Predigt zu Mariä Geburt, Sämtl. Werke, VIII, Nr. 7 (s. o. Anm. 53), 629.

5. DIE MARIOLOGISCHEN IMPULSE BERNHARDS VON CLAIRVAUX UND IHRE BEDEUTUNG FÜR DIE MARIOLOGIE

Das Urteil, Bernhard biete in seinen mariologischen Aussagen keine „theologische Innovation", sondern lediglich „rhetorische Höhepunkte"[57], greift wesentlich zu kurz. Vielmehr sind wichtige mariologische Impulse festzuhalten, die wir ihm verdanken. So schreibt Bernhard uns ins Stammbuch, dass die Mariologie mit der Christologie unlösbar verzahnt ist. Nur von Christus her führt der Weg zum Verständnis Mariens, werden wir deshalb von Maria zu Jesus Christus geführt. Damit macht Bernhard (erstens) in dogmenge-schichtlicher Perspektive das reiche Erbe, das das Konzil von Ephesus prägnant festgeschrieben hat, in seiner bleibenden Aktualität be-wusst. Mit dieser christologischen Einbindung bleiben nämlich die Aussagen über Maria zugleich rückgebunden an das trinitarische Gottesbekenntnis. Maria hat dem Heilswillen des Vaters gemäß in der Überschattung durch den Heiligen Geist den Sohn Gottes emp-fangen und geboren. – Von hier her wird (des Weiteren) der Blick in die Gegenwart gelenkt. Dem Heilshandeln Gottes eingefügt, ist von hier her nicht nur die Rede von ihren Verdiensten und ihrer ein-maligen Auszeichnung begründet. Die Verehrung Mariens führt zur Vertiefung des eigenen Glaubenszeugnisses. Auf diesem Weg ist sie als „Königin des Himmels" die Mahnerin, im dankbaren Bekenntnis zu ihrem Sohn als Erlöser der Welt nicht zu ermüden. Er selbst hat sie uns zur Mutter gegeben, ist sie deshalb unsere sorgende Fürsprecherin. Bernhards Marienlob weist somit (drittens) in die Zukunft. Mit ihrem Lob ist das Bekenntnis verzahnt, durch den erlöst zu sein, den sie in unversehrter Jungfräulichkeit geboren hat. Hier ist festgehalten: Von Anfang an als Begnadete in das Erlösungswerk Christi einbezogen, das er für uns und mit uns gewirkt hat und wirkt, haben wir im Blick auf Maria den Menschen vor Augen, in dem sich das Heilswirken des Erlösers exemplarisch und in Gott geschenkter Vollkommenheit ver-wirklicht hat. Deshalb ist sie zugleich Mittlerin, Mediatrix, nicht aber Quelle aller Gnaden.

Mit Bernhard ist festzuhalten: Nur eine im christlichen Credo verankerte Mariologie ist Grundlage einer glaubwürdigen Marien-frömmigkeit. Selbst dort, wo Bernhard nicht über Engführungen seiner Zeit hinaus kommt, bestätigt er, dass die Mariologie ein wert-voller Impuls zu einem tieferen Verständnis der Wahrheit bleibt, dass

---

[57] P. Dinzelbacher, Bernhard (s. o. Anm. 1), 72.

das Christus- und Gottesbekenntnis – als fides quae – zugleich das Fundament gelingender Glaubens- und Lebenspraxis – als fides qua – ist. Nicht nur den frommen Betern, sondern allen, die sich in wägendem Nachdenken den Anforderungen theologischer Forschung stellen, legt Bernhard deshalb ans Herz: „ad Mariam recurre".

Ensfried von Köln
im *Dialogus Miraculorum* des Caesarius von Heisterbach

Horst Schneider

Caesarius von Heisterbach (ca. 1180-1240)[1] hat in seinem berühmten Dialogus miraculorum, der etwa 1224 abgeschlossen wurde, insgesamt sechs, meist längere zusammenhängende Texte eingelegt, in denen Auszüge aus den Viten verschiedener Persönlichkeiten, die Caesarius besonders beindruckt haben, überliefert sind. Diese Texte unterscheiden sich nicht von ihrer sonstigen Umgebung, die im Dialogus miraculorum zu finden ist, da auch sie Anekdoten, Visionen und Mirakel aneinanderreihen, die der als Novizenmeister im Dialogus fungierende Mönch, hinter dem sich unschwer Caesarius verbirgt, dem Novizen erzählt.

Die Personen, die Caesarius durch diese kleineren Viten geehrt hat, sind: Everhard, Pfarrer von Sankt Jakobus zu Köln[2], der Dekan und Custos Ensfried aus Köln[3], der Dekan Hermann von Hildesheim[4], der blinde Engelbert von Zülpich[5], der Mönch Christian von Himmerod[6] und Walter von Birbech[7].

Die Auszüge aus der Vita des Ensfried sind besonders interessant, weil sie wohl zumeist in die Jugendzeit des Caesarius (ca. 1180 – 1200)[8] fallen und ein interessantes Licht auf die zeitgenössischen Verhältnisse in Köln werfen. Sie werden nur an wenigen Stellen unterbrochen, an denen der Novize Fragen an den Mönch richtet.

---

[1]   Der folgende Beitrag ist eine Frucht der zweisprachigen Ausgabe des Dialogus miraculorum in der Reihe Fontes Christiani (eingeleitet von Horst Schneider; übersetzt und kommentiert von Nikolaus Nösges und Horst Schneider), Tournhout (FC 86/1-5) 2009.
[2]   Caesarius von Heisterbach, Dialogus miraculorum 4,98.
[3]   Caesarius von Heisterbach, Dialogus miraculorum 6,5.
[4]   Caesarius von Heisterbach, Dialogus miraculorum 6,6.
[5]   Caesarius von Heisterbach, Dialogus miraculorum 6,10.
[6]   Caesarius von Heisterbach, Dialogus miraculorum 7,16.
[7]   Caesarius von Heisterbach, Dialogus miraculorum 7,38.
[8]   Möglicherweise auch noch in das erste Jahrzehnt des 13. Jahrhunderts.

Köln war im 12. Jahrhundert mit Abstand die größte Stadt des deutschen Reichs. Rabbi Benjamin von Tudela bezeichnete sie in seinem Reisebericht um 1166/1171 sogar als seine Hauptstadt.[9] Denn Köln war ein wichtiger internationaler Handels- und Umschlagplatz für Kaufleute aus nah und fern. Hier kreuzte sich die nordsüdlich ausgerichtete Rheinroute mit der von Flandern nach Sachsen führenden Ost-Westroute des mitteleuropäischen Wirtschaftsverkehrs. Insbesondere der Englandhandel war von großer Bedeutung für Köln, das zudem am fortschrittlichsten in der städtischen Verfassungsentwicklung in Deutschland war. Herr der Stadt war der Kölner Erzbischof, während die bürgerliche Selbstverwaltung durch das Schöffenkolleg[10] und das reiche Kölner Stadtpatriziat, die sogenannte Richerzeche[11], ausgeübt wurde.

Caesarius ist wahrscheinlich in Köln oder der näheren Umgebung um 1180[12] geboren, jedenfalls ist er in Köln aufgewachsen und für die Zeit vor seinem Eintritt in das Kloster Heisterbach von 1188-1198 dort nachweisbar.[13] Eine Reihe von authentischen Erlebnissen aus dieser Zeit ist im Dialogus miraculorum überliefert. So erzählt er, wie er zusammen mit seinen Mitschülern drei Diebe, die gerädert worden waren, morgens aufsuchte und sie mit einem, der noch lebte, sprachen.[14] Einmal nahm er als Schüler an einer Messe eines Diakons der Prämonstratenser aus Steinfeld teil, der vorgegeben hatte, die Priesterweihe empfangen zu haben, und seine Schuld später bereute.[15] Caesarius erinnert sich gut an ein Wunder, das in Köln bekannt war, und ebenfalls aus seiner Jugendzeit stammen könnte. In der Kirche des heiligen Märtyrers Georg gab es ein Kreuz aus Metall,

[9]   Benjamin von Tudela, Itinerarium 109; vgl. Groten, M., Priorenkolleg und Domkapitel von Köln im Hohen Mittelalter. Zur Geschichte des kölnischen Erzstifts und Herzogtums (hrsg. von W. Besch / H. L. Cox / G. Droege = RhA 109), Bonn 1980, 1.

[10]   Im Verein mit der Kölner Oberschicht übte das Schöffenkolleg im Kölner Bürgerhaus kommunale Leitungsfunktionen aus (vor allem Rechtsprechung).

[11]   Die Richerzeche (wörtlich „Bruderschaft der Reichen") war ein Zusammenschluss der führenden Familien Kölns, an deren Spitze zwei jährlich gewählte Bürgermeister standen; einer von ihnen, der zugleich Schöffe war, bewahrte das Stadtsiegel. Ihre Gründung erfolgte wahrscheinlich zu Beginn des 12. Jahrhunderts. Die verdienten Mitglieder der Richerzeche, die im 13. Jahrhundert ein engeres Patriziat bildeten, zogen aufgrund ihres Prestiges informell eine Reihe von Kompetenzen an sich (z.B. die Verleihung des Zunftzwangs oder marktpolizeiliche Aufgaben). Als Kern der Stadtgemeinde war die Richerzeche Wegbereiterin städtischer Autonomie, die im Laufe des 13. Jahrhunderts vom Rat der Stadt errungen wurde. 1391 wurde die Richerzeche aufgelöst, fortan wählte der Rat die beiden Bürgermeister.

[12]   Vgl. Brunsch, S. H., Das Zisterzienserkloster Heisterbach von seiner Gründung bis zum Anfang des 16. Jahrhunderts (BHF 58), Siegburg 1998, 144.

[13]   Vgl. Brunsch, Heisterbach 144.

[14]   Vgl. Caesarius von Heisterbach, Dialogus miraculorum 11,15.

[15]   Vgl. Caesarius von Heisterbach, Dialogus miraculorum 9,61.

das ein Bild des Erlösers zeigte, in dem ein Stück vom Kreuz Jesu eingeschlossen war. Der Glöckner dieser Kirche aber hatte diesem nicht die gebührende Ehrfurcht entgegengebracht. Immer wenn er schlafen ging, nahm er die Kerzen von dort mit und verbrauchte sie für sich selbst. Das Kreuz kam eines Nachts deshalb auf ihn zu und versetzte ihm einen so kräftigen Stoß, dass er viele Tage krank darniederlag und Blut spuckte.[16] Als er noch ein Knabe war, hörte er 1188 die Kreuzzugspredigt des Kardinalbischofs Heinrich von Albano im (romanischen) Kölner Dom.[17] Im Jahr 1198 war er Augenzeuge, als man nachmittags am Himmel einen hell leuchtenden Stern sehen konnte.[18] In Köln hat er auch einmal zur Zeit des deutschen Thronstreits einen Abt aus Corvey, wahrscheinlich Widukind von Spiegel zum Desenberg (Abt 1189–1203), gesehen, der sich mehr als Ritter und weltlich orientierter Mensch hervortat als durch seine monastische Askese.[19]

Die Vertrautheit des Caesarius mit der Zeitgeschichte und Topographie Kölns zeigen neben der Erwähnung verschiedener Kölner Persönlichkeiten[20], Kölner Stiftskirchen und anderer Örtlichkeiten auch die Texte, in denen noch heute existierende Straßen genannt werden: so die Stolkgasse und die Hohe Straße.[21] Nachdem Caesarius seine Elementarausbildung am Andreasstift abgeschlossen hatte, nahm er an der Kölner Domschule das Theologiestudium auf unter der Ägide des bekannten Domscholasters Rudolf.[22]

Über Caesarius' Familie erfahren wir nur wenig. Seine Mutter kurierte ihn als kleinen Jungen einmal mit einem Schwitzbad.[23] Dass die Familie nicht arm war, wahrscheinlich zum Kölner Meliorat gehörte, geht daraus hervor, dass Caesarius berichtet, seine Tante habe einmal ein etwa zehnjähriges Sklavenmädchen – ein Statussymbol für die reicheren Schichten – gekauft, das sie taufen ließ.[24] Dafür spricht auch seine Ausbildung, die er in der Stiftsschule von Sankt Andreas

---

16 Vgl. Caesarius von Heisterbach, Dialogus miraculorum 8,25.
17 Vgl. Caesarius von Heisterbach, Dialogus miraculorum 4,79.
18 Vgl. Caesarius von Heisterbach, Dialogus miraculorum 10,25.
19 Vgl. Caesarius von Heisterbach, Dialogus miraculorum 12,40.
20 Z.B. Dietrich von der Ehrenpforte; vgl. Caesarius von Heisterbach, Dialogus miraculorum 6,27.
21 Sie werden genannt in Dialogus miraculorum 4,98; 9,56; die Salzgasse wird genannt in Vita Engelberti 3,29; die Streitzeuggasse in Vita Engelberti 3,35.
22 Vgl. Caesarius von Heisterbach, Dialogus miraculorum 1,32.38;4,26;6,5;9,22. Rudolf war Domschulmeister an der Kölner Domschule von ca. 1156 bis 1200.
23 Vgl. Caesarius von Heisterbach, Dialogus miraculorum 10,44.
24 Vgl. Caesarius von Heisterbach, Dialogus miraculorum 10,44.

im Norden Kölns erhielt.[25] Vielleicht hatte er einen Bruder namens
Gerhard, der ebenfalls in Heisterbach Mönch gewesen ist.[26]

Über Ensfried, den Caesarius persönlich gekannt hat[27], weiß er
viele Details aus dem Leben in Köln am Ende des 12. Jahrhunderts
bzw. zu Beginn des 13. Jahrhunderts zu berichten. Ensfried hatte nach
seiner Priesterweihe die Pfarrei von Siegburg inne und wurde dann
Kanonikus an Sankt Andreas in Köln, später dort Dekan[28] und Custos.
Ensfried von Sankt Andreas ist vielleicht mit einem gleichnamigen
Unterküster des Kölner Doms identisch, der von 1201 bis 1211 ur-
kundlich belegt ist.[29]

Ensfrieds großes soziales Engagement zeigte sich darin, dass er
sich besonders um die Randgruppen der Gesellschaft kümmerte, wie
Arme, Bettler, Witwen und Waisen. Zwei Episoden werfen ein besonderes Licht auf die zeitgenössischen sozialen Verhältnisse in Köln. Eines
Tages kam Ensfried die Äbtissin Clementia[30] vom Nonnenkloster
Sankt Ursula in Köln an der Kirche der 11.000 Jungfrauen entgegen.
Vor ihr her gingen Kleriker, die Mäntelchen als Umhang trugen, die
mit grauem Pelzwerk verziert waren. Hinter ihr gingen Edelfräulein
und Kammerfrauen, die mit ihrem eitlen Geschwätz die Luft erfüllten. Dem Dekan aber folgten Arme, die Almosen von ihm erbaten. Ensfried rief voller Zorn so laut, dass alle es hören konnten:
„Oh Frau Äbtissin, es würde Eurem Beruf besser anstehen und Eure
Frömmigkeit mehr schmücken, wenn Euch – wie mir – die Armen
folgten und nicht diese feine Gesellschaft da!" Die Äbtissin wurde puterrot und wagte nicht, ihm zu widersprechen. Der Ausruf Ensfrieds
war nur zu berechtigt, denn unter dieser Äbtissin war es 1188 zu einer
Trennung der Nonnen gekommen. Während die reichen Monialen
aus adligem Haus in Sankt Ursula blieben, zogen die ärmeren Nonnen
aus. Insgesamt elf dieser aus niederen Verhältnissen stammenden
Schwestern gründeten ein neues Kloster in der Nähe der Kapelle des
Heiligen Maximin. Dass es sich um ein zeittypisches Phänomen handelt, zeigt der Versuch Innozenz III., die gerade bei Nonnen weit ver-
breitete Simonie zu bekämpfen. Mittlerweile habe diese Sünde so viele

---

[25] Vgl. Caesarius von Heisterbach, Dialogus miraculorum 6,4.
[26] Vgl. Brunsch, Heisterbach145.
[27] Vgl. Caesarius von Heisterbach, Dialogus miraculorum 6,5.
[28] Als solchen hat ihn Caesarius selbst als Schüler erlebt; vgl. Caesarius von Heisterbach,
      Dialogus miraculorum 6,5.
[29] Vgl. Höroldt, U., Studien zur politischen Stellung des Kölner Domkapitels zwischen
      Erzbischof, Stadt Köln und Territorialgewalten. 1198–1332. Untersuchungen und
      Personallisten (SKKG 27), Siegburg 1994, 635.
[30] Vgl. Caesarius von Heisterbach, Dialogus miraculorum 6,5.

Nonnen befallen, dass sie ohne Bezahlung kaum noch Schwestern aufnähmen und dies mit ihrer Armut begründeten.[31]

Die soziale Kluft zwischen saturierten Klerikern aus dem Kölner Meliorat und den um Almosen bettelnden Armen zeigt auch eine weitere Geschichte, die sich beim Jahrgedächtnis des Kölner Erzbischofs Bruno[32] ereignete. Die Geistlichen der Stiftskirchen trafen sich in der Kirche des Märtyrers Sankt Pantaleon, die Erzbischof Bruno erbaut hatte. Als die für ihn gefeierte Messe beendet war, gingen die Prioren wie bei diesem Anlass üblich in den Speisesaal des Pantaleon-Stiftes, um dort zu frühstücken. Ensfried begleiteten zahlreiche Arme bis zum Eingang des Speisesaals. Als der Aufseher des Speisesaals ihn einlassen wollte, die Armen aber zurückwies, rief Ensfried entrüstet aus: „Ich werde heute nicht ohne diese da eintreten."

Am Ende seines Berichts über Ensfried fragt der Novize den Mönch, warum er keine Wunder von Ensfried erzähle. Die kluge Antwort des Mönchs lautet, dass auch von Johannes dem Täufer kein einziges Wunder im Neuen Testament überliefert sei und doch sei dieser ein heiliger Mann. Wunder gehörten nämlich nicht zum Wesen der Heiligkeit, sondern seien nur äußere Anzeichen für diese.

Gleichwohl kann der Mönch ein Wunder berichten: Ein von Kopfschmerzen geplagter Mann rief am Grab Ensfrieds Gott an und bat um der Verdienste des heiligen Mannes willen um Linderung seiner Schmerzen. Prompt wurde diese Bitte erfüllt.

Das Portrait, das Caesarius von Ensfried zeichnet, macht deutlich, dass dieser aufrechte und untadelige Kirchenmann, den er als Zeitgenosse persönlich erlebt hat, einen tiefen Eindruck bei ihm hinterlassen hatte.

---

[31] IV. Laterankonzil 1215: Kanon 64.
[32] Bruno IV. von Sayn, Erzbischof von Köln 1205-1208. Vgl. Caesarius von Heisterbach, Dialogus miraculorum 6,5.

ANHANG: CAESARIUS VON HEISTERBACH,
DIALOGUS MIRACULORUM

Distinctio 6, 5. Kapitel: Aus dem Leben des Dekans Ensfried von Sankt Andreas in Köln.[33]

Ensfried, der Dekan zu Sankt Andreas, stammt aus dem Bistum Köln und war ein Mann von heiliger Einfalt, Gerechtigkeit und Barmherzigkeit. Wie er vor seiner Priesterweihe gelebt und was er in seiner Jugend getan hat, weiß ich nicht. Dass aber die Barmherzigkeit mit ihm gewachsen und erstarkt ist, schließe ich aus seinen Handlungen, die (jetzt) folgen. Dass er gelehrigen Geistes und eifrig beim Studium war, beweist der Erfolg. Schon in jungen Jahren war er so gut ausgebildet, dass er – wie ich von ihm selbst gehört habe – bereits als junger Mann eine Schule leitete und sehr viele durch Wort und Beispiel nicht nur im Lernen, sondern – was noch wichtiger ist – im tugendhaften Leben unterwies.

Nach der Priesterweihe übernahm er die Leitung der Kirche zu Siegburg, eine gute Pfarrei nämlich, das heißt reich an Einkünften, wo er sein Wissen in die Tat umsetzen konnte. Vor seiner Tür ließ er keinen Pilger stehen und sein Haus stand jedem Wanderer offen. Er war Vater der Witwen, Tröster der Waisen und eine Feile für die Sünder. Da er in seinem Haus mehrere Schüler in Obhut hatte und von der Einfalt einer Taube war, sagte er einmal zur Zeit der Kirschenernte zu seinem Cellerarius (sc. Kellermeister): „Guter Mann, erlaube den Jungen auf die Bäume zu steigen und Kirschen zu essen, soviel sie wollen und können; sonst brauchst Du ihnen nichts zu essen zu geben, denn nichts essen sie lieber." Das sagte er nicht aus Geiz, sondern aus der großen Güte seines Herzens. Als dies einige Tage so geschehen und es den Knaben nach Knabenart gut gefallen hatte, sagte der Cellerarius zu ihm: „Wirklich, Herr, wenn die Jungen nichts anders zu essen bekommen, werden sie bald krank werden." Das sah er dann sofort ein.

Danach wurde er Kanonikus in der Kirche Sankt Andreas zu Köln; und es dauerte nicht lange, bis er dort wegen des Verdienstes seines vorbildlichen Lebenswandels zum Dekan befördert wurde. Mochte er auch dort untadelig leben und sich hinsichtlich der Keuschheit hervortun, so glühte er doch besonders in den Werken der Barmherzigkeit. In der Pfarrei Sankt Paulus, die (als Filiale) zur Kirche von Sankt Andreas gehörte, gab es keine arme Witwe, deren Haus er nicht kann-

---

[33] Der Text der Übersetzung entstammt der Ausgabe von N. Nösges und H. Schneider (FC 86/3, 1148-1179), siehe oben.

te und die er nicht mit milden Gaben besuchte. Von seinem Tisch gab er soviel Brot den Bettlern an der Türe und soviel Geld in die „Schatzkammer Christi"[34], das heißt in die Hände der Armen, dass viele, die sein Jahreseinkommen kannten, sich wunderten. Er hatte auch einen Neffen mit Namen Friedrich, der ebenfalls Kanonikus in Sankt Andreas war und dort das Amt des Cellerarius innehatte. Dieser warf seinem Onkel öfter unverhältnismäßige Freigebigkeit vor, wogegen der ihm wiederum allzu großen Geiz vorhielt. Sie mussten nämlich die Ausgaben gemeinsam bestreiten und deshalb war Friedrich sehr verärgert, weil, was auch immer der Dekan an sich reißen konnte, er heimlich den Armen gab.

Einmal hatte dieser Friedrich aus seinen Amtseinkünften[35] viele große Schweine erhalten. Er ließ sie schlachten, zu Schinken verarbeiten und in der Küche aufhängen, um sie für einen geeigneten Zeitpunkt aufzubewahren. Der Dekan sah diese Schinken oft an, und bedauerte sehr, dass sie aufgehängt waren. Da er von seinem Verwandten keinen Schinken erbitten konnte und es auch nicht wagte, dachte er sich eine heilige List aus, eine fromme List, eine List, die der Erinnerung überaus würdig ist.

Sooft er sah, dass niemand in der Küche war, ging er heimlich hinein, und manchmal, wenn er die Gelegenheit hatte, schickte er die Diener hinaus und stieg dann mit einer Leiter dorthin, wo die Schinken hingen. Dann schnitt er die Schinken an der Seite, die der Wand, an der sie hingen, zugewandt war, fast bis zur Hälfte ab; die Vorderseite aber ließ er unversehrt, so dass die Einschnitte der anderen Hälfte nicht bemerkt wurden. Das tat er viele Tage lang und verteilte das abgeschnittene Fleisch an die Witwen, Armen und Waisen.

Und was geschah dann? Schließlich wird der Diebstahl aus den Haushaltsvorräten entdeckt, der Dieb gesucht, aber schnell gefunden. Es wütet der Kleriker, es schweigt der Dekan; und als der andere sich beklagte, er habe seinen Ertrag aus den Pfründen der Brüder und die Vorräte eines ganzen Jahres verloren, da versuchte der heilige Mann ihn, so gut er konnte, zu beruhigen: „Lieber Neffe, es ist besser, wenn Du ein wenig Ungemach erleidest, als wenn die Armen vor Hunger sterben. Gott wird es Dir wohl vergelten." Durch diese Worte beruhigt, schwieg er.

Als Ensfried eines Tages nach Sankt Gereon[36] ging, – ich glaube, es war am Fest dieses Märtyrers, – folgte ihm ein Bettler mit aufdring-

---

34 Vgl. Petrus Chrysologus, sermo 8: Manus pauperis est gazophylacium Christi.
35 Jedem Kanoniker waren, entsprechend seinem Amt, ein oder mehrere Höfe des Stiftes zugeteilt, die jährlich Abgaben zu leisten hatten.
36 Berühmte Stiftskirche in Köln.

lichem Schreien. Da er nichts bei sich hatte, was er ihm hätte geben
können, befahl er einem Schüler, der ihn begleitete, etwas vorauszu-
gehen. Er selbst begab sich in einen Winkel an der Kirche der heiligen Mutter Gottes, wo die Bischöfe am Palmsonntag den Leuten den
Ablass zu erteilen pflegen; da er kein anderes Kleidungsstück aus-
ziehen konnte, löste er vor den Augen des Bettlers seine Hose und
ließ sie fallen. Der Bettler hob sie auf und ging frohlockend davon.
Obwohl der heilige Mann diese gute Tat verbergen wollte, ist sie nach
dem Willen Gottes bei folgender Gelegenheit auf den Leuchter gestellt worden, um den Nachkommen als Vorbild zu dienen.

Als er nämlich von Sankt Gereon zurückgekehrt war, setzte er sich
an das Kaminfeuer, hob aber nicht, wie üblich, den Pelzmantel hoch,
um sich zu wärmen. Da sagte der bereits erwähnte Friedrich zu ihm:
„Hebt doch den Pelzmantel hoch, und wärmt Euch (richtig)!" Es war
nämlich kalt und Ensfried schon ein alter Mann. Als dieser meinte:
„Es ist nicht nötig!" fügte der Neffe hinzu: „Ich glaube tatsächlich, Ihr
habt keine Hose an." Er hatte dies aus dem Erröten des Onkels erschlossen. Schließlich gestand dieser, die Hose sei ihm „entfallen",
und verschwieg seine gute Tat. Bei diesem Wort lachte der geistliche
Neffe, durch dessen Mund dies bekannt wurde.

Novize: So etwas liest man nicht einmal in der Lebensbeschreibung
des heiligen Martin. Es war ja noch mehr, die Hose zu geben als den
Mantel zu teilen.

Mönch: Wegen dieser und anderer ähnlichen Taten sagen manche,
sie hätten niemals von einem Menschen gelesen, der so mitleidsvoll
gegen die Armen, so barmherzig und gütig gewesen sei. Seine Kleider
gab er fast unterschiedslos an die Armen, und wenn er fror und man
ihm neue Kleider schickte, dann machte er es ebenso. Immer trug er
im Herzen die Mahnung der Erlösers: „Gebt und es wird Euch wiedergegeben werden" (Lk 6,38).

Mitleid hatte mit ihm der verehrungswürdige Pfarrer von Sankt
Jacobus, Herr Everhard, den ich im 98. Kapitel der vierten Distinktion
erwähnt habe; die beiden waren ein Herz und eine Seele im Herrn.
Als er ihm ein Kleidungsstück geben wollte, das Ensfried länger tragen sollte, sagte er: „Ich werde Euch diese Kleidungsstück (nur) lei-
hen."

Novize: Ich glaube, dass er ebenso großzügig gegen seine Gäste
war, wie er verschwenderisch war gegen die Armen.

Mönch: Mit welcher Liebe er seine Gäste aufnahm, wird die folgende Erzählung deutlich machen. Als er eines Tages Mönche als
Gäste aufgenommen hatte – ich weiß nicht, ob es Zisterzienser oder

Prämonstratenser waren – und Speisen, die der Ordensregel entspra-
chen, nicht vorhanden waren und er auch keine Fische hatte, da sagte
er zu seinem Koch: „Fische haben wir nicht; doch es sind einfältige
Mönche, die Hunger haben; geh und mache ein Gericht aus gehack-
tem Fleisch und wenn Du die Knochen herausgenommen hast, würze
es mit Pfeffer und dann setze es vor und sage: Nun esst von dem guten
Stör!" So geschah es!

Als gute und einfältige Männer, wie ihr guter und einfältiger
Gastgeber, bemerkten sie den frommen Betrug nicht, sie stellten auch
keine Fragen, teils wegen des Schweigegebotes der Ordensregel, teils
aus Gewissensgründen. So aßen sie das, was man ihnen vorsetzte, in
der Meinung, es sei Fisch. Als die Schüssel fast leer war, fand jemand
ein kleines Schweineohr und zeigte es seinem Tischnachbarn. Der
Dekan, der dies beobachtet hatte, tat, als sei er leicht verärgert und
sagte: „Esst weiter um Gottes Willen! Mönche dürfen nicht so neugie-
rig sein; auch ein Stör hat Ohren."

Doch der Feind des Menschengeschlechtes, der Teufel, war nei-
disch auf die Tugend des Dekans und wollte ihn verwirren. Darum
erschien er ihm eines Tages leibhaftig vor Augen und redete ihn mit
folgenden Versen an:

„Der Tod zeigt, dass Dir nicht länger bleibt das Leben und (auch)
Du, Ensfried, nicht weiter unversehrt sein wirst."

Siehst Du, wie groß die Dummheit des Teufels bei all seiner
Schlauheit doch ist? Wodurch er den heiligen Mann zu behindern
glaubte, dadurch förderte er ihn. Er lebte danach nämlich noch 30
Jahre und war umso eifriger in den Werken der Barmherzigkeit, je näher er nach der Prophezeiung dem Tode war.

An einem Festtag hatte ihn der Herr Adolf[37], damals Dekan der
Domkirche, später Erzbischof von Köln, zu einem Gastmahl eingeladen. Ensfried aber lehnte ab, weil er selbst hohe Gäste habe. Als er
nach der Messe in sein Haus zurückeilte, schaute Gottfried, der mir
dies erzählte, – ein Mitkanoniker von Ensfried und Notar des Dekans
der Domkirche – aus dem Fenster im Erker der Pforte der Kleriker;
da sah er, wie eine Menge von Armen dem Ensfried folgten, darunter Lahme und Blinde. Da sie über die Steine nicht hinwegkamen,
welche die Straße dort teilen, reichte er, der selbst schon im gebrech-
lichen Alter war, jedem einzelnen die Hand. Sofort rief Gottfried seinen Herrn ans Fenster und rief: „Seht doch, Herr, dort sind die ho-

---

[37]   Adolf I. von Altena (1157 – ca. 1220), Erzbischof von Köln 1193-1205. Vor 1177 Dom-
       herr in Köln, 1183 Domdechant, 1191 Dompropst, 1193 Erzbischof als Nachfolger
       seines Onkels, des Erzbischofs Bruno III. von Berg.

hen Gäste, die mein Dekan behauptet hat, bei sich zu haben." Und beide waren darüber sehr erbaut.

Ein weiteres Werk der Barmherzigkeit, das diesem ähnlich ist, habe ich selber bei ihm gesehen: Beim Jahrgedächtnis des Herrn Bruno[38], des Kölner Erzbischofs, kamen die Geistlichen der Stiftskirchen in der Kirche des Märtyrers Sankt Pantaleon zusammen, die dieser Bruno erbaut hatte. Als die für ihn gefeierte Messe beendet war, gingen die Prioren entsprechend der Gewohnheit in den Speisesaal (des Pantaleon-Stiftes), um dort zu frühstücken. Den Herrn Ensfried begleiteten zahlreiche Arme bis zum Eingang des Speisesaals. Als der Aufseher des Speisesaals ihn einlassen wollte, die Armen aber zurückwies, rief Ensfried entrüstet aus: „Ich werde heute nicht ohne diese da eintreten." Der überaus kluge Mann wusste nämlich, dass die Armen Gottes Freunde und „Kämmerer" des Himmels sind, wohl eingedenk jener Mahnung des Gottessohnes: „Macht Euch Freunde mit dem ungerechten Mammon, damit, wenn es mit Euch zu Ende geht, sie Euch in die ewigen Wohnungen aufnehmen." (Lk 16,9).

Deshalb wurde er auch eines Tages eingeteilt, neben den Reliquien (sc. des heiligen Andreas) zu stehen und die Eintretenden zu bitten, Almosen für die Gebäude der Kirche zu spenden, deren Custos[39] er damals war. Dabei sprach er die Leute mit folgenden Worten an: „Ihr guten Menschen, Ihr seht wohl, wie groß die Gebäude hier angelegt sind; Ihr tut zwar gut daran, wenn Ihr Eure Almosen dafür gebt, aber besser und sicherer legt Ihr sie an, wenn Ihr sie für die Armen gebt." Diese Ansprache hörte damals unser Mönch Friedrich, den wir in guter Erinnerung halten, als er die Kirche des heiligen Andreas mit (einigen) Rittern betrat; er hat es mir später öfter erzählt.

Auf eigene Kosten ließ er einige gottesfürchtige Personen unterhalten, um an deren Verdiensten teilnehmen zu können: Deshalb spendete er auch der ehrwürdigen Inkluse Frau Heyleka aus unserem Orden, die – wie ihr Name (sc. Heilige) schon sagt – eine wahrhaft Heilige ist, und deren Zelle an das Monasterium[40] Sankt Andreas angebaut war, aus seinen Pfründen, solange sie lebte, den Unterhalt; von anderen wollte diese heilige Frau keine Almosen annehmen. Er pflegte die Armen als himmlische Schätze zu bezeichnen, welche der Rost nicht zerstört und welche die Diebe nicht ausgraben noch stehlen (vgl. Mt 6,19).

---

[38] Bruno IV. von Sayn, Erzbischof von Köln 1205-1208.
[39] Ensfried war Custos ecclesiae und als solcher hatte er die Oberaufsicht über den Zustand der Gebäude, den Kirchenschatz bzw. die Reliquien.
[40] Gemeint ist wohl das von Erzbischof Bruno im 10. Jahrhundert gegründete Chorherrenstift.

Deshalb war – wie oben gesagt – seine Sorge für die Tröstung der Armen weit größer als für die vergänglichen Gebäude, Schätze und Schmuckstücke der Kirchen. Arme Kinder, deren Hände voller Geschwüre und sehr vernachlässigt waren, setzte er, wenn er alleine speiste, an seinen Tisch und gebot ihnen, mit ihm aus derselben Schüssel zu essen.[41]

Novize: Ich bewundere die Güte, Demut und Einfalt dieses Dekans sehr.

Mönch: Höre zu, dann wirst Du Dich noch mehr wundern! Ein Kölner Bürger namens Lambert war mit ihm verwandt und lebte in seiner Nähe. Als dieser eines Tages mit dem oben erwähnten Notar Gottfried zu Abend speiste, und sie sich über die Mildtätigkeit des Herrn Ensfried unterhielten, sagte Lambert – wobei ich zuhörte – Folgendes: „Ich will Euch erzählen, wie er mich behandelt hat: Er hatte mich und meine Frau einmal zum Abendessen eingeladen. Als wir mit ihm zu Tisch saßen, warteten wir lange, dass etwas aufgetragen würde, da wir nur Brot vor uns sahen. Und weil ich seine Gewohnheiten gut kannte, rief ich einen von seinen Dienern herbei und flüsterte ihm ins Ohr: ‚Sag, mein Guter, wird es wohl heute noch etwas zu essen für uns geben?‘ Der antwortete: ‚Wir haben nichts mehr; es war zwar genügend für Euch vorbereitet, aber mein Herr kam vor der Essenszeit in die Küche und teilte alles, was vorbereitet war, an die Armen aus, obwohl wir Einspruch erhoben.‘ Ich habe darauf lächelnd den Diener in mein Haus geschickt und soviel an Speisen heranbringen lassen, dass es für alle unsere Tischgenossen ausreichte.

Als ich eines Tages seine Küche betreten hatte und einige Gänse am Herdfeuer hin und her gedreht wurden, sagte ich zu mir: ‚Sicher sorgt dieser Dekan wieder gut für seine Familie.‘ Als die Gänse gebraten waren, trat er selbst ein, und nachdem sie zerteilt und auf Schüsseln gelegt worden waren, schickte er alles den Witwen und Armen.

Oft brachte man ihm Gänse und Hühner, teils weil sie ihm aufgrund seines Amtes zustanden, teils als Geschenk, weil viele ihn verehrten und seine Nächstenliebe kannten. Und weil er von großer Güte war, schickte er, was er davon weiterverschenken wollte, an seine Mitbrüder oder seine anderen Nachbarn, nicht lebend, sondern geschlachtet zu ihnen, damit sie es sofort essen konnten.

Sein Mitleid mit den Armen war – wie ich oft gesagt habe – so groß, dass er manches tat, was nach menschlichem Urteil nicht richtig zu sein schien.

---

[41]   Das heißt: Seine Liebe war größer als der natürliche Ekel.

So berichtete mir ein Priester aus Sankt Andreas von einem Kölner Bürger, der seine Ehefrau nicht liebte und sie oft misshandelte. Darum stahl sie ihm eine große Summe Geld. Als ihr Mann sie des Diebstahls beschuldigte, leugnete sie die Tat hartnäckig und warf das Geld in den Abort aus Furcht, von ihm überführt zu werden. Später bereute sie die Tat, kam zum Dekan und bekannte ihm in der Beichte, was und warum sie gestohlen hatte. Ich vermute sehr, dass der heilige Mann ihr geraten hatte, das Geld ihrem Mann auszuhändigen; aber weil sie die Tat unter Eid abgestritten hatte, wagte sie die Rückgabe nicht, aus Angst, deswegen noch mehr geschlagen zu werden. Darum sagte der Dekan zu ihr: „Wenn ich das Geld haben kann, ohne dass Deine Tat bekannt wird, bist Du dann einverstanden, dass die Armen es bekommen?" Sie sagte, dass sie gerne dazu bereit sei. Nach einigen Tagen sagte der Dekan zu dem Bürger: „Würdest Du mir erlauben, Deinen Abort zu reinigen; und falls der Herr mir dort etwas hinterlassen hat, dieses von dort mitzunehmen?" Der Bürger wusste, daß Ensfried ein heiliger Mann war. Darum glaubte er, dass Gott dem Dekan eine Offenbarung gegeben habe und entsprach seiner Bitte. Die Kloake wurde ausgeräumt, das Geld wurde gefunden und in wenigen Tagen den Armen durch die Hände des Gottesmannes übergeben.

Novize: An dieser Stelle könnte sich ein Kritiker festbeißen.

Mönch: Drei Gründe scheinen mir ihn von einer Sünde zu entschuldigen.

Erstens: Das Geld gehörte dem Mann wie der Frau. Zweitens: Es war ohnehin (sc. für den Mann) verloren, weil er es wegen der Beichte nicht verraten durfte. Drittens: Weil er es an die Armen verteilt hat. Zuletzt war es ja die Liebe, die ihn dazu trieb. So pflegen die Priester oft den Frauen zu erlauben, ihren geizigen und unbarmherzigen Männern Geld wegzunehmen und es den Bedürftigen zu geben.

Er machte noch etwas anderes, das noch fragwürdiger ist: Als er (einmal) nichts zu essen hatte, ging er in die Backstube der Mitbrüder, wo die Brote auf einem Brett zum Verteilen bereitlagen, und fragte den Bäcker, welchen Personen diese und jene Brote zugedacht seien. Als der ihm darüber genaue Auskunft gab, befahl er, die Brote derjenigen, die er als Reiche kannte, in sein Haus zu bringen. Dazu sagte er: „Die haben im Überfluss, ich aber habe nichts zu essen."[42]

Novize: Wie lässt sich das entschuldigen?

---

[42] Man könnte an das sogenannte „Fringsen" denken, das heißt die Erlaubnis des Kölner Kardinals Frings zum Mundraub in den Hungerjahren 1945–1947.

Mönch: Vieles ist dem Heiligen erlaubt, das den Unheiligen versagt ist.[43] Wo der Geist des Herrn ist, dort ist Freiheit (vgl. 2 Kor 3,17). Darum sagt die Autorität: „Wenn Du die Liebe hast, dann mache, was Du willst"[44]. Ihn entschuldigte die Liebe, ihn entschuldigte die Not, ihn entschuldigte die Autorität, ihn entschuldigte die Brüderlichkeit: Die Liebe, weil ihn die Sorge für die Armen selbst in Not gebracht hatte; die Not, die kein Gebot kennt[45], von der Rudolf, der Scholastiker der Kölner Domschule, seinen Schülern zu sagen pflegte: „Bevor ich vor Hunger sterbe, würde ich mir (selbst) von den Füßen[46] des Gekreuzigten etwas wegnehmen und es essen." Es entschuldigte ihn gewissermaßen die Autorität, weil er Dekan war und damit gleichsam der Vater der Mitbrüder. Schließlich entschuldigte ihn auch die Brüderlichkeit, weil er glaubte, allen müsse alles gemeinsam sein, so wie er das Seinige zum Gemeingut aller gemacht hatte.

Als er wegen körperlicher Schwäche und hohen Alters die Zeit seines Todes nahen fühlte, verkaufte er sein Haus[47], damit sein armer Geist bei der Rückkehr in die himmlische Heimat nicht durch irdischen Besitz beschwert sei. Den Kauferlös jedoch verteilte er nicht an die Verwandten, nicht an die Freunde, sondern mit eigenen Händen an die Armen Christi. Denn er wusste, seine Mitkanoniker würden als Treuhänder nach seinem Tode nicht zuverlässig sein. Als der Käufer des Hauses, ein Priester und Mitkanoniker der gleichen Kirche, namens Konrad, ihm sagte: „Herr, ich will mein Haus haben!" erwiderte Ensfried ihm in seiner großen Einfalt: „Lieber Konrad, ich bin ein kranker und alter Mann, ich werde bald sterben; warte noch ein Weilchen, dann wirst Du es wohl haben. Wo willst Du denn, dass ich inzwischen wohnen soll?" Jener gute Mann machte aus der Not eine Tugend und wartete sehr geduldig das Hinscheiden Ensfrieds ab.

Der heilige Mann gab ein Beispiel so großer Barmherzigkeit, dass er, wenn er oft in der Vorhalle der Kirche sitzend Arme vorübergehen sah, die mühsam das im Wald gesammelte Moos trugen, er es ihnen abkaufte; nicht weil er es brauchte, sondern um die Armen von ihrer Mühsal zu befreien.

Über ihn berichtete mir auch unser Mönch Reiner, der einst Scholastiker an Sankt Andreas war, dass eines Tages, als ein Armer in

---

43 Vgl. das Sprichwort: Quod licet Jovi, non licet bovi.
44 Vgl. Augustinus, tract. 7; sermo 163B.
45 Deutsches Sprichwort: Not kennt kein Gebot.
46 Gemeint ist, wenn etwas Essbares zu Füßen des Gekreuzigten, das heißt in unmittelbarer Gegenwart des Herrn zu finden wäre, würde er dies essen, bevor er vor Hunger stürbe.
47 Die Stiftsherren hatten in der Regel ein eigenes Haus nahe der Stiftskirche.

der besagten Vorhalle dieser Kirche sehr viele Wedel[48] zum Kauf anbot und sie nicht verkaufen konnte, Ensfried zu ihm sagte: „Reiner, kauf Du doch diese Wedel." Als er ihm erwiderte: „Herr, ich brauche sie nicht!" antwortete Ensfried: „So kaufe sie und schenke sie Deinen Freunden!" Dieser kaufte sie, weil er wusste, dass nur das Mitleid seines Dekans der Grund (der Bitte) war. Sein Herz war so übervoll von Erbarmen, dass er es nicht ertragen konnte, soweit er es verhindern konnte, dass jemand geschlagen oder beleidigt wurde.

Eines Tages hörte er im Vorübergehen aus der Stiftsschule das Schreien eines (jungen) Kanonikers, der sich schwer verfehlt hatte und von vier Schülern festgehalten wurde, um Prügel zu empfangen. Ensfried betrat schnaubend die Schule und stürmte wie ein Löwe heran, hob vor unseren Augen den Stock gegen den Scholasticus und seinen Mitkanoniker, und befreite den Knaben aus dessen Händen. „Was machst Du da, Du Tyrann?" schrie er ihn an. „Du bist da, um Deine Schüler zu lehren, nicht sie zu töten!" Darauf schwieg dieser beschämt.

Wie groß seine Geduld war, zeigt folgende Geschichte: Eines abends saß er wie gewöhnlich – ich glaube, es war zwischen Non[49] und Vesper – in der Kirche, da kam ein Schotte[50], ein elender und oft betrunkener Mann, der der Ehre des Priesteramts ganz unwürdig war, auf ihn zu, – beide waren alleine – packte ihn an der Kapuze, zog ein Messer heraus, bedrohte ihn damit und sagte: „Gib mir Geld oder ich bring Dich um." Durch Gottes Fügung kam ein junger und kräftiger Kanoniker vorbei und riss den Schotten mit Gewalt von ihm weg. Als er den Räuber schlagen wollte, weil er dachte, dass er den Tod verdient habe, beruhigte ihn der überaus sanftmütige Ensfried mit den Worten: „Reg Dich nicht auf, Bruder, pass auf, dass Du ihn nicht verletzt, er hat doch nur Spaß gemacht."

Keinem vergalt er Böses mit Bösem, denn in seinem Herzen wohnte die Arglosigkeit der Taube. Doch obwohl er, wie schon oft gesagt, von wunderbarem Mitleid war, glühte er vor Eifer nach Gerechtigkeit.

---

[48] Gemeint ist wohl eine Art Fächer, der als liturgisches Gerät vom Diakon oder einem Altardiener gebraucht wurde, um während der Messe Insekten von den Opfergaben oder Zelebranten zu verscheuchen. Das Material konnte aus Pfauenfedern, Pergament oder Stoff bestehen, ist im Osten bereits im 5. Jahrhundert bezeugt und bis heute im Gebrauch, im Westen erst seit dem 9. Jahrhundert und häufiger im 11. Jahrhundert, aber nie allgemein gebräuchlich, wie auch diese Geschichte nahelegt.

[49] Stundengebet um ca. zwei Uhr nachmittags.

[50] In Köln studierten an den dortigen Ordensschulen auch Schotten. z. B. Johannes Duns Scotus, der als Ordenslehrer der Franziskaner 1308 in Köln verstarb; Grab in der Minoritenkirche.

Eines Tages kam ihm die Äbtissin vom Kloster der 11.000 Jungfrauen[51] entgegen. Vor ihr her gingen Kleriker, die Mäntelchen als Umhang trugen, die mit dem Pelzwerk der Nonnen besetzt waren.[52] Hinter ihr gingen Edelfräulein und Kammerfrauen, die mit ihrem eitlen Geschwätz die Luft erfüllten. Dem Dekan aber folgten Arme, die Almosen von ihm erbaten. Der gerechte Ensfried, vom Eifer für Zucht entflammt, rief so laut, daß alle es hörten: „Oh Frau Äbtissin, es würde Euren Beruf besser anstehen, es würde Eure Frömmigkeit mehr schmücken, wenn Euch – wie mir – die Armen folgten und nicht diese Schauspielertruppe da." Jene wurde puterrot und wagte es nicht, diesem Manne zu widersprechen.

So groß war seine Liebe zur Gerechtigkeit, dass, als einmal jemand in seiner Gegenwart über das schlechte Leben der Weltgeistlichen redete, ihm plötzlich die Worte entfuhren: „Es ist ganz gleich, wie sie leben"; als wenn er sagen wollte: Aus einer schlechten Wurzel kann kein guter Baum kommen. Er wusste nämlich, dass es nur wenige unter den Weltgeistlichen gibt, die entsprechend dem Kirchenrecht in ihr Amt gelangt waren, so dass sie nicht Sanguiniten waren, das heißt, durch Blutsverwandte hineingebracht wurden, oder Korachiten[53], die durch die Macht der Großen aufgedrängt wurden, oder Simonisten[54], die durch Geld oder sonstige Gefälligkeiten eingelassen wurden.

Novize: Dieses Laster grassiert zur Zeit sehr im Klerus.

Mönch: So ist es; vor allem in denjenigen Kirchen, in denen die Prälaten, Stipendien ohne kanonische Wahl (gegen Geld) vergeben. Rudolf, der Bischof von Lüttich, zum Beispiel rühmte sich seiner Simonie so sehr, dass er einmal, als er die Pfründe einer seiner Kirchen verkauft hatte und das Geld hiervon in seinem Schoß trug, sich vor vielen brüstete: „Ich habe die Bischofskirche von Lüttich

---

51 Nonnenkloster Sankt Ursula in Köln an der Kirche der 11.000 Jungfrauen; später adliges Damenstift. Vgl. Wegener, J., Die Geschichte des Stifts St. Ursula in Köln (Veröffentlichungen des Kölnischen Geschichtsvereins 31), Köln 1971; Stein, A. G., Das Kloster und spätere adelige Damenstift an der Kirche der heiligen 11000 Jungfrauen zu Köln: AHVNRh 31 (1877) 45-111; hier: 75-79.

52 Dieses Pelz- oder Grauwerk war Zeichen der adligen Damen und ihrer klerikalen Begleiter. Grauwerk lehnt Bernhard von Clairvaux als eine Spielart des Kleiderluxus ab; vgl. epist. 2, 11; epist. 458,5: vgl. Bumke, J., Höfische Kultur. Literatur und Gesellschaft im hohen Mittelalter, 2 Bde., München 1986, 205-210. Es handelte sich wohl um eine Art Mozetta oder Almucia.

53 Der alttestamentliche Begriff für die Nachkommen des Korach (Korachiten), deren Funktion die Bewachung des Eingangs des Lagers bzw. des Zeltes war, wird hier auf nicht kanonisch ordinierte Kleriker übertragen. Die Korachiten verlangten unberechtigterweise den Zugang zur Priesterwürde, der ihnen von Mose verweigert wurde; vgl. Ex 6,24; 1 Chron 9,19; Num 16.

54 Die Sünde der Simonie ist benannt nach dem Zauberer Simon, der den Aposteln geistliche Vollmacht abkaufen wollte (vgl. Apg 8,18-25).

sehr reich gemacht, ich habe ihre Einkünfte vermehrt: Ich habe die Amtsstelle, die meine Vorgänger für 10 Mark verkauften, auf einen Kaufpreis von 40 Mark gebracht."

Und weil der heilige Mann (Ensfried) meinte, dass nur wenige ihre Stelle als Kanoniker auf rechtlichem Wege bekommen hatten, glaubte er auch, dass nur wenige in ihrem Amt rechtschaffen lebten. Mit dem Eifer für Gerechtigkeit verband er die Liebe zur Ordensregel. Denn nach ihm ist bis in unsere Zeit kein Dekan in dieser Kirche aufgetreten, unter welchem die Ordenszucht so geblüht hat. Auch als er schon dem Ende nahe war, bis zu seinem Todestag, duldete er nicht, den wöchentlichen Gottesdienst zu verpassen. Oft feierte er die Messe[55] im Konvent, dabei wurde er von den Armen der anderen gestützt, um nicht zu fallen. Das Halleluja an den Festtagen sang er selbst – wie die übrigen Geistlichen – an der Stufe (des Altares). Wenn die anderen aus der Kirche gingen, ging er nur selten hinaus, außer um an den Mahlzeiten teilzunehmen. Dann saß er vor dem Kreuzaltar und fügte dem Stundengebet eine weitere Stunde (persönlichen Gebetes) hinzu.

Für die öffentlichen Büßer war er so zugänglich, dass er mit ihnen in der Vorhalle der Kirche saß, ihre Urkunden[56] las, ihnen Trost spendete und fürbittende Gebete (für sie) aufschreiben ließ. Er war von so großer Demut, dass, obwohl er an Alter und Rang der höchste war, er fast immer den letzten Platz im Chorgestühl einnahm außer an besonderen Festtagen. Seine Kleidung war sehr schlicht und bescheiden, nicht mit Grauwerk besetzt und nicht farbig, sondern aus (ungefärbter) Schafswolle; ebenso seine Kopfbedeckung."

Novize: Warum erzählst Du mir kein Wunder von einem so bedeutenden Mann?

Mönch: Wer ist größer als Johannes der Täufer? (vgl. Joh 10,41). Und doch liest man von ihm kein Wunder, was das Evangelium jedoch von Judas dem Verräter berichtet[57]. Deshalb wird Christus einigen, die jetzt in seinem Namen Wunder tun, am Ende sagen: „Ich weiß nicht, woher Ihr seid; weichet von mir, Ihr Missetäter!" (Lk 13,27). Wunder gehören nicht zum Wesen der Heiligkeit, sie sind aber Anzeichen der Heiligkeit. Da der Herr seinen ausgedienten Soldaten nach aller Mühe belohnen wollte, rief er ihn auf folgende Weise zur Herrlichkeit: Am Vorabend der Auferstehung des Herrn (sc. Ostern), als er das feierliche Amt halten sollte, weil er den Wochendienst hatte,

---

55 Der Zelebrationsdienst der Priester im Andreasstift wechselte gewöhnlich von Woche zu Woche.
56 Vermutlich Urkunden, auf denen die Bußauflage stand für die bei schweren Vergehen verhängte Kirchenbuße.
57 In Mk 6,13 ist von den Wundern der Zwölf Jünger die Rede, zu denen Judas zählt.

begannen ihm plötzlich die Kräfte zu schwinden. Der obengenann-
te Reiner wurde gerufen, der ihm den Puls fühlte und merkte, dass
der Tod vor der Tür stand. Er empfahl ihm, die heilige Salbung (sc.
letzte Ölung) zu empfangen und flößte ihm etwas von einer stärken-
den Medizin ein. Doch Ensfried spie sie aus und sagte: „Ich werde
die Messe im Konvent zelebrieren." Reiner erwiderte ihm: „Ihr wer-
det die Messe in diesem Leben nie mehr zelebrieren." Darauf bat der
Dekan um die Salbung und sang mit den Brüdern die Psalmen und
die Litanei.[58]. Um die neunte Stunde ungefähr gab er wie Christus[59]
seinen Geist auf, um mit den Seelen der Gerechten vereint zu werden. Am Tag nach dem heiligen Osterfest wurde er begraben. Dabei
gab Eberhard, der Pfarrer von Sankt Jakobus, dessen tugendreiches
Leben ich im 98. Kapitel der vierten Distinktion beschrieben habe,
vor einer großen Menge folgendes Zeugnis über ihn: „Heute", sagte
er, „wird hier der Erde das heiligste Fleisch anempfohlen, das auf
Erden gelebt hat!"

Und weil Du nach Wundern gefragt hast: Nach seinem Tod fehlte
es nicht an Zeichen: Ein Priester und Pfründner[60] unserer Stiftskirche
mit Namen Adam hat mir selbst erzählt, wie er einst von heftigsten
Kopfschmerzen gepeinigt wurde; da sei er zum Grab des Ensfried gegangen und habe gebetet: „Gott", sagte er, „um der Verdienste dieses
heiligen Mannes willen, lindere den Schmerz meines Hauptes." Er
wurde sogleich erhört und es ging gesund von dannen, der krank gekommen war. Noch viele andere Taten, die der Erinnerung wert sind,
hat dieser Heilige getan, die ich aber um der gebotenen Kürze willen,
auslassen muss.

Novize: Wären doch alle Dekane so wie er, so rechtschaffen und so
heilig!

---

58 Die üblichen Gebete bei der Salbung.
59 Es ist die Todesstunde Jesu, ca. drei Uhr nachmittags (vgl. Mt. 27,46); Caesarius sieht
    hierin eine besondere Ehrung für Ensfried.
60 Der Stiftskirche Sankt Andreas unterstanden mehrere Pfarrkirchen.

„Accipe et hunc baculum itineris".
Liturgie- und frömmigkeitsgeschichtliche Bemerkungen zur Entwicklung der Pilgersegnung im Mittelalter

Jürgen Bärsch

Wie kaum eine andere als typisch katholisch apostrophierte Frömmigkeitsübung finden heute Wallfahrten und Pilgerreisen einen breiten Zuspruch in unserer Gesellschaft. Man braucht nicht erst das über Monate die Bestseller-Listen anführende „Pilgerbuch" von Hape Kerkeling, „Ich bin dann mal weg", oder die boomenden Angebote und Zahlen der Tourismusbranche und der Wallfahrtsbüros zu bemühen, um die erstaunlich weitreichende Akzeptanz, gar Wertschätzung des Pilgerns wahrzunehmen. Schon längst über die konfessionellen Grenzen hinaus machen sich immer wieder Einzelne, kleinere Gruppen und ganze Pfarrgemeinden auf den Weg, um die großen Stätten der Christenheit oder auch die in der Nähe gelegenen Wallfahrtsorte aufzusuchen.[1] Aber so unterschiedlich die Formen und Ziele der Wallfahrten sind, so vielfältig sind auch die Beweggründe, weshalb sich Menschen nicht selten für mehrere Tage und Wochen auf einen Pilgerweg begeben. Suchen die einen die Erfahrung von Gemeinschaft oder ein körperlich-emotionales, spirituelles Erlebnis, wollen andere zu einer vertieften Wahrnehmung ihrer Persönlichkeit finden; geht es diesen um eine „Auszeit" aus den täglichen Anforderungen oder um eine Neuorientierung ihres Lebens, statten jene so ihren Dank für eine überwundene Krankheit ab.[2] Erwartungsgemäß überlagern sich da-

---

[1] Vgl. dazu etwa die thematisch einschlägigen Ausgaben von Heiliger Dienst 61 (2007), Heft 1 und Diakonia 39 (2008), Heft 3.

[2] Zur Erforschung der Wallfahrtsmotivationen heute vgl. Helmut Eberhart, Zwischen Vielfalt und Beliebigkeit, in: Netzwerk Volkskunde. Ideen und Wege. FS Klaus Beitl, hg. vom Verein für Volkskunde von Franz Greishofer und Margot Schindler (Sonderschriften des Vereins für Volkskunde in Wien 4), Wien 1999, 627-638; ders., Überall ist Wallfahrt. Ein kulturwissenschaftlicher Blick auf ein wiederentdecktes Phänomen, in: Heiliger Dienst 61 (2007) 7-25; Gabriele Ponisch, „...daß wenigstens dies keine Welt von Kalten ist". Wallfahrt und neue spirituelle Szenen, Graz 2006 [Diss. masch.]; dies., „...das hat mich so beseelt". Wallfahrt als Gegenwelt?, in: Diakonia 39 (2008) 157-163.

bei religiös-transzendente und eher säkular-innerweltliche Motive und Impulse. Und es steht zu vermuten, dass dies keineswegs nur für die Gegenwart gilt. Es mag darum reizvoll zu sein, einen Blick auf eine Blütezeit des Wallfahrtswesens zu werfen und zu fragen, welche Anliegen und Motive die mittelalterlichen Pilger bewegt haben, ihre Heimat zu verlassen und sich auf den gefahrvollen Weg nach Jerusalem, Rom oder Santiago de Compostela zu machen.[3]

Die breit agierende und interdisziplinär arbeitende Wallfahrtsforschung hat hier inzwischen wichtige Ergebnisse erzielt und in der Entdeckung und Auswertung spezifischer Quellen wie Urkunden und Testamente, Pilgerberichte und Reisebeschreibungen, aber auch Pilgerzeichen und Bilddokumente viel Licht in die Pilgerwirklichkeit des Mittelalters und der frühen Neuzeit gebracht.[4] Weil

---

[3] Für unseren Zusammenhang können wir auf die in der Volkskunde diskutierte Frage nach der begrifflichen Unterscheidung zwischen Pilgerfahrt und Wallfahrt sowie deren jeweiligen phänotypischen Erscheinungsformen verzichten; vgl. dazu Wolfgang Brückner, Zur Phänomenologie und Nomenklatur des Wallfahrtswesens und seiner Erforschung. Wörter und Sachen in systematisch semantischem Zusammenhang, in: Volkskultur und Geschichte. FS Josef Dünninger, hg. von Dieter Harmening u.a., Berlin 1970, 384-424.

[4] Aus der heute nicht mehr überschaubaren Literatur verweisen wir auf die wichtigen Überblicksartikel der einschlägigen Lexika mit den entsprechenden bibliographischen Hinweisen: Ludwig Schmugge, Art. Pilger. A. Westlicher Bereich, in: LMA 6 (1993) 2148-2151; Wolfgang Brückner, Art. Wallfahrt, in: LMA 8 (1997) 1980f.; Andreas Heinz, Wolfgang Brückner, Art. Wallfahrt. III. Liturgiegeschichtlich. IV. Frömmigkeitsgeschichtlich, in: LThK 10 (³2001) 962-965; Hartmut Kühne, Albert Gerhards, Art. Wallfahrt/Wallfahrtswesen. V. Kirchengeschichtlich. VI. Praktisch-theologisch, in: TRE 35 (2003) 423-435; Irmgard Jehle, Andreas Heinz, Art. Wallfahrt/ Wallfahrtsorte. III. Christentum. 1. Theologische Begründung und kirchengeschichtliche Entwicklung im Katholizismus. 5. Liturgie und Musik, in: RGG 8 (⁴2005) 1282-1285.1291f.; Klaus Schreiner, Art. Wallfahrten, in: Enzyklopädie des Mittelalters, hg. von Gert Melville, Martial Staub. I: 342f. II: 434f. – Darüber hinaus nennen wir im Blick auf die historische Forschung exemplarisch: Georg Schreiber, Wallfahrt und Volkstum in Geschichte und Leben (Forschungen zur Volkskunde 16/17), Düsseldorf 1934; Leopold Schmidt, Volkskunde als Geisteswissenschaft (Handbuch der Geisteswissenschaften 2), Wien 1948, 90-103 (Wallfahrtsforschung. Vorschau auf eine volkskundliche Disziplin); Bernhard Kötting, Peregrinatio religiosa. Wallfahrten in der Antike und das Pilgerwesen der alten Kirche (Forschungen zur Volkskunde 33-35), Münster [1950] ²1980; Wallfahrt kennt keine Grenzen. Themen zu einer Ausstellung des Bayerischen Nationalmuseums und des Adalbert-Stifter-Vereins, München, hg. von Lenz Kriss-Rettenbeck und Gerda Möhler, München-Zürich 1984; Klaus Guth, Die Wallfahrt – Ausdruck religiöser Kultur, in: Liturgisches Jahrbuch 36 (1986) 180-201; Wallfahrt und Alltag in Mittelalter und früher Neuzeit. Internationales Round-Table-Gespräch Krems an der Donau, 8. Oktober 1990, red. von G. Jaritz, B. Schuh (Veröffentlichungen des Instituts für Realienkunde des Mittelalters und der frühen Neuzeit 14), Wien 1992; Norbert Ohler, Pilgerleben im Mittelalter. Zwischen Andacht und Abenteuer, Freiburg 1994; Oude sporen, nieuwe wegen. Ontwikkelingen in bedevaartonderzoek, red. M. van Uden, J. Pieper, Paul Post (UTP-katernen 17), Baarn 1995; Diana Webb, Pilgrims and Pilgrimage in the Medieval West

aber die Liturgiewissenschaft erst beginnt, die in Rede stehenden Zeugnisse hinsichtlich des gottesdienstlichen Geschehens und seiner zeitgenössischen Wahrnehmung aufzugreifen[5] wie auch die ihr nahe stehenden liturgischen Quellen zum Wallfahrtswesen zu erheben und zu analysieren,[6] kann unser Beitrag nur einen sehr kleinen Ausschnitt aus dem Bereich des gottesdienstlichen Lebens im Kontext der mittelalterlichen Pilgerfahrten näher beleuchten: den Segen beim Aufbruch zur Pilgerfahrt.[7] Im Folgenden sollen

(The International Library of Historical Studies 12), London 1999; Rendre ses voeux. Les identités pèlerines dans l'Europe moderne (XVIᵉ-XVIIIᵉ siècle), ed. Philippe Boutry, Pierre-Antoine Fabre, Dominique Julia (Civilisations et Sociétés 100), Paris 2000; Irmgard Jehle, Der Mensch unterwegs zu Gott. Die Wallfahrt als religiöses Bedürfnis des Menschen, aufgezeigt an der Marienwallfahrt nach Lourdes (STPS 52), Würzburg 2002; Wallfahrt und Kommunikation. Kommunikation über Wallfahrt, hg. von Bernhard Schneider (Quellen und Abhandlungen zur mittelrheinischen Kirchengeschichte 109), Mainz 2004; Wallfahrten in der europäischen Kultur. Pilgrimage in European Culture, hg. von Daniel Doležal, Hartmut Kühne (Europäische Wallfahrtsstudien 1), Frankfurt/M. u.a. 2006.

5   Hier ist vor allem hinzuweisen auf die an der Kath.-Theologischen Fakultät der Univ. Erfurt verfasste Habilitationsschrift von Stefan Böntert, Friedlicher Kreuzzug und fromme Pilgerschar. Liturgiehistorische Studien zur Heilig-Land-Wallfahrt aus dem deutschen Sprachgebiet zwischen Mitte des 19. Jahrhunderts und 1914 im Spiegel von Pilgerberichten [Habil. masch.]. Zur Bedeutung solcher als Ego-Dokumente bezeichnete Quellen für die Liturgiewissenschaft vgl. Louis van Tongeren, Eine gemeinsame Zielrichtung. Die Ritual Studies und die Entwicklungen in der Liturgiegeschichtsforschung, in: Die modernen „ritual studies" als Herausforderung für die Liturgiewissenschaft. Modern Ritual Studies as a Challenge for Liturgical Studies, hg. von Benedikt Kranemann, Paul Post (Liturgia condenda 20), Leuven 2008, 111-132; Benedikt Kranemann, Anmerkungen zur Hermeneutik der Liturgie, in: Liturgie verstehen. Ansatz, Ziele und Aufgaben der Liturgiewissenschaft, hg. von Martin Klöckener, Benedikt Kranemann, Angelus A. Häußling (= ALw 50 [2008]), Fribourg 2008, 128-161, hier 133f.; Friedrich Lurz, Liturgie verstehen – Liturgie leben. Hinweise aufgrund historischer Autobiografieforschung, in: ebd., 231-250

6   Neben den in Anm. 4 genannten Beiträgen von Andreas Heinz und Albert Gerhards vgl. G. Vollebregt, Art. Bedevaart, in: Liturgisch Woordenboek, Roermond 1958-1962, 225-227; Andreas Heinz, Wallfahrt als Gottesdienst, in: Wallfahrt – in Bewegung auf Gott, hg. von W. Karsten, Annweiler 1986, 31-41; ders., Art. Wallfahrt, in: Praktisches Lexikon der Spiritualität, hg. von Christian Schütz, Freiburg-Basel-Wien 1988, 1402-1405; Albert Gerhards, Wallfahrtsgeschehen – Liturgiewissenschaftliche Aspekte der Wallfahrtsforschung, in: Jahrbuch für Antike und Christentum 20/2 (1995) 820-824; Bert Groen, Wallfahrten im Judentum, im Christentum und im Islam, in: Heiliger Dienst 61 (2007) 26-47; Philipp Gahn, Liturgie und Volksfrömmigkeit, in: Theologie des Gottesdienstes. Gottesdienst im Leben der Christen. Christliche und jüdische Liturgie (Gottesdienst der Kirche 2/2), Regensburg 2008, 281-358, hier 334-336. 342f. (Lit.).

7   Liturgiehistorisch ist noch immer die materialreiche Studie von Adolph Franz unüberholt: Die kirchlichen Benediktionen im Mittelalter. 2, Freiburg 1909 [ND Bonn 2006] 271-289; vgl. darüber hinaus die knappen, mit dem Schwerpunkt auf die heutige Gestalt gerichteten Darstellungen von Dieter Eissing, Der Pilgersegen, in: Heute segnen. Werkbuch zum Benediktionale. FS Balthasar Fischer, hg. von Andreas Heinz, Heinrich Rennings, Freiburg-Basel-Wien 1987, 308-316; Rupert Berger, Art. Pilgerse-

der Hintergrund der allgemeinen historischen Entwicklung der Wallfahrten im Mittelalter sowie die Entstehung und Gestalt der liturgischen Ordnungen für diese Benediktion untersucht werden. Dabei ist zu fragen, welche theologischen und spirituellen Motive sich in den Ordines bis zum 13./14. Jahrhundert niedergeschlagen haben. Dies kann hier selbstverständlich nur paradigmatisch geschehen und lediglich Grundlinien der liturgiegeschichtlichen Entwicklung nachzeichnen.

Dabei sind wir auf normative Quellen verwiesen, die freilich nur bedingt einen Einblick in die tatsächlichen Gegebenheiten und Vorstellungswelten der Pilgerfahrten jener Zeit erlauben. Und erst recht lassen sie keinen direkten Rückschluss auf die faktischen Beweggründe einzelner Pilger oder Pilgergruppen zu. Aber sie geben zu erkennen, welche spirituellen Motive die Kirche mit der Pilgerschaft zu heiligen Stätten verbunden und gefördert sehen wollte, und ob und wie sie auf die weiteren Entwicklungen zu reagieren versuchte. Insofern sind die Ordnungen für die Benedictio peregrinorum auch *ein* Spiegel der Wallfahrtspraxis des Mittelalters und der frühen Neuzeit. Zudem ist zu bedenken, dass die *praxis peregrinationis* wie kaum eine andere Form der mittelalterlichen Frömmigkeit alle Stände der damaligen Gesellschaft erfasste[8] und im Spätmittelalter gar als ein Massenphänomen wahrgenommen werden muss.[9] Schon deshalb verbietet es sich, die liturgischen Ordnungen einseitig im Sinne einer „amtskirchlichen Disziplinierung" des Volkes durch eine hierarchische Elite zu werten. Vielmehr ist damit zu rechnen, dass sich im gottesdienstlichen Vollzug des Pilgersegens auch die berechtigten Erwartungen und Anliegen der Gläubigen niedergeschlagen haben, mochten sie nun Adlige oder Hörige, Kleriker oder

gen, in: LThK 8 (³1999) 300. Stefan Böntert, der sich jüngst intensiv mit liturgie- und frömmigkeitsgeschichtlichen Aspekten der Pilgerfahrt im 19./20. Jahrhundert beschäftigt hat (vgl. Anm. 5), hat einen einschlägigen Beitrag zu unserem Thema angekündigt: Der Reisesegen im Spiegel von liturgischen Büchern. Zur Gestalt, Funktion und Geschichte eines Rituals im Umfeld von Reise und Wallfahrt.

8   Vgl. die Hinweise bei Ohler, Pilgerleben (wie Anm. 4) 34-42 und Ludwig Schmugge, Die Anfänge des organisierten Pilgerverkehrs im Mittelalter, in: QFIAB 64 (1984) 1-83.

9   Ludwig Schmugge, Pilger (wie Anm. 4) 2150, sieht im Pilgerwesen „die weitaus beliebteste Form spätmittelalterlicher Religiosität", und Klaus Schreiner erkennt in den spätmittelalterlichen Massenwallfahrten zu den neu entstehenden, auf mirakulöse Auffälligkeit gegründeten Wallfahrtsorten ein religiöses Krisenphänomen, das auf eine innere Unruhe und seelische Unsicherheit vieler Schichten der Gesellschaft hindeutet. Klaus Schreiner, „Peregrinatio laudabilis" und „peregrinatio vituperabilis". Zur religiösen Ambivalenz des Wallens und Laufens in der Frömmigkeitstheologie des späten Mittelalters, in: Wallfahrt und Alltag in Mittelalter und früher Neuzeit (wie Anm. 4) 133-163, hier 146.

Laien sein. Diese hermeneutischen Einschränkungen vorausgesetzt, sind nun die wichtigsten erkennbaren Etappen bis zur Entstehung des Pilgersegens und seiner Fortentwicklung im Mittelalter bis in die frühe Neuzeit zu skizzieren.

1. LITURGIE- UND FRÖMMIGKEITSGESCHICHTLICHE ASPEKTE DER PILGERFAHRT IN SPÄTANTIKE UND FRÜHMITTELALTER

Durch eine religiös motivierte Reise eine heilige Stätte aufzusuchen, an der der Himmel offener und Gott zugänglicher zu sein scheint als anderswo, war den Menschen aller Zeiten und aller Religionen ein Bedürfnis.[10] Auch im Christentum hat sich dieses allgemein-religiöse Verlangen niedergeschlagen. Dies war allerdings keineswegs selbstverständlich. Wusste die junge Kirche doch darum, dass mit dem Tod und der Auferstehung Jesu die Heilszeit des neuen Bundes angebrochen war, in der Gott nicht mehr an einem bestimmten Ort angebetet sein will, sondern „im Geist und in der Wahrheit" (Joh 4,20-24). Als neuer Tempel, in dem „die Fülle Gottes leibhaftig wohnt" (Kol 2,9), galt nun der auferstandene und erhöhte Herr, dessen Leib die Kirche ist (vgl. Eph 1,23; Kol 1,18), und in den die Gläubigen, durch Taufe und Eucharistie eingegliedert, selbst zum privilegierten Ort der heilspendenden Zuwendung Gottes und zur Stätte seiner Preisung werden, wenn sie, vereint mit ihrem Haupt Christus zum Gottesdienst versammelt sind. In Anbetracht dieser „Spiritualisierung" oder besser: Personalisierung erschienen im Christentum zwar alle „heiligen Orte" in ihrer Heilsbedeutung relativiert, dennoch hat dies nicht zur Aufgabe der urreligiösen Frömmigkeitsform des Pilgerns geführt. Vor allem mit dem wachsenden zeitlichen Abstand vom irdischen Leben Jesu will man sich ihm und dem mit ihm in der Welt erschienenen Heil annähern, indem man das Land aufsucht, in dem der Sohn Gottes als Mensch unter Menschen hat leben wollen (vgl. Joh 1,14).[11] Schon

---

[10] Vgl. Oliver Krüger, Art. Wallfahrt/Wallfahrtswesen. I. Religionsgeschichtlich, in: TRE 35 (2003) 408-416; Franz Winter, Art. Wallfahrt/Wallfahrtsorte. I. Religionsgeschichtlich, in: RGG (⁴2005) 1279-1281.

[11] Vgl. die theologie- und spiritualitätsgeschichtlichen Aspekte der frühchristlichen Pilgerfrömmigkeit in der Einleitung von Georg Röwekamp zur Ausgabe des Itinerarium Egeriae in den Fontes Christiani: Egeria, Itinerarium. Reisebericht. Mit Auszügen aus Petrus Diaconus, De locis sancti. Die heiligen Stätten, übersetzt und eingel. von Georg Röwekamp unter Mitarbeit von Dietmar Thönnes (FC 20), Freiburg u.a. 1995, 107-115; Herbert Donner, Pilgerfahrt ins Heilige Land. Die ältesten Berichte christlicher Palästinapilger (4.-7. Jahrhundert), Stuttgart ²2002, 13-34.

im 2. Jahrhundert weiß man von den ersten Pilgern nach Palästina, Origenes erforscht die dortige Topographie aus Interesse am Leben Jesu, und vom 4. Jahrhundert an reißt der Pilgerstrom nicht mehr ab.[12] Im Zuge dieser Entwicklung entstehen bereits seit konstantinischer Zeit repräsentative Wallfahrtskirchen über den Stätten des Leidens und der Erhöhung Christi, damit die Pilger dort inniger beten und darin ihren Glauben zu stärken vermögen.[13]

Neben den Christuswallfahrten[14] beginnt man bereits im 2. Jahrhundert, die Gräber der Märtyrer, bald auch der Apostel und anderer Gottesmänner und -frauen aufzusuchen.[15] Galt doch das Grab eines Heiligen als der Ort, wo dessen reichster Segen floss, die „Kontaktstelle für seine himmlische Existenz und damit der irdische Ort für seine Virtus. Das Grab war auf Erden der Ort des Heiligen schlechthin."[16] Hier tritt im Frühmittelalter vor allem Rom hervor, das die Gräber der beiden Apostelfürsten Petrus und Paulus beherbergt und das mit Jerusalem und Santiago de Compostela, dem im 9. Jahrhundert aufgefundenen angeblichen Jakobusgrab, zu den drei wichtigsten Wallfahrtszentren des Mittelalters zählt.

Frömmigkeitsgeschichtlich spielte damit vor allem die Suche nach dem Heilsmittler, verbunden mit der Pilgerfahrt zu heiligen Stätten, eine zentrale Rolle.[17] Die Pilger im frühen Mittelalter drängte es angesichts ihrer eigenen Sündhaftigkeit und Heilsbedürftigkeit zu den Heiligen und ihren Gräbern in der Hoffnung auf das dort zu erlangende Heil. Besonders in der irischen und angelsächsischen Kirche war dieses Motiv ausgeprägt. So begegnen uns hier die bei-

---

[12] Vgl. Kötting, Peregrinatio (wie Anm. 4) 89-111; Friedrich Heyer, Kirchengeschichte des Heiligen Landes, Stuttgart 1984, 34-38.

[13] Vgl. Jürgen Krüger, Die Grabeskirche zu Jerusalem. Geschichte – Gestalt – Bedeutung, Regensburg 2000, 39-70.

[14] Hierzu gehören auch die Orte, die Erinnerungszeichen an das Heilswerk Christi aufbewahrten, wie Rom, Turin (Grabtuch), Aachen, Trier (Hl. Rock) und Nürnberg (Hl. Lanze).

[15] Zur Entwicklung der Heiligenverehrung und der damit verbundenen Pilgerfrömmigkeit vgl. Hansjörg Auf der Maur, Feste und Gedenktage der Heiligen, in: Feiern im Rhythmus der Zeit II/1 (Gottesdienst der Kirche 6,1), Regensburg 1994, 65-357, hier 87-134. Die Bindung der Märtyrerdevotion an das Grab lag in den kultischen Wurzeln des Totengedächtnisses begründet und nahm damit intensiv Einfluss auf die Liturgie; vgl. Angelus A. Häußling, Mönchskonvent und Eucharistiefeier. Eine Studie über die Messe in der abendländischen Klosterliturgie des frühen Mittelalters und zur Geschichte der Meßhäufigkeit (LQF 58), Münster 1973, 213-219. 234-243.

[16] Arnold Angenendt, Heilige und Reliquien. Die Geschichte ihres Kultes vom frühen Christentum bis zur Gegenwart, München 1994, 132; zum Hintergrund vgl. ebd., 102-137. 155-158.

[17] Vgl. Gisela Muschiol, Zur Spiritualität des Pilgerns im frühen Mittelalter, in: Spiritualität des Pilgerns. Kontinuität und Wandel, hg. von Klaus Herbers, Robert Plötz (Jakobus-Studien 5), Tübingen 1993, 25-38.

den Grundtypen der Peregrinatio: Die irischen Mönche wollten
die Sicherheit der Heimat verlassen, um gemäß ihres geistlich-as-
ketischen Ideals als freiwillige Buße in der Fremde zu leben;[18] die
Angelsachsen übernahmen diesen Gedanken im Sinne der Mission
und der Wallfahrt, um die heiligen Gräber aufzusuchen, gar dort zu
sterben und bestattet zu werden.[19]

Vor allem mit den heiligen Orten und den Heiligengräbern waren
Gebet und Gottesdienst verbunden. Eindrucksvoll schildert bereits
Egeria, wie Ende des 4. Jahrhunderts die Heilig-Land-Pilger an den
Heiligen Stätten einen Gottesdienst feierten, bestehend aus einem
Eröffnungsgebet, der zu diesem Ort passenden Schriftlesung samt
Psalm und Gebet.[20] An besonders hervorgehobenen Orten versam-
melte man sich auch zur Eucharistie,[21] und die in Jerusalem vollzogene Osterfeier der Ortskirche bildete zugleich eine ausgesprochene
Pilgerliturgie.[22] Aber auch außerhalb Palästinas galt: Hatte man nach
mühseliger Pilgerfahrt das ersehnte Ziel erreicht, näherte man sich
allmählich der konzentrisch ausstrahlenden Sphäre des Ortes, dessen man zunächst durch den Anblick aus der Ferne gewahr wurde und der einen Halt mit bestimmten Gebeten forderte, dann erreichte und überschritt man die „Schwelle" (so die römischen „limina apostolorum") und trat schließlich in das innere Heiligtum ein.
Hier intensivierte das gottesdienstliche Geschehen, wie Beichte,
Messfeier und persönliches Gebet, den auch physischen Kontakt mit
dem Heiligtum, um die „unmittelbare Partizipation an der Kraft des
Heiligen" zu gewährleisten.[23]

---

[18] Vgl. Arnold Angenendt, Die irische Peregrinatio und ihre Auswirkungen auf den
     Kontinent vor dem Jahre 800, in: Die Iren und Europa im früheren Mittelalter. 1, hg.
     von Heinz Löwe, Stuttgart 1982, 52-79, hier 78f.

[19] Vgl. ebd., 72-76; ders., Liudgerus Peregrinus. Unterwegs um des Evangeliums willen,
     in: Sie wandern von Kraft zu Kraft. Aufbrüche – Wege – Begegnungen. FS Bischof
     Reinhard Lettmann, hg. von Arnold Angenendt, Herbert Vorgrimler, Kevelaer 1993,
     115-125, hier 117f.

[20] „Ubi cum venissemus, statim iuxta consuetudinem primum facta oratio, deinde lec-
     tus est ipse locus de libro sancti Moysi, dictus est etiam psalmus unus competens loco
     ipsi, et denuo facta oratione descendimus." Egeria, Itinerarium 14,1 (FC 20, 178f.).

[21] Vgl. Egeria, Itinerarium 3,6; 4,3.8 (FC 20, 128. 132f. 136). Zu den Auswirkungen der
     hier greifbaren Praxis für Theologie und Feier der Eucharistie in den nachfolgenden
     Jahrhunderten vgl. Häußling, Mönchskonvent (wie Anm. 15) 234-236.

[22] Vgl. Egeria, Itinerarium 29,3-43,9 (FC 20, 254-292). – Zu den engen Beziehungen
     zwischen heiligem Ort und Gebet und Gottesdienst vgl. Röwekamp, Itinerarium
     (wie Anm. 11) 72-115; zur liturgischen Prägung der Pilgerfahrt der Egeria vgl. Mattias
     Augé, Una liturgia del peregrinaje, in: Ecclesia Orans 2 (1985) 113-125.

[23] Dieter Harmening, Fränkische Mirakelbücher. Quellen und Untersuchungen zur
     historischen Volkskunde und Geschichte der Volksfrömmigkeit, in: Würzburger Diö-
     zesangeschichtsblätter 28 (1966) 25-240, hier 103-134, Zitat 109.

So sehr der heilige Ort selbst zu Gebet und Gottesdienst motivierte, verlangten doch auch die Vorbereitung einer Pilgerfahrt
und der Zeitpunkt des Aufbruchs nach einer gottesdienstlichen
Unterstützung. Da es im frühen Mittelalter keine für alle garantierte
öffentliche Sicherheit gab, war jeder freiwillige Auszug aus der Heimat
wie auch die als Strafe erzwungene Ausgrenzung aus dem eigenen
Clan und Stamm, gleichbedeutend mit einem Leben in ständiger
Bedrohung durch die Unbill von Wetter und Wegstrecken (Gebirge,
Meer), durch die Angriffe von Tieren und vor allem Menschen.[24]
Denn „Fremde wurden in der Tat als Beute betrachtet."[25] Insofern
konnte niemand den Aufbruch wagen ohne das flehentliche Gebet
um Gottes Beistand und Schutz. Dies galt in besonderem Maße für
diejenigen, die wie Abraham aus ihrer Heimat wegzogen (vgl. Gen
12,1), oder das Wort Jesu, alles zu verlassen, um ihm nachzufolgen
(vgl. Mt 19,29), radikal für sich realisierten. So wundert es nicht, wenn
uns aus dem irisch-angelsächsischen Raum schon früh Reisegebete
begegnen, die später in privaten Gebetsammlungen Aufnahme gefunden haben.[26] Exemplarisch sei hier etwa das Reisegebet des Gildas
genannt, das vermutlich Ende des 7. Jahrhunderts entstand und das
in der für diesen Liturgiebereich typischen Form der *lorica*,[27] der
Gebetslitanei, zunächst die Fährnisse des Weges aufführt, vor denen
um Schutz gebetet wird, um dann eine lange Reihe wunderbarer göttlicher Hilfe aus dem Alten und Neuen Testament anzuschließen, die
auch dem Beter und seinen Gefährten nun zuteil werden möge.[28]

[24] Vgl. Georg Scheibelreiter, Die barbarische Gesellschaft. Mentalitätsgeschichte der
europäischen Achsenzeit 5.-8. Jahrhundert, Darmstadt 1999, 418-435.

[25] Georges Duby, Krieger und Bauern. Die Entwicklung der mittelalterlichen Wirtschaft
und Gesellschaft bis um 1200 (stw 454), Frankfurt/M. 1984, 65.

[26] Vgl. am Beispiel einer Gebetbuchhandschrift aus dem späten 9. Jh.: Stephan Waldhoff, Memoria im privaten Beten des frühen Mittelalters. Anhand der Gebetstexte
der Handschrift Paris, Bibl. Mazarine, ms. 515, in: Archiv für Liturgiewissenschaft
38/39 (1996/97) 173-250, hier 206. – Allgemein zur Bedeutung der libelli precum
der Karolingerzeit vgl. André Wilmart, Le Manuel de prières de saint Jean Gualbert,
in: Revue Bénédictine 48 (1936) 259-299; Pierre Salmon, Libelli precum du VIIIᵉ au
XIIᵉ siècle, in: ders., Analecta Liturgica. Extraits des manuscrits liturgiques de la Bibliothèque Vaticane (Studi e testi 273), Città del Vaticano 1974, 121-194. 329-344;
Stephan Waldhoff, Alcuins Gebetbuch für Karl den Großen. Seine Rekonstruktion
und seine Stellung in der frühmittelalterlichen Geschichte der libelli precum (LQF
89), Münster 2003.

[27] Vgl. Willibrord Godel, Irisches Beten im frühen Mittelalter. Eine liturgie- und frömmigkeitsgeschichtliche Untersuchung, in: ZKTh 85 (1963) 261-321. 389-439, hier
293-308.

[28] Vgl. die Edition der *Oratio Gilde pro intineris et navigii prosperitate* und den Kommentar
bei Bernhard Bischoff, Anecdota novissima. Texte des 4. bis 16. Jahrhunderts (Quellen
und Untersuchungen zur lateinischen Philologie des Mittelalters 7), Stuttgart 1984,
154-161. Die Oratio sancti Gildae ist mit drei weiteren Reisegebeten auch in die

Die Bitte um Gottes Schutz auf dem Weg und um eine glückliche Heimkehr schlug sich natürlich nicht allein im privaten Gebet nieder. Das Bewusstsein um die fortwährende Dringlichkeit des Gebetes für die Reisenden öffnete auch die Feier der Eucharistie für dieses Anliegen. Es fand seinen originären Ort im Allgemeinen Gebet, das in der römischen Messliturgie bis zur Mitte des 6. Jahrhunderts praktiziert wurde.[29] Ein besonders altes Zeugnis darf wohl in den „Orationes sollemnes" vermutet werden, das – in der Form, wie es in der römischen Tradition allein in der Karfreitagsliturgie die Zeit überdauert hat – bereits die Bitte für die Reisenden einschließt.[30] Ähnlich finden wir in der sogenannten *Deprecatio Gelasii* aus dem Ende des 5. Jahrhunderts, einer nach östlichem Vorbild an den Anfang der Feier verlegten, mit dem Kyrie verbundenen Fürbittlitanei das Gebet „pro his, quos peregrinationis necessitas, aut iniquae potestatis oppressio vel hostilitatis vexat aerumna."[31] Auch das Allgemeine Gebet in der altspanischen Liturgie des 7. Jahrhunderts bittet um die machtvolle Hilfe Gottes für die Reisenden.[32]

Als dann sich vor allem im Frühmittelalter die Tendenz stark ausdehnte, Messen wegen der von ihr sicher erwarteten Segenswirkung anlässlich bestimmter privater oder öffentlicher Anliegen zu feiern („Votivmessen"),[33] blieb es nicht aus, dass auch jene darum nach-

Handschrift Bibl. Mazarine, ms. 512 eingegangen; vgl. Waldhoff, Memoria (wie Anm. 26) 206. 241f.

29   Vgl. Hans Bernhard Meyer, Eucharistie. Geschichte, Theologie, Pastoral (Gottesdienst der Kirche 4), Regensburg 1989, 177.

30   „Oremus dilectissimi nobis deum patrem omnipotentem, ut ... peregrinantibus reditum ..." – Sacramentarium Gregorianum Nr. 348; vgl. Jean Deshusses, Le Sacramentaire Grégorien. Ses principales formes d´après les plus anciens manuscrits. 1 (Spicilegium Friburgense 16), Fribourg 1979, 178. – Zur Sache vgl. Paul De Clerck, La „prière universelle" dans les liturgies latines anciennes. Témoignages patristiques et textes liturgiques (LQF 62), Münster 1977, 125-144; Geoffrey G. Willis, Essays in early Roman liturgy (Alcuin Club Collection 46), London 1964, 1-48; Gerhard Römer, Die Liturgie des Karfreitags, in: ZKTh 77 (1955) 39-93, hier 66-70.

31   De Clerck, La „prière universelle" (wie Anm. 30) 171.173+; zur Sache vgl. ebd., 166-187.

32   So in dem Fürbittgebet nach der Taufe der Osternacht des Liber Ordinum. Vgl. Marius Férotin, Le „Liber Ordinum" en usage dans l´église wisigothique et mozarabe d´Espagne du cinquième au onzième siècle. Réimpression de l´édition de 1904 [...] par Anthony Ward, Cuthbert Johnson (Bibliotheca Ephemerides Liturgicae. Subsida 83. Instrumenta liturgica quarreriensa 6), Roma 1996, 223; vgl. dazu auch De Clerck, „prière universelle" (wie Anm. 30), 244-261; ähnliche Gebetsanliegen finden sich in gallikanischen Quellen; vgl. ebd., 233. 236.

33   Schon in der Spätantike sind Eucharistiefeiern im kleinen Kreis belegt, die außerhalb der Gemeindeversammlung aufgrund eines bestimmten *votum* gefeiert werden. Mit einer deutlichen Ausweitung der Anliegen gewinnen diese Votivmessen (Begriff „missa votiva" seit dem 7. Jh. gebräuchlich) im Frühmittelalter ständig an Bedeutung und führen mittels der umfangreichen Formulare zu starken Erweiterungen in den

suchten, die sich auf eine Reise begaben. Schon im sogenannten alt-
gelasianischen Sakramentar aus der Mitte des 8. Jahrhunderts finden wir neben einer Vielzahl anderer auch spezielle Messformulare
für Reisende.[34] Und auch in der umfangreichen Ergänzung des gregorianischen Sakramentars, die der karolingische Abt Benedikt von
Aniane 810/815 vorgenommen hat,[35] fehlen selbstverständlich die
Messgebete für das Wohlergehen der Reisenden und für eine schnel-
le und glückliche Heimkehr nicht.[36] Demnach dürfen wir also davon
ausgehen, dass man im Frühmittelalter zumindest eine weitere Reise
nicht antrat, ohne zuvor in der Messe um Gottes Schutz gebetet zu
haben. Dies galt nicht zuerst und sicher nicht nur für jene, die zu
einer Pilgerfahrt aufbrachen, sondern für alle Reisenden jener Zeit.
Aber eine spezielle Segnung für die, die aus religiösen Motiven heilige Stätten aufsuchten, lag damit in der Luft und sie sollte mit der mas-
siven Zunahme des Pilgerwesens Gestalt annehmen.

Sakramentaren. Vgl. Adolph Franz, Die Messe im deutschen Mittelalter. Beiträge
zur Geschichte der Liturgie und des religiösen Volkslebens, Freiburg 1902, 115-291;
Häußling, Mönchskonvent (wie Anm. 15), 243-245; Arnold Angenendt, Missa specialis. Zugleich ein Beitrag zur Entstehung der Privatmessen, in: ders., Liturgie im
Mittelalter. Ausgewählte Aufsätze zum 70. Geburtstag, hg. von Thomas Flammer,
Daniel Meyer (Ästhetik – Theologie – Liturgik 35), Münster ²2005, 111-190 [Erstver-
öff. 1983].

34 So bereits im Sacramentarium Gelasianum Vetus Nr. 1313-1320 (Orationes ad pro-
ficiscendum in itinere). Nr. 1321-1322 (Item orationes ad iter agendum); vgl. Liber
sacramentorum romanae aeclesiae ordinis anni circuli, ed. Leo Cunibert Mohlberg
in Verb. mit Leo Eizenhöfer und Petrus Siffrin (Rerum ecclesiasticarum documenta.
Series maior. Fontes 4), Roma 1960, 191-193.

35 Das auf die päpstlichen Feiern zugeschnittene Festsakramentar, das Karl der Große
von Papst Hadrian erhielt, erwies sich für die Messfeier einer fränkischen Bischofs-,
Kloster- oder Pfarrkirche nur als bedingt brauchbar. Entsprechend nahm Benedikt
von Aniane eine Erweiterung vor, die mehr als das Doppelte betrug und als „Sup-
plementum Anianense" zahlreiche Gebete und Formulare ergänzte. Vgl. Hans
Bernhard Meyer, Benedikt von Aniane (ca. 750-821). Reform der monastischen Tag-
zeiten und Ausgestaltung der römisch-fränkischen Messfeier, in: Liturgiereformen.
Historische Studien zu einem bleibenden Grundzug des christlichen Gottesdienstes.
Teil I: Biblische Modelle und Liturgiereformen von der Frühzeit bis zur Aufklärung.
FS Angelus A. Häußling, hg. von Martin Klöckener, Benedikt Kranemann (LQF 88/
I), Münster 2002, 239-261, hier 255-260.

36 Vgl. Sacramentarium Gregorianum Nr. 1313-1314 (Orationes pro fratribus in uia
dirigentibus). Nr. 1315 (Oratio pro redeuntibus de itinere). Nr. 1316 (In aduentu
fratrum superuenientium). Nr. 1317-1319 (Missa pro iter agentibus). Nr. 1320-1322
(Missa pro nauigantibus); (SpicFri 16, 437-439).

2. GESTALT UND GEHALT DER BENEDICTIONES
PRO PEREGRINO IM SAKRAMENTAR VON GELLONE

Erstmals greifbar wird ein eigens als solcher ausgewiesener Pilgersegen im Anhang des sogenannten „Sacramentarium Gellonense".[37] Es handelt sich um eine Handschrift, die um 790/800 vermutlich in Meaux entstanden ist und zum Sakramentartyp der fränkischen Gelasiana des 8. Jahrhunderts gehört („Junggelasiana"), der umfangreich gelasianisches Gebetsgut rezipiert hat.[38] Neben römischen Formularen bietet das Gellonense viele Orationen, Benediktionen, Votivmessen und Präfationen, die aus gallisch-fränkischer Tradition stammen. Dazu zählen auch die Beifügungen des 9. Jahrhunderts, unter denen sich unser Pilgersegen befindet.

Unter der Überschrift [Benedictiones] pro peregrino sind zwei Formeln verzeichnet. Die erste beginnt In nomine domini nostri iesu christi accipe hanc sportam ad [h]abitum peregrinacionis tue, die zweite unter Auslassung der Namensanrufung Christi Accipe et [h]unc baculum itineris tui ac laboris [in] uiam peregrinacionis tue.[39] Es handelt sich hier zunächst formal nicht um Gebete im engeren Sinn, auch wenn ihnen die Schlussformeln Qui cum patre und Per dominum angefügt sind, und erst recht stellen sie keine ausdrückliche Benediktion dar. Vielmehr sind es deutende Formeln, die die Übergabe von Pilgertasche und Pilgerstab begleiten. Damit kennzeichnen die beiden Attribute Tasche und Stab offenbar den habitus peregrinationis. Sie bilden nicht nur die äußere Ausstattung, sondern erhalten darüber hinaus eine eigene symbolische Bedeutung. Dies drückt die feierliche Übergabe aus, die den nun Aufbrechenden gewissermaßen zum Pilger macht.

Freilich verbinden sich damit auch Gebetswünsche. So bittet die erste Formel darum, der Pilger möge wohlbehalten die „Schwelle" der Apostel Petrus und Paulus oder anderer Heiliger erreichen und

---

[37]   Edition: Liber Sacramentorum Gellonensis. Textus cura Antoine Dumas ed. Introductio, tabulae et indices cura Jean Deshusses (CChr.SL 159-159A), Turnholti 1981.

[38]   In diesen fränkischen Liturgiecodices repräsentierte sich der Wille der karolingischen Herrscher, den Gottesdienst im ganzen Reich zu vereinheitlichen und ihm durch die Übernahme der römischen Liturgie ein besonderes Gewicht zu verleihen. Vgl. Cyrille Vogel, Medieval Liturgy: An Introduction to the Sources. Revisted and Translated by William G. Storey and Niels Krogh Rasmussen, Washington D.C. 1986, 70-78; eine gute Übersicht bieten jetzt Martin Klöckener, Angelus A. Häußling, Liturgische Bücher, in: Divina Officia. Liturgie und Frömmigkeit im Mittelalter (Ausstellungskataloge der Herzog August Bibliothek 83), Wolfenbüttel 2004, 341-372, hier 347f.

[39]   Sacramentarium Gellonense Nr. 3058-3059 (CChr.SL 159, 518f.). – Diese beiden Formeln entstammen einem Pilgerritual, das vermutlich altspanische Wurzeln hat und in einem Sakramentar von Vich aus dem 11. Jahrhundert überliefert ist.

nach Beendigung seiner Reise wieder unversehrt zurückkehren, aber
sie hat auch geistliche Früchte im Auge, wenn es heißt, „ut bene cas-
tigatus et bene salvatus adque emen[da]tus pervenire merearis ad limina beatorum Petri et Pauli".[40] Bei der Übergabe des Pilgerstabes
wird der Gedanke betont, der Stab sei eine Hilfe in der Mühsal der
Pilgerreise, um die feindlichen Scharen und ihre Nachstellungen
zu besiegen. Hier verbindet sich mit dem äußeren Zeichen ein zu-
sätzlicher geistlicher Sinn. Denn der Stab erinnert einerseits an die
Entbehrungen und Risiken der Pilgerfahrt und sollte durchaus im
Sinne der körperlichen Stütze und der tatsächlichen Verteidigung gegen angreifende Tiere oder auch bei Überfällen und ähnlichen gefahrvollen Begegnungen mit den Außenseitern der Gesellschaft dienen,
mit denen der Pilger die Straße teilte. Andererseits übernimmt der
Stab aber auch eine über die pragmatische Nutzung hinausreichende
Bedeutung, steht er doch für den inneren Kampf des Pilgers mit
den nicht ausbleibenden Versuchungen angesichts der körperlichen
und seelischen Belastungen auf dem Weg. Hier sollte der im Namen
Christi empfangene Stab die Kraft vermitteln, die „Nachstellungen
der feindlichen Scharen", nämlich die Versuchungen der Sünde, zu
überwinden.[41] Damit aber sind, wie bei der vorausgehenden Formel,
als geistliche Ziele der Pilgerschaft die innere Wandlung, die ethische
Besserung und Vervollkommnung in der Nachfolge Christi angespro-
chen. Das Motiv der Umkehr und Buße, das künftig für die Pilgerfahrt
so bedeutsam wird, klingt also schon nachdrücklich an.

Bemerkenswert zudem ist die Beobachtung, dass der hier überlieferte „Pilgersegen" eben nicht, wie man erwarten könnte, explizit
eine Benediktion des nun aufbrechenden Wallfahrers darstellt. Und
selbst die beiden Attribute werden nicht durch eine Segnung ausgezeichnet. Faktisch handelt es sich allein um die Übergabe der beiden
Gegenstände, die im Namen Christi erfolgt und mit der sich in eigen-
tümlicher Verknüpfung die (Gebets-)Bitte und die abschließende
Mittlerformel verbinden. Allerdings darf man annehmen, dass sich
an die Übergabe der übliche priesterliche Segen anschloss. Diese auf-
fällige Konzentration auf die Übergabe von Pilgertasche und -stab ist
aber keineswegs singulär. Sie erinnert an vergleichbare Entwicklungen
im Frühmittelalter, wenn etwa bei der Ordinationsliturgie die
„Traditio instrumentorum", verbunden mit entsprechenden
Übergabeformeln, in das Zentrum drängt. Vermutlich hat hier die
germanische Rechtsauffassung auf die Liturgie eingewirkt, wonach

---

[40] Sacramentarium Gellonense Nr. 3058 (CChr.SL 159, 518f.).
[41] „...ut deuincere ualeas omnes kateruas inimici et insidias eius..." Sacramentarium
Gellonense Nr. 3059 (CChr. SL 159, 519).

durch die Überreichung der Amtsinstrumente auch das Amt an
sich verliehen wird.[42] Analog versetzte wohl auch die Übergabe von
Tasche und Stab den Gläubigen in den Stand des Pilgers und schuf
damit eine Rechtsstellung, die für die Zukunft des Pilgersegens noch
größere Bedeutung annehmen sollte.[43]

Inhaltlich nehmen die beiden Übergabeformeln nüchtern und re-
alistisch die Ängste und Hoffnungen der Pilger auf, die davon ausgehen mussten, einen gefahrvollen und äußerst beschwerlichen Weg
auf sich zu nehmen. Insofern ist die Bitte um göttlichen Schutz und
Beistand und um eine glückliche Heimkehr nur zu verständlich.
Zugleich aber verweisen die Formeln auf eine höhere Ebene, wenn
sie die Pilgerattribute zu „Medien" erklären, die das geistliche Ziel
der Pilgerfahrt greifbar und sichtbar in Erinnerung halten. Die hier
erkennbare, an den Gegenständen verankerte Benediktionsliturgie
entsprach nicht nur den religiösen Vorstellungen jener Zeit, sie
fügte sich zugleich ein in die allgemeine Tendenz der frühmittelalterlichen Frömmigkeit, die zu einer Materialisierung des sakrament-
lichen Lebens strebte.[44]

3. DER PILGERSEGEN IN LITURGISCHEN ORDNUNGEN
DES HOCH- UND SPÄTMITTELALTERS

Seit der Jahrtausendwende nahm das Pilgerwesen einen rasanten
Aufschwung.[45] Die Bevölkerungsvermehrung, die verbesserte
Infrastruktur an den klassischen Pilgerrouten (Straßen, Hospitäler,

---

[42] Diese Entwicklung ist kennzeichnend für die Ordinationsliturgie um die Mitte
des 10. Jahrhunderts, wie sie im Pontificale Romano-Germanicum verzeichnet ist.
Demnach erfolgt die „Traditio instrumentorum" bei der Bischofs- (Stab und Ring),
Priester- (Patene und Kelch) und Diakonenweihe (Evangeliar). Zu den Hintergrün-
den vgl. Bruno Kleinheyer, Die Priesterweihe im römischen Ritus. Eine liturgiehistorische Studie (Trierer Theologische Studien 12), Trier 1962, 160-162.

[43] Francis Garrisson vermutet aus rechtshistorischer Sicht die Segnung von Tasche und
Stab als signa peregrinationis seit der merowingischen Zeit. Vgl. Francis Garrisson,
A propos des pèlerins et de leur condition juridique, in: Etudes d´histoire du droit
canonique dédiées à Gabriel de Bras. 2, Paris 1965, 1165-1189, hier 1168-1174.

[44] Vgl. Jakob Baumgartner, Ein geschichtlicher Durchblick durch die Segnungen, in:
Gläubiger Umgang mit der Welt. Die Segnungen der Kirche, hg. von dems., Freiburg
1976, 50-92, hier 78-81; Arnold Angenendt, Religiosität und Theologie. Ein span-
nungsreiches Verhältnis im Mittelalter, in: ders., Liturgie im Mittelalter (wie Anm.
33), 3-33, hier 20f. [Erstveröff. 1978/79].

[45] Zu bedenken ist, dass der Aufschwung des Wallfahrtswesens im Mittelalter in unterschiedlichen Perioden wahrgenommen werden muss; vgl. Schmugge, Pilgerverkehr
(wie Anm. 8), 4-12.

Pilgersorge),[46] aber auch die Kreuzzugsbewegung ermöglichten nun vielen Gläubigen, eine segensverheißende Pilgerfahrt auf sich zu nehmen. Durch die neue Verbindung von Beichtbekenntnis, Bußerteilung und Rekonziliation in einem Akt[47] konnte anschließend auch eine Pilgerfahrt als Satisfaktion abgeleistet werden.[48] Dies ließ die Wallfahrt verstärkt als Bußwerk erscheinen,[49] wie zudem die Wallfahrt dann auch als Sühne oder Strafe verhängt werden konnte.[50] Eine zusätzliche Motivation boten die erstmals mit dem Kreuzzug verbundenen Ablässe mit ihrer *remissio peccatorum*,[51] die weitere Ausdehnungen im Spätmittelalter erfuhren (Jubiläumsablass des ersten Heiligen Jahres 1300)[52] und noch einmal die motivische Verknüpfung von Pilgerfahrt – Buße – Ablass unterstrichen.[53] Zweifellos darf man vor allem für das Spätmittelalter neben Buße, Segensverlangen und Ablassgewinnung auch nichtreligiöse Beweggründe wie Neugierde oder Prestigesucht für das wachsende Pilgerwesen vermuten.[54] Dennoch wird man der Wirklichkeit kaum gerecht, wenn die kritische Haltung der neuen, auf Innerlichkeit bedachten Frömmigkeit nicht auch als Beitrag zu einer vertieften Sicht und Praxis der Wallfahrten gesehen würde.[55]

[46]   Vgl. Schmugge, Pilgerverkehr (wie Anm. 8), 8-69.

[47]   Vgl. Reinhard Meßner, Feiern der Umkehr und Versöhnung, in: Sakramentliche Feiern I/2 (Gottesdienst der Kirche 7,2), Regensburg 1992, 171f.

[48]   Vgl. Cyrille Vogel, Le pèlerinage pénitentiel, in: Pellegrinaggi e culto dei santi in Europa fino alla la crociata, Todi 1963, 39-92.

[49]   Vgl. Hermann Joseph Schmitz, Die Bussbücher und die Bussdiciplin der Kirche, Mainz 1883 [ND Graz 1958], 153-156.

[50]   Vgl. Pierre-André Sigal, Les différents types de pèlerinage au Moyen Age, in: Wallfahrt kennt keine Grenzen (wie Anm. 4), 76-86, hier 80-82; Michaela Wirsing, Strafwallfahrten des Spätmittelalters. Perspektivische Überlegungen, in: Wallfahrten in der europäischen Kultur (wie Anm. 4), 301-315.

[51]   Vgl. Nikolaus Paulus, Geschichte des Ablasses im Mittelalter. Vom Ursprunge bis zur Mitte des 14. Jahrhunderts. 3 Bde., Paderborn 1922/23 [ND Darmstadt 2000], hier 1, 134-144; 2, 19-46.

[52]   Hier sollte nach dem Verlust des Heiligen Landes 1291 der *annus iubilaeus* für den Besuch der Apostelkirchen Roms einen gewissen Ersatz schaffen. Vgl. ebd., 2, 78-94; 3, 155-165; Schmugge, Pilgerverkehr (wie Anm. 8), 72-81.

[53]   Zur Bedeutung des Ablasses im Mittelalter vgl. die Übersichten von Ludwig Hödl, Art. Ablaß, in: LMA 1 (1980) 43-46; Georg Schwaiger, Der Ablaß im Mittelalter, in: Wallfahrt kennt keine Grenzen (wie Anm. 4), 341-345.

[54]   So verurteilt Honorius Augustodunensis die Neugierde und Prestigesucht von Wallfahrern, die durch unlauteren Handel, Betrug oder Raub das Geld für ihre kostspieligen Unternehmen erworben und das sie besser und für ihr Seelenheil zuträglicher den Armen gegeben hätten. Hier nach Giles Constable, Opposition to the Pilgrimage in the Middle Ages, in: Studia Gratiana 19 (1976) 125-146, hier 144.

[55]   Hier sind neben Thomas von Kempen etwa Frederik van Heilo, Gottschalk Hollen oder Johannes von Platz zu nennen. Vgl. Schreiner, Peregrinatio laudabilis (wie Anm. 9), 150-160; Bernhard Schneider, Wallfahrtskritik im Spätmittelalter und in der „Katholischen Aufklärung". Beobachtungen zu Kontinuität und Wandel, in: Wallfahrt und Kommunikation (wie Anm. 4), 281-316, hier 285-297.

Als Konsequenz aus der Zunahme des Wallfahrtswesens entsteht einerseits die kirchenrechtliche Definition eines eigenen Pilgerstandes mit entsprechenden Schutzgarantien und Privilegien,[56] andererseits aber auch ein sich entfaltendes Ritual für den Pilgersegen, das eng mit der Rechtsstellung des Pilgers verbunden wird.

3.1 Der Pilgersegen im „Pontificale Romano-Germanicum"

Bereits das „Pontificale Romano-Germanicum", eine um 950-961/63 in Mainz, St. Alban, verfasste, umfangreiche Sammlung liturgischer Formulare,[57] bietet neben den Segnungen für Reisende eine „Benedictio super capsellas et fustes et super eos qui cum his limina ac suffragia sanctorum apostolorum petituri sunt."[58] Sie besteht zunächst aus einem an Christus gerichteten Gebet: *Domine Iesu Christe, mundi redemptor et conditor, qui beatis apostolis tuis precepisti.* Es greift auf den Aussendungsbefehl in Mk 6,8 zurück, wonach die Jünger nur einen Wanderstab mitnehmen sollen und bittet um die Segnung von Tasche und Stab, die als „signum peregrinationis et suorum corporum sustentationem" gedeutet werden, und um die Fülle der Gnade und den Schutz des Segens für die Aufbrechenden. Ergänzt wird das Gebet mit dem Hinweis auf den blühenden Stab Aarons als Ausweis des rechten Priestertums (vgl. Num 17), das die Bitte motiviert, auch die Pilger mögen, „signaculo sancti Petri adornandos", von allen Sünden befreit und am Tag des Gerichts auf der rechten Seite des Richters versammelt werden, um die Krone des ewigen Lebens zu gewinnen.[59]

Daran schließt sich die Übergabe der Pilgerzeichen an, die mit einer einzigen Accipite-Formel erfolgt. Demnach soll den Pilgern auf die Fürsprache der Gottesmutter Maria und aller Heiligen der Nachlass aller Sünden und die Teilhabe an der Gemeinschaft der Heiligen gewährt werden. So wird die letztgenannte Bitte der vorausgehenden Oration noch einmal verstärkt und die zeitlich-eschatologischen Wirkungen der Pilgerfahrt unterstrichen: die Vergebung

---

56 Vgl. die Übersicht bei Louis Carlen, Wallfahrt und Recht, in: Wallfahrt kennt keine Grenzen (wie Anm. 4), 87-100.
57 Edition: Le Pontifical Romano-Germanique du dixième siècle. [Ed par] Cyrille Vogel en collaboration avec Reinhard Elze, 3 Bde., (Studi e testi 226. 227. 269), Città del Vaticano 1963-1972; vgl. dazu Vogel, Medieval Liturgy (wie Anm. 38), 225-247; Häußling, Klöckener, Liturgische Bücher (wie Anm. 38), 359.
58 PRG 2, Nr. 212,1-3 (StT 227, 362).
59 Vgl. PRG 2, Nr. 212,1.

der Sünden und der Anteil an der himmlischen Gemeinschaft der Heiligen.[60]

Die Benediktion schließt mit einer weiteren, nun an Gott Vater gerichteten Oration, *Omnipotens, sempiterne Deus, humani generis reformator et auctor, qui Abrahae puero tuo*. Sie stellt den bevorstehenden Aufbruch der Pilger und den vor ihnen liegenden Weg in den Raum der Heilsgeschichte. Wie Abraham in das Land der Verheißung aufbrach und wie das Volk Israel unter Gottes wunderbarer Führung durch die Wüste zog, um zur Anbetung Gottes zu finden, so sollen auch die Pilger aus allen Gefahren befreit und aus allen Verstrickungen der Sünde und der Sünder erlöst werden, damit sie am Ziel ihres Weges Gott anbeten. Dazu bedürfen sie eines Begleiters und Verteidigers, den Gott ihnen in dem Engel beigesellen soll, der einst Tobias auf seinem Weg geführt hat (vgl. Tob 5f.; 9,1-6).[61]

Überblickt man dieses Formular, so fällt zunächst die dynamische Steigerung auf: Vom Segen über Tasche und Stab durch Christus und der darauf folgenden Übergabe führt das Geschehen zur umfassenden, an Gott Vater gerichteten Bitte um Rettung aus allen irdischen Gefährdungen des Weges, aber auch aus den geistlichen Gefahren durch die Sünde und die Sünder. Obwohl die Heiligengräber und damit die Heiligendevotion das vordergründige Ziel des Pilgerweges bilden, verweisen sie doch auf das letzte Ziel aller christlichen Pilgerschaft, auf die Anbetung Gottes: „ab beatorum Petri et Pauli limina te adorare pergentes."[62]

Dabei wird der Weg des Pilgers selbst durchlässig auf eine geistliche Dimension hin. Denn die biblischen Paradigmen in den anamnetischen Aussagen der Gebete stellen ihn in einen umfassenden Raum der Heilsgeschichte. So nimmt der Pilger teil an der unübersehbaren Pilgerschaft des alt- und neubundlichen Gottesvolkes, dessen Ziel nichts anderes sein kann, als zur Anbetung Gottes zu gelangen. Die eigentliche Bedeutung der Pilgerfahrt erschließt sich demnach wohl nicht allein in den Mühen des Weges, in den äußeren Beschwernissen und Gefahren sowie in der Ankunft am heiligen Ort und in den Formen der Verehrung, sondern in der symbolisch-leibhaften Verdichtung des Pilgerns als Ausdruck für die ganze christliche Existenz, die sich auf dem Weg zur Vollendung weiß.[63]

Daran knüpfen auch die Bitten in den Orationen an, wenn sie diese zweifache Dimension in den Blick nehmen. Wird nämlich für

---

[60] Vgl. PRG 2, Nr. 212,2.
[61] Vgl. PRG 2, Nr. 212,3.
[62] PRG 2, Nr. 212,3.
[63] Vgl. die Überlegungen bei Gerhards, Wallfahrtsgeschehen (wie Anm. 6), 822-824.

den irdischen Pilgerweg vor allem die Bewahrung vor Unheil und
die Vergebung der Sünden erbeten, darf als Frucht für das jenseitige
Leben die Aufnahme in die Gemeinschaft der Heiligen und die Krone
des ewigen Lebens erwartet werden.[64] Wie schon im Sacramentarium
Gellonense erkennbar, erhalten schließlich auch Tasche und Stab
eine doppelte Bedeutung: Sie sind sowohl Stütze und Hilfe auf dem
beschwerlichen Weg, zugleich aber auch symbolisch-rechtlicher
Ausweis der Pilgerschaft.

3.2 Die Entwicklung des Pilgersegens im 11./12. Jahrhundert

Seit dem 11. Jahrhundert hat sich der Brauch des Pilgersegens, nicht
zuletzt unter dem Einfluss der Kreuzzüge, immer weiter ausgebrei-
tet, so dass seit dem 12. Jahrhundert ein solches Formular in kaum
einer liturgischen Handschrift fehlt.[65] Bischof Gilbert von Limerick
zählt denn auch in seiner nach 1100 verfassten Schrift „De statu ecclesiae" zu den üblichen Aufgaben des Priesters bereits die Segnung
der Pilger,[66] und auch nach Honorius Augustodunensis gehört diese
Benediktionshandlung zu den gewöhnlichen priesterlichen Funktionen.[67]
    Zudem erfuhr der Pilgersegen nun auch ein stärker pastoral-ri-
tuell-juristisches Umfeld. So war der Pilger angehalten, vor seinem
Aufbruch sein Testament zu machen und für sein Seelenheil durch
Stiftungen vorzusorgen.[68] Sodann sollte er seine Sünden beich-
ten, sich mit seinen Feinden versöhnen und in der Messe die sakramentale Kommunion empfangen.[69] Erst dann empfing der Pilger

---

64 „ita et hos [...] ab omnibus peccatis absolvas, quo in die iudicii ab impiis separati in
    dextera sint parte coronandi." PRG 2, Nr. 212,1; „... mereamini in hoc seculo accipere
    remissionem omnium peccatorum et in futuro consorcium omnium beatorum."
    PRG 2, Nr. 212,2.
65 Vgl. Franz, Benediktionen 2 (wie Anm. 7), 273.
66 „In absentia vero episcopi potest benedicere [...] et peregrinaturos..." PL 159, 1000D.
67 „...populum ad missam, vel nuptias, vel arma, vel peras, vel baculos, vel judicia ferre,
    et aquas vel candelas, vel palmas, vel cineres, vel quaslibet res ad cibum pertinentes
    benedicere." Gemma animae 1,181 (PL 172, 599C-D).
68 Vgl. Garrisson, A propos des pèlerins (wie Anm. 43), 1182.
69 Vgl. Peter Browe, Zum Kommunionempfang im Mittelalter, in: ders., Die Eucharistie
    im Mittelalter. Liturgiehistorische Forschungen in kulturwissenschaftlicher Absicht,
    hg. von Thomas Flammer, Hubertus Lutterbach (Vergessene Theologen 1), Müns-
    ter 2003, 19-31, hier 28-31 [Erstveröff. 1932]. – Für die Messe entstehen im späten
    Mittelalter neben den Votivmessen für Reisende in den alten Sakramentaren eigene
    Formulare, wonach die Messe – gemäß mittelalterlicher Heiligenverehrung – zu Eh-
    ren der Heiligen Drei Könige oder des Erzengels Raphael als Reisepatrone gefeiert
    wurde. Vgl. die Beispiele bei Franz, Messe (wie Anm. 33), 216f.

die Benediktion mit der Übergabe von Tasche und Stab durch den Pfarrer. Dieser musste nämlich sein Einverständnis zur Pilgerreise erklären.[70] Dies war erforderlich, da sich sein Pfarrkind außerhalb der Pfarrei bewegte und deshalb zeitweise aus dem Pfarrbann zu entlassen war.[71] Weil die Dimission nur der Pfarrer erlauben konnte, wandelte sich der Pilgersegen mehr und mehr zu einem Pfarrrecht, mit dem entsprechende Abgaben und Oblationen verbunden waren[72] und das auch zu einem eigenen Rückkehrritual führte.[73] Folgerichtig ergänzte die Übergabe der gesegneten Pilgerzeichen im späteren Mittelalter eine *littera testimonalis*, die die Legitimität des Pilgers bestätigte.[74] Insofern knüpfte sich also an den Pilgersegen ein umfassendes Rechtsinstitut, das dem Pilger Schutz und Privilegien verhieß[75] und ihn darüber hinaus zum rechtmäßigen Sakramentenempfang auf dem Weg und am Pilgerziel befähigte.

Aber auch in seiner liturgischen Gestalt erfuhr der Pilgersegen bald reichere Ausgestaltung.[76]

[70] Für das Landrecht von Deutschen- und Schwabenspiegel gilt als Pilger, wer aus der Hand seines Pfarrers Tasche und Stab empfangen hat. Vgl. Deutschenspiegel und Augsburger Sachsenspiegel, hg. von Karl A. Eckhardt, Alfred Hübner (MGH.F 3), Hannover ²1933, 118 sowie Marie-Luise Favreau-Lilie, Civis peregrinus. Soziale und rechtliche Aspekte der bürgerlichen Wallfahrt im Mittelalter, in: Archiv für Kulturgeschichte 76 (1994) 334 mit Anm. 41.

[71] Bekanntlich war im Mittelalter der Einzelne grundsätzlich an das gottesdienstliche Leben seiner Pfarrei gebunden. Vgl. Meyer, Eucharistie (wie Anm. 29), 243.

[72] Möglicherweise hat sich im Pfarrbuch von Hilpoltstein (Diözese Eichstätt) das Zeugnis einer Pilgeroblation erhalten: „De votivalibus ubique. Votivales sunt in beneplactio constituentis. Ideoque si quas perceperis a devotis personis, easdem et assignabis." Das Pfarrbuch des Stephan May in Hilpoltstein von 1511, hg. von Johann Baptist Götz (Reformationsgeschichtliche Studien und Texte 47/48), Münster 1926, 177. – Zur rechtlichen Verbindung von Pilgersegnung und Pilgeroblation vgl. Schreiber, Wallfahrt und Volkstum (wie Anm. 4), 1-11; ders., Mittelalterliche Segnungen und Abgaben, in: ders., Gemeinschaften des Mittelalters. Recht und Verfassung. Kult und Frömmigkeit, Münster 1948, 213-282, hier 228. 281f. [Erstveröff. 1943].

[73] Ein Ritual für den Pilgerempfang bei der Rückkehr stammt zunächst aus dem monastischen Kontext (vgl. schon PRG 2, 229), erhielt aber neben den Motiven Dank und Segen unter dem Einfluss des Pfarrrechts auch die Funktion der Wiederaufnahme in den Pfarrbann. Vgl. Franz, Benediktionen 2 (wie Anm. 7), 287f.

[74] Wolfgang Petke wies zu Recht darauf hin, dass der „Pilgerbrief" nicht im Sinne eines „Geleit- und Empfehlungsschreibens" missverstanden werden darf, sondern vorzüglich die rechtliche Dimission aus dem Pfarrbann bestätigte. Vgl. Wolfgang Petke, Der rechte Pilger – Pilgersegen und Pilgerbrief im späten Mittelalter. In: Herrschaftspraxis und soziale Ordnungen im Mittelalter und in der frühen Neuzeit. Ernst Schubert zum Gedenken, hg. von Peter Aufgebauer, Christine van den Heuvel (Veröffentlichungen der Historischen Kommission für Niedersachsen und Bremen 232), Hannover 2006, 361-390, hier 370-390.

[75] Vgl. Franz, Benediktionen 2 (wie Anm. 7), 274; Henri Gilles, Lex peregrinorum, in: Le pèlerinage (Cahiers de Fanjeaux 15), Toulouse 1980, 172-179.

[76] So bietet beispielsweise das aus cluniazensischer Tradition stammende Rheinauer Rituale den Benediktionsordo nach dem PRG, allerdings erweitert um einige An-

Als Beispiel kann etwa das aus der ersten Hälfte des 12. Jahrhunderts stammende Rituale von St. Florian angeführt werden. Es bietet unter dem Titel „Benedictio perarum et baculorum" schon einen entfalteten Gottesdienst.[77] Markant beginnt er mit der Rezitation der sieben Bußpsalmen,[78] ergänzt um den Psalm *Qui habitat* (Ps 91[90]), der das Weg- und Schutzmotiv mit dem zentralen Gedanken der Buße verbindet. Nach dem Kyrie-Ruf, dem Paternoster und einigen Versikeln zielen drei Orationen auf die Segnung der Pilgergegenstände. Auf das schon bekannte *Domine Iesu Christe, mundi redemptor* folgen ein Segensgebet über Taschen und Stäbe[79] und ein Gebet, das den Pilgern auf die Fürbitte der Gottesmutter, des Heiligen, zu dessen Grab sie aufbrechen, und aller Heiligen Vergebung der Sünden und Teilhabe am Leben der Heiligen erfleht.[80] Daran schließen sich die Antiphonen *Advenerunt nobis dies penitentiae* und *Commendemus nosmetipsos* an, die der Quadragesimalliturgie entstammen und die Standhaftigkeit in den Mühsalen der Pilgerfahrt betonen, wozu wohl die Pilgerzeichen als „arma justitiae" dienen sollen.[81] Diese werden nun mit einer je eigenen, allerdings stärker parallelisierten Formel überreicht, die jene Texte erweitern, die uns bereits im Sakramentar von Gellone begegnet sind.[82] Der zweite Teil der Benediktion, der sich nun auf die Pilger selbst richtet, beginnt mit dem Psalm *Dominus regit me* (Ps 23[22]), worauf die bekannte Oration *Omnipotens sempiterne deus humani generis*

---

tiphonen; vgl. Gebhard Hürlimann, Das Rheinauer Rituale. Zürich Rh 114, Anfang 12. Jh. (Spicilegium Friburgense 5), Freiburg/Schw. 1959, 99. 142f.

[77] Vgl. Adolph Franz, Das Rituale von St. Florian aus dem 12. Jahrhundert, Freiburg/ Br. 1904, 113-115. 178f.

[78] Vgl. Angelus A. Häußling, Art. Bußpsalmen. II. Liturgisch, in: LThK 2 (³1994) 840; speziell zur Bedeutung dieser Psalmenreihe für die (Buß-)Pilgerfahrt vgl. Michael S. Driscoll, The Seven Penitential Psalms: Their Designation and Usages from Middle Ages Onwards, in: Ecclesia Orans 17 (2000) 153-201, hier 191-193.

[79] *Signaculum die patris [...] super hos baculos et peras*; vgl. Franz, Rituale St. Florian (wie Anm. 77), 114.

[80] *Deus, qui dispersa congregas.* Das Gebet greift die bekannte Bitte aus der Accipite-Formel des PRG auf. Vgl. Franz, Rituale St. Florian (wie Anm. 77), 114.

[81] Vgl. Corpus Antiphonalium Officii 3, ed. Renato-Joanne Hesbert (Rerum ecclesiasticarum documenta. Series Maior. Fontes 9), Roma 1968, Nr. 1294. 1857. – Beide Antiphonen finden sich bereits unter dem Titel „Antiphonae de poenitentia" im karolingischen Offiziumsantiphonar des Hartker von St. Gallen; vgl. Antiphonarium Hartkeri. Tomus I (Monumenta Palaeographica Gregoriana 4/1), Münsterschwarzach o.J., 147.

[82] *In nomine domini nostri Iesu Christi accipite hos baculos in sustentationem itineris [...] ad nos incolumes reuerti mereamini. Prestante domino; In nomine domini nostri Iesu Christi accipite digne has peras [...] ad nos incolumes reuerti mereamini. Prestante domino.* Vgl. Franz, Rituale St. Florian (wie Anm. 77), 114 und Sacramentarium Gellonense Nr. 3058. 3059 (CChr.SL 159, 518f.).

reformator et auctor[83] sowie ein lobpreisendes Element mit dem Gesang des *Benedictus* (Lk 1,68-79) samt der daraus entnommenen Antiphon *In viam pacis dirige nos, domine* folgen. Abgeschlossen wird die Feier mit zwei Orationen, die sich ganz auf den Gedanken des göttlichen Schutzes und der Hilfe in allen Unwägbarkeiten des Pilgerweges beziehen.[84]

Neben der reicheren Ausgestaltung der Benediktionsliturgie durch Psalmen, Antiphonen und weitere Gebetselemente fällt auf, dass Segnung und Übergabe der *signa peregrinationis* stärker akzentuiert werden, allerdings ohne ihnen eine über die bekannten Aspekte hinausreichende Deutung zu geben.[85] Ebenfalls herausgestrichen wird das mit der Pilgerfahrt schon immer verbundene Bußmotiv, das aber der vorliegenden Ordnung einen bestimmenden Charakter gibt und offenbar auf die in jener Zeit vorherrschende und im späteren Mittelalter sich neu formierende Haltung der Umkehr und Buße bei den Pilgern zu reagieren sucht.[86] Dies zeigt sich in den Gebetsbitten, in den Antiphonen, vor allem aber in den Bußpsalmen, die als Vorzeichen den kontextuellen Deuterahmen für das ganze Segnungsgeschehen bilden. Wie Michael Driscoll gezeigt hat, kannten viele Gläubige im Mittelalter diese Psalmen als tägliches Gebet auswendig.[87] Insofern knüpfte das Ritual der Pilgersegnung hier an eine den Pilgern bekannte geistliche Bußübung an, die der Wallfahrt ihr eigenes Gepräge geben sollte und wohl auch die Gebetspraxis auf dem Weg mitbestimmt hat, also die Segnung in gewisser Hinsicht fortführte.[88]

---

83   Vgl. PRG 2, 212,3 (StT 227, 362).
84   *Exaudi nos, domine deus noster, et uiam famulorum tuorum; Deus infinitae misericordiae et maiestatis immensae.* Das letztgenannte Gebet findet sich bereits in den Votivmessen für Reisende der alten Sakramentare; vgl. Sacramentarium Gelasianum Vetus Nr. 1319 (RED.F 4, 193); Sacramentarium Gregorianum Nr. 1319 (SpicFri 16, 438).
85   Die gleiche Beobachtung gilt für die hinsichtlich Gebets- und Gesangsmaterial übereinstimmende Ordnung der „Benedictio super baculos et capsellas peregrinantium" im Klosterrituale von Biburg; vgl. Walter von Arx, Das Klosterrituale von Biburg (Budapest, Cod. lat. m. ae., Nr. 330, 12. Jh.) (Spicilegium Friburgense 14), Freiburg/Schw. 1970, 260-262.
86   Vgl. Francis Rapp, Neue Formen der Spiritualität im Spätmittelalter, in: Spiritualität des Pilgerns (wie Anm. 17), 39-58, hier 52f.
87   „Yet we also know that many people in the Middle Ages hat committed the psalms to memory. Manuals like Dhuoda and the precum libelli attest to the importance of the psalms in the daily prayer of medieval lay people." Driscoll, The Seven Penitential Psalms (wie Anm. 78), 193.
88   „For people on pilgrimage who have to be cautious of how much they can bring, it seems plausible that the Psalms of Penance could leap spontaneously to their lips." Ebd., 193.

3.3 Akzente der Pilgersegnung im Spätmittelalter

Die weitere Entwicklung der Pilgersegnung verändert am Gehalt der Feier nichts Wesentliches mehr. Das genannte Liturgiegut wird weithin tradiert, wenn auch unterschiedlich in Umfang und Zusammenstellung. Es bewegt sich im motivischen Umfeld von Umkehr und Buße wie Schutz und Hilfe und dokumentiert so die innere spirituelle Verschränkung der peregrinatio religiosa mit der peregrinatio poenitentialis, deren Formen zwar im Einzelfall voneinander unterschieden werden können, aber im hoch- und spätmittelalterlichen Verständnis der Pilgerfahrt, vor allem durch die enge Verknüpfung mit Ablassgewährungen, längst miteinander verschmolzen sind.[89]

Zentral bleibt die Konzentration auf Benediktion und Übergabe von Tasche und Stab, schon allein wegen ihrer rechtlichen Konsequenzen für den „habitus peregrinorum". Allerdings lässt sich gelegentlich eine Tendenz zur weiteren symbolischen Aufladung der Pilgerattribute erkennen. Nach der Predigt „Veneranda dies" im „Liber sancti Jacobi" sei die Pilgertasche schmal, weil der Pilger sein Vertrauen auf Gott setzen soll und nicht auf seine eigenen Kräfte; sie sei aus Tierhaut, um den Menschen daran zu erinnern, dass er sein Fleisch abtöten solle; sie sei immer offen, weil der Pilger bereit sein soll, zu geben und zu empfangen. Entsprechend wird der Pilgerstab als Symbol des Kampfes gegen die Fallstricke des Teufels begriffen.[90] Richten sich diese Mahnungen auf die geistlich-ethische Haltung des Pilgers, greifen andere Deutungen das Motiv Christus als Pilger auf und leiten den Gläubigen an, auf seinem Weg den Pilgerweg des Heilands nachzugehen, weshalb dann die Pilgerzeichen als „arma passionis" erscheinen, der Stab als Kreuz, die Tasche als geöffnete Seite des Gekreuzigten und der Hut als Dornenkrone.[91] Trotz dieser beliebten, für das Mittelalter typischen Allegorese haben sich die Benediktionsordines für solche Zuschreibungen kaum geöffnet.

---

[89] Vgl. Lenz und Ruth Kriss-Rettenbeck, Ivan Illich, Homo viator – Ideen und Wirklichkeiten, in: Wallfahrt kennt keine Grenzen (wie Anm. 4), 10-22, hier 17f.

[90] Vgl. Pierre-André Sigal, Der mittelalterliche Pilger, in: Auf den Wegen Gottes. Die Geschichte der christlichen Pilgerfahrten, hg. von Henry Branthomme, Jean Chéliui, Paderborn 2002, 141-153, hier 141.

[91] So nach der Petrus de Miłosław zugeschriebenen, aus dem 15. Jh. stammenden „Collectio sermonum dominicalium et festivalium"; vgl. Krzysztof Bracha, Der Pilger als Muster des guten Christen in den polnischen Predigten des Spätmittelalters, in: Wallfahrten in der europäischen Kultur (wie Anm. 4), 279-292, hier 286f.

Ihre Deutungen bleiben weitgehend auf der bekannten, seit dem Gellonense erkennbaren Linie.[92]

Allgemein in der Entwicklung der Liturgie im Spätmittelalter und deshalb nicht spezifisch für die Pilgerbenediktion ist das Bestreben, die Feiern in ihrem rituellen Vollzug zu ordnen und genauer festzulegen. Diese zunehmende rubrikale Beschreibung kennzeichnet auch die Ordnungen des Pilgersegens. Ein typisches Beispiel dafür ist das Pontifikale des Guillelmus Duranti, das der Bischof 1293/95 zunächst für seine südfranzösische Diözese Mende verfasst hat, das aber im 14./15. Jahrhundert weit darüber hinaus rezipiert wurde und für die weitere Entwicklung der bischöflichen Liturgie einflussreich blieb.[93] Hier sind nicht nur die rituellen Anweisungen detaillierter ausgeführt, auch erfährt der Ritus durch die Vervielfältigung von Kreuzzeichen und Besprengungen mit Weihwasser ein stärker zeichenhaft-stilisierendes Gepräge.[94] Ähnliche Beobachtungen lassen sich für weitere spätmittelalterliche Pontifikalien und Ritualien treffen. So bestimmt etwa das um 1400 verfasste Mainzer Rituale, zu Beginn mögen die Pilger zunächst ihren Stab und ihre Tasche auf die Erde legen; nach dem Segen solle dann die Übergabe der Tasche „in sinistrum latus", die des Stabes „in dexteram manum" erfolgen, wie denn auch die allseits gebräuchliche Aspersion nun zum Grundbestand der Benediktion gehört.[95] Im Augsburger Rituale von 1487 schließt sich an den Pilgersegen noch der Trank des Johannesweins an,[96] ein Brauch, der hier offenbar apotropäische Bedeutung besaß und den Pilger vor Gefahren schützen sollte.[97] Mit Anreicherungen solcher

---

[92] Im römischen Pontifikale des 12. Jahrhunderts erinnert die Übergabe-Formel der Pilgertasche an das leichte Joch Christi („sit tibi iugum Christi mansuetum et leve"; vgl. Mt 11,30) und nimmt damit eine bisher unbekannte symbolische Verknüpfung auf, die aber in der weiteren Entwicklung nur selten aufgegriffen wird. Vgl. Michel Andrieu, Le Pontifical Romain au moyen-âge 1. Le Pontifical romain au XIIe siècle (Studi e testi 86), Città del Vaticano 1938, 265, Nr. 47,2. Die Formel taucht etwa auf im Breslauer Rituale vom Anfang des 14. Jahrhunderts; vgl. Adolph Franz, Das Rituale des Bischofs Heinrich I. von Breslau, Freiburg/Br. 1912, 27, Nr. 6.

[93] Edition: Michel Andrieu, Le Pontifical Romain au moyen-âge 3. Le Pontifical de Guillaume Durand (Studi e testi 88), Città del Vaticano 1940, 543-545 (Lib. III, 31); zu Person und Werk vgl. Peter Maier, Reform des Gottesdienstes durch Durandus von Mende, in: Liturgiereformen 1 (wie Anm. 35), 346-362, hier 356-360.

[94] Vgl. PontDurandus 3,31,1.3.6 (StT 88, 543-545).

[95] Vgl. Hermann Reifenberg, Sakramente, Sakramentalien und Ritualien im Bistum Mainz seit dem Spätmittelalter. 2 Bde. (LQF 53/54), Münster 1971/72, hier 1, 544-546.

[96] Vgl. Franz, Benediktionen 2 (wie Anm. 7), 282. – Das Bamberger Rituale von 1587 bemerkt, dass es verschiedentlich Sitte sei, den Scheidenden vom Johanniswein zu reichen; vgl. Reifenberg, Sakramente 1 (wie Anm. 95), 552.

[97] Vgl. Handwörterbuch des deutschen Aberglaubens 4 , hg. von Hanns Bächtold-Stäubli, Berlin 1932 [ND Berlin 1987], 749.

Art darf man für die vorreformatorische Zeit vielfach rechnen, auch
wenn diese sich nicht in den schriftlich fixierten Ordnungen niedergeschlagen haben. Ähnliches gilt für den Bereich des deutschsprachigen Kirchenliedes, das vermutlich auch im Pilgersegen eine Rolle
spielte und eine bedeutende volkssprachliche Komponente in die
Benediktionshandlung einbrachte.[98]

4. ERGEBNIS – PERSPEKTIVEN

Überblicken wir die Entwicklung des Pilgersegens im Zusammenhang,
kann man sagen, dass der Wunsch nach einer solchen spezifischen
Benediktion derer, die sich auf den langen und gefahrvollen Weg
zum Heiligen Land und zu den Heiligengräbern machen, sich
durch die ganze mittelalterliche Geschichte zieht. Seit seinen greif-
baren Anfängen in karolingischer Zeit nimmt die Pilgersegnung einen bedeutenden und stabilen Platz in der gottesdienstlichen Praxis
ein, wenngleich die Gestalt und die geistliche Vorbereitung dieser Segensfeier unterschiedlich sind. Kern der Handlung bildet die
Segnung der Pilgerattribute Tasche und Stab[99] und deren Übergabe
an die Pilger, die bald dann auch rechtliche Bedeutung erhalten.
Um dieses Zentrum lagern sich im Verlauf der weiteren Entwicklung
Orationen und Psalmen nebst Antiphonen an, die zum Teil den alten Sakramentaren und Antiphonaren entstammen, zu einem nicht
unbedeutenden Teil aber auch Neuschöpfungen darstellen. Sie
nehmen, über die Sachbenediktion hinaus, die Pilger selbst in den
Blick und stellen ihr Tun in den größeren heilsgeschichtlichen
Zusammenhang. Pilgern ist demnach Teilhabe an den Aufbrüchen
und Wegen des Gottesvolkes durch die Zeit. Neben dem nahe liegenden und mit der Segnung besonders verbundenen Anliegen,
Gottes Schutz auf die Pilger herabzurufen, tritt markant das Motiv
der Buße in Erscheinung. Pilgern ist ein Werk, das den Pilger auf
den Weg der Umkehr führt, Sünden erlässt und insofern zum Heil
der Seele beiträgt. Besonders ausgeprägt war dieser Gedanke bei
den als Satisfaktion auferlegten Buß- und Strafwallfahrten. Durch die

---

98   Hier ist etwa an das Kreuzfahrerlied *In gods namen fara wir* zu erinnern, das später als
      allgemeines Wallfahrtslied Bedeutung erlangt. Vgl. Gerhards, Wallfahrtsgeschehen
      (wie Anm. 6), 820f. und Cordelia Spaemann, Wallfahrtslieder, in: Wallfahrt kennt
      keine Grenzen (wie Anm. 4), 181-192, hier 181f.
99   Auch als später weitere Zeichen in Kleidung und Ausstattung hinzukommen (Hut,
      Umhang, Gebetskette), werden diese nur selten in die Segenshandlung einbezogen.
      Vgl. Sigal, Der mittelalterliche Pilger (wie Anm. 90), 141; Leonie von Wilckens, Die
      Kleidung des Pilgers, in: Wallfahrt kennt keine Grenzen (wie Anm. 4), 174-180.

enge Verknüpfung der Pilgerfahrten mit dem Ablasswesen seit dem späten Mittelalter fand dieses Motiv einen neuerlichen Impuls. Die Erwartung, am heiligen Ort aber nicht nur geistliche Früchte zu gewinnen, sondern angesichts von Krankheit, körperlichen Gebrechen und Leiden Heilung zu finden, wird in den euchologischen Texten hingegen kaum thematisiert, dürfte aber nicht unwesentlich zur Aufnahme einer Wallfahrt beigetragen haben. Hier spielen die neu entstehenden Wallfahrtsorte, die durch mirakulöse Auffälligkeiten auf sich aufmerksam machen, eine wichtige Rolle. Darauf reagieren die liturgischen Formulare der Pilgerbenediktion aber offenbar nicht.

Die spätmittelalterliche Kritik am Wallfahrtswesen,[100] vor allem aber die reformatorische Ablehnung der Pilgerfahrten erzwingt, die Nützlichkeit der Segnung von Pilgern und Pilgerabzeichen zu begründen und stärker die geistliche Dimension zu betonen.[101] Gleichwohl bleibt es bei der Struktur der Feier mit der Benediktion von Pilgertasche und -stab und dem überlieferten euchologischen Gut. Erst das nachtridentinische Rituale Romanum 1614 verabschiedet sich von dieser Tradition. Es bringt zwar weiterhin eine „Benedictio peregrinorum ad loca sancta prodeuntium" und kennt auch die „Benedictio post reditum", aber die Sachsegnung der Pilgerattribute ist entfallen und auch das ehedem beherrschende Bußmotiv ist nun fast völlig eliminiert.[102] Dennoch hat sich diese Ordnung nur schwer durchsetzen können,[103] denn viele Diözesanritualien halten noch bis in die Barockzeit an der älteren, in den Ortskirchen verwurzelten Form fest und tradieren so ein Stück Mittelalter in die frühe Neuzeit.[104]

---

[100] Vgl. oben Anm. 55.

[101] So etwa im Mainzer Rituale 1599, das seinem Ordo eine ausführliche Rubrik vorausschickt, die auf die geistliche Vorbereitung, Beichte und den Kommunionempfang eingeht und abschließend die Nützlichkeit dieser Benediktion betont und besonders die damit gegebenen Privilegien und Ablässe hervorhebt. Vgl. Reifenberg, Sakramente 1 (wie Anm. 95), 548.

[102] Vgl. Rituale Romanum 1614, Tit. VIII, cap. XI-XII.

[103] So hat das Mainzer Rituale 1671 die römische Ordnung übernommen, die nachfolgende Druckagende von 1695/96 folgt aber wieder der älteren ortskirchlichen Tradition mit der Segnung von Pilgerstab und Pilgertasche. Vgl. Reifenberg, Sakramente 2 (wie Anm. 95), 381f.

[104] Vgl. Reifenberg, Sakramente 2 (wie Anm. 95), 383, Anm. 2012.

Verehrter, lieber Ludwig Hödl,

gern denke ich an die gemeinsamen Bochumer Jahre zurück, in denen ich Dein Assistent war. Unser Miteinander war ein Umgang „auf Augenhöhe" und von Respekt voreinander geprägt. Du hast mir in nobler Großzügigkeit viel Freiraum für eigenes Arbeiten gewährt.

Ich freue mich, Dir aus Anlass Deines 85. Geburtstages eine kleine schriftliche Gabe überreichen zu können. Ich weiß, dass Du als Spezialist für dogmengeschichtliche Themen auch die Geschehnisse innerhalb der deutschsprachigen Ökumene aufmerksam verfolgt hast. So dürfte Vieles in meinem folgenden, kurzen Bericht keineswegs neu für Dich sein.

Auch wenn man gern ironisiert, ein Aufsatz sei in einem Sammelband eher versteckt als veröffentlicht, so hoffe ich doch, dass wenigstens der eine oder andere Deiner Verehrer hier etwas bisher noch nicht Wahrgenommenes findet.

In Dankbarkeit wünscht Dir weiterhin Gottes gütiges Weggeleit
Dein Theo Schneider

Zum geschichtlichen Wandel des kirchlichen Amtes. Bemerkungen in ökumenischer Perspektive

Theodor Schneider

Das Thema „Amt" steht gewiss nicht in der Mitte unseres Glaubens und gehört von daher auch nicht ins Zentrum der Theologie (obschon man bei manchem mitrageschmückten Amtsträger manchmal den gegenteiligen Eindruck gewinnen könnte). Aber natürlich ist das Amt ein nicht unwichtiges Element in unserem Kirchenverständnis. Und weil es unmittelbar mit der Frage nach der ersehnten und erstrebten „Abendmahlsgemeinschaft" verbunden ist, ist es doch von ganz erheblicher praktischer Relevanz.

Seit Jahrzehnten sucht deshalb eine Vielzahl einschlägiger Veröffentlichungen nach Argumenten und Wegen zu einer gegenseitigen Anerkennung der Ämter in den getrennten Kirchen, allerdings ohne dass sich bisher ein entscheidender Schritt aufeinander zu ergeben hätte.[1] Der „Ökumenische Arbeitskreis evangelischer und katholischer Theologen" (ÖAK) hat sich vor Jahren daran gemacht, dieses schwierige und dornenbesetzte Feld noch einmal gründlich zu beackern.

DER „ÖKUMENISCHE ARBEITSKREIS"

Der ÖAK ist in Deutschland das älteste evangelisch-katholische Gremium. Bald nach dem 2. Weltkrieg, 1946, vom damaligen Paderborner Erzbischof (und späteren Kardinal) Lorenz Jäger und dem damaligen Oldenburger Bischof Wilhelm Stählin ins Leben gerufen, ist er mit seinen über 60 Jahren immer noch und immer wieder quicklebendig und agil. Natürlich hat er sich inzwischen personell völlig „erneuert". Von den Gründungsvätern und Mitgliedern der frühen Zeit – darunter so illustre Namen wie Hermann Volk,

---

[1] Vgl. P. Neuner, Vom Ämtermemorandum zur Lehrverwerfungsstudie. Ein Rückblick auf dreißig Jahre ökumenischer Diskussion um das kirchliche Amt, in: K. Raiser / D. Sattler (Hrsg.), Ökumene vor neuen Zeiten. FS Th. Schneider, Freiburg 2000, 245-259.

Edmund Schlink, Peter Brunner, Karl Rahner, Josef Pieper – lebt niemand mehr. Der ÖAK besteht aus je 20 katholischen und evangelischen Professoren und (seit längerem auch) Professorinnen der Theologie. In den ersten Jahren waren die evangelischen Kollegen ausschließlich Vertreter der Wittenberger Reformation, also der lutherischen Richtung. Seit 1983 gehören auch einige Reformierte, also Nachfahren der Genfer Reformation, dazu. Die Vorsitzenden sind jeweils zwei Bischöfe, die in der Regel vorher ebenfalls in der wissenschaftlichen Theologie tätig waren. Zur Zeit sind dies der Mainzer Bischof Kardinal Karl Lehmann, sowie der Bischof der Kirche von Kurhessen-Waldeck, Martin Hein. Die Arbeit des Kreises wird organisiert und moderiert von je einem katholischen und evangelischen „Wissenschaftlichen Leiter". Diese Funktion nehmen gegenwärtig wahr die Professorin für Dogmatik und ökumenische Theologie (und Direktorin des Ökumenischen Instituts) in Münster, Dorothea Sattler, und Volker Leppin, Professor für Kirchengeschichte und Reformationsgeschichte in Halle. Der ÖAK trifft sich jährlich an verschiedenen Tagungsorten zu einer Arbeitswoche (jeweils in der Woche vor der Karwoche). In den ersten Jahrzehnten dienten die Diskussionen wohl vor allem dem Kennenlernen und Austausch der gegenseitigen Positionen.[2] Davon gelangte relativ wenig in die Öffentlichkeit, einmal abgesehen von der folgenreichen Tatsache, dass die Idee, eine römische Behörde für ökumenische Belange einzurichten (heute: Päpstlicher Rat für die Einheit der Christen) in diesem Kreis geboren wurde.

Seit Ende der siebziger Jahre des vorigen Jahrhunderts werden die Arbeitsergebnisse des ÖAK regelmäßig publiziert in der dazu eigens gegründeten Buch-Reihe „Dialog der Kirchen" (Herder, Freiburg, und Vandenhoeck u. Ruprecht, Göttingen). 14 stattliche Bände liegen inzwischen vor. Die bedeutenderen Projekte, deren Bearbeitung sich jeweils über Jahre hinzog, waren zweifellos: „Lehrverurteilungen – kirchentrennend?"[3], sowie die in den Jahren 1986 bis 1998 bearbeiteten Problemkomplexe: Schrift, Kanon, Tradition, Schriftverständnis,

---

[2]   Vgl. St. Henrich, Der Ökumenische Arbeitskreis evangelischer und katholischer Theologen. Dokumentation 1946-1989, in: KuD 35 (1989) 258-295.

[3]   Die Fragestellung in den Jahren 1982-1985 war: „Treffen die gegenseitigen Verurteilungen des 16. Jahrhunderts noch den heutigen Partner?" Die Ergebnisse wurden 1986 der Öffentlichkeit vorgelegt: K. Lehmann / W. Pannenberg (Hg.), Lehrverurteilungen – kirchentrennend? Bd. I.: Rechtfertigung, Sakramente und Amt im Zeitalter der Reformation und heute, Freiburg / Göttingen 1986.

Schriftgebrauch, deren Dokumentation in drei Bänden unter dem Titel „Verbindliches Zeugnis" vorliegt.[4]

In bewährter Arbeitsweise werden in Vorträgen der Fachleute jeweils die biblischen, historischen und systematischen Aspekte der behandelten Thematik referiert und diskutiert und die Ergebnisse schließlich – möglichst in Form eines differenzierten Konsenses –[5] in einem gemeinsam verantworteten „Abschließenden Bericht" der wissenschaftlichen und kirchlichen Öffentlichkeit vorgelegt.

DAS THEMA „AMT" IM ÖAK

Schon in der Vergangenheit hatte sich der ÖAK mehrfach mit Teilaspekten der Amtsthematik befasst, 1969 in Hardehausen, 1971 in Paderborn, 1974 auf Schloss Friedewald, 1975 in Schwerte, auch 1978-1980, durchaus schon mit interessanten, richtungsweisenden Ergebnissen.[6] Nicht zuletzt verschiedene – zum Teil wenig hilfreiche – Verlautbarungen aus Rom bzw. aus Hannover waren ein Anstoß zur erneuten Befassung mit dem Thema „Kirchliches Amt", das inzwischen zu einem vorläufigen Abschluss gelangt ist und nun in drei Bänden mit „Abschließendem Bericht" dokumentiert ist.[7]

---

4   W. Pannenberg / Th. Schneider (Hg.), Verbindliches Zeugnis, Bde. I – III, Freiburg / Göttingen 1992-1999.

5   Vgl. H. Meyer, Die Struktur ökumenischer Konsense, in: Ders., Versöhnte Verschiedenheit. Aufsätze zur ökumenischen Theologie I, Frankfurt 1998, 60-74.

6   Vgl. Th. Schneider / G. Wenz, Einführung der Herausgeber, in: Dies. (Hg.), Das kirchliche Amt in apostolischer Nachfolge. I.: Grundlagen und Grundfragen, Freiburg / Göttingen 2004, 7-11, s. z.B. die gemeinsame Beschreibung der Ordination im Jahr 1976: „Obwohl die Ordination durch Menschen vollzogen wird, handelt darin zugleich Gott selbst, indem er den Ordinanden in seinen Dienst beruft, für diesen Dienst ausrüstet und sendet; denn das zu übertragende Amt ist keine beliebige Einrichtung der Kirche, sondern beruht auf einem Auftrag Gottes, dem seine Verheißung gilt. Für die Ordinationshandlung konstitutiv ist das fürbittende Herabflehen des Geistes auf die Person des Ordinanden. Dies geschieht durch Gebet in Verbindung mit Handauflegung. Eine Einsetzung der Handauflegung durch Jesus ist zwar in der Schrift nicht bezeugt. Die Handauflegung ist jedoch nicht nur wegen der Ausdruckskraft dieses Gestus, sondern vor allem wegen seines bis in die apostolische Zeit zurückreichenden Alters und seiner ökumenischen Geltung nicht ersetzbar als Zeichen der Einheit des kirchlichen Amtes." R. Mumm / G. Krems (Hg.), Ordination und kirchliches Amt, Paderborn / Bielefeld 1976, 170f.

7   Th. Schneider / G. Wenz (Hg.), Das kirchliche Amt in apostolischer Nachfolge, I.: Grundlagen und Grundfragen, Freiburg / Göttingen 2004. – D. Sattler / G. Wenz (Hg.), Das kirchliche Amt in apostolischer Nachfolge, II.: Ursprünge und Wandlungen, Freiburg / Göttingen 2006. – D. Sattler / G. Wenz (Hg.), Das kirchliche Amt in apostolischer Nachfolge, III.: Verständigungen und Differenzen, Freiburg / Göttingen 2008.

Aus der imponierenden Fülle des vorgelegten Materials können hier nur einige Fakten und Beobachtungen vorgestellt werden, die starke geschichtliche Wandlungen belegen und durchaus den Eindruck vermitteln sollen, dass die konfessionellen Positionen keineswegs so festgezurrt sind, wie es oft den Anschein hat.

DER GEMEINSAME BLICK AUF DIE
BIBLISCHEN GRUNDLAGEN

Da die Heilige Schrift, vor allem die Bücher des Neuen Testaments, in allen Konfessionskirchen der bleibende Maßstab für Lehre und Praxis des Glaubens und für alle Bemühungen um die authentische und verbindliche Überlieferung des Evangeliums ist, war zunächst eine nochmalige, gründliche und differenzierte Darstellung des biblischen Befundes zum „kirchlichen Amt" sinnvoll. Diese Untersuchungen brachten keine grundstürzend neuen Erkenntnisse hervor, sondern bestätigten im Wesentlichen die bisherigen Ergebnisse der Forschung.[8] Dabei machte das Gespräch unter den Exegeten wiederum deutlich, wie sich auch und gerade in dieser Thematik bestimmte, konfessionell gefärbte Sehweisen und Interpretationen herausgebildet hatten. Insoweit sie als einseitig erkannt wurden, ließen sie sich in eine gemeinsame, ganzheitliche Sicht zurückbinden.

Unumstritten ist die Tatsache, dass sich aus den Texten des Neuen Testaments kein einheitliches Bild kirchlicher Leitungsfunktionen in den frühen Gemeinden zeichnen lässt. Der Vielfarbigkeit des biblischen Zeugnisses entspricht es, dass es in ihm einen zusammenfassenden „Oberbegriff" für das, was wir heute kirchliches „Amt" nennen, noch nicht gibt. Das aus dem Raum der Synagoge stammende „Presbyter-Kollegium" und die aus dem griechischen Kulturraum übernommenen, betont „profanen" Funktionsbezeichnungen (Aufseher, Diener) treten zueinander und schieben sich hier und dort ineinander. Es ist unübersehbar, dass die „Titel" presbyteros, episkopos, diakonos in der neutestamentlichen Zeit gebraucht werden. Aber Einigkeit besteht darin, dass ihre jeweilige inhaltliche Füllung und auch ihr Verhältnis zueinander nicht eindeutig zu bestimmen

---

8 Vgl. J. Frey, Apostelbegriff, Apostelamt und Apostolizität. Neutestamentliche Perspektiven zur Frage nach der „Apostolizität" der Kirche, in: Das kirchliche Amt I (s. Anm. 7), 91-188. – Th. Söding, Geist und Amt. Übergänge von der apostolischen zur nachapostolischen Zeit, in: Das kirchliche Amt I (s. Anm. 7), 189-263. – W. Beinert, Apostolisch. Anatomie eines Begriffs, in: Das kirchliche Amt II (s. Anm. 7), 274-303. – Th. Schneider, Das Amt in der frühen Kirche. Versuch einer Zusammenschau, in: Das kirchliche Amt II (s. Anm. 7), 11-38.

sind und deshalb nicht ohne weiteres mit den heutigen Funktionen gleichen Namens, Priester, Bischof, Diakon, gleichgesetzt werden dürfen.

Wenn es um Funktionen und Aufgaben in den frühen Gemeinden geht, tauchen die verschiedensten Benennungen auf. Die sogenannten Charismentafeln in der Korrespondenz des Paulus belegen dies eindrücklich (1 Kor 12,8-10; 1 Kor 12,28-31; Röm 12,4-8), wobei auch sie offensichtlich weder eine systematische noch eine erschöpfende Aufzählung sein wollen. Allerdings fällt auf, wie als einziges „charisma", das in allen drei Listen erscheint, das „propheteuein" (Verkündigung der Gnade Gottes) genannt wird und wie sich schon bei Paulus eine bestimmte Reihung und Gewichtung herausbildet. Aus dem Gesamtbereich verschiedener Gnadengaben treten bestimmte Aufgaben hervor, deren Ausübung wahrscheinlich mehr und mehr zu einer dauerhaften Wahrnehmung geführt hat: „So hat Gott in der Kirche erstens Apostel eingesetzt, zweitens Propheten, drittens Lehrer ..." (1 Kor 12,28). „Bei den drei betont vorangestellten Diensten, die ihrerseits noch einmal abgestuft sind, handelt es sich um die grundlegenden und unerlässlichen Funktionen, die es allesamt mit der Verkündigung, Vertiefung und Befestigung des Glaubens zu tun haben."[9] Diese Aufgaben bleiben, die entsprechenden Namen dafür verändern sich bald oder verschwinden als solche ganz. Die Bezeichnung „Apostel" (Gesandter) ist bei Paulus im ursprünglichen Wortsinn ziemlich weit gebracht (vgl. 2 Kor 8,23; Phil 2,25). Er kann nicht nur sich selbst durchgängig und betont Apostel nennen, sondern auch seine Mitarbeiter, z.B. das Ehepaar (?) Andronikus und Junia mit diesem Titel versehen (vgl. Röm 16,7). Aber innerhalb weniger Jahrzehnte wird aus dem „Gemeindeamt" Apostel die feste Bezeichnung für (nur) die Mitglieder des „Zwölferkreises" (und für den nachgewählten Matthias, sowie für den inzwischen schon „berühmten" Paulus, der kein Mitglied des Zwölfergremiums war) (Mk 6,20; Mt 10,2; Lk 6,16). Die Aufgaben der „Propheten und Lehrer", also die lehrende Verkündigung und Bewahrung des Evangeliums, wird in der Apostelgeschichte des Lukas (Apg 20,28-35) und in den deuteropaulinischen Pastoralbriefen eindringlich den Episkopen ans Herz gelegt (1 Tim 4,12-16; 1 Tim 3,1-2; Tit 1,9), deren Benennung auch zur Zeit des Lukas noch mit dem Presbyternamen austauschbar ist (vgl. Apg 20,17 u. 28).

9   A. Vögtle, Die Dynamik des Anfangs. Leben und Fragen der jungen Kirche, Freiburg 1988, 116.

Auch der um das Jahr 80 geschriebene Epheserbrief zeigt, dass
in den Jahrzehnten nach Paulus eine Veränderung im Blick auf die
Funktion der Ämter stattgefunden hat. Deutlich wird das im unterschiedlichen Gebrauch des Bildes vom Kirchbau. Paulus sagt in seiner
Baumeister-Terminologie (1 Kor 3), dass er das Fundament für den
Tempel Gottes gelegt hat und dieses Fundament kein anderes sein
kann als Jesus Christus selbst. Im Epheserbrief heißt es: „Ihr seid auf
das Fundament der Apostel und Propheten gebaut" (Eph 2,20-22). In
den Augen des Verfassers sind „Apostel und Propheten" bereits Größen
der Vergangenheit, auf welche die gegenwärtige Gemeinde zurück-
blickt. Die Entwicklung in den Gemeinden ist über die Gründerzeit
hinausgegangen, denn auf diesem Fundament haben sich inzwischen
Ämter gebildet, die den notwendigen Dienst in den Gemeinden ver-
richten, nämlich: „Evangelisten, Hirten und Lehrer" (Eph 4,11f.).

Ein Vergleich des Epheserbriefs mit den zeitlich nahen
Pastoralbriefen und dem Hebräerbrief – der an keiner Stelle von
Presbytern oder Episkopen, sondern von „Vorstehern" (hegoume-
noi) redet – zeigt, dass man gegen Ende des ersten Jahrhunderts in
den verschiedenen Bereichen der frühen Kirche keine einheitliche
Bezeichnung der kirchlichen „Ämter" kennt. „Das Zeugnis des Neuen
Testaments vermittelt uns Einblicke in kirchliche Dienste und auf
Dauer angelegte Ämter in den urchristlichen und frühchristlichen
Gemeinden, aber es bezeugt uns nicht normativ eine bestimmte, ein-
heitliche Ämterordnung."[10]

„BAUSTEINE" DER PATRISTIK[11]

Der Blick auf die Zeit der Patristik zeigt eindrucksvolle farbige
Komplexe auf einer weiten, großenteils weißen Bildfläche. Das soll
heißen: Die erhaltenen schriftlichen Quellen bieten zwar interes-
sante und gewichtige Ausführungen zu unserer Amtsthematik, insgesamt aber bleiben zwischen den frühen Quellen aus der Väterzeit
sowohl in der örtlichen Verbreitung wie in der zeitlichen Abfolge
große Lücken und Freiräume. Wir wissen z.B. über die Christen des
1. und 2. Jahrhunderts in der wichtigen Metropole Alexandria buchstäblich nichts, über das 1. Jahrhundert in Rom und Karthago sehr

---

[10] O.H. Pesch, Auf dem Weg zu einer „Gemeinsamen Erklärung zum kirchlichen Amt
in apostolischer Nachfolge". Ein Plädoyer, in: Das kirchliche Amt III (s. Anm. 7),
158.
[11] Vgl. A. Merkt, Das Problem der apostolischen Sukzession im Lichte der Patristik, in:
Das kirchliche Amt I (s. Anm. 7), 264-295.

wenig, ähnlich wie über das 2. Jahrhundert in Griechenland. Selbst über Antiochia sind die frühen Zeugnisse sehr lückenhaft. Manches spricht deshalb für die Vermutung, dass es in den christlichen Gemeinden der ersten Jahrhunderte Formen der Amtsausübung und Amtsbegründung gab, die wir nicht kennen. Das Nachdenken über diesen eher unbefriedigenden Sachverhalt mahnt zur Vorsicht: Wir dürfen die vorhandenen Texte weder regional noch temporal unmittelbar und direkt miteinander verbinden, um die Lücken aufzufüllen. Andererseits sollten wir uns aber auch nicht durch das Fehlen einer flächendeckenden Dokumentation der frühkirchlichen Amtsstrukturen und Amtstheologien zu gewagten Spekulationen verleiten lassen und aus einer bloß vermuteten Vielfalt die Berechtigung zu einer „ganz großen Freiheit" in der heutigen Gestaltung kirchlicher Ämter ableiten. Das, was wir tatsächlich wissen und belegen können, ist insgesamt schon so etwas wie eine Leitplanke, die das völlige Ausbrechen von der biblisch vorgezeichneten Fahrbahn verhindern kann.

Gegen Ende des ersten Jahrhunderts ist eine Tendenz zur Stärkung des Amtes nicht zu übersehen. Neben der besonderen Verantwortung für die Lehre zieht es disziplinarische Befugnisse und die Leitung der Eucharistiefeier an sich. Die Faktoren, welche die Entwicklung vorantreiben, lassen sich ausmachen: 1. Die Gemeinden nehmen an Größe zu. Deshalb brauchen sie Vorsteher, die für das Ganze sprechen und handeln. 2. Die Übertragung des Amtes auf Lebenszeit begünstigt die Ausweitung der Kompetenzen ihrer Inhaber. 3. Das irritierende Phänomen der falschen Lehrer und Propheten forderte verstärkt die Lehr- und Aufsichtsfunktion heraus. 4. Die Auseinandersetzung mit zunehmenden Konventikelbildungen und Abspaltungen drängte in Richtung starker und kompetenter Amtsträger.

In den Briefen des Ignatius von Antiochien ordnen sich all diese Aspekte zu einem Konzept, das die Verantwortlichkeiten auf hierarchische Weise gliedert: Der Episkopos steht an der Spitze, ihm nach- und zugeordnet sind die Presbyter und Diakone, letztere (nicht als „Vorstufe" zum Presbyteramt, sondern) als die eigentlichen Helfer des Bischofs (!). Zusammen mit den Presbytern, seiner Ratsversammlung, führt der Bischof den Vorsitz in seiner Gemeinde. Er trägt die Gesamtverantwortung und bürgt für die Kirchlichkeit aller Vollzüge in der Gemeinde. Die Vollmacht seines Amtes entspringt göttlicher Sendung. Die kirchliche Situation häufiger Aufspaltungen und Absonderungen am Anfang des zweiten Jahrhunderts erklärt, warum in den Ignatiusbriefen das Thema Einheit im Mittelpunkt steht. Die drängende Frage, wo die wahre Kirche sei, beantwortet

Ignatius mit dem Verweis auf den einen Bischof. Die Situation ist erkennbar ein Hauptmotiv für die Ausformung eines „monarchischen
Episkopats" und seiner Ausbreitung. Die Ignatiusbriefe belegen aber
durchaus nicht, dass dieses „neue" Konzept auch schon in allen an-
geschriebenen Gemeinden Realität war. Es ist denkbar, ja sogar wahrscheinlich, dass der Bischof von Antiochia seine Erfahrungen und seine Lösung den anderen Gemeinden als Hilfe in der Not empfiehlt.
Und den Verantwortlichen des zweiten und dritten Jahrhunderts erschien sie offenbar hilfreich und sinnvoll, sonst hätte sich das mit
dem Namen des Ignatius verbundene maßgebliche Bischofsamt wohl
nicht so zügig durchgesetzt.

Es sollte noch ein weiterer wichtiger Aspekt zur Sprache kommen, den Hegesipp ins Spiel gebracht hat, der sich aber vor allem
mit dem Namen des Irenäus von Lyon verbindet: die „apostolische
Sukzession" der Amtsträger. Die Vorstellung der Nachfolge gibt es
mehr oder weniger explizit schon in den Pastoralbriefen. Aber eine
durchdachte, ausgeprägte Theorie wurde daraus erst, als in der Mitte
des zweiten Jahrhunderts im Kampf mit der „Gnosis" deren Vertreter
ihre Ansichten mit Berufung auf eine Überlieferungskette zu begründen versuchten. Kirchliche Amtsträger konterten, indem sie
ihrerseits überprüfbare Zeugenreihen aufstellten. Ignatius hatte die
Autorität des Bischofs gewissermaßen vertikal begründet. Irenäus sichert mit seiner Sukzessionstheorie den Bischof als Zeuge der wahren Überlieferung zusätzlich horizontal ab durch eine nachweisbare
Reihe von Zeugen von Anfang an. Da sich, wie Irenäus herausstellt,
die Kirchen im Orient, in Ägypten und Libyen, in Spanien, bei den
Germanen und Kelten in ihrem Glauben nicht unterscheiden, genügt
es ihm, die Bischofsliste von Rom, der „ältesten und allen bekannten
Kirche" als Beispiel und Garanten für die verlässliche Überlieferung
des Glaubens durch die „successio" anzuführen.

Zu den geschichtlichen Fakten der Patristik, die erhebliche
Auswirkungen hatten und die schon deshalb sehr ernst genommen werden müssen, gehört auch die Tatsache, dass der jüngere
„Kirchenlehrer" Hieronymus († 420) Episkopat und Presbyterat als
im Wesen identisch ansah und dem Bischof nur einen kirchenrecht-
lichen Vorrang zusprach, der im Ordinationsrecht seinen Ausdruck
finde. Seine Auffassung prägte die Amtstheologie der folgenden
Jahrhunderte bis in die frühe Neuzeit, wie die Schriften vieler mittelalterlicher Kanonisten und Theologen belegen.

ERSTAUNLICHES IM MITTELALTER[12]

Für Thomas von Aquin waren z.B. die sieben „ordines", d.h. die vier „niederen Weihen" (Ostiarier, Exorzist, Lektor, Akolyth) und die Weihen zum Subdiakon, Diakon und Priester „sakramental" (S. th. suppl. 40,2 corp; 35,2 corp), die Tonsur als Eintritt in den Klerikerstand und die Bestellung zum Bischof dagegen nicht (S. th. suppl. 40,2 corp; 40,5 corp). Die Handauflegung als Zeichen der Begabung mit Heiligem Geist trat zurück hinter der Verdeutlichung der spezifischen Beauftragung durch die Übergabe der heiligen Geräte für die Feier des „Messopfers". Wenn Thomas begründet, warum in der Regel der Bischof die Weihen zu spenden hat, argumentiert er nicht theologisch – etwa von der Vollmacht einer Weihe her – sondern gewissermaßen soziologisch – im Anschluss an Aristoteles' Einleitung zur Nikomachischen Ethik mit der Notwendigkeit der Leitungsfunktion in einer Gemeinschaft (S. th. suppl. 38,1 corp).

Wenn die bischöfliche „Weihevollmacht" als grundsätzlich mit der Priesterweihe verliehen angesehen wurde, die im Presbyterat allerdings jurisdiktionell gebunden ist, wenn also die „Bischofsweihe" keinen Zuwachs an Weihevollmacht bewirkt, sondern die Freisetzung der durch die Priesterweihe bereits vorhandenen, dann wird eher verständlich, dass im Spätmittelalter einzelne Äbte und Prälaten, die keine Bischöfe waren, mit päpstlicher Erlaubnis oder in päpstlichem Auftrag ihren Untergebenen die „höheren Weihen" einschließlich der Priesterweihe erteilen konnten.

Vor diesem Hintergrund einer jahrhundertelangen Amtstheologie sind die von den Reformatoren als Notlösung vollzogenen Ordinationen von Pfarrern und Superintendanten durch „Pfarrer" damals zwar rechtlich unzulässig, aber geistlich „gültig" und keineswegs so ungewöhnlich und kühn, wie es einer traditionellen katholischen Sicht scheinen mag. Bei genauem Hinschauen kommen wir um die verblüffende Feststellung nicht herum, dass radikal klingende reformatorische Thesen spätmittelalterliche Vorstellungen aufgreifen, die immer noch stark von Hieronymus geprägt sind. Martin Luther denkt weitgehend die mittelalterliche Sicht des bischöflichen Amtes weiter, während katholische Kontroverstheologen aus der

---

12 Vgl. P. Walter, Das Verhältnis von Episkopat und Presbyterat von der Alten Kirche bis zum Reformationsjahrhundert, in: Das kirchliche Amt II (s. Anm. 7), 39-96. – I. Riedel-Spangenberger, Apostolische Legitimation der Träger des Bischofsamtes im Übergang vom Frühmittelalter zur klassischen Kanonistik, in: Das kirchliche Amt I (s. Anm. 7), 335-356. – H. Smolinsky, Successio apostolica im späten Mittelalter und im 16. Jahrhundert, in: Das kirchliche Amt I (s. Anm. 7), 357-375.

bisherigen Gemeinsamkeit ausbrechen und das Konzil von Trient schließlich eine stark vom Bischofsamt her organisierte Kirche zu formen versucht und sie in einer entsprechenden „neuen" Ekklesiologie (vor allem durch Robert Bellarmin) begründet. Bewahrung und Veränderung der Tradition sind also keineswegs eindeutig der einen oder der anderen Seite zuzuordnen.

DIE GESELLSCHAFTLICH-POLITISCHE „AUSSENSEITE"

Beim Blick auf die Geschichte haben wir bisher nahezu ausschließlich an binnenkirchliche Phänomene und theologische Vorstellungen erinnert. Es gab dazu aber immer auch eine Art „Außenseite" durch die gesellschaftlich-politische Verflechtung der Kirche mit ihrer jeweiligen zeitgeschichtlichen Situation. So kommt es zu fast unglaublichen Veränderungen bischöflichen Rollenverständnisses und bischöflicher Amtsführung im Vergleich zur frühen Zeit. Unter Kaiser Konstantin konnten die Bischöfe plötzlich nicht nur imponierende Basiliken bauen, sie erhielten auch staatliche Insignien und Privilegien, durften z.B. nun die Kutschen der Reichspost kostenlos benutzen. Theodor Klauser – Professor für Alte Kirchengeschichte in Bonn in den fünfziger Jahren des vorigen Jahrhunderts – sagte an dieser Stelle: „Von da an lagen die Bischöfe ständig auf der Achse!"

Das Amt des Bischofs von Rom, des Papstes, war über Jahrhunderte hin ein Streit- und Beuteobjekt zwischen mächtigen römischen und „italienischen" Familienclans. Auch die Könige und Kaiser des „Heiligen römischen Reiches deutscher Nation" machten sich die Bildung und den Einfluss der Bischöfe für ihre politischen Ziele zunutze und erhoben sie zu Reichsfürsten. Regierende Adelsgeschlechter brachten ihre Söhne gezielt auf einflussreiche Bischofssitze in Europa. Die Erzbischöfe von Trier, Mainz und Köln gehörten zu den Kurfürsten, die den deutschen König wählten. Die Erzbischöfe von Mainz und Köln waren als Kanzler des Reiches mit dem Kaiser monatelang unterwegs auf Kriegszügen in Italien. Im deutschen Reich waren über ein Jahrtausend hin die Bischöfe in ihren Diözesen auch die politischen Herrscher. Sie erhoben Abgaben und Steuern, unterschrieben als oberste Gerichtsherren Todesurteile, unterhielten Streitkräfte, beteiligten sich an mancherlei kriegerischen Auseinandersetzungen und kämpften mit Waffengewalt gegen aufbegehrende Untertanen, wie z.B. in Mainz, Köln und Münster. Gewiss gab es in diesem politischen System immer wieder auch einzelne herausragende geistliche Gestalten auf Bischofsstühlen, die sich um die Armen sorgten und sich mühten, ihrem Land Frieden und Wohlstand zu geben. Das Sprichwort: „Unter dem Krummstab ist gut leben" kommt nicht von ungefähr. Aber manch andere ihrer Kollegen, die sich mächtige repräsentative Schlösser bauten, waren eher machtbewusste Herrscher als geistliche Regenten ihrer Gläubigen. Albrecht von Brandenburg, mit 23 Jahren Erzbischof von Magdeburg und Administrator von Halberstadt, mit 24 Jahren auch Erzbischof von Mainz und Kurfürst, mit 28 Jahren Kardinal, Freund und Förderer der Künste und des Humanismus, ist ein solches, unrühmliches Beispiel eines Renaissancefürsten. Im Spätmittelalter ließen sich manche „Bischöfe" gar nicht mehr weihen und übten ihr Amt nur als weltliche Fürsten aus. Im 16. Jahrhundert hatten z.B. in Köln von den neun kurfürstlichen Erzbischöfen dieser Zeit nur zwei die „Bischofsweihe" empfangen; immerhin hatten sich vier weitere zum Priester weihen lassen.[13]

Fast möchte man sich wundern, dass es auch unter solcher bischöflicher Regentschaft immer wieder blühendes geistliches Leben gab, theologische und seelsorgliche Neuaufbrüche, Spitäler und hingebungsvolle Pflege der Kranken, neue Ordensgründungen und gute Prediger. Träger der Seelsorge waren in diesen Zeiten Dompfarrer und Weihbischöfe, Pröpste und eifrige Pfarrer, die Franziskaner und Dominikaner und unzählige Klosterfrauen innerhalb und außerhalb der Städte.

Es war ein Segen für die Kirche, dass diese unselige Verquickung geistlicher und weltlicher Macht, das System der bischöflichen Reichsfürsten Anfang des 19. Jahrhunderts endgültig zusammenbrach, jedenfalls in der römisch-katholischen Kirche. Die evangelischen Kirchen mussten sich ein weiteres langes Jahrhundert mit dem (etwas anders gelagerten!) „landesherrlichen Kirchenregiment" abmühen bis zum Ende des 1. Weltkriegs.

Den hastigen Gang durch die Geschichte breche ich hier ab. Die wenigen, ausgewählten Beispiele haben wohl hinreichend deutlich gemacht, welch erstaunlichen Wandel es im Amtsverständnis und in der Amtsausübung, etwa beim Bischofamt, gegeben hat. Aber auch die Geschichte der „Rolle" und Funktion des Priesters ist ein Beispiel für starken Wandel.[14]

13 Vgl. K. Repgen, Der Bischof zwischen Reformation, katholischer Reform und Konfessionsbildung (1515-1650), in: P. Berglar / O. Engels (Hg.), Der Bischof in seiner Zeit. FS Kardinal J. Höffner, Köln 1986, 245-314.

14 Vgl. O.H. Pesch, Hermeneutik des Ämterwandels? Kleine Ausarbeitung einer Frage, in: Das kirchliche Amt II (s. Anm. 7), 322.

EINE WICHTIGE KONSEQUENZ

Der ökumenische Blick auf die farbige und facettenreiche Geschichte des kirchlichen Amtes ermöglicht ein gemeinsames, historisch und theologisch fundiertes Verständnis der „apostolischen Nachfolge".

Fest steht – bereits gemeinsam erarbeitet und auch gedruckt festgehalten[15] –, dass die Heilige Schrift der unverzichtbare und unersetzbare Maßstab für alles „Bleiben in der Lehre der Apostel" (Apg 2,24) ist und bleiben muss. Sie stellt also die erste und grundlegende Komponente aller (auch der „amtlichen") „Nachfolge" dar. Aber sie gewinnt diese Funktion nicht als bloßes Buch, sondern nur in der Weise lebendiger Überlieferung innerhalb der Glaubensgemeinschaft. Aus dem geschriebenen Wort muss immer wieder neu das gesprochene, dem hörenden Menschen zugesagte Wort Gottes werden. Damit kommt die Weise der lebendigen Weitergabe durch eigens dazu berufene und beauftragte Personen in den Blick, die das Werk der Apostel fortzuführen haben. Hier scheint mir die Vorgabe des Paulus absolut eindeutig zu sein; „Wie sollen sie hören, wenn niemand verkündigt? Wie soll aber jemand verkündigen, wenn er nicht gesandt ist?" (Röm 10,14f). Seit den Anfängen geschieht diese Sendung im Zeichen der Handauflegung (vgl. Apg 2,13f). „Die inhaltliche Bewahrung des apostolischen Zeugnisses (durch die Sammlung der kanonischen Schriften) als materiales Element und die Verpflichtung der Gemeindeleiter zur treuen Auslegung dieser Schriften (durch die Handauflegung) als formales Element der authentischen Überlieferung des Gotteswortes sind aufeinander verwiesen und werden aufeinander bezogen (Vgl. 1 Tim 4,14; 2 Tim 1,6; 1 Tim 1,18; 2 Tim 2,1f; Tit 2,1; 2,8)."[16] Diese „apostolische" Vorgabe der Zusammengehörigkeit von Heiliger Schrift und amtlicher Bewahrung und Auslegung zeigt, dass neben den heiligen Büchern (und auf diese bezogen und ihnen dienend!) das „ordinierte Amt" ein wesentlicher Pfeiler im Glaubensgebäude der Kirche und deshalb unverzichtbar ist. Diese Feststellung schließt die Überzeugung ein, welche durch neutestamentliche Exegese und kirchengeschichtliche Forschung gestützt wird, dass das kirchliche Amt weder historisch noch theologisch eine Ableitung aus dem gemeinsamen Priestertum aller Getauften ist.

---

[15] Vgl. Th. Schneider / W. Pannenberg (Hg.), Verbindliches Zeugnis III, Schriftverständnis und Schriftgebrauch, Freiburg / Göttingen 1998, 360-370 (= „Die Heilige Schrift als alleiniger Maßstab der Verkündigung und die Tradition als Ort der Vergewisserung").

[16] A.a.O., 376.

GEFÄHRLICHE EINSEITIGKEITEN

Gegen diese grundlegende Zusammengehörigkeit von „Inhalt und Form" der successio apostolica wurde und wird auf beiden Seiten z.T. erheblich verstoßen durch massiv einseitige Betonung nur eines der beiden unverzichtbaren Elemente.

Ob nicht ein immer noch verbreitetes Fehlverständnis des Prinzips „sola scriptura" (ein Fehlverständnis, dessen Korrektur bereits gemeinsam artikuliert, aber noch immer nicht hinreichend rezipiert wurde[17]), ursächlich daran beteiligt ist, dass der theologische Stellenwert der Ordination für das kirchliche Amt der öffentlichen Verkündigung und Sakramentsverwaltung und die Bedeutung des Amtes überhaupt im landläufigen evangelischen Verständnis und auch in mancher „wissenschaftlich" gemeinten Aussage zu gering angesetzt wird?

Und ob die neuere innerevangelische Debatte über eine (örtlich und zeitlich begrenzte) Beauftragung von „Lektoren und Prädikanten" zur Predigt und Sakramentsverwaltung ohne die klassische Ordination nicht dazu führen wird, dass das Gewicht der (auch in den evangelischen Kirchen lutherischer Prägung) jahrhundertealten „vocatio und ordinatio" noch weiter reduziert wird, bleibt abzuwarten.[18]

Auf katholischer Seite trat und tritt bei der Rede von der Apostolischen Sukzession immer noch die einseitige Betonung (bloß) der bischöflichen Handauflegung mehr oder weniger bewusst und gewollt (?) vor die wichtigere und grundlegendere Komponente des Evangeliums (und manchmal sogar an ihre Stelle).

Hier ist wohl ein deutliches Wort über das „Phantombild" der „ununterbrochenen Handauflegungskette" notwendig und hoffentlich hilfreich: Immer mehr Stimmen aus der historischen und systematischen katholischen Theologie sagen und schreiben seit län-

---

[17] Vgl. a.a.O. 369f: „Die evangelische Theologie erläutert das Prinzip ‚sola scriptura' und den – nicht unmissverständlichen – Begriff ‚Selbstauslegung der Schrift' als auf den Inhalt des auszurichtenden und zu überliefernden Evangeliums, auf die richtende und rettende Botschaft selber zielend – und weist ein rein formales Verständnis des ‚Schriftprinzips', das die notwendige kirchliche Überlieferung und Auslegung der Schrift sowie die Normierung solcher Auslegung der Schrift durch die Bekenntnisse der Kirche (als einer maßgeblichen Gestalt kirchlicher Tradition) ausschlösse, als Missverständnis zurück."

[18] „Ordnungsgemäß berufen". Eine Empfehlung der Bischofskonferenz der VELKD zur Berufung zu Wortverkündigung und Sakramentsverwaltung nach evangelischem Verständnis, Hannover 2006 (Texte aus der VELKD 136). – G. Wenz, Rite vocatus/a. Zum Entwurf einer Empfehlung der Bischofskonferenz der VELKD, in: Das kirchliche Amt III (s. Anm. 7), 70-85. – Vgl. auch Th. Schneider, Zum bisherigen Verlauf unserer Arbeit am Projekt „Das kirchliche Amt", in: Das kirchliche Amt II (s. Anm. 7), 413-416.

gerer Zeit, dass die bischöflichen Handauflegungen, die sich durch die Kirchengeschichte ziehen, zwar ein starkes ZEICHEN für die angestrebte Kontinuität im Glauben sind, aber dass sie keineswegs eine GARANTIE abgeben für die unversehrte Bewahrung desselben. Diese nüchterne, im Blick in die Geschichte sich aufdrängende Feststellung ist nicht nur im allgemeinen Bewusstsein der Gläubigen zu wenig präsent. Auch von Amtsträgern, die es eigentlich besser wissen müssten, wird die irrige Behauptung von der GARANTIE vollmundig weiter gegeben.[19]

Zunächst krankt die Bildrede von der ununterbrochenen Kette von Handauflegungen an der Unmöglichkeit, diese „Kette" historisch belegbar an der Apostelgeneration festzumachen. Aber das Bild von der Kette wird vor allem durch die Tatsache in Frage gestellt, dass in der Vergangenheit – wenn überhaupt – nur äußerst selten der Vorgänger seinem Nachfolger mit Handauflegung das Erbe weiterreichte. In aller Regel wurde ja ein Bischofssitz erst nach dem Tod des Inhabers wieder besetzt. Das hebt die Bedeutung der bei der Weihe und Amtseinführung beteiligten Nachbarbischöfe hervor, insofern hier synchron die Aufnahme in das „Netz" des Kollegiums der Bischöfe sichtbar wird. Aber dadurch wird zugleich eine behauptete diachrone „Genealogie" eines Bischofssitzes und seiner Ortskirche in mehrfacher Hinsicht durchkreuzt. Die lange Zeit vorherrschende, verengte katholische Rede von „Apostolischer Sukzession" (nur) im Sinne der aneinander gereihten Handauflegungen (spöttisch gelegentlich „Pipeline-Theorie" genannt) sollte sich von dieser völlig unzureichenden Vorstellung lösen können, um endlich die volle biblische Sicht wieder zu gewinnen.

Vor allem das Wort von der „Garantie für das treue Festhalten an Worten und Werken der Apostel" bleibt einem im Halse stecken, wenn man all das liest, was Bischöfe im Laufe der Geschichte gesagt und geschrieben haben, wenn man sieht, wie am Ursprung großer Häresien und Kirchenspaltungen in aller Regel mit Handauflegung

---

[19]   Die Sondernummer der Limburger Kirchenzeitung zur Amtseinführung des neuen Limburger Bischofs Tebartz van Elst zitiert auf der Seite 3 aus einer Ansprache Papst Benedikts XVI. bei der Generalaudienz am 10. Mai 2006: „Die apostolische Sukzession, die ununterbrochene Kette der Inhaber des Bischofsamtes, verbindet die Kirche unserer Zeit auf historische und geistliche Weise mit dem Apostelkollegium des Ursprungs. Sie gibt die Garantie für das treue Festhalten an Worten und Werken der Apostel und damit an Jesus Christus selbst. Der Heilige Geist bewirkt, dass in den jeweils von ihren Vorgängern geweihten Bischöfen Christus selbst als Haupt und Hirte seines Volkes gegenwärtig ist". Der den neuen Bischof einführende Metropolit, der Kölner Kardinal Joachim Meisner, besonders papsttreu und theologisch weniger ausgewiesen, hat diese Aussage im Brustton der Überzeugung nachgesprochen.

geweihte Amtsträger standen und wenn man hört und liest, welches schreckliche Unheil manche von ihnen angerichtet haben.[20]

Das Zeichen der Handauflegung hat seit den Schriften des Alten und des Neuen Testaments seine Würde und sein Gewicht und muss seine herausragende Bedeutung behalten. Aber ebenso wichtig ist unser aller Gebet, der Heilige Geist möge angesichts der Schwäche und des Versagens seiner geweihten Amtsträger seiner Kirche beistehen.

EIN VORLÄUFIGES RESÜMEE?

Otto Hermann Pesch, der sich wie kein zweiter Zeitgenosse sowohl bei Thomas von Aquin wie bei Martin Luther hervorragend auskennt, der sich seit über einem Vierteljahrhundert am ökumenischen Dialog intensiv beteiligt, hat sich im Zusammenhang mit der Ämterstudie des ÖAK mehrfach zum Phänomen des Ämterwandels und seiner Bedeutung geäußert.[21]

Sein Fazit: Die historischen und die theologischen Klärungen in diesem Problemfeld „Das kirchliche Amt in apostolischer Nachfolge" sind inzwischen so detailliert und einleuchtend erarbeitet, dass bei wirklich gutem Willen auf beiden Seiten (!) eine gegenseitige Anerkennung der Ämter grundsätzlich möglich wäre.

Ich sehe keine durchschlagenden Argumente gegen diese Einschätzung.

---

[20] Ein kleines, keineswegs singuläres Beispiel: Eine zeitgenössische Quelle aus der Zeit der Bauernkriege berichtet, dass bei der Niederschlagung des pfälzischen Bauernaufstandes in der Schlacht bei Pfeddersheim (in der Nähe von Worms) 1525 der Kurfürst und Erzbischof von Trier sich bei der blutigen Niedermetzelung der Bauern mit Wort und Schwert besonders hervorgetan hat. (Vgl. W. Zimmermann, Geschichte des großen Bauernkrieges, Nachdruck der Ausgabe von 1856, 492).

[21] O.H. Pesch, Hermeneutik des Ämterwandels? Kleine Ausarbeitung einer Frage. in: Das kirchliche Amt II (s. Anm. 7), 304-327. – Ders., Thesen zu einem ökumenischen Verständnis vom kirchlichen Amt. Im Anschluss an die Frage nach einer „Hermeneutik des Ämterwandels", a.a.O., 328-333. – Ders., Auf dem Weg zu einer „Gemeinsamen Erklärung zum kirchlichen Amt in apostolischer Nachfolge". Ein Plädoyer, in: Das kirchliche Amt III (s. Anm. 7), 155-166. – Vgl. zum Ganzen jetzt auch: Th. Ochs, Funktionär oder privilegierter Heiliger? Biblisch-theologische Untersuchungen zum Verhältnis von Person und Funktion des sakramental ordinierten Amtsträgers, Würzburg 2008.

CONFITERI CIRCA SEIPSUM
Über Wahrheit und Wahrhaftigkeit
bei Thomas von Aquin

Klaus Hedwig

Das Thema, um das es geht, ist alt und greift doch auf vielfältige und überraschend aktuelle Weise in die gegenwärtigen Diskussionen ein. Die Ansprüche, die wir im Alltag und in den Wissenschaften an die objektive Wahrheit einer Aussage und die subjektive Wahrhaftigkeit des Sprechenden stellen, hängen eng zusammen, gehen aber nicht notwendig ineinander über. Im „Sagen des Wahren" (*dicere verum*) liegt eine Duplizität, die Thomas genau gesehen und unter logischen und ethischen Gesichtspunkten expliziert hat. Beide Aspekte können, sollten, aber müssen nicht konvergieren und sind auch nicht ohne weiteres ineinander übersetzbar. *Veritas dupliciter potest accipi*[1]. Auf den ersten Blick mag die Komplizierung des scheinbar Einfachen ärgerlich sein. Aber die Differenz zwischen der theoretischen Geltung einer „wahren Aussage" (*veritas*) und den praktischen Interessen dessen, der weiß und will, dass er Wahres sagt und daher „wahrhaft" (*verax*[2]) ist, ist beides zugleich – Ausdruck der reich differenzierten Natur

---

[1] Die Textbasis für *veracitas* – anders als für *veritas* – ist überschaubar: S.th. II-II, 109, 1-4; In IV Sent. d.16, q. 4, a. 1 und der Ethikkommentar (In IV Eth. lect. 14-15), der die „gesellschaftlichen Tugenden" auslegt: Aristoteles, EN IV, 7, 1127 a 27 ff. Der *Index Thomisticus* gibt unter *veracitas/verax* weitere Einzelbelege. Thomas analysiert die *veracitas* im terminologischen Rahmen der *veritas*, trennt aber beide Konzepte genau. Caietan (S.th. I-I, 109, 1-4. Ed. Leon. IX, 416-420) unterstreicht die moralische Seite der *veracitas*, während neuere Kommentierungen die Wahrheitsimplikate stärker betonen («...on peut ainsi parler la vérité-vérité, d´une part, et de l´autre, la vérité-véracité») (R. Bernard, Les vertus sociales, S.th. II-II, 101-122, Paris 1931, 415). In den Nachkriegsjahren und unter dem Eindruck der Pervertierungen der Nazizeit hat O. Bollnow in „Wesen und Wandel der Tugenden" (Bern 1957) die „Wahrhaftigkeit" als persönlich erkämpfte „Durchsichtigkeit eines Menschen für sich selbst" (148) verstanden. Der Artikel „Wahrhaftigkeit", HWPh, XII, 42-48 (J. Szaif) skizziert die Auffassung des Aquinaten.

[2] S.th. II-II, q. 109, q 1, a. 1: Veritas dupliciter accipi potest: Uno modo secundum quod veritate aliquid dicitur 'verum' ... Alio modo potest dici veritas qua aliquis verum dicit: secundum quod per eam aliquis dicitur 'verax'.

des Menschen und ebenso der Fragilität, die in ihr liegt. Thomas hat diese Verhältnisse nüchtern gesehen und analysiert.

I.

Quid est veritas? In der langen Tradition der skeptischen Philosophie und ihrer Nebenlinien ist die Frage des Pilatus konstant wiederholt und auf eine Antwort nicht weniger häufig verzichtet worden – da die Frage einseitig gestellt[3] oder unbeantwortbar sei. Dagegen bleibt Thomas beim Bibeltext[4] selbst stehen, den er in textnaher Exegese[5] auslegt und dann unter theologischen Gesichtpunkten[6] weiter ausarbeitet. Diesen biblischen und theologischen Vorgaben ist die im engeren Sinn philosophische *definitio veritatis* nachgeordnet. Aber darin liegt keineswegs, dass man philosophische Wahrheiten aus der Theologie direkt ableiten und rechtfertigen könnte. Das Verhältnis beider Seiten zueinander ist weitaus komplizierter.

Die besondere Zuordnung von Philosophie und Theologie, deren wissenschaftstheoretische Klärung bereits in den frühen Schriften des Aquinaten einsetzt und sich werkgeschichtlich[7] durchhält, ist

---

[3] J. L. Austin führt die Unterscheidung zwischen wahrheitsrelevanten Aussagen und performativen Sprechakten mit dem Pilatus-Zitat ein: „'What is truth?' said jesting Pilate, and would not stay for an answer. Pilate was in advance of his time"; vgl. auch Anm. 6.

[4] Die Frage wird nur in Joh. 18, 38 überliefert, nicht von den Synoptikern; vgl. zur biblisch exegetischen Bedeutung: H. Schlier, Jesus und Pilatus, in: Die Zeit der Kirche, Freiburg 1972, 65: „Diese Frage nach der Wahrheit ist angesichts der Wahrheit ein Ausweichen vor der Wahrheit".

[5] Die *Catena Aurea* (In Ioan., c. XVIII, lect. 10-11) greift in der Textanalyse auch auf Augustinus zurück (In Ioh. Ev., tract. CXV, 4 f.; 258 f. - Ed. Berrouard). Die theologische Funktion des Pilatus im Werk des Aquinaten wäre genauer zu untersuchen; vgl. aber W. Senner, in: M. Enders - J. Szaif (Hgg.), Die Geschichte des philosophischen Begriffs der Wahrheit, Berlin 2006, 141 f. (zu Pilatus).

[6] Die Frage des Pilatus wird ausführlich in Super Ioan., XVIII, lect. 11, n. 2364 f. kommentiert: Pilatus propulsa suspicione regni terreni, ac intelligens Christum regem esse in doctrina veritatis, cupit veritatem sicre, ac effici de regno eius; unde dicit ‚Quid est veritas?' non quaerens quae sit definitio veritatis, sed quid esset veritas cuius virtute de regni eius efficeretur: dans per hoc intelligere, quod veritas mundo incognita erat, et fere ab omnibus evanuerat, dum increduli essent (Is. 59, 14; Ps. 11, 2)... Sed Pilatus responsionem non expectavit. Die weitere Kommentierung enthält bereits alle Aspekte der philosophisch-theologischen Konzeption der *veritas*.

[7] Vgl. die zentralen Texte: In I Sent. prol. q.1, a. 1-5; Super Boet. De Trin. (Ed. Decker); Scg, II, 1-4; S.th. I, qq. 1-10. Das Verhältnis von Philosophie und Theologie ändert sich nicht strukturell, wird aber unter verschiedenen Gesichtspunkten thematisiert. Eine Übersicht über die „Entwicklungen und Paradigmen" der Philosophie im MA geben die Arbeiten des *Collegium Philosophicum* (Bonn): J. P. Beckmann (Hg. u.a.), Philosophie im Mittelalter, Hamburg 1987 (W. Kluxen zum 65. Geburtstag).

für die Rechtfertigung und systematische Bewertung nahezu aller Lehrstücke entscheidend – auch für das Verständnis von *veritas/ veracitas*. Für Thomas ist es dabei kennzeichnend, dass er in methodischen und sachlichen Fragen extreme Positionen vermeidet.

Die *Sacra doctrina*[8] – oder die Theologie, insofern sie die Glaubensinhalte rational aufarbeitet – nimmt in der Offenbarung an dem Wissen teil, das Gott von sich selbst hat und betrachtet (*sub ratione Dei*) die geschaffenen Dinge insoweit, als sie als „offenbarungsfähig" (*revelabilia*) sind. Dagegen geht die Philosophie von der Natur und den Vernunfteinsichten aus, die allen Menschen zugänglich sind und der Offenbarung faktisch vorausliegen. Beide Disziplinen beziehen sich in ihren axiomatischen Rechtfertigungen auf andere Prinzipien (*alia et alia*), ebenso wie sie ihre Gegenstandsgebiete unter anderen Gesichtspunkten (*circa alia*) untersuchen. Es besteht wenig Zweifel darüber, dass die Kriterien, die für den *ordo scientiarum* gelten, bei Thomas keine *philosophia christiana*[9] zulassen.

Aber diese Reserve schließt nicht aus, dass Theologie und Philosophie zusammenwirken und in ihren Explikationen – wenngleich unter verschiedenen Gesichtspunkten – gemeinsam bis den zu einfachen, unscheinbar alltäglichen Dingen selbst hinabsteigen – *ignis, asinus, musca vel aranea*. In der älteren Schultradition hat man gesagt, dass das Materialobjekt der Wissenschaften dasselbe sei, aber die Formalobjekte sich unterscheiden. Dasselbe Ding – etwa das „Feuer" (*ignis*) – wird in der Theologie als eine relational geschaffene Realität nur insoweit betrachtet, als es symbolisch die Erhabenheit des Schöpfers repräsentiert (*inquantum divinam altitudinem repraesentat*), während dagegen die Philosophie ein Ding als das untersucht, was es „von Natur aus" ist (*utpote ignem inquantum ignis est*). Es ist daher konsequent, dass die Zielsetzungen der philosophischen und theologischen Analysen gegenläufig sind: die Theologie beginnt mit Gott und endet mit der Schöpfung, die unter einer Heilsperspektive betrachtet wird, während dagegen für die empirischen Wissenschaften und Philosophie die Gotteserkenntnis am Ende steht und das Seiende das ist, was als „Erstes" (*primum*) in die Sinneswahrnehmung einfällt und erkannt wird. Aber letztlich ist die Differenz dieser gegenläufigen Wege nur der Ausdruck einer prinzipiellen Begrenztheit, die für die Philosophie und Theologie gleichermaßen gilt. Alle Wissensformen, gleichgültig, ob es sich um natürliche Erkenntnisse der Vernunft oder

---

8   Thomas unterscheidet zwischen *Sacra Scriptura, Sacra doctrina* und *theologia* – Differenzierungen, die von den klassischen Kommentatoren beachtet wurden und heute nicht übergangen werden. Die folgende Skizze stützt sich auf S.th. I, q. 1, a. 1-10 und Scg, II, 4.

9   Die These – geschichtlich von H. Schmidinger aufgearbeitet – wurde seit Beginn des letzten Jahrhunderts von E. Gilson und J. Maritain vertreten und auf zahlreichen Kongressen, Tagungen, Symposien (1930-40) diskutiert; vgl. A. Renard, La querelle sur la possibilité de la Philosophie chrétienne, Paris 1941.

Glaubenseinsichten handelt, weisen in ihrer Axiomatik auf eine erste, nicht weiter hinterfragbare, weil einfache „Einheit" alles Wissens
zurück (*quae est una et simplex omnium*) – das Mysterium, vor dem
Theologie und Philosophie schweigen.

Auch das Thema der Wahrheit (*veritas*) wird unter dieser doppelten, philosophischen und theologischen Perspektive exponiert
und weiter ausgelegt. In einer berühmten Konzeption, die in ihrer
systematischen Kohärenz bis heute unerreicht ist, aber unter den
Bedingungen der Moderne vielleicht nicht mehr eingeholt werden
kann, sagt Thomas, dass jedes Naturding (*res*) zwischen zwei Intellekte
gestellt sei: den Verstand Gottes und den Verstand des Menschen.
„Res ergo naturalis, inter duos intellectus constituta, secundum adae-
quationem ad utrumque vera dicitur"[10]. Alle Dinge, die wir erfahren, auch die Sträucher und Gräser des Feldes, die achtlos zertreten
in der Sonne vertrocknen[11], stehen vor den Augen Gottes und des
Menschen zugleich und werden von beiden, wenn auch verschieden,
gesehen und gedacht.

Die von Thomas entworfene Topologie der Wahrheiten ist auch deswegen beeindruckend, weil sie die einzelnen Konzeptionen zwar gegenseitig spiegelt, aber nicht vermischt. Der göttliche Intellekt, der
den Dingen das "Sein"[12] (*esse*) verleiht, begründet die *ontologische
Wahrheit*, die für Thomas noch theologisch abgesichert ist – eine
onto-theologische Fundierung, die in der Neuzeit bekanntlich verloren geht. Wenn man diese Argumentationslinie bis zu dem Akt
weiterführt, in dem Gott sich selbst erkennt, wird appropriativ die
Wahrheit des Wortes thematisch, die sich im trinitarischen Prozess ausspricht und in der Inkarnation soteriologisch offenbar ist. Dagegen ergibt aus der Angleichung des menschlichen Verstandes an die Dinge
die theoretische *Satzwahrheit*, die – über axiomatische *Evidenzen* gesi-
chert – in der logischen Kopula das „Sein" (*esse*) der Dinge intendiert
und indirekt auch das, was in der Vergangenheit „gewesen" ist oder
in Zukunft als „seiend" gedacht wird. Da der Intellekt an den produk-
tiven Prozessen mitbeteiligt ist, kommt den technischen und poie-
tischen Produkten eine *Wahrheit der Artefakte* zu, insofern sie der Idee
im Geist des Menschen entsprechen. Der Intellekt wird also nicht nur
von den Naturdingen gemessen, sondern ist für die Artefakte selbst
messend. Ähnliches gilt für die *praktische Wahrheit*, die in das Handeln
eingreift und die Mittel an das Handlungsziel angleicht. Auf dieser

---

[10]　De ver. q. 1, a. 2.
[11]　Ps. 103.
[12]　De ver. q.1, a. 4:... nec subsistere possint nisi per intellectum divinum eas in esse pro-
ducentem. – Aus der breiten, fast uferlosen Fachliteratur sei hier nur erwähnt: A.
C. M. Vennix, Wat is Waarheid? De virtus quaestionis in het licht von Thomas van
Aquino, Budel 1998, 80 ff. („Waarheid versus leugen: waarachtigheid").

praktischen Linie, aber mit einer theoretischen Implikation, tritt auch *Wahrhaftigkeit* (*veracitas*) auf. Der Mensch, der „wahrhaft" (*verax*) ist, will, dass seine „Worte und Taten" (*verba et facta*) mit ihm selbst übereinstimmen.

Es gibt offensichtlich viele theoretische, praktische und poietische Weisen, denen entsprechend Verstand und Dinge sich „angleichen" und damit verschiedene Wahrheitsformen ermöglichen. Aus den ontologischen Vorgaben der theoretischen und praktischen Aussagen lassen sich die Rechtfertigungen herleiten, die es erlauben, Wahrheiten als ewig, perennierend oder zeitlich[13] zu bestimmen. Thomas hat ersichtlich kein Problem damit, von „vielen Wahrheiten"[14] (*plures veritates*) zu sprechen.

Aber diese Vielfalt, die auf den ersten Blick modern, fast postmodern scheinen mag, könnte ebenso gut auch ein Geschenk der Pandora sein – dann, wenn man die verschiedenen Artikulationen der Wahrheit als gleichwertig und unabschließbar ansetzt. Die Lösung des traditionellen Wahrheitsproblems läge dann darin, dass es verschwindet. Die von Thomas vertretene Strategie tendiert überraschend dahin, die Fragestellung umzukehren: Es wäre nämlich zu klären, ob und inwieweit die „vielen Wahrheiten" noch zu retten seien, wenn man – wie es in der Theologie geschieht – die „eine Wahrheit"[15] (*una veritas*) des Schöpfers als absolut ansetzt. Die Antwort, die Thomas gibt, ist interessant, weil sie die Ansprüche beider Seiten berücksichtigt. Nur unter der Annahme einer ersten, wie auch immer begründeten paradigmatischen „Einheit" der Wahrheit, die in den Schöpfer verlegt wird, ist es möglich und überhaupt sinnvoll, von Wahrheitspluralitäten oder auch von einer *duplex veritas*[16] zu sprechen. Allerdings wird dieser Vorrang logisch und ontologisch weiter ausdifferenziert. Die Annahme einer ersten, einzigen Wahrheit

---

[13] Vgl. De ver. q.1, a. 5; S.th. I, q.16, aa. 6-7 (u. ö.). Das Thema wird äußerst zurückhaltend diskutiert, weil sich die Zeitimplikationen nicht ganz ausschalten lassen.

[14] De ver. q.1, a. 4: ... et etiam unius veri plures veritates in animabus diversis; vgl. auch S.th. I, q.16, a. 6; a. 8, Quodl. X, q.4, a.1 (u. ö.)

[15] S.th. I, q.16, a. 6 c.: dicendum quod quodammodo una est veritas, qua omnia sunt vera, et quodammodo non. Der Nachsatz – *et quodammodo non* – ist als Zusatz ausgewiesen; vgl. auch In I Sent. d. 19 q.5 a.2; De ver. q.1 a. 4; q.21 a. 4 ad 5; q.27 a.1; Scg. III, 47; Quodl. q.4 a.1.

[16] Der *Index Thomisticus* gibt mehrere Belege: Super Ioan. Cap. 18, lect. 6; Scg. I, 9. – Im Hintergrund steht eine epistemologische Differenz, aber kein Dualismus, der sich systematisch auswirken würde (...dico autem duplicem veritatem divinorum, non ex parte Dei, qui est una et simplex veritas; sed ex parte cognitionis nostrae, quae ad divina cognoscenda diversimode se habet, Scg. I, 9). – Vgl. zur Kontroverse im MA und modernen Umdeutung: L. Hödl, „...sie reden, als ob es zwei gegensätzliche Wahrheiten gäbe". Legende und Wirklichkeit der mittelalterlichen Theorie von der doppelten Wahrheit, in: Beckmann (Hg.), Philosophie im Mittelalter, 226 f.

schließt nämlich ein, dass man über partizipative Vermittlungen und gleichsam als spiegelnde Abbilder des einen Ursprungs[17] endlich vielfältige Wahrheiten herleiten und legitimieren kann (*sicut ... plures similitudines in speculo*). Im Rahmen der Partizipation lassen sich diese mannigfachen Wahrheiten „analog" aussagen (*dicitur ... analogice de multis*[18]) und doch zugleich auf-Eines-hin (*ad unum*) beziehen. Die Voraussetzung einer einzigen, alles durchwaltenden Wahrheit des Schöpfers erlaubt daher durchaus, plurale Auslegungen der *veritas* anzunehmen. Aber diese Pluralität fällt nicht disparat auseinander. Alle verschiedenen Konfigurationen der Wahrheit, wie unterschiedlich sie auch begründet sind und auftreten, weisen dennoch dieselbe Grundstruktur auf – die *adaequatio*[19].

Die These der *adaequatio intellectus ad rem* ist vermutlich deswegen so erfolgreich gewesen, weil sie unüberbietbar einfach scheint. Allerdings verliert sich diese Attraktivität schnell, wenn man gewisse „Angleichungen" zu demonstrieren versucht. Wie ließe sich etwa der Gedanke eines Dreiecks, der selbst nicht dreieckig ist, an dieses auf der Tafel gezeichnete oder in einen Giebel eingemauerte Dreieck „angleichen"? Der Abstand zwischen Intellekt und Ding oder Noetik und Ontik ist offensichtlich nicht quantitativ zu überbrücken. Beide Seiten, die Realität und das Denken, gehören entitativ verschiedenen Regionen an (*non sunt unius ordinis*[20]) und lassen offen, inwieweit und ob überhaupt zwischen ihnen eine „Angleichung" möglich ist oder nicht. Einen am Baum hängenden Apfel kann man in die Hand nehmen und pflücken, einen gedachten Apfel nicht. Hier – in dieser Differenz, die zudem noch asymmetrisch verläuft – dürfte der Grund dafür liegen, dass Thomas die *adaequatio*-Terminologie begrifflich öffnen und andere, weiter ausgreifende Modelle oder Metaphern heranziehen und einsetzen muss – *aequalitas, ad aliquid, assimilatio, conformitas, comparatio, convenientia, commensuratio, concordia, relatio, similitudo*,

---

[17] De ver. q.1, a. 4.

[18] S. th. I, q.16, a. 6.

[19] De ver. q.1, a. 1, c: quidem concordia adaequatio intellectus et rei dicitur, et in hoc formaliter ratio veri perficitur. Umgekehrt gilt: falsitas consistit in eorum inaequalitate (De ver. q.1, a. 10). – In der Analyse von De ver. q.1, a. 1 hat der frühe Heidegger (1925-26) kritisiert, dass in den traditionellen Wahrheitskonzeption die „entdeckende" Aktivität des Intellektes „verdeckt" werde: „Seinsart des *intellectus humanus, homo, res cogitans*, gerade das ontologische Grundproblem" (vgl. M. Heidegger, Geschichte der Philosophie von Thomas von Aquin bis Kant, in: GA, Abt. 2. Bd. 23, Frankfurt 2006, 58 f.). Hier bereits kündigt sich das neue Verständnis der ἀλήθεια an, das später als „Lichtung" (*clairière*) präzisiert wird; vgl. die kritischen Hinweise bei R. B. Schmitz, Sein-Wahrheit-Wort, Münster 1984, 163; 594 ff.

[20] S.th. I, q.13, a. 7; vgl. Aristoteles, Met. V, 15, 1021 a 27 ff. – Thomas fasst die Asymmetrie der noetischen Relation thematisch weiter.

responsio, correspondentia oder *proportio*[21]. Die „Angleichung" (*adaequatio*) ist daher nicht als eine materiell quantitative Deckungsgleichheit zu verstehen, sondern bezieht sich auf die Differenz von Intellekt und Ding, die von dem einen Extrem her – dem Intellekt – „immateriell" vermittelt und geschlossen wird. Aber die Strukturprobleme der Wahrheit sind damit keineswegs gelöst.

II.

Als Theologe kann Thomas ohne weiteres annehmen, dass das Paradigma der Wahrheit in jenem Erkennen liegt, in dem Gott sich selbst erkennt und adäquat erfasst. In diesem Akt sind Angleichung und Reflexion ursprünglich „eins". Der theologischen Sicht widerspricht nicht, wenn man partizipative Verhältnisse unterstellt, was Thomas tut, dass für den Philosophen (oder *quoad nos*) das Wahre nicht zuerst in Gott liegt, auch nicht ohne weiteres in den Dingen, sondern im Verstand, dessen „Aussage" (*enuntiatio*) wahr oder falsch ist. „Per posterius invenitur verum in rebus, per prius autem in intellectu".[22] Die Wahrheit wird durch den „Intellekt" im Urteil konstituiert und im „Satz" ausgesprochen.

Allerdings ist der Vorrang der logischen Satzwahrheit kontextual vermittelt und daher in breiter angelegte Problemstellungen zu integrieren. In Anlehnung an Aristoteles nimmt Thomas in der Genese der Wahrheit einen „gewissen Kreislauf"[23] an, in dem Verstand, Wille und Ding sich wechselseitig bestimmen – ohne dass sich diese Kreisbewegung ganz schließen ließe[24]. Das Ding (*res*, nicht *obiectum*), das extramental in Raum und Zeit besteht, liefert im Erkenntnisprozess gewisse Informationen, die der Verstand aufnimmt und dem Willen vorstellt, der dann in den appetitiven Akten zu demselben Ding selbst zurückkehrt, von dem her die Bewegung ihren Ausgang genommen hatte. Die Wahrnehmungsinhalte werden begrifflich aufgearbeitet und im Verstand als „wahr" oder „falsch" beurteilt (*verum et falsum sunt in mente*), während der Wille sich auf die

---

21 Vgl. De ver. q.1, aa. 1-12 (Terminologien).
22 De ver. q.2, a. 1; vgl. S. th. I, q.16, a. 1.
23 Vgl. De ver. q.1, a. 2 im Rückverweis auf Aristoteles, De an. III, 15, 433 a 14.
24 Es dürften mehrere Schwierigkeiten sein, die eine bruchlose Vermittlung verhindern: die verschiedenen entitativen Ebenen zwischen Ding und Intellekt/Wille, die substantielle Unerkennbarkeit des Dinges und schließlich – anthropologisch die entscheidende Differenz – der Bruch, der im Subjekt selbst liegt, insofern die partikulären Erkenntnisse den Willen nicht zwingend bewegen. Der Mensch muss das Gute, das er kennt, nicht unbedingt tun.

Dinge selbst richtet, die er als „gut" oder „schlecht" erstrebt oder in den Handlungen realisiert (*bonum et malum sunt in rebus*[25]). Auf den ersten Blick scheint diese Zirkelbewegung unproblematisch. Aber wenn man die Bewegungsverläufe kategorial analysiert, stößt man auf eine Voraussetzung, die deutlich macht, dass die intellektiven und voluntativen Prozesse bereits *fundiert* sind: Es ist eigentlich nicht der Verstand und auch nicht der Wille, der etwas erkennt oder will, sondern der Mensch selbst, der „durch" (*per*) den Verstand erkennend und durch den Willen begehrend tätig ist. Die veritativen und ethischen Kriterien sind daher in anthropologische, auch situative Kontexte eingebunden und letztlich dem Einzelnen überantwortet, dem Subjekt, das erkennt und will. *Actus sunt suppositorum.*[26]

In diesem Subjekt, dem „Träger", laufen die akzidentellen Akte des Erkennens und Wollens zusammen und sind mit ihm zwar nicht eins, aber doch vereint. Hier – in der „Substanz", die den Aktvollzügen unterstellt ist – liegt für Thomas die kategoriale Rechtfertigung dafür, dass Verstand und Wille oder Wahres und Gutes sich wechselseitig „einschließen" können (*mutua se implicunt*[27]). Das Wahre, das der urteilende Verstand erkennt und aussagt, lässt sich auch als *quiddam bonum* verstehen, das der Wille anstreben kann oder nicht. Aber auch umgekehrt ist Wille veritativen Kriterien unterstellt, da das erstrebte Gute nur dann gut ist, wenn es *vere*[28] gut ist. Dennoch bleibt in diesen wechselseitigen Verhältnissen „für uns" die theoretische Erkenntnis und damit die Wahrheit vorrangig – auch wenn andere Prioritäten im Verhältnis zu Gott gelten, insofern wir ihn lieben[29]. Die Vernunft hat auf allen Stufen der Erkenntnis und darüber hinaus auch in den praktischen Orientierungen eindeutig den Vorrang, weil sie alles Seiende, sogar noch die Negation des Seienden und damit der Wahrheit selbst,

[25] Vgl. De ver. q.1, a. 2 mit Verweis auf Aristoteles, Met. VI, 4, 1027 b 25 ff.
[26] In I Sent. d. 5, q.1, a 1; a. 2+; d. 33, q.1, a. 4.
[27] S. th. II-II, q.109, a. 2 ad 1: verum et bonum subiecto quidem convertuntur: quia omne verum est bonum, et omne bonum est verum. Die wechselseitige Bewegung von Wille und Verstand wird (in Uminterpretation von θυμός, EE VII, 14 1248 a 17-32) auf einen ersten, externen Anstoß zurückgeführt: *cuius instintu voluntas velle incipiat* (De malo VI. Ed. Leon. XXIII, 149; 390). Aber da dieser Anstoß *indeterminate* erfolgt, werden die singulären Akte nicht determiniert.
[28] Auf die veritativen Implikate der Ethik hat R. McInerny aufmerksam gemacht (The Basis and Purpose of Positive Law, in: L. Elders – K. Hedwig, Lex et Libertas, Rom 1987, 144 f. The Truth of Precepts) – ein Thema, das häufig unterschätzt wird.
[29] Vgl. S.th. I, q.82, a. 3. – Da die erkannten Objekte nur in intellectu bestehen, die gewollten Dinge in re, ergeben sich „für uns" verschiedene Prioritäten: die Liebe zu Gott steht höher als die Erkenntnis, während dagegen die Erkenntnis der Dinge höher als die Liebe zu ihnen einzuschätzen ist.

in Aussagen übersetzen kann, die „wahr" sind. „Veritatem non esse, verum est."[30]

Daher ist es konsequent, wenn Thomas annimmt, dass in allen Seinsregionen der Verstand auf Gegebenheiten trifft, die er als „wahr" erfasst. Ein Ding ist „wahr", wenn es die ihm zukommende Form besitzt, durch die es ist, was es ist und erkannt werden kann; die Sinneswahrnehmung ist „wahr", insofern sie die Form des Objekts aufnimmt und abbildet und schließlich sind die abstraktiv gewonnenen Begriffe „wahr", durch die der Intellekt den Gegenstand als das erkennt, was er ist (*cognoscendo quod quid est*). Auf allen diesen Stufen sind verschiedene Formgestalten der „Wahrheit" realisiert und in unterschiedlicher Komplexität und Deutlichkeit explizierbar. „Veritas quidem igitur potest esse in sensu, vel intellectu cognoscente 'quod quid est', ut in quadam re vera"[31]. Aber dennoch ist Thomas bemerkenswert zurückhaltend, wenn er „im eigentlichen Sinn" (*proprie*) von Wahrheit spricht. Nicht alle Weisen der ontischen, sinnlichen und begrifflichen „Angleichungen" von Intellekt und Ding reichen aus, um den „perfekten" Begriff der Wahrheit zu rechtfertigen.

Die Wahrheitstheorie, die Thomas in allen seinen Werken vertritt, scheint auf den ersten Blick hochkomplex und ist doch einfach zugleich. Vielleicht liegt hier auch der Grund, warum die Diskussionen bis heute andauern. Der Verstand, der in einem „ersten" Akt eine Sache begrifflich erkennt, kann in einem „zweiten" Akt, den Thomas als „Urteil" versteht, die begriffliche Korrektheit dieser Sacherkenntnis selbst erkennen und damit die *Übereinstimmung als solche* thematisieren. Und genau darin, dass die Erkenntnis einer Sache selbst erkannt wird, liegt, dass im Erkennenden das Erkannte *als Erkanntes* aufgefasst und als „wahr" bezeichnet werden kann – „ut cogitum in cognoscente, quod importat nomen veri; perfectio enim intellectus est verum ut cognitum." Der urteilende Intellekt konstituiert die Wahrheit als *verum ut cognitum*, indem er reflexiv die Übereinstimmung seiner selbst mit der Sache erkennt. „In hac sola secunda operatione intellectus est veritas et falsitas, secundum quam non solum intellectus habet similitudinem rei intellectae, sed etiam super ipsam similitudinem reflectitur, cognoscendo et iudicando ipsam."[32] Im Urteilsgeschehen ist daher immer auch eine *reflexio*[33] eingeschlossen, da das Wissen

30 Vgl. die vorsichtige Diskussion in De ver. q.1, a. 5 ad 2, auch In I Sent. d. 19, q.5 a. 3 arg. 3 und die Vorlage bei Augustinus (Solil. II, 2), die rhetorisch formuliert.
31 S.th. I, q.16, a. 2.
32 In VI Met. lect. 4, n. 1236.
33 De ver. q.1, a. 9; S. th. I, q.16, a. 2 (u.ö). – Vgl. den Kommentar von A. Zimmermann, Thomas von Aquin. Von der Wahrheit, XXX ff. und die informative Skizze bei E. de Jong, Reflexion, in: LexMA VII, 542 f. (auch Lit.).

weiß, dass und was es weiß. Die Wahrheitsformel *adaequatio intellectus ad rem*[34] enthält mithin beides: eine *inhaltliche Übereinstimmung* des urteilenden Verstandes mit der Sache oder dem Sachverhalt, aber zugleich auch die *reflektierende Erkenntnis* dieser Sacherkenntnis, die es erlaubt, die Übereinstimmung des Denkens mit der Wirklichkeit zu verifizieren oder zu falsifizieren. Die Wahrheitsterminologien bewegen sich daher stets in metasprachlichen Wendungen[35] oder werden – wie man traditionell sagte – *in actu designato* gewonnen.

Als linguistisches Gebilde besteht die Aussage (*enuntiatio*) aus Subjekt, Prädikat und Kopula. Aber sprachlogisch lässt sich die triadische Satzstruktur – was nicht ohne aktuelles Interesse ist – auf eine Duplizität zurückführen, da die prädikativ gebrauchten Verben das *est* als Grundprädikat, als *praedicatum principale* bereits enthalten, „cum nomine predicato facit unum predicatum, ut sic enuntiatio dividatur in duas partes et non in tres"[36]. „Omne verbum finitum implicet esse"[37]. Eine Aussage ist daher „wahr", nicht nur insofern sie sich einer Sache oder einem Sachverhalt „angleicht" oder ihn in gewisser Weise[38] abbildet, sondern weil sie auf dem „Sein" (*ipsum esse*) der Dinge selbst gegründet ist. „Ipsum esse rei est causa veritatis"[39].

---

[34] Die Diskussion der *adaequatio*-Formel ist von D. Mercier und M. D. Sertillanges neu angestoßen worden (Thomas von Aquin, Köln 1954, 504 f.). In der aktuellen Debatte hat F. Inciarte (Hamburg 1976) darauf hingewiesen, dass Thomas in der Verschränkung von Adäquation und Verifikation über Kriterien verfügt, die in modernen Wahrheitstheorien nur einseitig vertreten werden. Die neueren Arbeiten (C. Segura, 1982; G. Pöltner, 1983; F. M. Leal Carretero, 1983; M. Fleischer, 1984; E. Arroyabe, 1988) bewerten das Verhältnis von Adäquation und Reflexion unterschiedlich; vgl. die Übersicht bei G. Schulz, Veritas est adaequatio intellectus et rei, Köln 1993, 99 ff., H.G. Nissing, Sprache als Akt bei Thomas von Aquin, Leiden 2006, 292 ff. und V. A. Fernández, La verdad constitutiva de lo real (De ver. q.1), in: Analogia 22,2 (2008) 145 ff.

[35] Der Terminus „wahr" ist kein objektsprachliches Attribut der Dinge, wie „rot", „hart" oder „gut", auch wenn von einem Ding „in Wahrheit" behauptet werden kann, dass es rot, hart und gut ist. Die im Urteil konstituierte Wahrheit bezieht sich auf Sätze, die logisch das aussagen, was die Dinge ontologisch sind. Beide Seiten sind genau zu trennen. Eine Marktfrau hat keine Probleme damit, rote, harte oder gute Äpfel zu verkaufen, aber wäre doch irritiert, wenn ein Philosoph „wahre Äpfel" kaufen möchte, die er dann allerdings auch selbst essen sollte.

[36] In II Periherm. 2; 88, 41 ff.

[37] In I Periherm. 5; 30, 304; vgl. Nissing, Sprache als Akt, 381 ff. („Das Verb als Kristallisationspunkt der thomanischen Theorie der Aussage").

[38] Vgl. S. th. I, q.85, a. 5 ad 3. Es ist nicht erforderlich, dass die prädikativen Verbindungen (S-P) die ontologischen Verhältnisse (ex parte rei) spiegeln.

[39] In I Sent. d.19 q.5 a. 1 c.; S.th. I, q.16, a. 1 ad 3: esse rei, non veritas eius, causat veritatem intellectus (u.ö.).

Daher ist das logische *est*[40], das der Verstand im Urteil hinzuerfindet
(*adinvenit*), in gewisser Weise eine Wirkung oder Nachwirkung des
„Seins" selbst, das Dinge *in actu* ausüben In einer wahren Aussage
wird das behauptet, was in Wirklichkeit „ist" – obgleich damit gewisse
Schwierigkeiten auftreten, wenn wahre Urteile sich auf Dinge beziehen, die nicht existieren[41]. Aber die Überlegungen des Aquinaten reichen weiter. Das logische *est* der Kopula bezeichnet das ontologische
„Sein" als die intimste, erste und letzte Wirklichkeit eines Dinges,
das seine höchste Vollkommenheit gerade darin hat, dass es „ist".
Für Thomas ist dieses *ipsum esse* der „Name", der in substantieller
Verdichtung und als unüberbietbare „Perfektion aller Perfektionen"
auch auf Gott übertragen wird und ihn „wesentlich" benennt. „Inter
quas prima est ipsum esse, a qua sumitur hoc nomen *Qui est*"[42]. Wann
immer wir auch das alltägliche, unscheinbare und als Hilfsverb nur
synkategorematisch verwendbare Wort „ist" in einem Satz ausspre-
chen, sprechen wir indirekt, doch über Ähnlichkeiten vermittelt und
damit gleichnishaft, vom „Urbild des Seins"[43], von Gott selbst.

Dennoch kann dieser hohe Anspruch nicht darüber hinwegtäuschen, dass die Reichweite der veritativen Aussagen beschränkt
ist. In den verschiedenen „Gattungen der Rede" (*species orationis*),
die Aristoteles[44] skizziert und die in der Übersetzungs- und

---

[40] Vgl A. Zimmermann, „Ipsum enim ‚est' nihil est" (Arist. Periherm. I, c. 3) Thomas v.
       Aquin über die Bedeutung der Kopula, in: Misc. Med. VIII (1971) 283-295 (grundle-
       gend).

[41] Thomas sichert die Wahrheit der Sätze über Zukünftiges, Vergangenes, Fiktives, Pri-
       vationen und Allgemeinbegriffe durch die Annahme, dass in einem Satz das Sub-
       jekt „etwas Sein" habe, insofern es im Verstand aufgefasst und gedacht wird: aliquod
       esse... ad minus in intellectu apprehendente (In I Sent. d.19 q.5 a. 1 u. ad 5). Aber
       es ist fraglich, ob dieses *aliquod esse* (als ein *ens rationis*) ausreicht, um gewisse Be-
       deutungsdifferenzen zu rechtfertigen: Ist die ontologische Referenzebene wirklich
       dieselbe, wenn man sagt: „Das Reich König Lears ist vergangen" und „Das Reich Karls
       d. Grossen ist vergangen" oder „Der Antichrist wird geboren werden" und „Die See-
       schlacht wird morgen stattfinden" oder noch einfacher: „Die Blindheit wird gedacht"
       und „Die Blindheit wird geheilt"? Vgl. zur aktuellen Diskussion: R. Haller (Hg.), Non-
       Existence and Predication, Amsterdam 1985 (ohne Bezug auf die Scholastik, was
       überrascht).

[42] S.th. I, q.13, a. 11 (u. ö).

[43] S.th. I, 14,14, 2: compositio enuntiabilis significat aliquod esse rei; et sic Deus per
       suum esse, quod est eius essentia, est similitudo omnium eorum quae per enuntia-
       bilia significantur. Vgl. B. Lakebrink, Klassische Metaphysik, Freiburg 1967, 124: „Es
       gibt keinen Ort, wo das wirkliche Sein in seiner Fülle einen glühenderen Brennpunkt
       fände als in der Wirklichkeit des Urteils, das deshalb auch nicht nur Welt, sondern in
       der Reinheit seines Selbstvollzuges irgendwie Gott selber reflektiert".

[44] Aristoteles, Periherm. I, 2 17 a 3 f. weiter ausgeführt in der Poetik, Rhetorik und
       Politik.

Kommentarliteratur[45] ausgearbeitet und dann auch von Thomas übernommen werden, hat die „Aussage" (*enunitatio*) einen gewissen Vorrang vor den rhetorischen Gattungen – *deprecativa, imperativa, interrogativa, vocativa*. Nur die Urteile, die aus den „Dingen" (*de rebus*) eine sachliche Bedeutung aufnehmen und im Urteil behauptend aussagen, sind „wahr" oder „falsch". Die Wahrheit geht dabei „leitend und ordnend" in alle Sprachformen ein. Aber dennoch ist diese regulative Priorität durchaus begrenzt, weil die Wahrheitskriterien den *ordo rationis* nicht vollkommen ausschöpfen. Die Vernunft des Menschen legt sich in mannigfachen, begrifflich und rhetorisch reich differenzierten Sprechakten aus, die über die Differenz von „wahr" und „falsch" hinausgehen. Nicht Thomas selbst, sondern die Thomasforschung hat relativ spät bemerkt, dass die wahrheitsrelevanten Aussagen der theoretischen Philosophie durch andere, praktisch performative Sprachformen ergänzt werden, die im Gebet, im Hymnus und generell in Sakralsprache[46] weiter reichen.

In diesem Interferenzfeld theoretisch-praktischer Aussageformen tritt das Lehrstück der „Wahrhaftigkeit" (*veracitas*) auf, das Thomas von Aristoteles übernimmt. Das Thema wird in einem ersten Ansatz kommentierenderschlossenunddannuntereinermoraltheologischen Perspektive präzisiert und erweitert.

III.

Die Thematik[47] *veritas, sive veracitas* ist bisher weniger beachtet worden – vielleicht auch deswegen, weil man regressiv auf das Subjekt selbst zielende Fragestellungen bei Thomas kaum erwartet. In der Tat geht es in der *veracitas* nicht um „Aussagen", die an eine Sache (*ad rem*) angeglichen werden, sondern um die „Worte und Werke" eines Menschen, insofern sie mit dem eigenen „Selbst" (*circa seipsum*) übereinstimmen. Auch in der Wahrhaftigkeit liegt daher, ähnlich wie in der Wahrheit, eine „Übereinstimmung", die theoretisch angelegte Rechtfertigungen zulässt, aber doch noch mehr – nämlich ein

---

45 Vgl. In I Periherm. 7; 37, 92 f.; vgl. zu den Quellen die Angaben in Ed. Leon I, 1; 37 (Aristoteles, Boethius), und Nissing, Sprache als Akt, 447 ff.

46 Vgl. S.th. III, q. 78, a. 5: ...haec locutio habet virtutem factivam; vgl. Nissing, Sprache als Akt, 447 ff.

47 Die Textvorlagen sind überschaubar: In IV Eth. lect. 14-16 u. S.th. II-II, 109, 1-4. Der *Index Thomisticus* gibt für die attributive Verwendung (*verax*) mehr Belege als für den Terminus *veracitas*, der relativ selten ist. – Die neueren Arbeiten (L. Dewan, G. Müller, K. White) betonen die gesellschaftlichen Auswirkungen der Wahrhaftigkeit, auch ihrer Verletzung; vgl. ebenso Nissing, Sprache als Akt, 471 ff.

praktischer Akt, der diese Übereinstimmung explizit will und realisiert. Der Mensch, der „wahrhaft" (*verax*) ist, sagt und bekennt die
Wahrheit über sich selbst, weil er es *will*[48]. Die Wahrhaftigkeit geht
deswegen auch über das rein reflektierende Selbstverständnis des
Subjekts (den „unbeteiligten Zuschauer" seiner selbst) hinaus und
fordert einen Willensakt, den der Einzelne allein für sich vollziehen
und verantworten muss.

Die von Thomas vertretene Wahrheitskonzeption erlaubt es
durchaus, zwischen einer theoretischen Sicht der Wahrheit und der
praktischen Konstitution der Wahrhaftigkeit zu unterschieden. Die
Wahrhaftigkeit bezeichnet nicht das, „was" (*quod*) in einer Aussage
behauptet wird, sondern die willentliche Verfasstheit, „wodurch"
(*qua*) ein Subjekt die eigenen „Worte und Werke" im Einklang mit
sich selbst äußert. Da diese Äußerung über sich selbst als ein *dicere
verum* willentlich geschieht, erweist sich die Wahrhaftigkeit als ein
Akt, der „gut" ist. „Et talis veritas, sive veracitas, necesse est quod sit
virtus: quia hoc ipsum quod est dicere verum est bonus actus"[49]. Es ist
hinreichend bekannt, dass in praktisch relevanten Akten immer auch
die Umstände und Bedingungen des Handelns zu berücksichtigen
sind. Auch für die Wahrhaftigkeit als einer „speziellen Tugend"[50] gilt
daher, dass sie die Handlungskontexte beachten muss. Dabei geht
es wesentlich darum, in den variablen, weil situativ sich ändernden
Verhältnissen von Ausdruck und subjektiver Überzeugung oder –
semiotisch – von Zeichen und Bezeichnetem eine gewisse Balance
zu finden, damit die Aufrichtigkeit eines Menschen nicht in der
Preisgabe der eigenen Person oder einer Selbstentblößung endet.
Thomas übernimmt diese praktisch differenzierte Sicht der *veracitas*
weniger aus biblischen oder patristischen Vorlagen[51], sondern von
Aristoteles, der die Wahrhaftigkeit zu „gesellschaftlichen Tugenden"
rechnet. Aristoteles beschreibt und preist den Mann, der in dem, was
er sagt und tut, „wahrhaft" ist (ἀληθευτικός).

---

[48] Vgl. J. Endres, in: Summa Theologica. Walberberger Ausgabe 20, München 1943, S.
    418: „...eine entsprechende Geneigtheit und Verfassung des Willens".
[49] Vgl. S.th. II-II, q.109, a. 1.
[50] Dass die Wahrhaftigkeit eine „spezielle" Tugend ist, ergibt sich für Thomas daraus,
    dass sie ein spezifisches Objekt hat: nämlich das Verhältnis des Äußeren zum Inne-
    ren, das *debite* zu ordnen ist, sicut signum ad significatum (S.th. II-II, q.109, a. 2).
[51] Allerdings wäre hier die *veritas vitae* zu beachten (S.th. II-II, 109, 2, ad 3 mit Verweis
    auf Jesaja 38, 3), die dieser einzelne Mensch *particulariter* zu erfüllen hat (S.th. I, q.16,
    q. 4 ad 3); vgl. dazu E. Schockenhoff, Zur Lüge verdammt? Freiburg 2000, 62 ff.

Die Irritationen sind fast unvermeidlich, wenn man Aristoteles[52] an modernen Kriterien misst. Anders als Kant wäre Aristoteles sicherlich nicht bereit, die Wahrhaftigkeit als ein „heiliges, unbedingt gebietendes, durch keine Konvenienzen einzuschränkendes Vernunftgebot"[53] anzusehen, auch wenn die flexible Bindung von ethischer Norm und gesellschaftlichen Regeln, die er selbst vertritt, nicht weniger anspruchsvoll ist. „Nun ist die Lüge an sich schlecht und tadelnswert und die Wahrheit gut und lobenswert. Und so ist auch der Wahrhafte (ἀληθευτικός), der die Mitte einhält, lobenswert; die aber mit Lügen umgehen, verdienen beide Tadel, nur der Prahler in höherem Masse"[54]. Der „Wahrhafte" muss in „Worten und Taten" darüber befinden, ob und inwieweit er den sozialen Anforderungen entspricht oder nicht. Der Prahler (ἀλαζών), der mit glänzenden, aber leeren Vorzügen täuscht und der Ironische (εἴρων), der Lobenswertes bewusst verkleinert, beziehen extreme Positionen. In beiden Fällen wird mit Absicht (προαίρεσις) etwas Falsches (ψεῦδος) vertreten. Dagegen sucht der „Wahrhafte" die „Mitte" (μεσότης[55]) einzuhalten, die für Aristoteles bekanntlich nicht Mittelmäßigkeit meint, sondern das „für uns" erreichbar Höchste, das Optimum. „Derjenige, der die Mitte hält, der als Wahrhafter (ἀληθευτικός) in Wort und Tat immer er selbst ist, gibt zu, was er Lobenswertes an sich hat, ohne es zu vergrößern oder zu verkleinern"[56]. Der Mann, der in „Wort und Tat" wahrhaft lebt, folgt daher der Wahrheit (ἀλήθεια), aber nicht aus theoretischen Interessen oder weil er durch Gesetze dazu verpflichtet wäre, „sondern weil er spricht und handelt, wie er verfasst ist"[57]. Dem „Wahrhaften" ist eigen, dass er ein Leben gemäß seiner ἕξις führt und daher handelt, wie er ist.

Der Kommentar des Aquinaten[58] folgt der aristotelischen Textvorlage bemerkenswert nah. Die Auslegungen übergehen kein Problem und notieren für das Thema auch kein *dubium* oder *considerandum est*. Aber

---

52 EN, IV, 12 1126 b 18 ff. – Vgl. die Arbeit von P. Wilpert zum aristotelischen „Wahrheitsbegriff" (PhJ 1940) und parallel dazu: Die Wahrhaftigkeit in der aristotelischen Ethik, in: PhJ 53 (1940) 324-338). – Aufschlussreich ist auch der Kommentar von G. Bien zu dieser Stelle: Aristoteles. Nikomachische Ethik, Hamburg 1972, 281 f.

53 Über ein vermeintliches Recht, aus Menschenliebe zu lügen, in: Werke IV, 639 (Ed. Weischedel).

54 EN, IV, 1127 a 2 ff. (Übers. E. Rolfes).

55 Im gesellschaftlichen Verkehr lässt sich die „Mitte" einhalten nach Art der Freundschaft (IV, 12), der Wahrhaftigkeit (IV, 13) und der Gewandtheit (IV, 14), wobei Aristoteles bemerkt, dass die Extreme als Fehlformen einen Namen tragen, nicht aber die Mitte; vgl. das Tableau der „gesellschaftlichen Tugenden" bei R. A. Gauthier – J. Y Jolif, L´ Éthique à Nicomaque, Paris-Louvain 1959, II.1, 305.

56 EN, IV, 13, 1127 a 22 ff. (Übers. nach E. Rolfes).

57 EN, IV, 13, 1127 b 3.

58 Die Kommentierung (um 1271/72 in Paris) weist Übereinstimmungen mit der *Summa theologiae* (II-II, q.109) auf, aber die Positionen des Aristoteles und Thomas sind nicht deckungsgleich. Wie J.-P. Torrell zu Recht sagt, ist es das „Evangelium", das die ethischen Ansätze beider Autoren entscheidend trennt (Magister Thomas, Freiburg 1995, 243).

doch werden gewisse Begriffe erweitert und damit für eine mögliche theologische Transposition vorbereitet. Aristoteles bezeichnet den „Wahrhaften" (ἀληθευτικός), der die „Mitte" einhält, als αὐθέκαστος[59]. Es ist nun interessant, dass Thomas diese Kennzeichnung (die er als *autochiastos* liest) mit der Bedeutung von *autophastos*[60] verbindet und auf den Menschen bezieht, der offen darlegt, wer und was er ist – „vel dicitur autophastos, id est per se manifestus, quia talem se manifestat qualis est". An genau dieser Stelle verwendet Thomas den Begriff *verax*, auch *veridictus*[61]. Das Attribut *verax* beschreibt also den Menschen, der bereit ist, die ihn selbst betreffenden Wirklichkeiten anzuerkennen und zu bekennen (*de se confitetur ea quae sunt*). Dieses „Bekenntnis" – darin folgt Thomas der Vorlage des Aristoteles genau – fällt in die „Wahl" des Menschen und ist daher „frei" (*ex eo quod hoc eligit*[62]). Auch wenn in der Wahrhaftigkeit über die „Konformität" von Aussage und subjektiver Seinsweise (*conformis ... suae conditioni*) die Grundstruktur der theoretischen Wahrheit wiederkehrt, ist sie durch die „Wahl" doch *praktisch* vermittelt. Es ist daher konsequent, dass Thomas in der theologischen Rezeption das Thema ausdrücklich in die Ethik und darüber in die Moraltheologie verlegt und dort weiter, aber auch erweitert diskutiert.

Das Verhältnis der Aristoteleskommentare zu den eigenen philosophischen und theologischen Konzeptionen des Aquinaten ist hermeneutisch komplex, viel diskutiert und wohl nur im Detail angemessen zu beurteilen. Hier sei nur bemerkt, dass die Kommentare die aristotelischen Lehren zwar textnah auslegen, aber nicht direkt übernehmen. Die Rezeption oder – wie man zu Recht gesagt hat – die „Ratifikation" der aristotelischen Lehrstücke findet nicht in den Kommentierungen statt, sondern in den theologischen Werken, die die einzelnen Themenkomplexe revidieren und für eine Integration in das christliche Glaubensgut erweitern. Unter dieser theologischen Perspektive wird auch das Verhältnis von Wahrheit und Wahrhaftigkeit neu ex-

---

[59] EN, IV, 13, 1127 a 23-24 und EE, III, 7, 1233 b 38; vgl. dazu Gauthier, L´Éthique à Nicomaque, II.1, 307 ff.

[60] In IV Eth., lect.15 (Ed. Leon.) 252, 60-65: Ille vero qui tenet medium dicitur ‚autochiastos', id est per se admirabilis, quia scilicet non quaerit magis in admiratione esse quam sibi secundum se conveniat; vel dicitur ‚autophastos', id est per se manifestus, quia talem se manifestat qualis est; est enim verax in quantum de se confitetur ea quae sunt, et hoc non solum sermone, sed etiam vita, in quantum scilicet exterior sua conversatio conformis est suae condicioni, sicut et sua locutio. – Vgl. zur Herkunft der Terminologie die Nachweise der Editoren (Ed. Leon. 252, 60-65).

[61] In IV Eth. lect. 15 (253, 115): de illo veridico intendimus qui verum dicit et vita et sermone ... solum propter dispositonem sui habitus.- P. G. Chico OP (Mexico) danke ich für den Hinweis auf die *veridictio*-Terminologie, die normativ juridische Elemente enthält.

[62] In IV Eth., lect. 15; 252, 181 f.

poniert. Thomas verlegt das Thema in die "Religion" (*religo*), die er als einen potentiellen Teil der „Gerechtigkeit"[63] (*iustitia*) betrachtet. Die *veracitas* untersteht mithin der Tugend der Gerechtigkeit, die das Zusammenleben der Menschen untereinander regelt und darüber hinaus – theologisch – das Verhältnis des Menschen zum Schöpfer in rechter Weise ordnet.

Die ethischen oder moraltheologischen Ausarbeitungen und näheren Strukturanalysen der Wahrhaftigkeit setzen zunächst – weil es um die *bona vel peccata verborum*[64] geht – bei der Sprache an, die verschiedene, immanent logische und transient semiotische Bedeutungsbezüge aufweist, aber gerade damit gewisse Probleme aufwirft. Die Wahrheit (*veritas*) als Angleichung von Intellekt und erkannter Sache bleibt dem Denken immanent und ist daher kontrollierbar – es gibt keinen Willensakt, der den Satz des Pythagoras verändern oder eliminieren oder überhaupt formulieren könnte. Aber die Situation ändert sich grundlegend, wenn wir ein wahres Urteil nicht nur denken, sondern auch sprachlich *äußern* und damit über Zeichensysteme (*signa*) in externe Kommunikationen einführen. Die Übersetzung eines Gedankens in die Medialität der Kommunikation ist ein explizit praktischer Akt, der voluntative Voraussetzungen hat und keinen logischen Kontrollen mehr untersteht. Die Äußerungen oder – wie Thomas sagt – die „Manifestationen" wahrer oder auch falscher Aussagen sind *per imperium voluntatis*[65] vermittelt. „Et secundum hoc manifestatio veritatis est actus voluntatis"[66]. Nicht die Konstitution oder Rechtfertigung, wohl aber die *Äußerung* einer Wahrheit hängt vom Willen ab. Die Probleme, die hier auftauchen, sind beträchtlich: Der Wille – anders als der Verstand – ist nicht eindeutig auf den Begriff selbst festgelegt, sondern kann in die *Differenz* von Begriff und Sprachzeichen eingreifen und einer festen begrifflichen Bedeutung beliebig andere, linguistisch arbiträre Bezeichnungen zulegen. Die ältere Sprachphilosophie hat das Problem genau hier, *in nuce* thematisiert. Die Sprachzeichen bleiben dem Begriff oder dem Denken äußerlich, weil sie *ad placitum* verliehen werden. Da die Bezüge zwischen Zeichen und Bezeichnetem (*signum ad signatum*) nur konven-

---

[63] Vgl. S.th. II-II, qq.80 ff.- K. White (Affabilitas and veritas in Aquinas, in: The Thomist 57 [1993] 648 ff.) betont die Integration der veracitas in die Gerechtigkeit: „... the most striking novelty".

[64] S.th. II-II, q.109, a. 1: hoc ipsum quod est dicere verum, est bonus actus. Der linguistische Ansatz der Analysen ist noch deutlicher bei den Fehlformen der Wahrhaftigkeit, den *peccata verborum* (vgl. Anm. 73).

[65] S.th. II-II, q.109, a. 1 ad 3. – Die „partikuläre" Wahrheit (nicht die veritas als solche) fällt unter den Willen, der sie daher auch „hassen" kann (vgl. S.th. I-II, q.29, a. 5).

[66] S.th. II-II, q.109, a. 3 ad 2.

tionell geregelt sind und prinzipiell nach Außen verlaufen, steht die Sprache oder generell die mit semiotischen Instrumenten arbeitende Kommunikation beliebigen Eingriffen und Manipulationen offen – ein Problem, das in der fortschreitenden Medialisierung der Realitäten heute globale Ausmaße angenommen hat. Der linguistische Ort der Wahrhaftigkeit lässt sich genau hier fixieren. Es ist für einen Menschen, der „wahrhaft" ist, kennzeichnend, dass er in seinen „Worten und Taten" die variablen Verhältnisse von Denken, Sprache und sachlicher Referenz entsprechend den akzeptierten Regeln oder Konventionen festlegt und offen dargelegt.

Diese linguistischen Verhältnisse gehen in die Genese der Wahrhaftigkeit ein, aber mit der Verschärfung, dass alle veritativen, voluntativen und sprachlichen Beziehungen auf einen einzigen Referenten zulaufen – das *Subjekt*. Es ist das Subjekt selbst, das die eigenen Äußerungen über sich theoretisch als *wahr* (*verum*) erkennt und praktisch als *verax* anerkennt[67]. Die Wahrhaftigkeit eines Menschen hängt also intellektiv und voluntativ von ihm selbst ab. Der Akt, in dem sich die Wahrhaftigkeit ausspricht, ist daher auch keine „Behauptung" über einen objektiven Sachverhalt, sondern ein „Bekenntnis", in dem ein Subjekt von sich selbst sagt und sagen will, was wahr ist, "confiteri id quod est circa seipsum, inquantum est confessio veri"[68]. In der Wahrhaftigkeit wird offenbar, dass die „Worte und Taten" eines Menschen „aufrichtig" und damit „richtig" sind.

An genau diesem Punkt lässt sich die strukturelle Affinität der Wahrhaftigkeit mit der Gerechtigkeit[69] näher bestimmen. Es sind zwei Eigenschaften, die Thomas hervorhebt – zunächst die Beziehung auf den Anderen (*ad alterum*), insofern der Wahrhaftige einem anderen Menschen das offenbart, was ihn selbst betrifft und – ferner – die Herstellung einer gewissen Gleichheit (*aequalitas*), die darauf abzielt, die Sprachzeichen an die Dinge anzupassen (ad*aequat ... signa rebus existentibus circa seipsum*) und damit semiotisch die Voraussetzungen für eine verlässliche Kommunikation zu schaffen. Aber dennoch schätzt Thomas die Leistungsfähigkeit der *veracitas* zurückhaltend ein. Es gibt kein rechtliches Mittel, das einen Menschen dazu zu ver-

---

[67] Es ist nicht uninteressant, dass die subjektive Wahrhaftigkeit die objektiven Wahrheiten unterläuft, weil man das Wahre *wollen* kann oder auch nicht. Die konkreten Artikulationen der Wahrheit (*veritas vitae, doctrinae, iustitiae*) lassen sich daher praktisch immer auch der Wahrhaftigkeit unterstellen, inquantum... circa nos sunt et ad nos pertinent (S. th. I-II, q. 109, a.3 ad 3); vgl. dazu W. Senner, in: Th. Eggensperger u.a. (Hg.), Wahrheit, Mainz 1995, 38 f.

[68] S.th., II-II, q.109, a. 1 ad 2; vgl. auch S. th. II-II, q.3, a. 1 ad 1. – Die Bedeutungsvarianten reichen weit, bis zur *confessio peccatorum*.

[69] S.th. II-II, q.109, a. 3.

pflichten könnte, aufrichtig zu sein. Die Wahrhaftigkeit kann nicht eingeklagt oder erzwungen werden (... *deficit autem a propria ratione iustituae*), weil ihr das *debitum legale* fehlt.

Da sie nur subjektiv ist, scheint die *veracitas* gegenüber der allgemeinen Geltung des Gesetzes eindeutig abzufallen und alltäglich anspruchslos, bescheiden[70]. Aber die Rückseite des legalen Defizits ist keineswegs defizitär. Dass die Wahrhaftigkeit des Einzelnen rechtlich nicht einklagbar ist, hat umgekehrt seinen Grund vielmehr darin, dass das Recht selbst beschränkt ist. Die Rechtsnormen sind nur auf gesellschaftliche Verhältnisse anwendbar (*unum ad alterum*). Die Wahrhaftigkeit oder – allgemeiner – die Moralität des Individuums kann rechtlich nicht erzwungen werden, weil sie dem Recht *vorausliegt*. Andererseits gilt aber auch, dass der Mensch als *animal politicum* in einer Gesellschaft lebt und auf rechtliche Ordnungen angewiesen ist, um überhaupt überleben zu können. Unter dieser erweiterten Perspektive einer sozialen Kooperation und der zwischenmenschlichen Verlässlichkeit im gesellschaftlichen Umgang versteht Thomas die Wahrhaftigkeit dann als ein *debitum morale*[71], das ein Mensch *ex honestate* dem Nächsten und darüber hinaus allen Mitmenschen schuldet.

IV.

Die Fehlformen der *veracitas* werden von Thomas als „Gegenteil" der Wahrhaftigkeit den verschiedenen Arten der „Lüge" zugerechnet und subtil analysiert – *mendacium, simulatio, iactantia, ironia*[72]. In diesen Analysen fällt auf, dass ein Thema fehlt, das für uns heute nicht uninteressant ist. Thomas kennt keine „Selbstlüge" in dem Sinn, dass ein Subjekt sich selbst betrügen könnte und dies nicht schon immer wüsste – nicht einmal einen sprachlichen Ausdruck gibt es, der den Selbstbetrug bezeichnet.

Wenn man danach fragt, warum in der Reihe der *peccata verborum*[73] die Selbstlüge absent ist, würde Thomas vermutlich antwor-

---

[70] Vgl. K. White, Affabilitas and veritas, 651: „To man as the *animal sociale*, at any rate, it would seem that no perfections are more important than the modest habits of truthtelling and affability, since without these, as Aquinas points out, the very being of men as social animals cannot last".

[71] S.Th. II-II, q.109, a. 3: ...sed potius debitum morale, inquantum scilicet ex honestate unus homo alteri debet veritatis manifestationem; vgl. auch K. White, Affabilitas and veritas, 651: "...more important than the legal and political situation within which justice properly so-called becomes a requirement".

[72] Vgl. S.th. II-II, q.110, aa. 1 ff.

[73] Vgl. S.th. II-II, 73, a. 2, c.; 75, a. 1; vgl. Nissing, Sprache als Akt, 466 ff.

ten, dass sie fehlt, weil sie nicht vollzogen werden kann. Ein Mensch
kann sich nicht selbst belügen, ohne dass er diese Selbsttäuschung
nicht sofort erkennen und als nicht wünschenswert bewerten würde.
Der Grund dieser eigenbezüglichen Transparenz liegt theoretisch in
der Reflexion, aber praktisch weit mehr noch in den Kriterien, die
in das Handeln normierend (als *lex naturalis*) eingreifen und es leiten. Das Subjekt kann alles Wissen, das es erwirbt, auf ursprüngliche
und nicht weiter zu hintergehende Prinzipien oder Grundeinsichten
zurückführen, die in axiomatischer Evidenz einleuchten[74] und auch
noch im Dunkel der Täuschung oder der versuchten Selbsttäuschung
normativ erfahren werden. Daher hält Thomas auch daran fest, dass
ein Mensch sich nie als vollkommen *perplexus*[75] erfährt. Die moderne Problematik einer unvermeidlichen und unaufhebbaren, weil ontologisch radikalen Selbsttäuschung des Subjektes, das auch in der
Selbstanalyse noch in sich selbst verfangen bleibt oder dessen, was
Sartre „mauvaise foi"[76] nennt, wäre hier vom Ansatz her bereits un-
terlaufen.

Die Konsequenzen reichen weit und dürften heute vor allem
als Mahnung zu verstehen sein. Wenn die Wahrhaftigkeit eines
Menschen wesentlich davon abhängt, dass er in seinen „Worten und
Taten" die Wahrheit über sich ausspricht und ihr explizit zustimmt,
dann wird die *veracitas* formal durch den „eigenen Willen" (*per propriam voluntatem*) konstituiert, der frei ist oder – wie Thomas allgemeiner formuliert – seine Akte *voluntarie* vollzieht. Die Wahrhaftigkeit,
da sie „willentlich" ist, lässt sich durch keine theoretischen und praktischen Strategien steuern oder kontrollieren, wohl aber mit Gewalt,
durch Folter verletzen – eine der bedrückendsten Erfahrungen
der Gegenwart und historisch durch Jahrhunderte hindurch als
Instrument der Wahrheitsfindung[77] keineswegs unbekannt. Wenn

---

74 Vgl. De ver. q.11, a. 1 ad 13: ...ex lumine rationis divinitus interius indito in quo nobis
    loquitur Deus.
75 Vgl. S.th. I-I, q.19, a. 6 ad 3; De ver. q.17, a. 4 ad 8: ...non est simpliciter perplexus,
    quia potest aliquid facere (u. ö). – Das Thema würde eine eigene Untersuchung ver-
    dienen.
76 EN, 82 ff. – Vgl. Bollnows Kritik an der These, dass „das Streben nach Wahrhaftigkeit
    selber schon der Ausdruck seiner inneren Unwahrhaftigkeit sei". Die „Vernünftelei"
    kann nicht wegerklären, „dass Unrecht eben Unrecht bleibt" (Wesen und Wandel
    der Tugenden, 150 ff.).
77 Vgl. J. Fried, Wille, Freiwilligkeit und Geständnis um 1300, in: HJb 105 (1985) 388-
    425, 418 ff. - Hier sei nur angemerkt, dass im MA der Indizienbeweis nicht als aus-
    reichend angesehen wurde und daher das „Geständnis" (*confessio*) des Angeklagten
    erforderlich war. In der Rezeption des Röm. Rechts wurde die Folter nach ersten
    Praktiken in Oberitalien ab 1252 in Inquisitionsprozessen gestattet (Innozenz IV., *Ad
    extirpanda*, n.25: „...omnes haereticos quos captos habuerit, cogere", Mansi, Conc.
    XXIII, 573; Potthast 4592) und zur Wahrheitsfindung eingesetzt („... ut veritas erua-

aber bereits die theoretisch konstituierte Idealität der „Wahrheit" (*veritas*) sich allen äußeren Zugriffen und Eingriffen entzieht, dann gilt diese Entzogenheit, wenngleich unter dem Aspekt einer elementaren Schutzbedürftigkeit, noch weit mehr für die „Wahrhaftigkeit" (*veracitas*), die im intimsten, weil moralischen Selbstbezug des Subjektes gründet und nicht erzwingbar ist und auch nicht erzwungen werden darf – weder durch Gesetze, noch durch Gewalt und noch weniger durch die Tortur, die das personale Zentrum des Menschen trifft und zerstört.

Es ist daher alles andere als gering einzuschätzen, wenn wir heute für die politisch öffentliche Chance der Wahrheit eine „gewaltfreie Redesituation" fordern und in den gesellschaftlichen Diskursen die subjektive „Wahrhaftigkeit" der Teilnehmer als unantastbar voraussetzen. Dass die Äußerungen eines Menschen „wahrhaft" (*verax*) sind oder nicht, lässt sich nicht objektiv nachprüfen. Der Einzelne kann aber „bezeugen"[78] oder – wie Thomas in einer älteren Begriffsprache sagt – „manifestieren", dass er in seinen „Worten und Taten" aufrichtig ist.

tur", Bernard Gui, Manuel de l'Inquisiteur, hg. G. Mollat, Paris 1964, I, 182). Die Querverbindungen von Recht, Folter und Politik sind dokumentiert (vgl. W. Trusen, in: Strafrecht, Strafprozess u. Rezeption [Hgg. P. Landau – F. Chr. Schroeder], Frankfurt 1984, 29-118, 48). Dagegen fehlt eine Untersuchung, die dem Zusammenhang von Wahrheit, Wahrhaftigkeit und Gewalt nachginge.

[78] In „Wahrheitstheorien" (1973) nimmt J. Habermas an, dass man das kommunikative Handeln an den Kriterien der „Verständlichkeit", „Wahrheit" und „Richtigkeit" messen kann, während die „Wahrhaftigkeit" nicht überprüfbar ist (Wirklichkeit und Reflexion. FS Walter Schulz, Pfullingen, 1973, 219 ff.). Das Problem wurde schon früher gesehen. Austin betont, dass für die *speech acts* Wahrhaftigkeit (*sincerity*) vorauszusetzen sei und Wittgenstein verweist darauf, dass man die „Wahrheit des Geständnisses" nicht „beschreiben" kann, weil sie in den „Konsequenzen" liegt, die jemand für sich übernimmt (PhU, in: Schriften I, 969, 535). Eine letzte Sicherheit für den Außenstehenden gibt es nicht, da nur der Einzelne weiß, ob das, was er äußert, „wahrhaft" ist oder nicht.

Pietro Pomponazzi und Thomas von Aquins Wahrheitskonzeption. Edition der *Quaestiones de veritate Petri Pomponatii* und einführende Bemerkungen

Burkhard Mojsisch

Er kannte sie alle, die spätmittelalterlichen Schulrichtungen der Averroistae[1] und Albertistae[2], der Thomistae[3], Scotistae[4] und Nominales[5] – Pietro Pomponazzi. Immer wieder ging er gegen ihre Lehrmeinungen massiv vor. Allein Thomas von Aquin selbst wurde von ihm stets lobend erwähnt[6] (nur dessen Ansicht, die Seele des Menschen sei uneingeschränkt unsterblich, stieß bei ihm auf Widerspruch[7]).

Thomas' Theorie der Wahrheit wurde von Pomponazzi in all ihren Facetten rezipiert, und zwar im Rahmen einer *De-anima*-Vorlesung aus der Zeit zwischen 1513 und 1515 – also kurz vor dem *Tractatus de immortalitate animae* aus dem Jahre 1516 –, die als *Reportatio* in vier Handschriften erhalten ist.

---

[1] Vgl. L. Ferri, La Psicologia di Pietro Pomponazzi secondo un Manoscritto della Biblioteca Angelica di Roma, (Reale Accademia dei Lincei 274) Roma 1877, S. 154, 159 f., 181.

[2] Vgl. Ferri, a.a.O., S. 119.

[3] Vgl. Ferri, a.a.O., S. 116, 131, 146, 163, 165.

[4] Vgl. Ferri, a.a.O., S. 146.

[5] Vgl. Ferri, a.a.O., S. 107, 122, 124.

[6] Vgl. Ferri, a.a.O., S. 95: "Thomas eleganter dicit ..." – Diese Wertschätzung des Thomas seitens Pomponazzis ist wenig bekannt, was sich auch wieder bestätigt findet in dem Beitrag von: S. Ebbersmeyer, Perspektiven des Wahrheitsbegriffs in der Philosophie der Renaissance, in: M. Enders, J. Szaif (Hrsg.), Die Geschichte des philosophischen Begriffs der Wahrheit, Berlin/New York 2006, S. 211-230, hier: 224 f. Darüber hinaus spielt die Problematik der doppelten Wahrheit, die auch von ihr mit Pomponazzi in Verbindung gebracht wird, in den *Quaestiones* keine Rolle.

[7] Vgl. Pietro Pomponazzi, Abhandlung über die Unsterblichkeit der Seele, lat./dt., übers. und mit einer Einleitung hrsg. von B. Mojsisch, (Philosophische Bibliothek 434) Hamburg 1990, S. XXIV-XXVII.

Für Thomas – und somit für Pomponazzi – zentral ist der Gedanke der „adaequatio ... rei ad intellectum vel intellectus ad rem"[8]. Der Wirklichkeit der Gegenstände wohnt Wahrheit inne, sofern sie auf den göttlichen Intellekt bezogen sind. Dieser göttliche Intellekt ist freilich dadurch ausgezeichnet, dass er insofern wahr ist – oder die Wahrheit ist –, als er aus sich selbst heraus wahr und in sich selbst zugleich Maß und Gemessenes ist: Sein Wesen ist sein Erkennen, und sein Erkennen ist sein Wesen.[9] Für die realen Gegenstände der raumzeitlichen Welt ist dieser Intellekt das Maß, und zwar insofern, als sie vom göttlichen Intellekt hinsichtlich ihres Gewirkt-Seins und ihres Woraufhin-orientiert-Seins abhängig sind. Der reale Gegenstand hingegen ist das Maß für unseren Intellekt, der – wenn überhaupt – nur Maß ist für die artifiziell hergestellten Objekte:

> „Nam in prima veritate res est mensurata, intellectus mensura, in secunda vero res est mensura, intellectus autem mensuratus."[10]

> "Notandum tamen hic, quod, licet res non absolute dicantur verae aut falsae in ordine ad nostrum intellectum – aliter enim una et eadem res esset vera et falsa, quoniam unus homo opinatur uno modo, alius alio modo, quae opinio improbatur IV *Metaphysicae* textu commenti 19 –, tamen quoquo modo dicuntur verae in ordine ad nos, non quod intellectus noster habet mensurare talem rem, sed quia talis res apta nata facere talem scientiam de se in nostro intellectu."[11]

Ich muss gestehen, dass mir diese Theorie, die bereits von Aristoteles entwickelt worden ist und durch die der passive Charakter von Intellektualerkenntnis hervorgehoben werden soll, noch nie eingeleuchtet hat, weil ich dem Gedanken, Objekte wirkten auf Subjekte, nichts abgewinnen kann. Am deutlichsten ist Augustin jeglicher

---

8   Petrus Pomponatius, Utrum in rebus sit veritas et falsitas an in solo intellectu, n. 8. – Vgl. zum philosophiehistorischen Hintergrund der Adäquationstheorie: Th. Kobusch, Adaequatio rei et intellectus. Die Erläuterung der Korrespondenztheorie der Wahrheit in der Zeit nach Thomas von Aquin, in: M. Enders, J. Szaif (Hrsg.), a.a.O., S. 149-166, hier: 150, wo auf den Gedanken der „Angleichung" (ἐφαρμογή) bei Proklos – auch bei Philoponos – verwiesen wird. – Zwischen der (dynamisch konzipierten) Adäquationstheorie und der (statisch aufzufassenden) Korrespondenztheorie differenziert: Chr. Kann, Wahrheit als *adaequatio*: Bedeutung, Deutung, Klassifikation, in: Recherches de Théologie et Philosophie médiévales. Forschungen zur Theologie und Philosophie des Mittelalters 64, 2 (1999), S. 209-224.

9   Vgl. Petr. Pompon., Utrum in rebus sit veritas ..., n. 12.

10   Petr. Pompon., Utrum in rebus sit veritas ..., n. 10.

11   Petr. Pompon., Utrum in rebus sit veritas ..., n. 11.

Objekteinwirkung entgegengetreten, indem er bemerkt, kein Körper
übe auf den Geist eine Wirkung aus.[12]

Bei Pomponazzi ist jedoch gegenüber der Theorie des Thomas
eine bedeutsame Verschiebung zu konstatieren. Thomas spricht der
satzlogischen Wahrheit unter philosophischer Perspektive gegenüber
anderen Weisen von Wahrheit eine klare Prävalenz zu und stellt so
„... sein neues Verständnis der analytischen Wahrheitserkenntnis ...“[13]
– gegen Heinrich von Gent – heraus. Pomponazzis Theorie ist fokussiert auf den uneingeschränkten Primat des realen Gegenstandes der
natürlichen Wirklichkeit: Wahrheit ist einerseits dessen Angleichung
an den göttlichen Intellekt, zum anderen die Angleichung des
menschlichen Intellekts an den realen Gegenstand, wobei durch den
Intellekt angezeigt wird, dass etwas seinen Gegenstand bildet, das für
den Intellekt allerdings nur implizit Realität zu besitzen braucht, was
grundsätzlich aber wirklich der Fall ist.[14]

Pomponazzi war mit Thomas' Schriften jedoch bestens vertraut, so-
dass er auch dessen Begründung für die Präeminenz der satzlogischen
Wahrheit in einer eigenen *Quaestio* zur Sprache brachte, aber gleichsam als Nachtrag. Pomponazzi zeigt an, Thomas und auch Ägidius
von Rom hätten die Theorie vertreten, in einem ersten Akt (*prima operatio*) sei Intellektualerkenntnis zwar wahr aufgrund angemessener
Ähnlichkeit mit dem Objekt, aber erst im zweiten Akt (*secunda operatio*) könne davon die Rede sein, dass der Intellekt im Vollzug seines
Erkennens auch die Wahrheit *erfasse, apprehendere*, weil er erst dann
über den Erkenntnisgegenstand ein Urteil (*iudicium*) fälle. Gewusste
Wahrheit ist mehr als nur faktisches Wahr-Sein; gewusste Wahrheit
ist die Reflexionswahrheit[15] der Gewissheit, einer Gewissheit, die
nur im kompositiven – oder divisiven – Akt eines Sätze bildenden
Intellekts erzielt wird.[16] Beim faktischen Wahr-Sein wird ein ein-

[12] Vgl. Augustinus, De Genesi ad litteram XII, 16, n. 33; PL 34, 467.
[13] L. Hödl, Die göttliche Wahrheit im Verständnis des Thomas von Aquin, des Heinrich
von Gent und des Aegidius Romanus, in: Medioevo. Rivista di Storia della Filosofia
Medievale 18 (1992), S. 203-229, hier: 217.
[14] Vgl. Petr. Pompon., Utrum in rebus sit veritas ..., n. 10.
[15] Vgl. Th. Kobusch, a.a.O., S. 152: „Die Wahrheit eines Satzes kann nämlich nur so erkannt werden, daß der Intellekt in einer reflexiven Erkenntnis das Verhältnis seiner
selbst als eines aktiven Prinzips zur erkannten Sache, der er sich angleicht, erfaßt.“
[16] Vgl. Petr. Pompon., Utrum veritas sit tantum in prima aut in secunda operatione intellectus, n. 4. So Thomas im *De-interpretatione*-Kommentar, aber bereits auch im *Scriptum super I Sententiarum* dist. 19 quaest. 5 art. 1; vgl. dazu den exzellenten Beitrag von:
W. Senner, Wahrheit bei Albertus Magnus und Thomas von Aquin, in: M. Enders, J.
Szaif (Hrsg.), a.a.O., S. 103-148, hier: 121 u. Anm. 129. Vgl. zur „Eigenständigkeit" der
operatio secunda: H.-G. Nissing, Sprache als Akt bei Thomas von Aquin, (Studien und
Texte zur Geistesgeschichte des Mittelalters 87) Leiden/Boston 2006, S. 307.

facher Begriff gewusst, bei der Reflexionswahrheit wird im Urteil verglichen, werden einfache Begriffe zusammengestellt und zueinander in Beziehung gesetzt, wobei aus dem komparativen Akt gleichwohl *ein* Erkenntnisinhalt resultiert.[17] Übrigens ist auch der auf sein eigentümliches Objekt ausgerichtete Sinn wahr, er *erkennt* dieses Wahre jedoch nicht; das ist dem Intellekt vorbehalten, der auch das Bezugsverhältnis zu seinem Objekt erkennt[18] und in diesem Erkenntnisakt freilich auch sich selbst. Verglichen werden somit satzimmanente Begriffe und zueinander in ein Verhältnis gesetzt, verglichen wird auch der Satzinhalt mit dem von ihm signifizierten extramentalen Objekt. Im Akt der *operatio secunda* treten jedenfalls zwei Vollzüge zusammen, der Akt der Identität und der der Intentionalität; das in den Dingen liegende Fundament der Wahrheit als materiales Prinzip wird so vervollständigt durch die formgebende Tätigkeit des Intellekts, dessen Eigenständigkeit in dieser Weise hervorgehoben wird.[19]

Für Pomponazzi ist Thomas' Wahrheitstheorie leitend, da erschöpfend. Er lässt zwar erkennen, dass er mit Thomas' Transzendentalientheorie vertraut ist[20] – er spricht von der Konvertibilität von Seiendem (*ens*) und Wahrem (*verum*) –, handelt aber nicht systematisch über den in dieser Theorie entwickelten Begriff des Wahren in seiner Bezogenheit zum Intellekt, auch nicht über die Konvertibilität von Wahrem mit dem Einen (*unum*), der Sache (*res*), dem Etwas als dem anderen Was (*aliquid* als *aliud quid*) und dem Guten (*bonum*).[21] Die Wahrheit, die sich dem auf wahre Objekte reflektierenden Urteilsakt verdankt und dadurch allein gewiss ist, wird von ihm zwar abgehandelt, steht jedoch nicht so im Vordergrund wie bei Thomas, weil Intellektualakte – primäre oder sekundäre – stets die Realität der natürlichen Wirklichkeit voraussetzen, um wahr zu sein oder dieses Wahr-Sein auch noch im Urteil erfassend anzuzeigen in der Lage zu sein. Diese leichte Verschiebung in Pomponazzis Wahrheitsbegriff gegenüber dem des Thomas liegt darin begründet, dass Pomponazzi der extramundan-göttlichen und der intramundanen Wahrheit prinzipiell eine Prävalenz zuerkannt hat, die ihn die später anzusetzenden intellektualen Akte – die primären oder die sekundären – als geringwertiger einschätzen ließ. Natürliche Erkenntnis ist für Thomas pri-

---

17 Vgl. Nissing, a.a.O., S. 315.
18 Vgl. Nissing, a.a.O., S. 322.
19 Vgl. Nissing, a.a.O., S. 331.
20 Vgl. Petr. Pompon., Utrum in rebus sit veritas ..., n. 3.
21 Vgl. dazu die instruktiven Ausführungen von: W. Senner, a.a.O., S. 124-131. – Zu Thomas' Transzendentalientheorie ausführlich: J. A. Aertsen, Medieval Philosophy and the Transcendentals. The Case of Thomas Aquinas, (Studien und Texte zur Geistesgeschichte des Mittelalters 52) Leiden/New York 1996.

mär analytisches Wissen, bei dem wahre Faktizität in Reflexionswissen übergeht und wahres Wissen gewisses Wissen der Satzlogik ist; der Intellekt vermag so aus sich heraus zu gewisser Wahrheit zu gelangen. Für Pomponazzi hingegen hat sogar das Reflexionswissen die natürliche Wirklichkeit so zur Voraussetzung, dass nur unter dieser Voraussetzung der Akkommodationsprozess des Intellekts an die Wirklichkeit möglich ist. Die Akzentsetzung ist so jeweils eine andere: Für Thomas ist die analytisch erzielbare Gewissheit philosophisch ausschlaggebend, der Akkommodationsakt sekundär, für Pomponazzi ist er primär.

Das hat sogar Auswirkungen auf die Immortalitätsproblematik: Für Thomas ist der Mensch deshalb unsterblich, weil seine Intellektualseele schließlich auch ohne Vorstellungen, die Repräsentationen der Wahrnehmungsgegenstände ohne aktualen Wahrnehmungsvollzug, zu erkennen in der Lage ist; für Pomponazzi ist die Suspension der Dependenz des Intellekts von solchen Vorstellungen ein Ungedanke; vergehen daher die Objekte und mit ihnen die entsprechenden Vorstellungen, so vergeht auch die Intellektualseele, ist deshalb nicht etwa nur in gewisser Hinsicht (*secundum quid*), sondern schlechthin (*simpliciter*) sterblich.

PETRUS POMPONATIUS

Utrum in rebus sit veritas et falsitas an in solo intellectu

(1) Circa hoc capitulum contingunt aliquae difficultates, prima, utrum in rebus sit veritas et falsitas an in solo intellectu. Et arguitur, quod
5 in rebus, quia communiter[22] dicitur: 'Aurum est verum vel falsum', et in XII *Metaphysicae* textu commenti 4[23] dicitur, quod unumquodque, sicut se habet in entitate, ita se habet in veritate. Unde primum ens est maxime verum.

(2) Quod etiam apparet ex theologia nostra. Dixit enim Christus:
10 "Ego sum via, veritas et vita."[24]

(3) Et probatur etiam hoc ratione, quia „ens et verum convertuntur"[25]. Ens autem attribuitur rei. Ergo et veritas rei attribuitur.

(4) Item verum est obiectum intellectus.[26] Sed quod est obiectum intellectus, non est in intellectu. Ergo verum non erit in intellectu.
15 Maior patet, quia dicitur communiter[27], quod intellectus fertur in verum sicut appetitus in bonum. Minor patet, quia obiectum praesupponit potentiam.

(5) Item propter quod unumquodque tale, et illud magis.[28] Sed oratio est vera propter rem ad extra. Ergo res est magis vera. Maior nota.
20 Minor patet ex I *Peri hermenias*[29], ubi dicitur, quod ex eo, quod res est vel non est, oratio dicitur vera vel falsa.

(6) In oppositum est Aristoteles hic in textu commenti 22[30] et in I *Peri hermenias*[31], ubi dicit, quod in compositione et divisione tantum consistit veritas et falsitas, et in VI *Metaphysicae* textu commenti ultimi[32]

---

22 Cf. Thom., In Aristotelis Peri herm. I 3 n. 27.
23 Cf. Arist., Metaph. II 1, 993 b 30-31; Averr., In Aristotelis Metaph. II t. comm. 3; Venetiis 1562, 29 vL et t. comm. 4; Venetiis 1562, 30 rD.
24 Ioh. 14, 6.
25 Thom., In Aristotelis Peri herm. I 3 n. 27; S. theol. I 16, 8 ad 2.
26 Cf. Thom., S. theol. I 55, 1 resp.
27 Cf. Thom., De ver. I 1 resp.
28 Cf. Arist., Analyt. post. I 2, 72 a 29-30.
29 Cf. Arist., Cat. 5, 4 b 8-9; Thom., S. theol. I 16, 1 obi. 3 et ad 3.
30 Cf. Averr., In Aristotelis De an. III t. comm. 22; Crawford 456, 15-457, 32.
31 Cf. Arist., De interpr. I, 16 a 12-13; Thom., In Aristotelis Peri herm. I 3 n. 27.
32 Cf. Arist., Metaph. VI 4, 1027 b 25-27; Averr., In Aristotelis Metaph. VI t. comm. 8; Venetiis 1562, 152 vG; Thom., De ver. I 2 resp.

25 dicit, quod bonum et malum sunt tantum in rebus, verum et falsum
    tantum in intellectu.

(7) Omissis his, quae dicit Ioannes, quia nescit, quod dicat, explicabo, quod dicit sanctus Thomas in I parte quaestione 17[33] et in fine
VI *Metaphysicae*[34] et in I *Peri hermenias*[35], et brevius, quam potero, dicta
30 eius explicabo. Alii autem mihi videntur esse buffoni in hac materia.

(8) Pro solutione accipio primo quid nominis huius termini 'veritas'.
Dico, quod ita se habet de veritate sicut de sanitate[36]. Quemadmodum
enim sanitas consistit in adaequatione humorum in ordine ad ipsum
animal, ita veritas est quaedam adaequatio vel commensuratio rei ad
35 intellectum vel intellectus ad rem[37]. Ex quo patet veritatem intelligi
non posse sine intellectu. Et ideo in VI *Metaphysicae* textu commenti
ultimi[38] dixit Aristoteles veritatem esse tantum in intellectu, bonum
et malum in re. Quia autem veritas, cum sit analogum quoddam, definita est disiunctive, vos dicetis: In quo consistit veritas illa, quae con-
40 sistit in adaequatione rei ad intellectum et intellectus ad rem? Dico,
quod, si res comparetur ad intellectum practicum, talis res est vera,
pro quanto comparatur ad talem intellectum, et sic omnia sunt vera,
pro quanto comparantur ad intellectum divinum. Ex quo enim omnis res est effectus dei vel in genere causae efficientis vel finalis, omnia
45 habebunt ideam suam in mente divina, et secundum quod res habent
similitudinem suae ideae, sunt verae, et quanto magis assimulabuntur
suae ideae, tanto magis erunt verae. Unde dicimus aurum esse verum,
pro quanto fert veram similitudinem ideae auri, quae est in mente divina. Res ergo dicitur vera, pro quanto comparatur ad intellectum, a
50 quo dependet. Et hoc non est tantum Platonizare, sed est acceptum ex
XII *Metaphysicae* textu commenti 18[39], ubi Averroes aperte ponit omnia esse in deo sicut in artifice superiori. Non enim est Peripateticum
dicere deum non habere scientiam istorum inferiorum.

(9) Si autem quaeratur: "Tu dicis, quod res est vera, pro quanto com-
55 paratur intellectui practico et factivo habenti formas omnium rerum", ego quaero, utrum iste intellectus sit verus an non. Ego credo,

---

[33] Cf. Thom., S. theol. I 17, 1-4.
[34] Cf. Thom., In Aristotelis Metaph. VI lect. IV nn. 1223-1244.
[35] Cf. Thom., In Aristotelis Peri herm. I 3 n. 29-32.
[36] Cf. Thom., S. theol. I 16, 6 resp.
[37] Cf. Thom., S. theol. I 16, 1 resp.
[38] Cf. Arist., Metaph. VI 4, 1027 b 25-27; Averr., In Aristotelis Metaph. VI t. comm. 8;
      Venetiis 1562, 152 vG; Thom., De ver. I 2 resp.
[39] Cf. Averr., In Aristotelis Metaph. XII t. comm. 18; Venetiis 1562, fol. 305 rD.

quod sic propter intellectum speculativum. Intellectus enim practicus praesupponit speculativum. Nam prius concipitur domus, quam
fiat. Unde infra[40] dicit Aristoteles, quod "intellectus speculativus ex-
60 tensione fit practicus". Idem quoque dicitur VI *Ethicorum*[41]. Et ideo si
artifex facit domum secundum imaginem apprehensam, vocatur vera
domus, si non, falsa. Intellectus vero practicus erit verus in ordine ad
speculativum.

(10) Dictum est igitur, qualiter sit veritas in adaequatione rei ad intel-
65 lectum. Dicendum est modo, qualiter aliquando veritas consistat in
adaequatione intellectus ad rem. Dico, quod istud verificatur maxime quoad nos. Nostrae enim intellectiones sunt verae, quando confor-
mantur rei ad extra ita, quod ita sit ex parte rei, sicut per intellectum
significatur. Et hoc modo intellectus speculativus se habet ad practi-
70 cum. Et talis relatio est mensurati ad ipsam mensuram. Nam in prima
veritate res est mensurata, intellectus mensura, in secunda vero res est
mensura, intellectus autem mensuratus.[42]

(11) Notandum tamen hic, quod, licet res non absolute dicantur verae aut falsae in ordine ad nostrum intellectum – aliter enim una et ea-
75 dem res esset vera et falsa, quoniam unus homo opinatur uno modo,
alius alio modo, quae opinio improbatur IV *Metaphysicae* textu commenti 19[43] –, tamen quoquo modo dicuntur verae in ordine ad nos,
non quod intellectus noster habeat mensurare talem rem, sed quia talis res est apta nata facere talem scientiam de se in nostro intellectu.
80 Sed res absolute dicuntur verae in ordine ad intellectum divinum, qui
maxime verus est. Et sic patet definitio veritatis, qualiter est adaequatio rei ad intellectum et intellectus ad ipsam rem.

(12) Si autem quaeratur, utrum ipse deus sit verus, dico, quod in deo
benedicto omnibus modis est veritas, sicut dicit hic Themistius[44] de
85 intellectu agente, qui est verus, non quia alia, sed quoniam se tantum,
qui verus est, intelligit. Quanto magis ergo deus hoc modo verus erit
et maxime verus, quoniam ex se ipso verus est et non ex alio extrin-
seco, sicut nostra veritas! Est etiam verus omnibus modis, quoniam
in deo est adaequatio rei ad intellectum et intellectus ad rem. Tanta

40 Thom., S. theol. II/II 4, 2 ad 3.
41 Cf. potius Arist., De an. III 10, 433 a 15; Thom., S. theol. I 79, 11.
42 Cf. Thom., De ver. I 2 resp.
43 Cf. Averr., In Aristotelis Metaph. IV t. comm. 19; Venetiis 1562, 86 vM-87 rA.
44 Cf. Themist., Paraphras. De anima Liber III interprete Hermolao Barbaro cap. XLV; Venetiis 1499, fol. 96 v.

90 enim est sua essentia, quanta est sua intellectio, et tanta est sua intellectio, quanta est sua essentia. Nec aliquo modo de se ipso potest
facere aliquam deceptionem.

(13) Ad quaestionem igitur possumus respondere dicendo, quod veritas semper habet ordinem ad intellectum. Ponimus tamen aliquam
95 veritatem in intellectu, quo scilicet ad intellectum speculativum,
cuius veritas mensuratur a re. Ponimus etiam aliquam veritatem in re,
scilicet quoad intellectum practicum, qui mensurat veritatem in re existentem. In deo autem benedicto est mensura et mensuratum, non
quidem realiter distincta, sed secundum nostrum modum intelligen-
100 di. Si quis ergo dicat veritatem esse in intellectu, verum dicit, quoniam sine intellectu non intelligitur veritas, sicut autem in subiecto veritas potest esse in re.

(14) Ad rationes responsio patet. Ad primam dico, quod aurum est
verum et eius veritas consistit in adaequatione rei ad intellectum, non
quidem nostrum, sed divinum. Est enim verum, quia imitatur veram
105 ideam auri, quae est in mente divina. Et non ponimus veritatem con-
sistere in ordine ad intellectum nostrum; aliter enim sequerentur in-
convenientia, quae adducit Philosophus IV *Metaphysicae*[45] contra an-
tiquos putantes omnia, quae videntur nobis, esse vera[46].

110 (15) Ad alias quoque patet solutio; veritas enim, ut dictum est, aliquo
modo est in re; et de deo dictum est, quomodo in eo est veritas.

---

[45] Cf. Arist., Metaph. IV 5, 1009 b 1-2, 13-15; 1010 a 1-3, b 1-1011 a 2; 1011 a 28-b 7.
[46] Cf. Thom., S. theol. I 16, 1 obi. 2; In Aristotelis Metaph. IV lect. 14 nn. 692-707.

2 utrum ... (3) prima: ideo dubitatur P1 / et: aut P2 / an: vel R / in solo *inv.* P2   3 hoc capitulum: textum 27 R / contingunt: sunt R / prima: et primo R   4 in rebus *om.* P1 / sit *om.* P1   falsitas *add.* sit in rebus P1 / et *add.* primo P1 / quod *add.* sit P1   5 dicitur *add.* quod P1 / vel: et P1 / et in: item P1   6 unumquodque sicut *inv.* P1 7 entitate: veritate K R / ita: sic P1   / se habet *om.* P1   8 veritate: entitate K R / primum ... (8) maxime: primo enti maxime attribuitur P1   9 quod ... nostra: apparet etiam ex credo scilicet deum verum de deo vero P1 / dixit ... Christus: et etiam salvator loquens de se ipso dicit P1   10 via *add.* et P1 / et vita: et cetera P1   11 et ... ratione: item rationibus arguitur P1 / quia: nam P1 / verum: unum K R   12 ens autem: sed ens P1 / veritas rei *inv.* P2 / rei attribuitur: maior est sumpta ex II metaphysicae textu commenti 4 minor patet ergo et cetera P1   13 item: amplius P1 / verum: unum K R   14 verum: unum K R   15 dicitur communiter *inv.* P1   16 minor *add.* autem P1 / praesupponit potentiam: est ante potentiam praesupponitur enim ipsi potentiae ergo est in re P1   18 quod *om.* P2 / illud magis: cetera P1 / oratio: propositio P1   19 est^2: erit P1 / maior *add.* est P1 est de se P2 / nota *add.* I posteriorum P1   20 patet *om.* P1 / I *om.* P1 / quod^1 ex: ab P1   21 oratio ... falsa: et cetera P1 22 est Aristoteles: arguitur primo auctoritate philosophi P1 est sententia Aristotelis P2 / commenti *add.* 27 et K P2 R   23 dicit: dicitur P1 / consistit: est P1   24 falsitas *add.* modo compositio est in intellectu ergo et cetera P1 / et^2 in: item P1 / commenti ultimi: ultimo R   25 dicit: dicitur P1 / sunt: est P1   26 tantum *om.* R   27 omissis ... (28) in^1: omissis nugis modernorum et maxime Ioannis qui nescivit quod dixerit in hac materia dumtaxat volo dicere veritatem quam accepi a Thoma P1 / his *om.* R   28 sanctus *om.* R / 17: 16 P1   29 et^1 *om.* P2 / in *om.* P1 / et^2 *om.* P1 P2 R / brevius ... (30) eius: breviter quae potero dicta eius K brevius quam potero eius mentem P1 ... (30) materia *om.* R   30 autem mihi *om.* P1 / videntur: videtur K / esse *om.* P1 / in ... materia: solus Thomas optime tangit istam materiam P1   31 accipio primo: huius difficultatis primo accipiam P1 accipio P2 / huius: istius P1 R / veritas *add.* et hoc secundum iudicium magistri nostri quia IV metaphysicae et in posterioribus oportet praesupponere quid nominis P1   32 dico *add.* ergo P1 / quod ... habet: sicut est P1 / sicut: sic P1 / quemadmodum: sicut P1 ut R   33 consistit in: dicit P1   34 commensuratio rei *inv.* P1   35 intelligi ...(36) posse: non posse intelligi P1   36 intellectu *add.* nihil enim aliud est veritas nisi adaequatio rei ad intellectum vel e contra et sic duplex est veritas P1 / ideo *add.* bene dixit Aristoteles P1 / in *om.* P1   37 dixit: dicit R / esse ... intellectu: tantum in intellectu esse P1 tantum esse in intellectu R / bo-

num *add.* autem P1   38 re *add.* ideo et cetera P1 / quia: quoniam P1 / definita: definienda P1   39 est: sit P2 / disiunctive: definitive K P2 R / vos *om.* P1 / dicetis *add.* vellem scire P1 / veritas illa *inv.* P1 / quae ...(40) in: quae est P1 in P2   40 adaequatione: adaequatio P1 / et *add.* quae est adaequatio P1 illa quae in adaequatione P2   41 comparetur: comparatur P1 R / res *om.* R   43 comparantur: comparatur P1 / omnis: quaelibet P1   44 vel¹: aut P1 / vel²: aut P1   45 suam: sui P1 / et *add.* res R / res *om.* R   46 suae ideae *inv.* R / assimulabuntur: assimulabunt se P1 P2   47 suae *om.* P1   48 fert: habet P1 / ideae: et ideam P1 suae ideae scilicet R / auri *add.* et assimulatur suo exemplari P1 / quae: quod P1 / divina *add.* aurum vero dicitur falsum quia non assimulatur nec adaequatur ideae suae et deficit ab ipsa unde quando quis ordinat fieri domum si est facta secundum imaginationem perceptam dicitur vera domus si vero non et cetera P1   49 ergo: vero P1   50 hoc: istud P2 / est acceptum: omnia sunt accepta P1 / ex *om.* P2   51 textu *om.* P1 / commenti: commento P1 / Averroes: commentator P1 / aperte ponit *inv.* P2: expresse ponit P1   52 enim *om.* P1   53 istorum: horum P1 / inferiorum *add.* quia quoquo modo esset deus et artifex nisi ... idem dicit Plato et III Ioannis dicitur idem communiter scilicet quod omnia sunt in deo benedicto et omnia fiunt ab eo et ideo appellatur primus auctor omnium et ideo et cetera P1   54 tu dicis: dixisti P1   55 intellectui: intellectu R / habenti: habente K P2 R   56 ego *om.* P1 / an non: vel necne P1 / ego credo: dico P1   57 propter: respectu P1 / intellectum speculativum: intellectus speculativi P1   58 nam: verbi gratia P1 / concipitur domus *inv.* P1   59 Aristoteles: philosophus P1   60 dicitur ... Ethicorum: VI Ethicorum dicitur P1 dicitur in VI Ethicorum P2   61 imaginem: formam P1 imaginationem R / vocatur: erit P1 dicitur R   62 non *add.* erit P1 / vero: ergo P1 / erit verus *om.* P1   63 speculativum *add.* erit verus P1   64 est igitur *inv.* P1 / sit veritas: veritas est P1   65 aliquando veritas: veritas quandoque P1 / consistat: consistit K P2 R   66 dico *add.* ergo P1 / istud ... maxime: hoc maxime verificatur P1 illud verificatur maxime R   67 quando: quoniam P1   68 ita² *om.* P1   70 ipsam *om.* R   71 mensurata *add.* et P1 / mensura *add.* et P2   72 intellectus ... mensuratus: intellectus autem mensuratum KR intellectio vero mensurata P1 intellectus mensuratum P2   74 aut: vel R   75 homo *om.* P1 / opinatur ... modo: uno modo opinatur P1 P2   76 alius: et alius R   79 nata *om.* K R / talem: veram P1   81 verus: verum P1 / et ... (83) verus *om.* P2 / veritatis *add.* et P1   82 ipsam *om.* P1   83 ipse *om.* R   84 benedicto *om.* R   85 intellectu *om.* K R / qui: quod K R / quoniam: quia P2   86 magis ergo *inv.* P1 / deus *add.* ipse P1   87 et: est P1 / verus¹: verum P1 / verus² est *inv.*

P1 / et non: nec P1 / ex *add.* aliquo P1   88 sicut *add.* est P1 / etiam:
autem P1   93 igitur: ergo R / respondere dicendo: dicere R   97 in[1]
...(98) existentem: existentem in re ipsa P1   98 benedicto *om.* R / est
add. quidem P2   99 quidem *om.* P2   100 dicat: dicet P1   101 sine: in
R   103 primam: primum P1 P2   104 et ... (105) verum *om.* P1   105
quia: quoniam P1   106 quae: qui K   107 in ordine *om.* P1   108 philosophus: Aristoteles R   109 omnia quae: qui omnia P1 / videntur:
videbantur *codd.*   111 deo *add.* iam R / veritas *add.* et hoc de I quaestionum in qua non fuit Platonizatum immo Aristotelizatum P1

Utrum veritas sit tantum in prima aut in secunda operatione intellectus

(1) Alia quaestio est, utrum veritas sit tantum in prima aut secunda operatione intellectus.

(2) Videtur primo Aristoteles in I *Peri hermenias*[47] dicere, quod con-
5 sistit tantum in secunda operatione. Dicit enim, quod circa composi-
tionem consistit tantum veritas et falsitas. Idem in 21[48] et 22[49] videtur
dicere.

(3) Ex alia parte videtur, quod veritas consistat in prima operatione.
Nam in textu commenti 26[50] dicit: Intellectus circa 'quod quid est'
10 verus semper. Et in II textu commenti 63[51] dicit, quod sensus circa
proprium obiectum semper est verus. Sensus non componit aut di-
vidit.

(4) Sanctus Thomas[52] et Aegidius[53] dimissis aliorum nugis sic respondent ad hanc quaestionem, quod multum refert dicere intellectum
15 esse verum et apprehendere verum. Tunc dicunt, quod intellectus
in sui prima operatione est verus, et etiam sensus est verus in appre-
hendendo proprium obiectum, quoniam habet veram similitudinem
obiecti, et e contra vocatur falsus in non habendo veram similitudinem obiecti proprii. Non tamen est dicendum, quod intellectus in
20 prima operatione aut sensus apprehendat verum aut falsum, quoniam apprehendere veritatem est facere iudicium de tali re, quod non
potest facere sensus aut intellectus in sui prima operatione, quoniam
hoc non fit nisi in componendo, compositio autem ad solam secundam operationem intellectus pertinet.

25 (5) Sic ergo conceditur intellectum in prima operatione et etiam sen-
sum esse verum, non tamen apprehendere verum.

---

[47] Cf. Arist., De interpr. 1, 16 a 12-13.
[48] Cf. Averr., In Aristotelis De an. III t. 21; Crawford 454, 2-3.
[49] Cf. Averr., In Aristotelis De an. III t. 22; Crawford 456, 2-8.
[50] Cf. Averr., In Aristotelis De an. III t. 26; Crawford 463, 3-4.
[51] Cf. Arist., De an. II 6, 418 a 11-12; Averr., In Aristotelis De an. II t. 63; Crawford 224,
6-8.
[52] Cf. Thom., In Aristotelis Peri hermen. I prooem. n. 1-2; I lect. 3 nn. 24-25; Sent. Libri
De anima III c. 5; ed. Leonina XLV, 1, 224, 1-227, 246.
[53] Cf. Aegid. Rom., In Periermenias I (In Artem veter.), Venetiis 1507 (ND Frankfurt a.
M. 1968), 48 rb.

1 utrum ... intellectus *om.* P1 / in^2 *om.* R   2 aut: an in P1 aut in P2   3 intellectus *add.* ex quo enim est in intellectu ut patuit quantum ad intellectum speculativum quaeritur an in prima et cetera P1   4 videtur ... Aristoteles: primo enim videtur philosophus dicere P1 / dicere *om.* P1 / consistit *om.* P1   5 operatione *add.* consistat P1 / dicit enim: dicitur enim ibi P1   6 consistit tantum: tantum est P1 / idem *add.* hic in textu commenti P1 / et^2 *om.* P1   9 dicit: dicitur quod P1 dicit quod P2   10 verus semper: semper est verus P1 / II *add.* huius P1 / 63: 152 K P1 P2 132 R / dicit: dicitur P1   11 verus *add.* sed P1 / aut: est P1 13 sanctus *om.* R ... (14) quaestionem: Thomae Aegidii et aliorum nugis omissis sic respondetur scilicet P1 / sic respondent: dicunt R   15 sui prima *inv.* P1 P2   16 in *om.* P1   17 similitudinem obiecti *inv.* P1 18 vocatur: dicitur R / veram *add.* et propriam P1   19 in *add.* sui R 20 aut^2: et P1 / apprehendere ... (22) quoniam *om.* K R   23 in *om.* P1 / ad solam *inv.* R

LITERATURVERZEICHNIS

1. Quellen

K Kopenhagen, Kongelige Bibliotek, Ny kgl. Samling 190a, fol. 291 v – 293 r
P1 Paris, Bibliothèque nationale de France, Cod. Lat. 6448, fol. 234 v – 235 v
P2 Paris, Bibliothèque nationale de France, Cod. Lat. 6449, fol. 223 r – 224 r
R Rom, Biblioteca Angelica, Ms. 1317, fol. 174 r – 176 r

Aegidius Romanus, Expositio in Artem veterem (videlicet in Libros universalium, praedicamentorum, postpraedicamentorum, sex principiorum, perihermenias), Venetiis 1507 (ND Frankfurt a. M. 1968).
Aristoteles, Analytica priora et posteriora, ed. W. D. Ross, L. Minio-Paluello, Oxford 1964.
Aristoteles, Categoriae et Liber de interpretatione, ed. L. Minio-Paluello, Oxford ⁵1974.
Aristoteles, De anima, ed. W. D. Ross, Oxford ³1963.
Aristoteles, Metaphysica, ed. W. Jaeger, Oxford ⁴1969.
Augustinus, De Genesi ad litteram; Patrologia Latina 34, 245-486.
Averroes, Commentarium magnum in Aristotelis De anima Libros, ed. F. St. Crawford, (Corpus Commentariorum Averrois in Aristotelem, Versionum Latinarum vol. VI, 1) Cambridge/Mass. 1953.
Averroes, In Aristotelis Metaphysicorum Libros XIIII, Venetiis 1562 (ND Frankfurt a. M. 1962).
Biblia Sacra, Tom. II, iuxta vulgatam versionem rec. R. Weber, Stuttgart 1969, ed. B. Fischer, Stuttgart ³1983.
Pietro Pomponazzi, Abhandlung über die Unsterblichkeit der Seele, lat.-dt., übers. und mit einer Einleitung hrsg. von B. Mojsisch, (Philosophische Bibliothek 434) Hamburg 1990.
Themistius, Libri Paraphraseos 1. In Posteriora Aristotelis, 2. In Physica, 3. In Libros De anima, interprete Hermolao Barbaro, Venetiis 1499, in: Commentaria in Aristotelem Graeca, Versiones Latinae XVIII: Themistii Libri Paraphraseos (ND), ed. et praefatione instrux. C. Lohr, Frankfurt a. M. 1978.
Thomas Aquinas, In Aristotelis Libros Peri hermeneias et Posteriorum Analyticorum Expositio, ed. R. M. Spiazzi, Torino ²1964.

Thomas Aquinas, In XII Libros Metaphysicorum Aristotelis Expositio, ed. R. M. Spiazzi, Torino ²1964.
Thomas Aquinas, Quaestiones disputatae, Vol. I: De veritate, ed. R. M. Spiazzi, Torino/Roma 1964.
Thomas de Aquino, Sentencia Libri De anima, ed. Leonina XLV, 1, cura et studio Fratrum Praedicatorum, Roma/Paris 1984.
Thomas de Aquino, Summa theologiae, ed. Leonina IV-XII, cura et studio Fratrum Praedicatorum, Roma 1888-1906.

2. Sekundärliteratur

Aertsen, J. A., Medieval Philosophy and the Transcendentals. The Case of Thomas Aquinas, (Studien und Texte zur Geistesgeschichte des Mittelalters 52) Leiden/New York/Köln 1996.
Ebbersmeyer, S., Perspektiven des Wahrheitsbegriffs in der Philosophie der Renaissance, in: M. Enders, J. Szaif (Hrsg.), Die Geschichte des philosophischen Begriffs der Wahrheit, Berlin/New York 2006, S. 211-230.
Ferri, L., La Psicologia di Pietro Pomponazzi (secondo un Manoscritto inedito della Biblioteca Angelica di Roma), (Reale Accademia dei Lincei, Anno CCLXXIV – 1876-77) Roma 1877.
Hödl, L., Die göttliche Wahrheit im Verständnis des Thomas von Aquin, des Heinrich von Gent und des Aegidius Romanus, in: Medioevo. Rivista di Storia della Filosofia Medievale 18 (1992), S. 203-229.
Kann, Chr., Wahrheit als *adaequatio*: Bedeutung, Deutung, Klassifikation, in: Recherches de Théologie et Philosophie médiévales. Forschungen zur Theologie und Philosophie des Mittelalters 66, 2 (1999), S. 209-224.
Kobusch, Th., Adaequatio rei et intellectus. Die Erläuterung der Korrespondenztheorie der Wahrheit in der Zeit nach Thomas von Aquin, in: M. Enders, J. Szaif (Hrsg.), Die Geschichte des philosophischen Begriffs der Wahrheit, Berlin/New York 2006, S. 149-166.
Nardi, B., Studi su Pietro Pomponazzi, Firenze 1965.
Nissing, H.-G., Sprache als Akt bei Thomas von Aquin, (Studien und Texte zur Geistesgeschichte des Mittelalters 87) Leiden/Boston 2006.

Senner, W., Wahrheit bei Albertus Magnus und Thomas von Aquin, in: M. Enders, J. Szaif (Hrsg.), Die Geschichte des philosophischen Begriffs der Wahrheit, Berlin/New York 2006, S. 103-148.

Torrell, J.-P., Magister Thomas. Leben und Werk des Thomas von Aquin, aus dem Franz. übers. v. K. Weibel in Zusammenarbeit mit D. Fischli, R. Imbach, Freiburg/Basel/Wien 1995.

Jesu Lebensereignisse in der Summa Theologiae des Thomas von Aquin und im Jesusbuch Benedikts XVI. Ein Vergleich

Gerd Lohaus

1. WARUM DER VERGLEICH?

Mit seinem Jesusbuch[1] hat Joseph Ratzinger/Benedikt XVI. das Geheimnis Jesu und mit ihm dessen Lebensereignisse auf der Basis der Evangelien von der Taufe und der Versuchung über die Reich-Gottes-Verkündigung und die Bergpredigt bis hin zum Petrusbekenntnis und zur Verklärung abgeschritten.[2] Die große Resonanz dieses Buches macht deutlich: Einer weltweiten Öffentlichkeit, gläubigen Christen wie Nichtchristen und Menschen, die [glauben,] nicht [mehr] glauben [zu] können, wird wegen ihres besonderen Interesses am Buch des Papstes auf diesem Wege zugleich die Bedeutung der Lebensereignisse Jesu vermittelt. So werden „zwei Fliegen mit einer Klappe geschlagen": Die *wissenschaftliche Auseinandersetzung* mit dem genuinen „Gegenstand" des christlichen Glaubens, mit Jesus Christus und seinen Lebensereignissen, dient zugleich dazu, Jesus selbst und sein irdisches Handeln in seiner soteriologischen Bedeutung „unter die Leute zu bringen". Damit ist das Jesusbuch des Papstes mehr als eine Beteiligung der weltweiten Öffentlichkeit an einer Diskussion unter Theologen jedweder Fachrichtung oder bloß von Christen, die fest im Glauben an Jesus Christus verwurzelt sind. Mit ihm geschieht zugleich *Verkündigung* von Jesus, dem Christus, und seiner Botschaft vom Reich Gottes. Solches zu verkündigen ist natürlich nicht neu. Der Papst selbst spricht davon, dass es in seiner Jugendzeit eine Reihe *begeisternder* Jesusbücher gegeben habe, in denen vom Evangelium her das Bild Jesu Christi gezeich-

---

[1] Joseph Ratzinger/Benedikt XVI., Jesus von Nazareth [= Benedikt XVI., Jesusbuch], Freiburg, Basel, Wien 2007.

[2] Ein zweiter Band ist angekündigt, der den Weg Jesu von seinem Lebensbeginn bis zu seinem Ende nachzeichnen und den Einzug nach Jerusalem, das Abendmahl, die Passion und die Auferstehung behandeln soll [vgl. Jesusbuch, 23].

net wurde, „wie er als Mensch auf Erden lebte, aber – ganz Mensch –
doch zugleich Gott zu den Menschen trug."[3]

Weil vom Papst selbst dazu aufgefordert,[4] hat sein Buch zahlreiche kritische Stellungnahmen, hauptsächlich unter Exegeten
und Dogmatikern, provoziert.[5] Dass gerade sie es sind, ergibt sich
aus der Intention selbst, mit der Benedikt XVI. sich zur Person und
zum Handeln Jesu zu Wort meldet: die erzählte Christologie der
Evangelien und die dogmatische Christologie der Kirche miteinander zu versöhnen.[6] Dabei führt er die historisch-kritische Methode
über die „Kanonische Exegese" organisch weiter und lässt sie so zu eigentlicher Theologie werden.[7] Das ist das spezifisch Neue der päpstlichen Darlegungen im Kontext zahlreicher Jesusdarstellungen in
Vergangenheit und Gegenwart.

Des Weiteren „betreibt" Benedikt XVI. mit seinem Jesusbuch eine
„Theologie der Mysterien Christi". Solche Theologie erklärt – und das
ist bereits einer ihrer Vorzüge –, warum in seinem Werk nicht wenige
und mitunter ausgebreitete Passagen meditativer oder homiletischer
Art sowie aktualisierende Exkurse enthalten sind.[8]

Nun liegt nicht mit jeder Jesusdarstellung in Vergangenheit und
Gegenwart zugleich eine solche *Theologie* der Mysterien Christi vor.
Dies ist aber beim Jesusbuch des Papstes der Fall. Solcher Tatbestand
weckt aus zwei Gründen besonderes Interesse: 1.] Angesichts der
sogenannten „Trinitätsvergessenheit" in der Vergangenheit, der
Ausklammerung der „Wir-Realität Gottes"[9], ist eine Trinitätslehre
neu ins Leben gerufen worden, die das Mysterium Gottes nicht
mehr in sich selbst verschließt, sondern dem Menschen wieder
Zugang zu den göttlichen Personen erschließt, und dies sowohl im
persönlichen Glaubensvollzug wie auch in kirchlicher Liturgie und
Verkündigung.[10] Diese Trinitätslehre bringt der Papst in seinem Buch

---

3   Benedikt XVI., Jesusbuch, 10.
4   Benedikt XVI., Jesusbuch, 22: „Es steht daher jedermann frei, mir zu widersprechen."
5   Vgl. Jan-Heiner Tück [=Hrsg.], Annäherung an „Jesus von Nazareth". Das Buch des
     Papstes in der Diskussion [J.-H. Tück, Annäherung], Ostfildern 2007; vgl. die Auflis-
     tung der Stellungnahmen zum Jesusbuch, ebd. 185-199.
6   Vgl. J.-H. Tück, Annäherung, 12.
7   Vgl. Benedikt XVI., Jesusbuch, 18.
8   Vgl. R. Pesch, „Der Jesus der Evangelien ist auch der einzig wirkliche historische Je-
     sus". Anmerkungen zum Konstruktionspunkt des Jesusbuches, in: J.-H. Tück, Annä-
     herungen, 42.
9   Vgl. J. Ratzinger, Dogma und Verkündigung, München ³1977, 219f.
10   Vgl. H. Chr. Schmidbaur, Der Dreifaltige Gott als „Communio" in der Trinitätslehre
     Joseph Ratzingers, in: G. L. Müller [Hrsg.], Der Glaube ist einfach. Aspekte der The-
     ologie Papst Benedikt XVI., Regensburg 2007, 102.

bei den Ereignissen des irdischen Lebens Jesu zur Anwendung.[11]
2.] Über diese vorliegende *Theologie* der Mysterien Christi in seinem Jesusbuch ist Benedikt XVI. mit Thomas von Auqin verbunden. Schließlich gilt dieser als einer der letzten Theologen des Mittelalters, der in seiner Summa theologiae noch die „acta et passa Christi" [die Mysterien Christi[12]] *theologisch*, also in dieser „Wir-Realität-Gottes" betrachtet.[13] Was also der eine, nämlich Thomas von Aquin, als Theologe des Mittelalters, als einer der letzten seiner Zeit, noch „betreibt", bevor die sogenannte „Trinitätsvergessenheit" mit ihren negativen Konsequenzen für die Lebensereignisse Jesu für eine lange Zeit einsetzt, „betreibt" der andere, nämlich Benedikt XVI., als einer der wenigen für *seine* Zeit. Er entfaltet wie Thomas [und wie Karl Rahner auch[14]] das *eine* Christusmysterium in den *vielen* Christusmysterien, während viele seiner theologischen Zeitgenossen lediglich den je spezifischen Charakter des jeweiligen Mysteriums Christi darlegen.[15] Die heutige Dogmatik ist sensibler als früher dafür geworden, dass die Leerstelle des Glaubensbekenntnisses zwischen Inkarnation und Passion in der christologischen Reflexion aufgewertet werden muss. Freilich muss man lange suchen, um eine so konsequente Konkretion wie bei Joseph Ratzinger zu finden.

Diese Betrachtung der Lebensereignisse Christi unter der Perspektive der „Wir-Realität-Gottes" im Mittelalter und in der Neuzeit motiviert zu einem Vergleich zwischen Thomas von Aquin und Benedikt XVI. Solcher Vergleich sucht Antwort auf die Frage: Wenn Thomas von Aquin und Benedikt XVI. das Gleiche tun, tun sie damit

[11] Wenn im Folgenden von einer *Theologie* der Mysterien Christi die Rede ist, dann ist damit die Betrachtung der Mysterien Christi unter der „Wir-Realität-Gottes" gemeint.

[12] Die Rede von den Mysterien Christi als terminus technicus für die Lebensereignisse Christi in ihrer Gesamtheit [vgl. K. Rahner, in: LThK VII, 721f.] kommt erst später auf. Er ist Thomas deshalb unbekannt. Doch er meint sachlich dasselbe, wenn er in seinem Prolog zum dritten Teil der Summa davon spricht, dass jene Ereignisse, die „per ipsum Salvatorem nostrum, idest Deum incarnatum, sunt acta et passa", Gegenstand der Betrachtung sein sollen [III q.27 prol.].

[13] Vgl. G. Lohaus, Die Geheimnisse des Lebens Jesu in der Summa theologiae des heiligen Thomas von Aquin [Freiburger theologische Studien 131] [= G. Lohaus, Leben Jesu], Freiburg 1985.

[14] Kaum ein anderer Theologe fordert so mit Nachdruck den Einbau der Mysterien Christi in die Theologie wie Karl Rahner [vgl. Schriften I, 169-222, bes. 187; 202-212; III, 47-60, bes. 57-60; Rahner-Lesebuch, 181-245; Grundkurs, 180-222]. K. Rahner entwickelt jene Kriterien, die die von ihm geforderte Einbindung der Mysterien Christi in die Theologie möglich machen. – Vgl. dazu G. Lohaus, Die Lebensereignisse Jesu in der Christologie Karl Rahners, in: Theologie und Philosophie, Freiburg, Basel, Wien 131 [1990] 349-386, bes. 350; ferner: G. Lohaus, Leben Jesu, 14-28.

[15] Vgl. Leo Scheffczyk [Hrsg.], Die Mysterien des Lebens Jesu und die christliche Existenz, Aschaffenburg 1984.

auch schon dasselbe, kommen sie dabei zu denselben Ergebnissen, oder/und ergänzen sie sich gar wechselseitig in der Zielsetzung ihrer theologisch-trinitarischen Darstellung der Mysterien Christi?

Vorgängig zu den folgenden Ausführungen sei gesagt: Eine gewisse Spannung wohnt solchem Vergleich von vorneherein inne: Joseph Ratzinger war [ist noch immer?] der Meinung, die scholastische Theologie, so wie sie sich fixiert habe, sei kein Instrument mehr, um den Glauben ins Gespräch der Zeit zu bringen. Sie müsse aus diesem Panzer heraus, müsse sich eben auch in einer neuen Sprache, in einer neuen Offenheit der Situation der Gegenwart stellen.[16] Aber fällt thomanische Theologie schon unter dieses Verdikt: „[W]ie sie sich fixiert hat"? Hinzu kommt: Für Ratzinger gibt die *erzählte* Christologie der Evangelien im Wesentlichen die *gelebte* Christologie Jesu wider. Für ihn ist der Jesus der Evangelien „der einzig wirkliche historische Jesus",[17] und sein „Konstruktionspunkt" in der Darstellung der Mysterien Christi, die Verankerung der Person Jesu in Gott, ist ein systematisch-dogmatischer.[18] Demnach betrachtet er die Lebensereignisse Jesu eben primär als Dogmatiker und nicht als Exeget, nicht als Historiker und auch nicht als Fundamentaltheologe. Dass er als Dogmatiker Schriftauslegung betreibt, zeigt sich dabei an seinem überragenden Interesse an der Botschaft und der Person Jesu, die er dann ins Gespräch mit der historischen Jesusforschung bringen will. Diesem Tatbestand trägt die folgende Darlegung dadurch Rechnung, dass sie Thomas' und Benedikts Auseinandersetzung mit den Mysterien Christi in der Hauptsache unter dieser systematisch-dogmatischen Perspektive betrachtet. Schließlich wendet Benedikt XVI. die „Kanonische Exegese" nur an und befasst sich nicht intensiv mit der Methodendiskussion. Ähnlich bei Thomas von Aquin: Ist er in seiner systematischen Theologie originell, so reiht er sich bei der Schriftauslegung in eine vorgegebene Tradition ein, die er fortsetzt und zusammenfasst und zugleich mit anderen Strömungen zu vergleichen sucht.[19]

---

[16] Vgl. J. Ratzinger, Salz der Erde. Christentum und katholische Kirche an der Jahrtausendwende. Ein Gespräch mit Peter Seewald [= J. Ratzinger, Salz der Erde], Stuttgart 1996, 78.

[17] So die Formulierung der Überschrift eines Beitrags von R. Pesch, in: J.-H. Tück, Annäherungen, 31.

[18] Vgl. R. Pesch, a.a.O., 40.

[19] Vgl. dazu M. A. Reyero, Thomas von Aquin als Exeget. Die Prinzipien seiner Schriftdeutung und seine Lehre von den Schriftsinnen [= M. A. Reyero, Thomas als Exeget], [Sammlung Horizonte 5], Einsiedeln 1971, 26f.

2. GRÜNDE FÜR DIE DARLEGUNG DER MYSTERIEN IN DER SUMMA UND IM JESUSBUCH

2.1 In der Summa theologiae

Die Mysterien Christi stehen im dritten Teil der Summa theologiae des Aquinaten.[20] Dieser Tatbestand ist bedeutsam für die Frage, warum sich Thomas in seiner Summa mit ihnen auseinandersetzt. Denn die Weise, *wie* er sie darstellt [formaler Aspekt], und der Tatbestand, dass die „acta et passa Christi" die *Summe* seiner Theologie enthalten und deren theologisch-trinitarische Betrachtung darstellen [inhaltlicher Aspekt], lassen die Intentionen erkennen, aus der heraus Thomas die Mysterien Christi darlegt.

Als Lehrer der katholischen Wahrheit will Thomas mit ihr nicht nur Fortgeschrittene tiefer in die Theologie einführen; er will sich mit ihr auch der Unterrichtung der Studienanfänger widmen, wobei er nutzlose Fragen, Artikel und Beweisführungen vermeidet und auf häufige Wiederholungen verzichtet, um den Studierenden so ihr Studium zu erleichtern.[21] Die Mysterien Christi gehören formal zum Inhalt eines Lehrbuches, weil es ein *theologisches* Lehrbuch ist, von einem Lehrer der Theologie verfasst, der seinen Studenten die *gesamten* Inhalte der Theologie vermitteln will, zu der auch die Mysterien Christi gehören. Dieses Wissen um die „acta et passa Christi" und ihr theologisch-trinitarisches Verstehen eignen sie sich an mit dem bereits aus dem ersten und dem zweiten Teil der Summa an Wissen Erworbenen. Dabei erfolgt die Darlegung der Mysterien Christi so, dass die Studenten gemäß scholastischer Lehr- und Lernweise zugleich die [Gegen-] Positionen zu den Fragestellungen „des Philosophen" [= Aristoteles] und der Kirchenväter kennenlernen und sich mit deren Argumenten auf der Basis ihres Wissens um die Lehre des Aquinaten auseinandersetzen können. Das Studium der „acta et passa Christi" ist damit mehr als die bloße Kenntnis der thomanischen Position; sie ist theologische und philosophische Information über die im Studium vermittelte Lehre des Aquinaten hinaus und zugleich Argumentationshilfe mit seinen und den Argumenten derer, die Thomas' Position stützen, gegen die, die diese bestreiten. Weil Thomas aus der notwendigen Auseinandersetzung mit anderen denkerischen Entwürfen heraus den christlichen Glauben, hier im Blick auf die „acta et passa Christi", verteidigt und verkündigt, können es die Studenten „seiner" Summa

---

[20] Vgl. STh III qq. 27-45.
[21] Vgl. STh I prol.

auch. Dabei ist die Darlegung der Mysterien Christi in der Summa nicht bloße Information über eine „Sache". Seine „Summa" ist eine Synthese seines gläubigen Lebens und seiner theologischen Arbeit sowie seines ganzen biblischen, patristischen und philosophischen Wissens. Nun kann Wissenschaft von Gott nach Thomas Theologie nur sein, wenn sie von der Offenbarung Gottes ausgeht. Um zur Kenntnis dieser Offenbarung zu kommen, muss der Mensch mit dem Wort Gottes, wie es sich ihm in der Schrift darbietet, in Beziehung treten.[22] Die Wahrheit dieser Offenbarung versucht Thomas dabei unter Zuhilfenahme aller Mittel seiner Zeit darzustellen und zu verstehen, und dies eben auch in Bezug auf die Mysterien Christi. Geht es ihm in seiner Summa um das Ganze der Theologie und um die Theologie im Ganzen, so gehören dazu zweifelsfrei auch die „acta et passa Christi".

Weil die „acta et passa Christi" also Bestandteil der *gesamten* Summa sind, gehören sie inhaltlich wie auch formal zur thomanischen Theologie im Ganzen. Mit ihnen „betreibt" Thomas *Theologie*, was sich bis in die Anordnung des in der Summa dargelegten „Stoffes", bis hinein in ihren Aufbauplan, ausmachen lässt, schließlich entspricht der „ordo disciplinae" dem „ordo rerum", dem „Ablauf" der Heilsgeschichte Gottes mit den Menschen.[23] Die Summa ist eine systematische Ordnung dieser Heilsgeschichte, die zugleich Offenbarungsgeschichte ist; damit ist die Summa zugleich die systematische Darstellung der christlichen Glaubenswahrheiten. Mit ihr beabsichtigt Thomas, die verschiedenen historischen Gegebenheiten, die zu den Fundamenten unseres Glaubens gehören, wissenschaftlich und d.h. theologisch zu ordnen. Heilsgeschichte und „ordo disciplinae" durchdringen sich also.[24] Hinter dieser Heilsgeschichte

---

[22]   O. H. Pesch, Katholische Dogmatik aus ökumenischer Erfahrung [= Katholische Dogmatik] 1/1, 78ff.: „*Die ganze Summa als solche versteht sich [...] als Theologie des Wortes, des Wortes Gottes, sofern sie es weitersagt, und des menschlichen Verkündigungswortes, sofern sie diesem Weitersagen buchstäblich nachdenkt [...]* Die ‚heilige Lehre' – ein Wort! belehrt nicht nur, sondern *indem* sie belehrt, eröffnet sie eine neue Situation des menschlichen Daseins [...] Gottes Wort muss im Menschenwort gesagt werden. Geschieht das, dann ist dem Menschen seine Zukunft eröffnet. Nichts anderes als das *Wort* schafft die neue Situation des Menschseins [...] das äußere Wort [‚disponiert'] den Menschen zum Glauben [...]: Es setzt durch sich selbst, *als* Lehre, als Vorlegung von Glaubensgegenständen, jene neue Wirklichkeit ins Werk, schafft die neue Situation, da der Mensch um seinen Weg weiß, auf dem ihm die Verheißung der Gottesgemeinschaft zuteil wird."

[23]   Vgl. dazu M. D. Chenu, Der Plan der „Summa", in: WdF CLXXXVIII, 173-195; vgl. ferner: G. Lohaus, Die Geheimnisse des Lebens Jesu in der Summa theologiae des heiligen Thomas von Aquin [= Leben Jesu], [Freiburger theologische Studien 131], Freiburg/Br. 1985, 136f.; vgl. O.H. Pesch, in: MThZ 16 [1965] 128-135; ders., WdF CLXXXVIII, 411-438.

[24]   Vgl. M.A. Reyero, Thomas von Aquin als Exeget, 126f.

[= Offenbarungsgeschichte] findet Thomas dann das Einmalige, das Immerwährende und den Zusammenhang zwischen den verschiedenen Ereignissen heraus. Zur Theologie, die die gesamte Heilsgeschichte von ihrem Anfang bis zu ihrer Vollendung, ihren Verlauf also, zum „Gegenstand" hat, *gehört* dann wesentlich die Christologie und damit Christus selbst als „Höhepunkt" dieser Heils- und Offenbarungsgeschichte in seinen „acta et passa". Weil sie *Theologie* sind, „gehören" sie zur Theologie als Wissenschaft von Gott, die von der Offenbarung Gottes ausgeht,[25] und zum Wissenschaftler, will er denn Theologe sein; und so sind [auch] die Mysterien Christi dem Aquinaten ein unverzichtbarer „Gegenstand" seiner Theologie im Ganzen [*Summa* theologiae]. Fazit: Dem *theologischen* und damit dem heilsgeschichtlichen Charakter der thomanischen Summa theologiae korrespondiert die Notwendigkeit, die Absicht und die Zielsetzung seiner Darlegung der Mysterien Christi, und die thomanische Darlegung der Mysterien Christi spiegelt ihrer Form wie ihrem Inhalt nach diese theologisch-trinitarische, christologische und heilsgeschichtliche Perspektive wider.

2.2 Im Jesusbuch Benedikt XVI.

Benedikt XVI. legt die Gründe für die Darlegung des Geheimnisses Jesu[26] und seiner Geheimnisse gleich im Vorwort seines Jesusbuches dar.[27] Er will „den Jesus der Evangelien als den wirklichen Jesus, als den ‚historischen Jesus' im eigentlichen Sinne darstellen."[28] So könnten die Leser, wie er hofft, sehen, dass *diese* Gestalt viel logischer und, historisch betrachtet, viel verständlicher ist als die Rekonstruktionen, mit denen sie in den letzten Jahrzehnten konfrontiert wurden.[29] Mit seinem Buch will er diesen gegensätzlichen Rekonstruktionen entgegenwirken mit ihren dramatischen Folgen für den Glauben und die Gläubigen. Unter ihnen sei so der Eindruck entstanden, wenig Sicheres über Jesus zu wissen, zumal, so werde vermittelt, der Glaube an seine Gottheit erst *nachträglich* sein Bild geformt habe.[30] Mit seiner Darlegung des Lebens Jesu will der Papst gläubigen Christen deshalb einen Dienst leisten, die durch die alleinige „Anwendung" der histo-

---

25 Vgl. M. A. Reyero, Thomas als Exeget, 131.
26 Vgl. Benedikt XVI., Jesusbuch, 25: „Einführung: Ein erster Blick auf das *Geheimnis* Jesu".
27 Vgl. Benedikt XVI., Jesusbuch, 10-23.
28 Benedikt XVI., Jesusbuch, 20.
29 Vgl. Benedikt XVI., Jesusbuch, 21.
30 Vgl. Benedikt XVI., Jesusbuch, 11.

risch-kritischen Methode verunsichert sind, damit sie am Glauben an die Person Jesu Christi [weiterhin] festhalten können; die Theologen unter ihnen will er dazu veranlassen, die Geschichte Jesu *theologisch-trinitarisch* zu verstehen und dabei zugleich nach der *Einheit* der Schrift zu suchen, damit sie in dem Geist gelesen werden kann, in dem sie geschrieben ist.[31]

Um dieses Ziel auch unter den Vertretern der historisch-kritischen Methode zu erreichen, versucht er, über diese Form der Auslegung hinaus die „Kanonische Exegese" anzuwenden, weil sie die Schrift als Einheit versteht und liest, und die deshalb eine eigentliche theologische Interpretation der Bibel gestattet und zugleich den Glauben einfordert, ohne dabei den historischen Ernst aufzugeben.[32] Dieser theologischen Interpretation der Schrift korrespondiert „seine", im Blick auf die Mysterien Christi und damit auf die Evangelien und die Schrift im Ganzen angewandte Methode der Schriftauslegung, die „Kanonische Exegese". Schließlich führt sie als eine wesentliche Dimension der Schriftauslegung die historisch-kritische Methode organisch weiter und lässt sie zu eigentlicher Theologie werden.[33] Der *Inhalt* der Evangelien [Lebensereignisse Jesu] und die *Methode* ihrer Auslegung entsprechen also einander und sind in ihrer Entsprechung *theologisch*. Diese Entsprechung macht deutlich: Benedikt XVI. plädiert für Theologie als Schriftauslegung und infolgedessen für eine Schriftauslegung als Theologie, wozu sich die Evangelien und damit das Leben Jesu in besonderer Weise eignen. Hier angewandt, stellt die Darlegung des Lebens Jesu in seinem Buch eine Theologie der Mysterien Christi dar: Jesus radikal von Gott her zu verstehen, die vielen Christusmysterien in dem einen Christusmysterium geeint zu sehen, die Praxis Jesu mit zum Kern der Christologie zu zählen und so die Leerstelle des Glaubensbekenntnisses zwischen Inkarnation und Passion „aufzufüllen", und das „Aufgefüllte" in seiner Bedeutung für den Glauben und das Heil der Menschen zu verstehen.

---

[31] Vgl. Dei Verbum, 12.
[32] Vgl. Benedikt XVI., Jesusbuch, 22.
[33] Vgl. Benedikt XVI., Jesusbuch, 18.

2.3 Jesusbuch und Summa theologiae:
das Gemeinsame und das Unterscheidende

Für beide, für Thomas wie für Benedikt XVI., gehören die Mysterien Christi wesentlich zum Inhalt der Theologie; sie gehören zum Betrachtungsgegenstand des Theologen, und sie legen sie auch *theologisch-trinitarisch* aus, und sie lassen sich für sie auch nur *so* adäquat verstehen. Der theologisch-trinitarische wie der heilsgeschichtliche [heilsökonomische] Charakter der „acta et passa Christi" hängt mit beider im Grunde nicht voneinander abweichendem Verständnis von Theologie [als Wissenschaft] zusammen. Kann für Thomas die Wissenschaft von Gott nur Theologie sein, wenn sie von der *Offenbarung* Gottes ausgeht,[34] so gehören für Benedikt XVI. zur Theologie einerseits das Bemühen, eine ihr *vorausgehende* Gabe der Erkenntnis, nämlich die *Offenbarung* Gottes, zu verstehen, für welche die Relation zwischen der Vorgabe, die uns von Gott im Glauben der Kirche geschenkt ist, kennzeichnend ist,[35] und andererseits das Sich-Einüben ins Christsein, das Üben der Existenz im Glauben.[36] Theologie ist für ihn „Wanderschaft des Denkens zu Gott".[37] Als solche ist sie für ihn, wie übrigens für Thomas auch, nicht bloß eine akademische Übung, sondern eine Suche nach der Wahrheit, die personal ist. Sie schließt gemäß Benedikt XVI. die persönliche Beziehung des Theologen zu Gott und zu den Freunden Gottes mit ein. Mit seiner *Theologie* der Mysterien Christi kann der Papst deshalb dem im Glauben unsicher gewordenen Menschen helfen, am Glauben an die Person Christi festzuhalten; in der *Theologie* selbst wie in der *theologisch-trinitarischen* Betrachtung der Lebensereignisse Jesu liegt begründet, dass dieser Dienst an den Gläubigen gelingen kann und die Theologen unter ihnen sich dazu veranlasst sehen, nach der Einheit der Schrift zu suchen und damit auch nach der Einheit der vielen Lebensereignisse Christi, also nach dem *einen* Mysterium in den *vielen* Mysteria, womit sie in dem Geist gelesen und verstanden werden können, in dem sie in den Evangelien [auf-]geschrieben sind und eine sachgemäße, also theologische Auseinandersetzung mit ihnen gewährleistet ist.

Der, der sich nun mit Benedikts und Thomas' *theologisch-trinitarischer* Darstellung der Mysterien Christi beschäftigt, sei es im Jesusbuch, sei

---

[34] Vgl. STh I q. 2.

[35] Vgl. J. Ratzinger, Unterwegs zu Christus, Augsburg 2003, 147; Weggemeinschaft des Glaubens [= Weggemeinschaft], Augsburg 2002, 28.

[36] Vgl. J. Ratzinger, Auf Christus schauen. Einüben in Glaube, Hoffnung und Liebe [= Auf Christus schauen], Freiburg 1989, 9f.

[37] J. Ratzinger, Weggemeinschaft, 25.

es in der Summa, erfährt nicht bloß deren theologisches Denken und deren theologische Position. Ihre theologisch-trinitarische Darlegung der Mysterien Christi ist keine bloße Sachinformation. Sie stellt, wie die Summa und das Jesusbuch im Ganzen, zugleich die Synthese ihres gläubigen Lebens, ihre Weise, theologisch zu arbeiten, wie ihr biblisches, patristisches und philosophisches Wissen dar. Der Unterschied zwischen ihnen besteht lediglich darin, dass Benedikt XVI. über die bloß historisch-kritische Auslegung der Schrift hinaus die „Kanonische Exegese" anwendet, die die Schrift als Einheit versteht und die deshalb eine theologische Interpretation der Bibel gestattet und den Glauben einfordert. Thomas dagegen stellt die in den „acta et passa Christi" verborgen bleibende Wahrheit der Offenbarung Gottes unter Zuhilfenahme aller Mittel seiner Zeit dar, ordnet sie dem Ablauf der Heils- bzw. Offenbarungsgeschichte entsprechend systematisch, reiht sich aber, was die Schriftauslegung angeht, ein in die ihm vorgegebene Tradition. Wie bei Benedikt XVI. Theologie Schriftauslegung und Schriftauslegung Theologie ist, so ist thomanische Exegese ebenfalls von theologischer Qualität: Nicht nur der *geistige* Sinn der Schrift drückt für ihn eine Beziehung zu Gott aus; auch der *buchstäbliche* besitzt für ihn eine göttliche Dimension und eine starke Beziehung zu Gott. Der buchstäbliche Sinn ist in gewisser Weise auch geistiger Sinn: Vom Geist inspiriert, besitzt er eine spirituelle Weite.[38]

Dass Benedikt XVI. *Theologie* der Mysterien Christi „betreibt", diese also als Lebensäußerungen Jesu, als Ausdruck seiner Gemeinschaft mit dem göttlichen Vater versteht und deutet,[39] sagt er gleich zu Beginn seines Buches. Thomas dagegen wendet die trinitarische Perspektive seiner Theologie auf die „acta et passa Christi" an, die er bereits in den ihrer Darstellung vorausgehenden Quaestiones seiner Summa entfaltet hat. Bei beiden aber hat eine *theologisch-trinitarische* Betrachtung der Mysterien Christi dieselben Folgen: Die Praxis Jesu wird mit zum Kern der Christologie gezählt; die Leerstelle des Glaubensbekenntnisses zwischen Inkarnation und Passion wird „aufgefüllt"; das *ganze* irdische Leben ist dem Heils- und Offenbarungshandeln Gottes bedeutsam und ebenso bedeutsam für das Handeln der Menschen aus dem Glauben. In der Darstellung des Jesusbuches kommt das allerdings deutlicher zum

---

[38] Vgl. M. A. Reyero, Thomas als Exeget, 150; vgl. ferner O.H. Pesch, Katholische Dogmatik, 8: „Für Thomas von Aquin sind die Begriffe *Sacra Scriptura, revelatio und sacra doctrina* (= Theologie) synonym [...] Der buchstäbliche Sinn der Schrift, der Literalsinn, enthält – weil das Wort Gottes selbst – alles, was zu glauben notwendig ist, und nichts ist verbindlich dem ‚geistlichen Sinn' der Schrift, dem *sensus spiritualis* zu entnehmen, was nicht auch anderswo im Literalsinn zu lesen steht." – Vgl. STh I, 10 ad 1.

[39] Vgl. Benedikt XVI., Jesusbuch, 32.

Ausdruck als in der Summa. Benedikt XVI. gelingt es in seinem Buch, das Megathema Spiritualität vom jesuanischen Original her zu erschließen und Jesus als einen Menschen zu zeichnen, der ganz vom Geheimnis Gottes geprägt ist.[40] Sein Jesusbuch hat deshalb nicht wenige und mitunter ausgebreitete Passagen meditativer oder homiletischer Art sowie aktualisierende Exkurse zu seinem Inhalt.[41] Wie bei Benedikt XVI. so ist auch bei Thomas christliche Spiritualität angebunden an trinitarische Grundaussagen, die in seinen „acta et passa Christi" ausdrücklich werden. Christliche Spiritualität gründet auch für ihn im Sohnesverhältnis Jesu zum Vater. Spiritualität ist Sohnesverwirklichung.[42] Anders als bei Benedikt XVI. findet sich allerdings in der Summa lediglich die *theologische Grundlegung* für eine spirituelle Auslegung der Mysterien Christi. Eine spirituelle, meditative oder homiletische Auslegung der „acta et passa Christi" fehlt bei ihm; sie würde wohl der Grundintention seiner Summa zuwiderlaufen. Ihm geht es primär darum, im Kontakt mit der Schrift, und d.h. auch mit den „acta et passa Christi", die Prinzipien der Offenbarung kennenzulernen, damit man auf ihnen ein logisch-theologisches Lehrgebäude errichten kann, um von ihren konkreten Gegebenheiten her dann ständig jene Schlüsse zu überprüfen, zu denen man spekulativ von den Prinzipien aus gelangt ist. Die von Thomas erhobenen Prinzipien sowie die von ihm daraus gezogenen Schlüsse werden von ihm im ständigen Zusammenhang mit den konkreten Offenbarungswahrheiten der Schrift interpretiert.[43] Hinzu kommt: Von der Christustat her versteht Thomas die ihr folgende Heilsgeschichte, wobei in die Geschichte Christi die Geschichte der ganzen Kirche eingeschlossen ist, Christi Werke sich auf die ganze Kirche beziehen können. Ebenso kann auch die Menschheit durch eine Tat Christi charakterisiert werden. Die Zeit nach Christus ist die Zeit der Verkündigung. Dabei verkündigt man dann gemäß Thomas nichts Neues; man macht lediglich offenbar, was in Christus bereits geschehen ist und weiterhin geschieht. Die Tat Christi im Neuen Testament gibt der vorausgehenden und der nachfolgenden Geschichte Sinn und Grund.[44] Diesen Sinn und diesen Grund sollen die Studierenden in den „acta et passa Christi" genauso erkennen, wie sie ihn aus dem in der gesamten Summa Dargelegten erkennen können.

---

[40] Vgl. G. Lohaus, Theologie der Spiritualität im Verständnis Joseph Ratzingers [= Spiritualität bei J. Ratzinger] (Teil 1), in: Geist und Leben 3 [2007] 193-208 und Teil 2 in: 4 [2007] 281-298.

[41] Vgl. Benedikt XVI., Jesusbuch, 121: „bei unseren weiteren Meditationen"; vgl. J.-H. Tück, Annäherungen, 42.

[42] Vgl. G. Lohaus, Spiritualität bei J. Ratzinger, II, 290; ders., Leben Jesu, 121.

[43] Vgl. M.A. Reyero, Thomas als Exeget, 131.

[44] Vgl. M.A. Reyero, Thomas als Exeget, 237f.

3. DAS EINE MYSTERIUM UND DIE VIELEN MYSTERIEN IN DER „WIR-REALITÄT GOTTES"

3.1 In der Summa theologiae

3.1.1 Ausgangspunkt:
Theologisch-trinitarisches Verständnis der Menschwerdung

Das *theologisch-trinitarische* Verständnis der Lebensereignisse Jesu ist für Thomas grundgelegt in seinem theologisch-trinitarischen Verständnis der Menschwerdung Gottes selbst. Von ihm her lassen sich die Bedeutungsdimensionen für die Mysterien Christi selbst und für das Christsein entfalten.

Als Ereignis der Gnade Gottes ist die Menschwerdung das Vereinigt*sein* der menschlichen Natur mit der göttlichen Person des Sohnes Gottes [„gratia unionis"].[45] Als ein solches Ereignis ist sie formal-ursächliches Geschehen, was besagt: In der Menschwerdung Gottes beginnt der ewige Sohn, dieses sein ewiges Sohnsein nun auch auf menschliche Weise zu leben. Die menschliche Natur ist *so* mit dem ewigen Sohn verbunden, dass sie wie die göttliche Natur [jetzt auch] zu seinem Sohnsein gehört, und die menschliche Natur [deshalb] den Offenbarungsort des göttlichen Sohnsein darstellt. Noch einmal anders gesagt: Seit der Menschwerdung des ewigen Sohnes lebt der ewige Sohn sein Menschsein so, dass sich in ihm *formal* menschliches Leben als mit dem Leben des ewigen Sohnes Gottes *verbundenes* Leben darstellt. Damit bestehen das Gottessohnsein und das angenommene Menschsein in einer unverfälschten Einheit; die Menschwerdung *ist* diese Einheit aus göttlicher Gnade [„gratia unionis"]. Im Hinblick auf die Lebensereignisse Jesu bedeutet dies: Alles das, was Jesus in seinem Leben getan hat, kommt nicht *zufällig* zu seinem menschlichen Gottessohnsein [= Christussein] hinzu und kann deshalb auch nicht durch jedes *beliebige* andere Ereignis menschlichen Lebens ersetzt werden. Was zum Christussein und damit zum Heil „gehört", wird in *diesen* Ereignissen offenbar und heilswirksam. Schließlich sind sie das auf *menschliche* Weise gelebte Sohnsein Gottes, in denen und durch die die „forma" geheil[ig]ten menschlichen Lebens offenbar wird. Sie sind als lebens-konkrete Offenbarungsereignisse damit zugleich heilswirksame Ereignisse, in denen die Menschwerdung als *Sendung* des ewigen Sohnes Gottes in die Zeit zum Ausdruck kommt. Sie bestätigen damit primär nicht das Vereinigtsein zweier Naturen in einer göttlichen

---

[45]   Vgl. III q.6 a.6; q.7 a. 12; q.22 a 2 ad 3; q. 23 a.4 ad 2.

Person [das auch!]; sie bestätigen vielmehr: Dort, wo es für Thomas um die Ereignisse des Lebens Jesu geht, sind diese von Relationalität und Personalität geprägt und damit theologisch-trinitarisch verstanden. *Zugleich* trägt der ewige Gottessohn mit seiner Menschwerdung [= Sendung] in *unser* Leben als Christen das aus Gnade ein, was in diesem Leben zum Heile führt: unsere durch seine Gnade bzw. die Sendung des Heiligen Geistes gewirkte Verbindung mit ihm [„unio gratiae"], die in den Ereignissen unseres Lebens als *Christen* geschieht. Damit ist auch *unsere* Verbindung mit ihm relational bestimmt; sie ist die Beziehung der angenommenen Söhne Gottes [Christen] zum menschgewordenen Gottessohn [„gratia unionis" als *Modell* der „unio gratiae"; „menschliches Gottessohnsein" als *Modell* „angenommenen Gottessohnseins"], in denen deren Christsein als ihr Gesandtsein zum Ausruck kommt [„Sendung des Sohnes" als *Modell* der „Sendung der angenommenen Söhne"]. Auch diese Verbindung ist wie bei ihm selbst nicht im bloßen Menschsein begründet, sondern in einem Menschsein, das *dieses Sohnsein* und *Gesandtsein* aus *Gnade [Christsein]* zum Ausdruck bringt: die Lebensereignisse der Menschen, in denen und durch die zugleich ihr angenommenes Sohnsein [Christsein] offenbar wird.[46] Die Lebensereignisse Christi sind somit die *Modelle* der Lebensereignisse des Christen.

3.1.2 Bedeutungsperspektiven für die Mysterien Christi aus dem theologisch-trinitarischen Verständnis der Menschwerdung

3.1.2.1 Lebensereignisse Christi als „Modell" der Lebensereignisse der Christen, oder: Die einmaligen Ereignisse Christi als immerwährende Ereignisse der Christen

Das erwähnte „Modell" [„exemplar"] als die innere „Klammer" zwischen „menschlichem Gottessohn" und „angenommenen Gottessöhnen" [Christen] hat seine theologisch-trinitarische Dimension ebenfalls aus der Menschwerdung des Sohnes Gottes selbst. Im „Modell" steckt nämlich die *Weise* der Vermittlung des Heils wie auch das vermittelte Heil, insofern in der Menschwerdung Gottes selbst diese Weise der Vermittlung, die durch den *Nachvollzug* der Lebensereignisse Christi geschieht, mit begründet ist. Das bedeutet: Die Ursprünglichkeit eines vollkommen geheiligten menschlichen Lebens in seinen Vollzügen und in seinem Vermögen in Christus

---

[46] Vgl. zum Gesagten G. Lohaus, Leben Jesu, 62-85; 112-116.

ist Kraft und Norm für jedes menschliche Leben aus dem Glauben. Schließlich ist menschliches Leben im Nachvollzug des Lebens Christi geheiligtes Leben und wird zum geheiligten Leben. So stellen für Thomas die Lebensereignisse und damit der Nachvollzug der Lebensereignisse Christi die *zeitliche* Gestalt der Heilsvermittlung selbst dar in ihrer personalen und damit wesenhaft theologisch-trinitarischen Dimension. Deshalb zielt auch der Beginn des öffentlichen Lebens und Handelns Jesu sozusagen programmatisch darauf ab, dass wir so handeln wie Christus gehandelt hat.[47]

Zusammenfassend lässt sich sagen: *Gottes Sohn* ist der *Mensch* Jesus nie für sich allein und nie nur für die Zeit seines irdischen Lebens. Wir, seine angenommenen Söhne [Christen], sind dabei mit definiert und damit zugleich die *bleibende* Bedeutung der Lebensereignisse Jesu für unser Leben als Christen, insofern wir „über" den Nachvollzug dieser Lebensereignisse Jesu *bleibend* mit ihm *verbunden* sind und in dieser Verbindung [unser] Heil geschieht.[48] Nicht nur die Gottessohnschaft Jesu und die angenommene Gottessohnschaft der Christen, sondern auch die Lebensereignisse Jesu und die Lebensereignisse der Menschen als *Christen* besagen damit etwas über das Heil in Christus und die erhoffte Qualität gegenwärtigen und künftigen Heils der Christen.[49] Das einmalige Ereignis der Menschwerdung des ewigen Sohnes Gottes ist in dieser Menschwerdung zum immerwährenden und das Christsein der Christen prägenden Ereignis geworden und mit ihm *alle* Lebensereignisse Christi.

---

[47] Vgl. G. Lohaus, Leben Jesu, 87.
[48] Für Thomas gibt es also nicht jene These vom „Ostergraben", die besagt: Nach Ostern sei die Stunde der Erfindung der christologischen Hoheitstitel gewesen, jetzt habe man Jesus die Wunder, die Vollmacht zur Sündenvergebung und die Sakramente zugeschrieben. Szenen wie die Verklärung seien nachösterliche Projektionen, sekundär ins Leben verpflanzte Ereignisse gewesen. Nach Ostern habe man die Sühnetod-Dogmatik zu Jesu Tod erfunden. Von vorösterlichen Hinweisen auf die Kirche könne keine Rede sein. Klaus Berger hält solche Festlegungen für ideologisch. Die These vom „Ostergraben" habe mit kritischer Forschung nichts zu tun; sie sei das Wechselgeld pseudobiblisch fundierter Kirchenkritik. Die ernsthafte Forschung des Frühchristentums habe mit dem Dualismus „Jesus ja, Kirche nein" nichts mehr zu schaffen. – Vgl. Klaus Berger, Die Urchristen, München 2008, 63-65.
[49] Vgl. Gerd Lohaus, Leben Jesu, 85-97.

3.1.2.2 Empfängnis, Geburt und Taufe Jesu als theologisch-trinitarische Ereignisse

Mit Jesus, *empfangen* vom Heiligen Geist, *geboren* [= Mensch geworden] als der ewige Sohn Gottes, beginnt also noch einmal im Handeln Gottes an den Menschen etwas qualitativ Neues. In seinen Lebensereignissen macht Jesus als menschgewordener Gottessohn dabei wiederholt die Erfahrung des Heiligen Geistes, und andere machen sie [bis heute] mit ihm. Für Jesus selbst ist der Heilige Geist die Kraft und die Macht des Vaters, mit der er in seinen Lebensereignissen auf der Erde [bleibend] wirkt. Indem sowohl die Verkündigung an Maria als auch die Auferstehung Jesu darin besteht, dass Gottes Geist Jesu leibliche Existenz bewirkt, wirkt Gottes Schöpfergeist an Jesus, und zwar mit „leibhaftiger" Konsequenz. An Jesu Lebensereignissen, die die Lebensereignisse des *menschgewordenen* Gottessohnes sind, an seiner Empfängnis also, seiner Geburt, seiner Taufe, seiner Verklärung, bricht das für den ewigen Sohn Gottes Konstitutive auch hinsichtlich seines Menschseins durch: sein geistgewirkter Ursprung. So steht für Thomas die *Empfängnis durch eine Jungfrau* in innerer Beziehung zum Vatersein Gottes und zum Sohnsein des Sohnes. Weil der menschliche Leib der menschliche Leib des Sohnes Gottes ist, darum muss mit theologischer Konsequenz der Grund für die Initiative der Bildung des menschlichen Leibes [Empfängnis] die Liebe Gottes sein, der gerade als liebender Gott Vater ist. Deshalb ist für Thomas der Heilige Geist, der die LIEBE zwischen Vater und Sohn ist,[50] der wirksame Grund der Empfängnis Christi. Damit ist für Thomas die Empfängnis Christi die auf menschliche Weise sich fortsetzende innergöttliche Lebensbeziehung zwischen Vater und Sohn als Beziehung der Liebe.[51] Das Ereignis der Empfängnis Christi ist somit theologisch-trinitarisch qualifiziert und selbst ein theologisch-trinitarisches Ereignis. Nicht anders ist es bei seiner *Geburt.* Sie sagt, dass das Menschsein zum Wesen des ewigen Sohnes gehört. Christus ist nicht der von Gott losgelöste und loslösbare Mensch, sondern sein Dasein als Mensch ist zugleich sein Hersein von Gott und sein Hinsein auf den göttlichen Vater, und so ist er als Mensch der Sohn. Das Dasein des Menschen Christus ist die neue und damit zeitliche [menschliche] Gestalt innergöttlichen Lebensvollzuges nach außen. Der Sinn des menschlichen Lebens-Ereignisses und damit der Sinn von Zeit ist auf den Sohn [Logos] festgelegt, der Sinn des Seins Christi als Mensch ist die „relatio"; und so

---

50   Vgl. III q.32 a.1 ad 1.
51   Vgl. G. Lohaus, Leben Jesu, 152, 163f., vgl. III q.32 ad 5.

ist das, was der Mensch Christus ist, nicht nur für [s]eine Zeit wahr,
so als wenn es zum Wesen der Wahrheit gehörte, dass sie ist, indem
sie wird. Geburt sagt vielmehr: Im Geschick und in der Geschichte
Jesu wird, was [er] ist. Denn in seiner Geburt wird seine Wahrheit
festgelegt, die unbeschadet ihrer geschichtlichen Entfaltung und
Entwicklung wahr bleibt, weil sie wahr ist. Diese Wahrheit lässt sich
nicht in Zeit aufheben, wird nicht zur Funktion von Zeit, sondern Zeit
[Lebensereignis] entfaltet, was [seit und durch die Geburt Christi] für
Christus und die Christen wahr ist in seiner bleibenden Bedeutung
für das, was Zeit und Geschichte ausmacht. Geburt sagt „menschlicher Gottessohn" und schreibt den Sohnesvollzug als die Weise
und den Sinn menschlichen Fortbestehens und -wirkens Christi und
der Christen fest. Die Lebensereignisse Jesu als seine menschlichen
Erlösungstaten gehen trotz ihrer wirklichen Geschichtlichkeit nicht
in der historischen Vergangenheit verloren. Nicht anders verhält es
sich bei der *Taufe Christi*. Sie ist wesentlich Bekenntnis des göttlichen
Vaters zum sich taufen lassenden Menschen Christus als seinem ewigen Sohn, ebenso wie in unserer Taufe, die die Taufe Christi *abbildet*, das Geheimnis der Trinität offenbar wird, weil wir in ihr zu angenommenen Söhnen [Christen] werden dadurch, dass wir in ihr den
Heiligen Geist erhalten, der uns zu einem Leben als angenommene
Söhne [Christen] befähigt.[52] Deshalb sagt Thomas: „Was an Christus
bei der Taufe geschah, ist ein Bild des Geheimnisses, das sich an allen, die nachher getauft werden sollen, vollzieht. Nun empfangen
aber alle, die mit der Christustaufe getauft werden, den Heiligen
Geist."[53] Taufe ist demnach für Thomas Taufe Christi, wenn sie als
Urbild [„Modell"] unserer Taufe geschieht, wenn in ihr unsere Taufe
als *Abbild*-Geschehen der Taufe Christi festgelegt ist.[54] *Fazit:* Das *eine*
Mysterium, die Menschwerdung des ewigen Gottessohnes, ausgesagt
in den Ereignissen der Lebensentstehung Empfängnis und Geburt
und in seiner Taufe, erfährt in diesen und in den anderen Mysterien
[Lebensereignisse] seine theologisch-trinitarische Entfaltung.

3.1.3 Mysterium Lebensereignisse: ihr Verstehen im „convenit"

Das Sohnsein des göttlichen Sohnes tritt in seinem Menschsein und
damit in den Ereignissen seines menschlichen Lebens zu Tage. Seine
Menschwerdung *ist* dieses Offenbarungsgeschehen zum Heil der

---

52 Vgl. III q. 39 a 6 ad 4; q. 39 a.8 ad 3 et ad 4.
53 Vgl. III q. 39 aa. 5.6.8 [DTA 27].
54 Vgl. G. Lohaus, Leben Jesu, 168f.

Menschen und als solche *Mysterium*. So *bleiben* die Lebensereignisse des Menschen Jesus Mysteria und als solche Ereignisse, in denen sich der ewige Sohn offenbart, ebenso wie die Lebensereignisse des *Christen* Mysteria *bleiben*, insofern in ihnen und durch sie ihr *Christsein* [angenommenes Gottessohnsein] offenbar wird. In ihnen ist nicht nur der Sinn christlichen Lebens überhaupt, sondern das Geschehen von Heil in seiner zeitlichen Gestalt festgelegt, das im menschlichen Leben Christi als gelebte Theologie sein Urbild hat. Die mit der Rede vom *Mysterium* ausgesagte Spannung zwischen Unsichtbarem [Sohn Gottes] und dem Sichtbaren [Lebensereignisse] *bleibt* bestehen. Deshalb ist für Thomas seine Theologie der Mysterien Christi wesentlich *Konvenienztheologie*. Dass Gott in seinem Sohn Mensch geworden ist, ist für Thomas nicht ohne Auswirkung für das Verständnis von Theologie als Wissenschaft in ihrem „Umgang" mit den Mysterien Christi und für die „Qualität" ihrer Erkenntnisse geblieben. Sie kommt im „convenit" zum Ausdruck. *Fazit:* Für Thomas ist die Konvenienztheologie die den Lebensereignissen Christi als *Mysteria* angemessene Form ihres theologisch-trinitarischen [Be-]Denkens.[55]

3.2 Im Jesusbuch Benedikt XVI.

3.2.1 Ausgangspunkt: Jesus hat Gott gebracht. Die theo-zentrische und die theologisch-trinitarische Sichtweise auf die Lebensereignisse Jesu

„[...] was hat Jesus dann eigentlich gebracht," so fragt Benedikt XVI. in seinem Jesusbuch, „wenn er nicht den Weltfrieden, nicht den Wohlstand für alle, nicht die bessere Welt gebracht hat? Was hat er gebracht? [...] Er hat Gott gebracht: Nun kennen wir sein Antlitz, nun können wir ihn anrufen. Nun kennen wir den Weg, den wir als Menschen in dieser Welt zu nehmen haben. Jesus hat Gott gebracht und damit die Wahrheit über unser Wohin und Woher; den Glauben, die Hoffnung und die Liebe."[56] So kann uns Jesus in seiner Verkündigung sagen: „Gott gibt es. Und: Gott ist wirklich Gott, das heißt[,] er hält die Fäden in den Händen. In diesem Sinn ist Jesu Botschaft sehr einfach, durch und durch theo-zentrisch. Das Neue und ganz Spezifische seiner Botschaft besteht darin, dass er uns sagt: Gott handelt jetzt – es ist die Stunde, in der sich Gott in einer alles

---

55 Vgl. G. Lohaus, Leben Jesu, 223-257.
56 Benedikt XVI., Jesusbuch, 73.

Bisherige überschreitenden Weise in der Geschichte als deren Herr, als der lebendige Gott zeigt."[57]

Damit fasst Benedikt XVI. die *erste Sichtweise* des Lebens Jesu und seiner Lebensereignisse zusammen: ihre Theo-zentrik, ihr Ausgerichtetsein auf Gott und Gottes Ausgerichtetsein auf sie. Dabei ist diese Theo-zentrik von besonderer Qualität, die in der Menschwerdung Gottes grundgelegt und begründet ist, denn „Gott hat sich selbst in der Menschwerdung gebunden":[58] Der, „der das Wort ist, [nimmt] selbst einen Leib an, kommt als Mensch von Gott her und zieht das ganze Menschsein an sich, trägt es in das Wort Gottes hinein, macht es zu ‚Gehör' für Gott und so zu ‚Gehorsam', zur Versöhnung zwischen Gott und Mensch [...] Er kommt von Gott und stiftet so das wahre Menschsein."[59] Die Konsequenzen: Jesus ist „kein Mythos, er ist ein Mensch aus Fleisch und Blut, steht ganz real in der Geschichte. Wir können die Orte nachgehen, die er gegangen ist. Wir können durch die Zeugen seine Worte hören. Er ist gestorben und auferstanden."[60] Indem der Logos Fleisch annimmt, „wird er einer von uns und tritt so auf unsere Ebene, in das ein, was uns zugänglich ist;"[61] so ist Jesus *untrennbar* von den Seinen, sie sind mit ihm und in ihm eins.[62] Die erwähnte Theo-zentrik ist damit für Benedikt XVI. christologisch und soteriologisch zugleich, und die Christologie ist soteriologisch und theo-zentrisch in einem. Ist sie damit auch schon trinitarisch?

Die Beziehung von Vater und Sohn, so Benedikt XVI., steht im Hintergrund seiner Botschaft. In diesem Sinne ist darin immer zentral von Gott die Rede; „aber eben, weil Jesus selbst Gott – der Sohn – ist, darum ist seine ganze Verkündigung Botschaft seines eigenen Geheimnisses, die Christologie, das heißt Rede von der Anwesenheit Gottes in seinem eigenen Tun und Sein."[63] Nur der, der Gott ist, sieht Gott, nämlich Jesus. „Er spricht wirklich aus dem Sehen des Vaters, er spricht aus dem immerwährenden Dialog mit dem Vater, einem Dialog, der sein Leben ist.[64] „Ja, in Gott selbst gibt es ewig den Dialog von Vater und Sohn, die beide im Heiligen Geist wirklich ein und derselbe Gott sind."[65] „Das Ich Jesu verkörpert die Willensgemeinschaft des Sohnes

---

[57] Benedikt XVI., Jesusbuch, 85.
[58] Benedikt XVI., Jesusbuch, 304.
[59] Benedikt XVI., Jesusbuch, 384; vgl. a.a.O., 383.
[60] Benedikt XVI., Jesusbuch, 316.
[61] Benedikt XVI., Jesusbuch, 313.
[62] Vgl. Benedikt XVI., Jesusbuch, 304; Hervorhebung durch Vf.
[63] Benedikt XVI., Jesusbuch, 92.
[64] Benedikt XVI., Jesusbuch, 310.
[65] Benedikt XVI., Jesusbuch, 369.

mit dem Vater [...] Die Gemeinschaft mit ihm ist Sohnesgemeinschaft
mit dem Vater [...] Sie ist Eintreten in die Familie derer, die zu Gott
Vater sagen und es sagen können im Wir derjenigen, die mit Jesus
und – durch das Hören auf ihn – dem Willen des Vaters geeint sind".[66]
Diese Gemeinschaft ist gebunden an die Autorität Jesu und an seinen Anspruch als Sohn. Sie ist eine göttliche Autorität, und die neue,
universale Familie ist das Wozu der Sendung Jesu. Diese göttliche
Autorität, nämlich das Sohnsein Jesu in der Gemeinschaft mit dem
Vater, ist die Voraussetzung, damit der Ausbruch ins Neue und Weite
ohne Verrat und ohne Eigenmacht möglich wird.[67] „Das Einssein mit
dem Willen des Vaters ist sein Lebensgrund. Die Willenseinheit mit
dem Vater ist der Kern seines Seins überhaupt."[68] Alles Tun und Reden
Jesu kommt aus diesem seinem inneren Einssein mit dem Vater, aus
dem Dialog zwischen Vater und Sohn.[69] „Das Wort *Sohn* mit seiner
Entsprechung *Vater – Abba* – lässt uns wirklich in das Innere Jesu, ja in
das Innere Gottes selbst hineinblicken."[70] In Jesus ist vollends verwirklicht, was von Mose nur gebrochen galt: „Er lebt vor dem Angesicht
Gottes, nicht nur als Freund, sondern als Sohn; er lebt in der inners-
ten Einheit mit dem Vater. Nur von diesem Punkt her kann man die
Gestalt Jesu wirklich verstehen [...] Alles, was uns an Worten, Taten,
Leiden, an Herrlichkeit Jesu erzählt wird, ist hier verankert. Wenn
man diese eigentliche Mitte auslässt, geht man am Eigentlichen der
Gestalt Jesu vorbei; dann wird sie widersprüchlich und letzten Endes
unverständlich.[71]

Fazit: Benedikt XVI. sieht in seinem Jesusbuch die Lebensereignisse
Jesu in der „Wir-Realität" Gottes. Ihre theologisch-trinitarische
Perspektive macht Benedikts *zweite Sichtweise* aus, mit der er in seinem
Jesusbuch die Lebensereignisse Jesu in den Blick nimmt. Dabei stehen beide Sichtweisen nicht unvermittelt nebeneinander. Dass Jesus
selbst und in den Vollzügen seines menschlichen Lebens ausgerichtet
ist auf Gott [Theo-zentrik], ist zugleich das Ausgerichtetsein des ewigen Sohnes als Mensch auf seinen göttlichen Vater. Damit ist die Theo-
zentrik christologisch und trinitarisch zugleich, so dass Benedikt XVI.
sagen kann: „Die christologische Dimension, das heißt das Geheimnis
des Sohnes als Offenbarer des Vaters, die ‚Christologie'[,] ist in allem
Reden und Tun Jesu anwesend."[72] Damit sind für Benedikt XVI. die

---

66 Benedikt XVI., Jesusbuch, 149f.
67 Vgl. Benedikt XVI., Jesusbuch, 152.
68 Benedikt XVI., Jesusbuch, 183.
69 Benedikt XVI., Jesusbuch, 219.
70 Benedikt XVI., Jesusbuch, 395.
71 Benedikt XVI., Jesusbuch, 31.
72 Benedikt XVI., Jesusbuch, 32.

Lebensereignisse Jesu Geheimnisse des Sohnes, in denen und durch die er sich als Offenbarer des Vaters erweist. Seine Darstellung des Lebens Jesu ist eine *Theologie* der Mysterien Christi.

3.2.2 Benedikts Bedeutungsperspektiven aus seiner theologisch-trinitarischen Sichtweise der Mysterien Christi

3.2.2.1 Die bleibende Bedeutung der Lebensereignisse Christi für die Christen

Die Rede vom „Geheimnis des Sohnes als Offenbarer des Vaters", schließt sie die *bleibende* Bedeutung der Mysterien Christi für das Leben der Christen mit ein? Anders gefragt: Wie und wodurch werden für Benedikt XVI. die *einmaligen* Lebensereignisse Christi zu *immerwährenden* Ereignissen für die Christen?

Jesus ist im eigentlichen Sinne „der Sohn" – eines Wesens mit dem Vater, so Benedikt XVI. „Er will uns alle in sein Menschsein und so in seine Sohnschaft, in die volle Gottzugehörigkeit hineinnehmen. So ist Kindschaft ein dynamischer Begriff geworden: Wir sind nicht schon fertige Kinder Gottes, sondern wir sollen es durch unsere immer tiefere Gemeinschaft mit Jesus immer mehr werden und sein. Kindsein wird mit Nachfolge Christi identisch. Das Wort vom Vatergott wird so ein Anruf an uns selbst: als ‚Kind', als Sohn und Tochter zu leben [...] Aus diesem Bewusstsein zu leben, lädt uns das Wort ‚Vater' ein."[73] *Unsere* Sohnschaft, *unser* Kindsein ist also Ausdruck unserer immer tiefer werdenden Gemeinschaft mit Jesus, ist unsere Nachfolge Christi, „über" die wir in *seine* Sohnschaft, in *seine* volle Gottzugehörigkeit hineinkommen. *Unsere* Sohnschaft [Kindschaft] ist damit die *immerwährende* Weise unseres Verbundenseins mit Gott als die noch nicht „volle" Form der *einmaligen* Verbundenheit [Sohnschaft] des menschlichen Gottessohnes Jesus mit seinem göttlichen Vater.[74] Wer der Einladung der Taufe folgt, so Benedikt XVI.,

---

[73] Benedikt XVI., Jesusbuch, 172.

[74] Auch wenn Benedikt XVI. hier den Begriff „Abbild" nicht verwendet, so ist hier doch der mit der Rede vom „Abbild" bzw. von den *„angenommenen* Söhnen" zum Ausdruck gebrachte Sachverhalt gemeint, wenn Benedikt XVI. an anderer Stelle sagt: „Gott ist die Liebe [...]: Diese zutiefst christliche Aussage kann die vollkommene *Vereinigung* und die *Verschiedenheit* von Liebendem und Geliebtem, zwischen ewigem Austausch und ewigem Dialog verbinden. Gott selber ist dieser Austausch, wir aber können in voller Wahrheit als ‚*Adoptivsöhne*' Christi teilhaftig werden und mit dem Sohn im Heiligen Geist rufen ‚Abba – Vater'. In diesem Sinne sprechen die Väter mit vollem Recht von einer Vergöttlichung des Menschen, der, einverleibt in Christus, den Sohn Gottes von Natur aus, durch seine Gnade der göttlichen Natur teilhaftig und ‚Sohn im Sohne' wird. Wenn der Christ den Heiligen Geist empfängt, verherrlicht er den Vater

tritt deshalb an den Ort der Taufe Jesu und empfängt so in *seiner*, Jesu Identifikation mit uns seine Identifikation mit *ihm*.[75] So ist das „Wirken Jesu nicht als ein mythisches Irgendwann anzusehen, das zugleich immer und nie bedeuten kann; es ist genau datierbares historisches Ereignis mit dem ganzen Ernst wirklich geschehener menschlicher Geschichte – mit ihrer Einmaligkeit, deren Weise von Gleichzeitigkeit mit allen Zeiten anders ist als die Zeitlosigkeit des Mythos."[76] Die in den Mysterien Christi ausgedrückten Erfahrungen des Heils liegen für Benedikt XVI. nicht nur in der Vergangenheit, sondern sie geschehen immer neu und erfordern daher die immer neue Verkündigung der Heutigkeit Gottes, „dessen Ewigsein missverstanden wäre, würde man es als das Eingeschlossensein in ‚vor aller Ewigkeit' gefasste Beschlüsse deutet. Ewigsein heißt nämlich ganz im Gegenteil: *gleichzeitig* sein zu jeder Zeit und jeder Zeit voraus."[77] Die *bleibende* Bedeutung des Menschseins des ewigen Sohnes Gottes für unser Menschsein als Christen ist dabei für Benedikt XVI. im Ereignis der Menschwerdung des ewigen Sohnes grundgelegt;[78] das *einmalige* Ereignis seiner Menschwerdung und damit die *einmaligen* Ereignisse seines menschlichen Lebens werden zu *immerwährenden* Ereignissen,

---

und nimmt wirklich am dreifaltigen Leben teil" [J. Ratzinger, Vom Wiederauffinden der Mitte. Grundorientierungen. Texte aus vier Jahrzehnten [= Wiederauffinden], Freiburg, Basel, Wien 1997, 14f.

[75] Benedikt XVI., Jesusbuch, 45. – Ferner Benedikt XVI., Im Angesicht der Engel, 145: „Für Israel blieb immer das Rettungsereignis am Schilfmeer der tragende Grund für den Lobpreis Gottes, das Grundthema seines Singens vor Gott. Für die Christen war die Auferstehung Christi, der das ‚Rote Meer' selbst des Todes durchschritten hatte, in die Welt der Schatten hinabgestiegen war und die Kerkertore aufgestoßen hatte, der wahre Exodus, der in der Taufe immer neue Gegenwart wurde: Taufe ist Hineingenommenwerden in die Gleichzeitigkeit mit dem Hadesabstieg Christi und mit seinem Heraufsteigen, in dem er uns aufnimmt in die Gemeinschaft des neuen Lebens."

[76] Benedikt XVI., Jesusbuch, 38; vgl. ferner S. 51: Jesus „steht vor uns als ‚der geliebte Sohn', der so einerseits der ganz Andere ist, aber gerade deshalb auch uns allen gleichzeitig werden kann, einem jeden von uns innerlicher als wir uns selbst."

[77] Benedikt XVI., „Singt kunstvoll von Gott". Biblische Vorgaben für die Kirchenmusik, in: Im Angesicht der Engel. Von der Musik im Gottesdienst [= Im Angesicht der Engel], Freiburg, Basel, Wien 2008, 75 [Hervorhebung durch Vf.].

[78] Benedikt XVI. verwendet hier das Weinstock-Gleichnis, das die Untrennbarkeit Jesu von den Seinen, ihr Einssein mit ihm und in ihm zum Ausruck bringt [vgl. Benedikt XVI., Jesusbuch, 304]; Gleiches verdeutlicht ihm die Brotrede Jesu: „Gott wird ‚Brot' für uns zunächst in der Menschwerdung des Logos: Das Wort nimmt Fleisch an. Der Logos wird einer von uns und tritt so auf unsere Ebene, in das ein, was uns zugänglich ist [vgl. Benedikt XVI., Jesusbuch, 313]; und ferner: „Nun nimmt der, der das Wort ist, selbst einen Leib an, kommt als Mensch von Gott her und zieht das ganze Menschsein an sich, trägt es in das Wort Gottes hinein, macht es zu ‚Gehör' für Gott und so zu ‚Gehorsam', zur Versöhnung zwischen Gott und Mensch [...] Er kommt von Gott und stiftet so das wahre Menschsein" [Benedikt XVI., Jesusbuch, 384].

insofern sie unser Leben als Christen bestimmen und wir unser Leben von ihnen her bestimmen lassen.[79] *Unsere* Kindschaft, ausgedrückt in unseren Lebensereignissen als Christen, ist damit ein anderes Wort für Nachfolge Christi. Wie die Lebensereignisse Christi die konkreten Vollzugsweisen seines Sohnseins als Mensch sind, so sind die Lebensereignisse der Christen die konkreten Weisen, zu sein *wie* dieser Sohn, und das heißt: Söhne zu *werden*, nicht auf sich und nicht in sich zu stehen, sondern ganz geöffnet zu leben im „Von-her" und „Auf-zu". Dabei ist es die *Taufe*, durch die der Christ in *diese* neue Heimat des Denkens und des Lebens eingeht. In der Taufe wird die innerliche Verschmelzung des Ich mit der Existenz Christi, die in den Lebensereignissen des Christen zum Ausdruck kommt, grundgelegt, da in ihr das neue Menschsein von Christus her beginnt und gleichzeitig zu ihm führt.[80]

3.2.2.2 Versuchung und Verklärung Jesu als theologisch-trinitarische Ereignisse

„Wenn du der Sohn Gottes bist [...]"[81]: Christus soll den Beweis für seinen Anspruch antreten, um glaubhaft zu werden. Diese Beweisforderung, die im Grunde bis heute auch unsere Beweisforderung ist, prägt die ganze Lebensgeschichte Jesu. Die Versuchungen [des Teufels] bestehen darin, dass Jesus sein Geheimnis, als Mensch der ewige Sohn Gottes zu sein, dadurch „aufheben" soll, dass er seinem Leben ein Maß an Eindeutigkeit verleiht, das ihm als menschlichem Gottessohn in Wirklichkeit nicht eignet, wenn er aus Steinen Brot machen, sich von der Zinne des Tempels stürzen, ohne dabei zu Schaden zu kommen, den Glauben durch Macht sicherstellen würde, obwohl er nicht weltliche Macht meint, sondern das Kreuz und die durch das Kreuz entstehende ganz andere Gemeinschaft.[82] Die *Aktualisierung* dieser an Jesus herangetragenen Versuchungen besteht darin, dass wir alles, was Gott betrifft, in den Bereich des Subjektiven verlegen,

---

79 Benedikt XVI., Jesusbuch, 37: „Durch sein Menschsein gehören wir alle zu ihm, er zu uns; in ihm beginnt die Menschheit neu und kommt an ihr Ziel."

80 Im Gesagten wird deutlich, was unter geistlich, unter „spirituell" zu verstehen ist: zum einen die innergöttliche Gemeinschaft zwischen dem Vater und dem Sohn ebenso wie die zwischen dem göttlichen Vater und dem menschgewordenen Logos. Gemeint ist aber zugleich auch die im Heiligen Geist dem Menschen geschenkte Gemeinschaft mit dem inkarnierten Gottessohn Jesus Christus und darin mit Gott, dem himmlischen Vater. – Vgl. G. Lohaus, Spiritualität bei Joseph Ratzinger I, 207.

81 Benedikt XVI., Jesusbuch, 58, 60.

82 Vgl. Benedikt XVI., Jesusbuch, 54-74.

ihn den Bedingungen unterwerfen, die wir für unsere Gewissheit, dass es sich bei ihm um den menschgewordenen Gottessohn handelt, als nötig erklären und darin „teuflisch" werden. Die Forderung an Jesus, „sein" Geheimnis „aufzuheben", sie besteht also noch immer.[83] Ihr ist zu widerstehen, indem akzeptiert wird, dass sein Leben als Mensch Offenbarungsgeschehen seines Sohnseins und damit seines Bezogenseins auf den göttlichen Vater ist und bleibt, es also Offenbarung des Geheimnisses *als* Geheimnis ist und als solches Heilsgeschehen von Dauer, weshalb der Glaube nicht aufgehoben wird, sondern geradezu gefordert ist.[84] „Die höchsten Wahrheiten können nicht in die gleiche empirische Evidenz gezwungen werden, die eben nur dem Materiellen eignet."[85]

Damit liegt für Benedikt XVI. die Aktualität der Lebensereignisse Christi und ihre Aktualisierung in dem Tatbestand begründet, dass es sich bei ihnen um *Mysterien* und damit um Ereignisse von theologisch-trinitarischer Perspektive handelt. Bei allem geht es um den Primat Gottes. Deshalb darf man Gott nicht auslassen, die Menschen von Gott abdrängen. Es geht darum, Gott als Wirklichkeit anzuerkennen, „als Wirklichkeit, ohne die nichts gut sein kann. Die Geschichte kann nicht abseits von Gott durch bloß materielle Strukturen geregelt werden.[86] Wenn das Herz des Menschen nicht gut ist, dann kann nichts anderes gut werden."[87]

---

[83] Vgl. J. Ratzinger, Die sakramentale Begründung christlicher Existenz, in: Joseph Ratzinger, Gesammelte Werke, 11: Theologie der Liturgie, Freiburg 2008, 197-214, 197f.: „In einer Zeit, in der [...] die Welt als Materia und die Materie als Material angesehen wird, bleibt fürs erste kein Raum mehr frei für jene symbolistische Transparenz der Wirklichkeit auf das Ewige hin, auf der das sakramentale Prinzip beruht. Man könnte [...] sagen, die Sakramentsidee setzte ein symbolistisches Weltverständnis voraus, das heutige Weltverständnis aber sei funktionalistisch: Es sieht die Dinge bloß als Dinge, als Funktion menschlicher Arbeit und Leistung, und bei einem solchen Ausgangspunkt ist nicht mehr zu verstehen, wie aus einem „Ding" ein „Sakrament" werden soll."

[84] „Gott verbirgt sich, damit wir gottebenbildlich seien [...] Und welch ein Versteck hat er gefunden! Er versteckt sich in einem Kind, in einem Stall [...] Gott verbirgt sich, weil er will, dass wir ihm ähnlich seien [...], aber er ist doch nicht nur Verborgenheit. Weihnachten ist ein Versteck, wenn man es so will, aber es ist doch zugleich mit Ostern zusammen die größte Offenbarung Gottes. Gott lässt uns ja nicht allein in diesem Spiel, das Wahrheit ist; er hat es selbst eingefädelt und eröffnet" [J. Ratzinger, Weihnachtspredigten, München 1998, 18f.].

[85] Benedikt XVI., Jesusbuch, 257.

[86] Benedikt XVI., Jesusbuch, 232. Wir haben einen „Begriff von Realität gebildet, der die Transparenz des Wirklichen zu Gott hin ausschließt. Als wirklich gilt nur das experimentell Überprüfbare. Gott lässt sich nicht ins Experiment zwingen [...] Gott kann gar nicht durchscheinen – so sagt es der moderne Begriff von Realität. Und so kann erst recht die Forderung nicht angenommen werden, die er an uns stellt; ihn als Gott zu glauben und danach zu leben, erscheint völlig unzumutbar."

[87] Benedikt XVI., Jesusbuch, 62.

Geht es in den Versuchungen um die Forderungen an Jesus,
„sein" Mysterium „aufzuheben", ist das Ereignis der *Verklärung* vom
genauen Gegenteil gekennzeichnet. Sie ist, so Benedikt XVI., ein
Gebetsereignis: „[E]s wird *sichtbar*, was im Reden Jesu mit dem Vater
geschieht: die innerste Durchdringung seines Seins mit Gott, die
reines Licht wird. In seinem Einssein mit dem Vater ist Jesus selbst
Licht vom Licht."[88] Damit ist die Verklärung Jesu jenes Ereignis seines menschlichen Lebens, an dem deutlich wird: Seine menschliche
Realität ist als *menschliche* Realität auf Gott hin *transparent*, durch-
scheinend. Die zum Mysterium und den Mysterien des Lebens Jesu
gehörende Spannung[89] von Sichtbarkeit und Unsichtbarkeit *zu-*
gleich[90] kommt in dem Tatbestand zum Ausdruck, dass Jesus von seinen Jüngern als der *Verklärte* gesehen wird. Verklärung Jesu ist die
dem *Mysterium* Christi entsprechende Weise seiner „Sichtbarkeit",
des Offenbarwerdens seines Sohnseins als Mensch und damit die
Transparenz seiner Wirklichkeit als Mensch auf den göttlichen Vater
hin. So wird deutlich: Für Benedikt XVI. ist der Begriff des Mysteriums
im christlichen Glauben untrennbar von dem des Logos. Die christlichen Mysterien sind für ihn Logos-Mysterien, die als solche über die
menschliche Vernunft hinausreichen, aber nicht ins Formlose des
Rausches hinein, nicht in die Auflösung der Vernunft in einen ver-
nunftlos verstandenen Kosmos; vielmehr führen sie zum Logos, das
heißt zur schöpferischen Vernunft, in der der Sinn aller Dinge gründet. Da dieser Logos Fleisch geworden ist in der Geschichte, ist die
Orientierung am Logos für Christen immer auch Orientierung am
geschichtlichen Ursprung des Glaubens, am biblischen Wort und seiner maßgeblichen Entfaltung in der Kirche der Väter.[91]

---

[88] Benedikt XVI., Jesusbuch, 357 [Hervorhebung durch Vf.].

[89] Benedikt XVI, Jesusbuch, 101f., spricht in diesem Zusammenhang auch von Parado-
      xien, wie sie Jesus z.B. in den Seligpreisungen vorstellt und die die wahre Situation
      des Glaubenden in der Welt ausdrücken. Vergleichbares gilt für die Gleichnisse Jesu,
      die im Letzten Ausdruck für die Verborgenheit Gottes in dieser Welt sind [vgl. ebd.,
      233].

[90] Benedikt XVI., Jesusbuch, 260: „[...] dass das Geheimnis seines Einsseins mit dem Va-
      ter immer gegenwärtig ist und das Ganze bestimmt, aber doch unter seiner Mensch-
      lichkeit auch verborgen bleibt".

[91] Vgl. Benedikt XVI., „Im Angesicht der Engel will ich singen". Regensburger Tradition
      und Liturgiereform [= Im Angesicht der Engel], in: Im Angesicht der Engel. Von der
      Musik im Gottesdienst, Freiburg, Basel, Wien 2008, 128.

3.2.2.3 Vom Geist gewirkte Erinnerung als Verstehbarkeit der Mysterien Christi

Das geschehene Ereignis, z.B. die Tempelreinigung, so Benedikt XVI., ruft die Erinnerung an ein Schriftwort [Ps 69,10] wach und wird so über seine Faktizität hinaus verständlich. „Das Gedächtnis lässt den Sinn des Faktums ans Licht treten und das Faktum auf diese Weise erst bedeutungsvoll werden. Das Ereignis erscheint als ein Faktum, in dem Logos ist, das aus dem Logos kommt und in ihn hineinführt. Der Zusammenhang von Jesu Wirken und Leiden mit Gottes Wort zeigt sich hier, und so wird das *Geheimnis* Jesu selbst *verständlich.*"[92] Das „geweckte" Erinnern [der Jünger] ist ein „vom Heiligen Geist geführtes Verstehen; erinnernd tritt der Glaubende in die Tiefendimension des Geschehenen ein und sieht, was zunächst und bloß äußerlich nicht zu sehen war. Aber so entfernt er sich nicht von der Wirklichkeit, sondern erkennt sie tiefer und sieht so die Wahrheit, die sich im Faktum verbirgt."[93] Ablesbar ist das Gesagte für Benedikt XVI. an Maria. Ihr Gedächtnis „ist zunächst ein Festhalten der Geschehnisse in der Erinnerung, aber es ist mehr als das: ein innerer Umgang mit dem Geschehenen. Dadurch dringt sie in die Innenseite ein, sieht die Vorgänge in ihrem Zusammenhang und lernt sie verstehen.[94] So ist gerade auch das Johannes-Evangelium als „pneumatisches Evangelium" für Benedikt XVI. keine bloß stenographische Nachschrift der Worte und Wege Jesu; es geleitet uns vielmehr über das Äußere hinaus kraft des erinnernden Verstehens in die von Gott herkommende und zu Gott hinführende Tiefe des Wortes und der Ereignisse.[95] „Das Evangelium ist als solches ‚Erinnern', und das be-

---

92 Benedikt XVI., Jesusbuch, 274 [Hervorhebung durch Vf.].
93 Benedikt XVI., Jesusbuch, 275.
94 Benedikt XVI., Jesusbuch, 276.
95 Für Benedikt XVI. stellt Johannes sehr nachdrücklich die Frage des rechten Verstehens. Ihm geht es dabei um die Wahrheit des Seins. Johannes sieht sich der Tatsache ausgesetzt, dass alles bloß empirische – wir würden sagen: bloß historische – Reden von Jesus in einem geradezu absurden Knäuel von Missverständnissen haften bleibt. Die Frage, wer Jesus sei, reduziert sich dabei auf die Frage, woher er denn eigentlich komme. So stehen wir vor einem typisch historischen Missverständnis, welches glaubt, einen Sachverhalt dadurch erklärt zu haben, dass man seinen Entstehungsprozess analysiert. Für Johannes ist dies ein grober Irrtum. Wenn man aber Jesus nicht durch die Klärung seiner Herkunft, durch die Rückführung auf Historie wirklich kennenlernen kann, wie dann? Johannes gibt darauf eine Antwort, die dem modernen Denken zunächst mythologisch erscheinen muss. Er sagt: Nur der Paraklet kann ihn bekannt machen, der Geist, der der Geist des Vaters und des Sohnes ist. Man kann jemanden nur durch sich selbst verstehen [vgl. ders., Wesen und Auftrag der Theologie. Versuche zu ihrer Ortsbestimmung im Disput der Gegenwart [= Wesen und Auftrag], Einsiedeln, Freiburg 1993, 47].

deutet: Es bleibt bei der geschehenen Wirklichkeit und ist nicht Jesus-Dichtung, nicht Vergewaltigung des historischen Geschehens [...] Es zeigt uns den wirklichen Jesus".[96] So ist die biblische Erinnerung für Benedikt XVI. durch ein Ereignis konstituiert, dessen Vergegenwärtigung gerade dem verdankt wird, der es hat geschehen lassen: der lebendige Gott. Das gilt für das Ereignis überhaupt, nämlich das Auftreten Jesu. Als Ereignis kann es überhaupt nur in Erinnerung behalten werden, wenn es in den Zusammenhängen betrachtet wird, die es konstituiert: der Heilsgeschichte des Gottesvolkes und dem Kommen der Gottesherrschaft. Die Evangelien sind gerade diejenigen Jesusgeschichten, die diese Zusammenhänge ursprünglich bezeugen und damit ahnen lassen, wer Jesus war, ist und bleiben wird. Die Erinnerung wird durch den hervorgerufen, der sich in Erinnerung bringt: der Auferstandene, und der ist kein anderer als Jesus von Nazareth. Erst seine Auferstehung lässt die Jünger erkennen, dass er eins ist mit dem Vater, dass er in seinem Leben und Sterben universale Heilsbedeutung hat und dass in der Konsequenz dessen die weltweite Verkündigung des Evangeliums steht, aber eben auch, dass er durch die Auferstehung nicht jemand wird, der er vorher nicht war.[97]

Für die Mysterien Christi, die formal zum Evangelium gehören und es inhaltlich ausmachen, bedeutet das Gesagte: Die Rede von den Ereignissen des Lebens Jesu als *Mysterien* charakterisiert diese als Fakten, in denen Logos ist, die aus dem Logos kommen und in ihn hineinführen. *Als solche* [Mysterien] bleiben diese Fakten in ihrer Bedeutung *nicht* auf ihre bloße Faktizität beschränkt; dann nämlich wären sie keine Mysterien und gehörten nicht zum Evangelium; sie sind vielmehr Fakten, deren Sinn und deren Bedeutung aus dem Logos selbst kommt, sie sind demnach Fakten mit Logos-*Sinn* und Logos-*Bedeutung* und sind als solche Mysterien und machen das Evangelium aus. Faktum *und* Gottes Wort stehen in untrennbarem Zusammenhang zueinander, und das Faktum in *diesem* Zusammenhang zu sehen, lehrt, es als Mysterium wie als Evangelium zu verstehen. Dieser [in der Menschwerdung des Logos begründete und grundgelegte] Zusammenhang ist gleichsam die Bedingung der Möglichkeit für die Verstehbarkeit der Fakten [der Ereignisse des *menschlichen* Lebens Jesu] als Mysterien und damit als Evangelien. Solche vom Heiligen Geist gewirkte Verstehbarkeit provoziert das Erinnern an

---

96 Benedikt XVI., Jesusbuch, 277.
97 Vgl. Th. Söding, Notwendige Geschichtswahrheiten. Ratzingers Hermeneutik und die exegetische Jesusforschung, in: J.-H. Tück [Hrsg.], Annäherung, 78; vgl. Benedikt XVI., Jesusbuch, 273-277.

die Fakten [Lebensereignisse], „über" die wir, die Glaubenden, in die Tiefendimension des Geschehenen selbst eintreten und damit [ein-]sehen [können], was zunächst und bloß äußerlich nicht zu sehen war. Im verstehenden geistgewirkten Erinnern [Gedächtnis] und im erinnernden geistgewirkten Verstehen „sehen" wir die Wahrheit, die sich im Faktum [Lebensereignis] verbirgt: dass in ihm der Logos [Sohn Gottes] verborgen lebt. Die geistgewirkte Erinnerung, das Gedächtnis an die Mysterien Christi [Evangelien] als innerliches „Umgehen" mit ihnen ist ihre „Verstehbarkeit". Das Verstehen der Lebensereignisse *als* Mysterien geschieht über deren vom Geist gewirkten Erinnerung, und damit sind sie auch als Evangelien erkannt. Das Erkennen der Lebensereignisse Jesu als Mysterien ist ein geistiger und geistlicher Prozess in ihrem [Be-]Denken, und nur ein solcher Prozess ist ein den Lebensereignissen [Fakten] Christi als *Mysterien* angemessener Prozess.

4. FAZIT ODER: WAS HAT DER VERGLEICH GEBRACHT?

Was der Anlass für einen Vergleich zwischen Thomas von Aquin und Benedikt XVI. war und was im oben Dargelegten bereits als Gemeinsamkeit wie als Unterschied zwischen beiden festgestellt wurde, muss hier nicht eigens wiederholt werden. Hier soll mehr zusammenfassend auf die Frage eingegangen werden, was denn jener Tatbestand für die Beschäftigung mit den Mysterien Christi heute und in Zukunft bedeutet, dass Thomas wie Benedikt XVI. sich als *systematische* Theologen mit ihnen beschäftigen, womit zugleich gesagt ist, dass sie diese *theologisch-trinitarisch* auslegen.

Thomas von Aquin und Benedikt XVI. sind miteinander vergleichbar, weil sie sich als *Theologen* den Mysterien Christi zuwenden. Als solche wollen sie nicht herausbringen, wie dieses oder jenes *damals* im Leben Jesu gewesen ist, schließlich sind sie keine Historiker; sie wollen vielmehr herausfinden, was an diesem *damaligen* Leben Jesu für das Leben der Christen ihrer Zeit wahr ist und wahr bleibt und deshalb für die Menschen [Christen] aller Zeiten bleibend, damals wie heute und in Zukunft [heils-]bedeutsam ist, schließlich ist das Studium der Philosophie und der Theologie nicht dazu da, zu erfahren, was andere gesagt haben, sondern wie die Wahrheit der Dinge sich verhält.[98] Die Erfahrungen des Heils nämlich liegen nicht nur in der

---

98 Thomas von Aquin, Sententia super Librum De caelo et mundo, I,22, Marietta-Ausgabe n. 228.

Vergangenheit, „sondern geschehen immer neu und erfordern daher auch die immer neue Verkündigung der Heutigkeit Gottes, dessen Ewigsein missverstanden ist, wenn man es als das Eingeschlossensein in ‚vor aller Ewigkeit' gefasste Beschlüsse deutet. Ewig sein heißt ganz im Gegenteil: gleichzeitig sein zu jeder Zeit und jeder Zeit voraus."[99]

Für beide entsteht Theologie nicht dadurch, wieviel man sich ausdenkt und was alles am Leben Jesu dem [heutigen] Menschen [noch] für zumutbar gehalten wird, wozu dann Teile des biblischen Zeugnisses „benutzt" werden könnten.[100] Vielmehr bleiben beide, und bei Benedikt XVI. wohl auch, um solches zu verhindern, im „Umgang" mit den Evangelien als dem Schriftzeugnis von den Lebensereignissen Christi *systematische Theologen.* Für beide kennzeichnet die Rede von den „acta et passa Christi" bzw. von den Lebensereignissen Jesu als *Mysterien* diese als „Gegenstände" *theologischer* Darlegung, an denen eine bloß historische, eine nicht theologische Auslegungsweise oder eine mögliche Willkür des Denkens und Bedenkens ihre Grenze findet. Hinsichtlich der historisch-kritischen Methode wird hier deren von Benedikt XVI. immer wieder dargelegte entscheidende Grenze deutlich, da ihre Anwendung *als solche* noch gar kein theologischer Beitrag ist. Sie hilft vielmehr nur [und besser als andere Methoden], möglichst genau und möglichst missbrauchssicher herauszuarbeiten, was als „biblische Vorgabe" das systematisch-theologische Nach-Denken in die Pflicht nimmt.[101] Weil auch *für Thomas* die biblische Vorgabe sein systematisch-theologisches Nach-Denken über die „acta et passa Christi" in die Pflicht nimmt, „betreibt" er *Konvenienztheologie,* die im Ereignis der Menschwerdung Gottes [Geburt Christi] grundgelegte und *sachgemäße* Weise des Bedenkens der „acta et passa Christi";[102]

---

99 Benedikt XVI., Im Angesicht der Engel, 75.

100 Benedikt XVI., Wesen und Auftrag, 75: „Wie aufregend und schön wäre es, einmal wieder den Jesus zu suchen, den nicht diese oder jene vermutete Quelle beschreibt, sondern das wirkliche Neue Testament selbst. Und hier tritt etwas Unerwartetes in Erscheinung: Das Zerteilen der Bibel hat zu einer neuen Art von Allegorese geführt. Man liest nicht mehr den Text, sondern die vermuteten Erfahrungen vermuteter Gemeinden und schafft so eine oft höchst abenteuerliche allegorische Auslegung, mit der man am Ende lediglich sich selbst bestätigt [...] Heute zeigt sich, dass nur die Verankerung im Glauben der Kirche den historischen Ernst des Textes schützt und eine Wörtlichkeit ermöglicht, die nicht Fundamentalismus ist. Denn ohne das lebendige Subjekt muß man entweder den Buchstaben verabsolutieren, oder er entschwindet ins Ungewisse."

101 Vgl. O.H. Pesch, Katholische Dogmatik 1/1, 245.

102 Der theologische Gehalt dieses Arguments ist also die Grundtatsache aller christlichen Theologie. Gott selbst zeigt sich aus freiem Ratschluss und doch zugleich seinem Wesen gemäß in geschichtlichen Ereignissen. In diesem oft so fremdartig wirkenden mittelalterlichen Denken tritt also in Wahrheit das urbiblische Thema ins Licht, das zugleich der Generalnenner des neutestamentlichen Christuszeugnisses

für Benedikt XVI. ist es die Kanonische Exegese zusammen mit der vom Geist gewirkten Erinnerung an die Lebensereignisse Jesu selbst, die deren heutige Verstehbarkeit ermöglichen. Bei dem einen also lassen sich die Lebensereignisse Jesu über die Konvenienztheologie, beim anderen über die Kanonische Exegese und die geistgewirkte Erinnerung sachgemäß, und d.h. theologisch-trinitarisch auslegen und so in ihrer bleibenden Bedeutung erschließen; denn an ihnen ist etwas zu erfahren, was sich niemand, auch nicht der Theologe, erdacht hat und sich auch nie erdenken kann, da Gott sich in diesen Mysterien selbst gezeigt hat und immer noch zeigt. Theologie [er-]findet eben ihre Inhalte nicht selber, sie empfängt sie aus der Offenbarung, sie ist der verstehende Nachvollzug der Offenbarung Gottes; sie ist Glaube, der die Einsicht sucht, gerade auch angesichts der Mysterien Christi. Von *dem* Offenbarungsereignis, der Menschwerdung Gottes her, werden die Lebensereignisse Christi von beiden, von Thomas wie von Benedikt XVI., in ihrem inneren Zusammenhang und in ihrer Sinnhaftigkeit begriffen.[103] Als *Theologe* der Mysterien Christi sagt der eine demnach im Grunde inhaltlich, also theologisch-trinitarisch, nichts anderes als der andere, er sagt es nur *anders*. Die Konsequenzen einer theologisch-trinitarischen Betrachtung der „acta et passa Christi" bzw. der Mysterien des Lebens Jesu für deren Bedeutung selbst unterscheiden sich bei Thomas und bei Benedikt XVI. nicht.

Das erwähnte „*anders* Sagen" der in und mit den Mysterien Christi ausgesagten Wahrheit ist zeitbedingt. Wir können über Jesus und seine Lebensereignisse nämlich nicht mehr denken, sprechen und schreiben wie Thomas,[104] übrigens auch nicht wie Augustinus oder

ist: Gott erschließt uns sein Wesen und seinen Heilswillen in geschichtlichen Ereignissen und in letzter Steigerung im Ereignis des Lebens, Wirkens und Todesschicksals Jesu Christi. Im Denken des mittelalterlichen Theologen schlägt sich das nieder in der Methode des unterschiedlich gewichtigen Konvenienzargumentes. Und wieder einmal wird deutlich, allen gegenteiligen Behauptungen zum Trotz, wie hier das Evangelium sich das aristotelisch geprägte Denken unterwirft und nicht umgekehrt. Der mittelalterliche Theologe kommt gerade mit dieser Methode zu seiner eigentlichen Sache. – Vgl. O.H. Pesch, Katholische Dogmatik 1/1, 757.

103 Die Unterscheidung von Theologie und Philosophie ist vor allem das Werk des Thomas von Aquin. „Philosophie [...] bezieht ihre Gewißheit allein aus dem Argument, und ihre Aussagen zählen so viel wie ihre Argumente. Theologie ist demgegenüber der verstehende Nachvollzug der Offenbarung Gottes [...] Mit einer bei Thomas erst beginnenden Terminologie hat man die beiden unterschiedlichen Sachbereiche von Philosophie und Theologie als die Ordnung des Natürlichen und des Übernatürlichen voneinander abgehoben. Ihre ganze Schärfe haben diese Unterscheidungen erst in der Neuzeit erlangt. Diese hat sie dann in Thomas hineingelesen und ihm damit eine Auslegung gegeben, die ihn stärker von der früheren Tradition ablöst, als es rein von den Texten her zutreffend ist" [Wesen und Auftrag, 14].

104 So hat Thomas von Aquin die Wahrheit bekanntlich als Angleichung des Geistes an die Wirklichkeit definiert. Die neuzeitliche Philosophie hat das Modell der Adäqua-

wie die Synoptiker. Das eine Wort der Tradition, das uns ebenso in die
Pflicht nimmt wie alle Glaubenden vor uns, können wir unter solchen
Voraussetzungen nur neu, erhellend und wegweisend zum Verstehen
bringen, indem wir es aus der Vielfalt der Interpretationen, in denen
allein wir es haben, *vorübergehend* auf eine abstrakt-allgemeine Formel
bringen, um es so, also ohne Absolutsetzung *einer* bestimmten vorgegebenen Interpretation, in die Begegnung mit unseren Fragen und
Verstehensmöglichkeiten heute zu bringen.[105] Genau das geschieht
hinsichtlich der Lebensereignisse Christi im Jesusbuch Benedikt XVI.
Dabei ist bei ihm, wie bei Thomas auch, stets gewährleistet, dass nicht eine
neue Lehre, sondern die *neu verstandene alte* Lehre das Ergebnis [s]eines
notwendigen „Übersetzungsvorganges" ist, der den Glauben[-sinhalt] ins
Gespräch der Zeit bringt. Demgemäß ist die scholastische Theologie
heute kein wirksames Instrument mehr, wie Benedikt XVI. zu Recht
feststellt.[106] Allerdings darf man, was Benedikt XVI. nicht tut, Thomas
nicht den Vorwurf machen, aristotelisch gedacht zu haben. Dies wäre
für ihn so unmöglich gewesen wie heute für uns, anders als persona-
listisch von Glaube und Heil zu reden. Allerdings haben Thomas und
Benedikt XVI., die angesichts der Lebensereignisse Jesu *systematisch-
theologische* Reflexion „betreiben", eben *darin* auch etwas gemeinsam.
Solche Reflexion nämlich kommt immer dadurch in Gang, dass aus
dem jeweiligen Kontext der Erfahrungen mit der Welt und mit den in
ihr lebenden Menschen [Christen], einschließlich der Erfahrungen
mit der Glaubensgemeinschaft der Kirche, in die Ausgestaltung der
Tradition gewissermaßen hineingefragt und hineingelauscht wird,

tio außer Kraft gesetzt. Nicht mehr der Vergleich, das Gegenüber von Sache und
Erkenntnis und beider Entsprechung müssen für die Wahrheit haften, sondern die
Erkenntnisbedingungen des Subjekts selbst. Im Vergleich mit der Wirklichkeit sind
unsere Begriffe nur Namen, die wir den Dingen mehr oder weniger willkürlich und
frei geben. Ein „Vergleich" ist unmöglich, denn die Wirklichkeit „an sich selbst", das
„Ding an sich selbst", ist unerkennbar. Von daher ist „Gott" nicht mehr Gegenstand
der spekulativen, theoretischen, der „reinen" Vernunft. Theologische Aussagen können daher auch keinen Anspruch auf theoretische Wahrheiten erheben, das heißt:
auf Erkenntniswahrheit in Bezug auf Gott in der Wirklichkeit außerhalb von uns [vgl.
O.H. Pesch, Katholische Dogmatik 1/1, 158.]

[105] O.H. Pesch, Katholische Dogmatik 1/1, 210, erläutert diesen Vorgang zum Beispiel:
„Wir handeln gleichsam so, wie ein Chirurg vorübergehend das Herz und damit das
pulsierende Leben zum Stillstand bringt, um rasch einen operativen Eingriff vorzunehmen, nach dem das pulsierende Leben weitergehen kann und soll. Ist der neue,
auf unsere Gegenwart bezogene Versuch des Verstehens in Gang gebracht, ist also
die Möglichkeit eines neuen und hilfreichen Interpretamentes in Sicht, verliert die
verallgemeinernde Formel sofort ihre Bedeutung, abgesehen von ihrer Kontroll-
funktion, die sie zusammen mit den traditionellen Ausformungen, aus denen sie her-
ausgelöst wurde, gegenüber einem neuen Verstehensversuch immer hat und haben
können muss."

[106] Vgl. Benedikt XVI., Salz der Erde, 78.

um dann zuzuwarten, was solches Fragen und Lauschen „anrichtet".[107] Hier mag die Erklärung mit dafür liegen, dass sich im Jesusbuch Benedikt XVI. mitunter ausgebreitete Passagen meditativer und homiletischer Art finden, während für Thomas die *ganze* Summa theologiae *Verkündigung* des Wortes Gottes ist. Bei ihm wird aufgrund der Identität von *sacra doctrina* und *Sacra Scriptura* das Wort Gottes [bereits] konkret; Predigt ist bei ihm Lehre [über die „acta et passa Christi"], und Lehre ist Predigt [über sie]. Schließlich versteht sich die ganze Summa, die „acta et passa" eingeschlossen, als Theologie des Wortes, des Wortes Gottes, sofern sie es weitersagt, und des menschlichen Verkündigungswortes, sofern sie diesem Weitersagen buchstäblich nach-denkt.[108]

---

[107] Vgl. zu diesem Vorgang O.H. Pesch, Katholische Dogmatik 1/1, 211.
[108] Vgl. O.H. Pesch, Katholische Dogmatik 1/1, 79.

Gottesfreundschaft und Verdienst.
Ein Beitrag zur theologischen Anthropologie des Thomas von Aquin

Aloisia M. Levermann

1. HINFÜHRUNG

Im Titel der Festschrift für Ludwig Hödl werden die Begriffe Wahrheit und Weg in ein Verhältnis zueinander gebracht. Damit ist eine anthropologische Komponente mit im Spiel. Denn: Wo Wahrheit als ein Prädikat einer Aussage oder einem bestimmten Sachverhalt zukommt, ist sie nicht auf dem Weg, sondern konstatierbares Datum. Wo Wahrheit ausgesagt wird von Gott, der die Wahrheit selber ist, kann ebenfalls nicht zugleich an ein Fortschreiten gedacht werden. Die Rede von der Wahrheit auf dem Weg setzt *den Menschen* als Erkenntnissubjekt voraus und impliziert von selbst die Frage nach der Wahrheit vom Menschen. Ihre Beantwortung gibt Aufschluss darüber, was man von einem Weg der Wahrheit erwarten kann und ob es überhaupt angemessen ist, von einem solchen Weg zu sprechen, also von Fort-schritt und Ziel. Ohne grundlegende Einsichten in das Wesen des Menschen, in die Möglichkeiten, die ihm offen stehen und die Grenzen, die ihm gesteckt sind, ist es zudem nur schwer zu sagen, welches die entscheidenden Bedingungen sind, damit Wahrheitserkenntnis gelingen kann.

Thomas von Aquin stellt in die Mitte seiner Anthropologie die Aussage: der Mensch ist *ad imaginem Dei* geschaffen. Die Gottebenbildlichkeit ist eine Aussage über die prinzipielle Wahrheitsfähigkeit des Menschen. Der Mensch ist als Mensch aufgrund seiner Geistnatur auf Wahrheit hin offen, und diese Offenheit findet ihre letzte Sinnerfüllung darin, dass Gott sich ihm in der *visio beatifica* selber in seiner Wahrheit zu erkennen gibt. Damit ist dem Menschen ein gewaltiges Ziel vor Augen geführt, für den Aquinaten aber zugleich auch die entscheidende Spannung markiert: Das Ziel ist mit der Ausrichtung des Menschen auf Wahrheit allein noch nicht erreicht und der Mensch kann es mit den geistigen Potenzen, die ihm mit seinem Geschaffensein nach dem Bilde Gottes gegeben sind, nicht aus sich heraus sicherstellen. Ihm ist ein Weg des Hinwachsens zur Vollgestalt der *imago* aufgetragen, der nur möglich ist in einer heilsgeschichtlich-gnadenhaften Dynamik.[1] Anders gesagt: Der Mensch ist angewiesen auf die Gnade der Freundschaft mit Gott. Nur in der Freundschaft mit dem, der die Wahrheit selber ist, kann der Mensch diesen Weg der Wahrheit gehen – in einem Verhältnis also, in dem Erkenntnis der Wahrheit hineinreift in die Liebe zur Wahrheit.

Der folgende Artikel versteht sich auf diesem Hintergrund als ein Beitrag zur theologischen Anthropologie des Thomas von Aquin, näherhin zu der Frage: Wie vollzieht sich für Thomas das Wachsen und Reifen des Menschen in dieser Freundschaft? Was lässt sich theologisch verantwortet sagen über die innere Dynamik und Lebendigkeit der Gottesfreundschaft, die mit dem Geschenk der Gnade freigesetzt wird?

Im Gnadentraktat der Summa Theologiae stößt man im Anschluss an die Ausführungen zur Grundlegung der gnadengetragenen Gottesbeziehung im Geschehen der Rechtfertigung, also gerade an der Stelle, an der man am ehesten eine Antwort auf diese Frage nach der Freundschaft erwartet, lediglich auf die thomanische Darlegung des Verdienstes (*meritum*).[2] Man möchte zunächst meinen, dass Thomas den Leser damit eher in ein Randgebiet der theologischen Reflexion führt. Zudem entsteht aus modernem Sprach- und Existenzgefühl heraus fast unweigerlich eine gewisse Spannung, insofern der Verdienstbegriff eine überwiegend sachlich-funktional geprägte Vorstellungswelt assoziiert, eine Äquivalenz von Leistung und Lohnanspruch, die einem Verhältnis von Freundschaft und insbesondere der Beziehung von Gott und Mensch diametral entgegensteht. Versucht man jedoch, die Quaestio „De merito" zu lesen als Antwort auf die oben gestellte Frage, so zeigt sich, dass das Verdienst im thomanischen Nachdenken über das Verhältnis von Gott und Mensch eine systematische Grundkategorie darstellt, die wesentliche Einsichten über die Reifung des Menschen in der Gottesbeziehung miteinander verbindet und die schließlich, gerade *weil* der Mensch mit dem Geschenk der Gnade in ein Verhältnis personaler Liebe und Freundschaft zu Gott gerufen ist, in der thomanischen Anthropologie und Theologie eine spezifische Rolle spielt. In einer dreifachen

---

[1] Vgl. dazu den dreifachen Modus der Gottebenbildlichkeit, wie Thomas ihn mit den Stichworten „*imago creationis*", „*imago recreationis*" und „*imago similitudinis*" fasst, STh I q 93 a 4.
[2] STh I/II q 114.

Hinsicht auf das *meritum* soll dies im Folgenden gezeigt werden[3]:
Zunächst unter dem Gesichtspunkt der personalen Liebe und des
persönlich-biographischen Reifungsprozesses des Menschen in der
Gottesbeziehung[4]; des Weiteren aus der Perspektive der geschicht-
lichen Verfasstheit menschlicher Existenz[5]; und schließlich mit der
Frage nach der sozialen Dimension bzw. der Fruchtbarkeit der in der
Gnade gegründeten Gottesbeziehung über den einzelnen Menschen
als Subjekt hinaus[6].

2. MERITUM AUS DER PERSPEKTIVE DER PERSÖNLICH-
BIOGRAPHISCHEN REIFUNG IN DER GOTTESBEZIEHUNG

In der Systematik der Summa Theologiae befindet sich die
Auseinandersetzung mit dem *meritum* am Ende der Prima Secunda,
also im Kontext jenes Teiles, in dem Thomas, wie er im Prolog an-
kündigt, den Menschen in den Mittelpunkt stellt, insofern dieser *ad imaginem Dei* geschaffen ist und durch Verstand und freien
Willen selbst Wirkprinzip seiner Werke ist.[7] Mit der im Prolog vorge-
nommenen Klärung seiner Perspektive gibt der Aquinate zugleich
einen wesentlichen Interpretationsschlüssel an für den inneren
Zusammenhang der einzelnen Quaestiones. Hatte er in der Prima Pars
(q 93) die Gottebenbildlichkeit primär als schöpfungsmäßige Gabe
an den Menschen behandelt, so steht die Secunda Pars unter dem
Vorzeichen der Entfaltung der *imago* auf ihre Vollendungsgestalt hin.
Diesen Prozess begreift Thomas im Kern als einen Wachstumsprozess

---

3   Die dargebotenen Kernüberlegungen werden weiter entfaltet in: *Aloisia M. Lever-
     mann*, Wachsen in der Gottesfreundschaft. Theologie des Verdienstes bei Thomas
     von Aquin (ThiD 3), Freiburg 2009.

4   Ein Akzent, der z.B. bei *Édouard Hugon* zum Tragen kommt, der seine Artikelreihe
     zum *meritum* eröffnet mit der Aussage: „La vie spirituelle n'est pas autre que la vie du
     mérite." (*E. Hugon*, Le mérite dans la vie spirituelle, in: VS 2 [1920], 29-37; 273-282;
     353-357).

5   Dass Thomas, auch wenn die Erarbeitung ontologischer Inhalte bei ihm überwiegt,
     ein geschichtstheologisches Denken grundsätzlich nicht fremd ist, hat *Max Seckler*
     überzeugend aufgezeigt, vgl. Das Heil in der Geschichte. Geschichtstheologisches
     Denken bei Thomas von Aquin, München 1964.

6   In der Theologiegeschichte behandelt unter dem Stichwort „Verdienst für andere",
     vgl. z.B. die Untersuchung von *Johannes Czerny*, Das übernatürliche Verdienst für an-
     dere. Eine Untersuchung über die Entwicklung dieser Lehre von der Frühscholastik
     an bis zur Theologie der Gegenwart (Studia Friburgensia NF 15), Freiburg/Schweiz
     1957.

7   Vgl. STh I/II prol. Diese Perspektive entspricht der zu Beginn der Summa vorgestell-
     ten Einteilung des zu behandelnden Stoffes. Für die Secunda Pars gibt Thomas als
     Thema an: die Bewegung der vernunftbegabten Geschöpfe auf Gott zu („de motu
     rationalis creaturae in Deum"), vgl. STh I q 2 prol.

der Gottesbeziehung, denn die höchste Nachahmung Gottes durch die geschaffene Geistnatur besteht nicht im Erkennen und Lieben schlechthin, sondern in der *Gottes*erkenntnis und *Gottes*liebe.[8] Im freien Handeln des Menschen soll sich die im Imago-Charakter grundgelegte Relation zu Gott vervollkommnen. Auf diesem Hintergrund ist es das zentrale Anliegen der Secunda Pars, „die Voraussetzungen und Modalitäten (zu) beschreiben, wie sich Gottesbegegnung in Erkenntnis und Liebe ereignet"[9], bzw. eine gewisse Ontologie des Weges zu erarbeiten, auf dem der Mensch durch die Geschichte hindurch zu der Gottesbeziehung gelangt, die ihm als seine Seligkeit verheißen ist. Dementsprechend folgt im allgemeinen Teil, in der Prima Secunda, auf die Ausführungen zum letzten Ziel des Menschen (qq 1-5) eine Darstellung der Handlungen und Handlungsprinzipien in einer fortlaufenden Vertiefung über die Tugenden bis hin zur Gnade, die als *„principium motus quo ad beatitudinem tenditur"*[10] den Bezug der menschlichen Akte zur *beatitudo* bewirkt (insofern erst mit der *„participatio divinae naturae"*[11] im Geschenk der Gnade die natürliche Fähigkeit des Menschen, in den Akten seiner Freiheit Gottes Wirklichkeit zu berühren und ihn als Grund allen Seins wahrzunehmen, dahingehend erhoben wird, dass der Mensch sich – unvollkommen – erkennend und liebend Gott zuwenden kann, wie Gott sich selbst erkennt und liebt).

Welche Rolle spielt nun das *meritum* in diesem Prozess? Eine erste Annäherung: Wenn Thomas die Quaestio „De merito" an das Ende des Gnadentraktates und der Prima Secunda stellt, so spiegelt sich darin gewissermaßen der Charakter des *meritum* als *Frucht* einer in der Kraft der Gnade gelungenen Begegnung von Gott und Mensch. Ein Verdienst kommt den Akten zu, in denen der Mensch aus eigener freier Entscheidung den Willen Gottes erfüllt[12], d.h. in denen er seine Bindung an Gott geschichtlich konkret vollzieht. Der Lohn, der dem *meritum* von Gott her entspricht, besteht in der wachsenden gnadenhaften Vereinigung mit Gott, die im ewigen Leben an ihr Ziel gelangt.

---

[8] Vgl. STh I q 93 aa 4.8, sowie *K. Krämer*, Imago Trinitatis. Die Gottebenbildlichkeit des Menschen in der Theologie des Thomas von Aquin (FThS 164), Freiburg 2000, 326-329.

[9] *O. H. Pesch*, Das Gesetz (Kommentar DThA Bd. 13), Heidelberg u.a. 1977, 531-743, 533.

[10] STh I/II q 5 a 7 ad 3.

[11] STh I/II q 110 a 3.

[12] „Homo inquantum propria voluntate facit illud quod debet, meretur." STh I/II q 114 a 1 ad 1.

Die Mehrung der Gnade und Liebe stellt sozusagen ein Teilziel dar auf dem Weg des Menschen zu Gott.[13]

Mit diesen Überlegungen wird der Ort des *meritum* im Kontext der Entfaltungsdynamik der Gottesbeziehung erkennbar, aber die entscheidende Frage, vor der jede Verwendung des Verdienstbegriffes im Verhältnis von Gott und Mensch steht, ist doch diese: Wie kann einem menschlichen Akt vor Gott ein bestimmtes Anrecht auf Lohn, letztlich auf die Gemeinschaft mit Gott, zukommen – zumal sich der Mensch mit allem, was ihm an Fähigkeiten zu eigen ist, Gott verdankt? Oder, wie Thomas einen Opponenten sprechen lässt: Wie sollte es ein Verdienst des Menschen geben, wenn das gute Handeln eher dem Menschen selbst nützt, als dass man denken könnte, dass Gott davon profitiert?[14] Um angemessen und theologisch verantwortet von einem *meritum* reden zu können, muss Thomas also Klärungen vornehmen, die den ontologischen Abstand von Gott und Mensch wahren, eine entsprechend analoge Verwendung des Verdienstbegriffs garantieren, diesen aber dennoch nicht so weitgehend seines Inhaltes entleeren, dass er im anthropologisch-gnadentheologischen Kontext ebenso gut entfallen könnte.

Ein *meritum* im Verhältnis von Gott und Mensch ist für den *doctor communis* nur zu denken unter der Voraussetzung einer freien Verfügung Gottes, einer *ordinatio divina*, kraft derer „der Mensch durch seine Tätigkeit das als Lohn erhält, wozu Gott ihm die Wirkkraft gegeben hat".[15] Wäre es nicht Gott selbst, der dieses Gefüge der Heilserlangung konstituiert, müsste man annehmen, er unterstände einer ihm in irgendeiner Weise vorausliegenden Logik der Gerechtigkeit, aufgrund derer er schließlich zum Schuldner des Menschen würde – was wiederum mit Gottes Absolutheit nicht zu vereinbaren wäre. Um die Bedeutung des *meritum* im Verhältnis von Gott und Mensch auszumachen, muss allerdings weitergefragt werden nach der thomanischen Aussageabsicht, die hinter einer solchen göttlichen *ordinatio* als Begründung der meritorischen Relevanz menschlicher Akte steht. Berndt Hamm unterscheidet in der mittelalterlichen Lehre über das *meritum* grundsätzlich zwei Interpretationstypen: Die *ordinatio* könne einmal gedeutet werden als ein historischer Selbstbindungsakt Gottes, der „von außen her dort einen Kausalzusammenhang im Bereich des

---

[13] Vgl. STh I/II q 114 a 8. Diese Dynamik beschreibt Thomas an anderer Stelle mit Bezug auf Joh 4,14: Die Gnade wird im Menschen zur Quelle, die ins ewige Leben strömt, vgl. STh I/II q 114 a 3.

[14] Vgl. STh I/II q 114 a 1 obi. 2.

[15] „Meritum hominis apud Deum esse non potest nisi secundum praesuppositionem divinae ordinationis, ita scilicet ut id homo consequatur a Deo per suam operationem quasi mercedem, ad quod Deus ei virtutem operandi deputavit." STh I/II q 114 a 1.

Geschaffenen konstituiert, wo der ontologische Konnex fehlt oder unzulänglich ist, d.h. zwischen der gratia creata oder ihren Werken und
dem Lohn des ewigen Lebens"[16] – eine Interpretation, die Hamm vor
allem der franziskanischen Schule zuordnet, die aus heilsgeschichtlicher Perspektive ein starkes Gewicht auf die absolute Freiheit und
bleibende Souveränität Gottes legt.[17] Zum anderen könne man die
göttliche Anordnung verstehen als ein „ontologisches Angelegtsein
der Ursache auf ihre Wirkung hin (...), so daß Gnade und Gnadenwerk
kraft ontologisch-naturhafter Notwendigkeit die Glorie zur Folge haben"[18]. Die *ordinatio divina* fällt hier zusammen mit dem inneren Wert
der Gnade, in deren Kraft die Akte gesetzt werden – eine Deutung,
die Hamm bei Thomas von Aquin findet.[19] Allerdings ist fraglich, ob
damit die Intention des Aquinaten schon vollständig wiedergegeben
ist. Zweifellos wird der Wert der Gnade betont, aufgrund dessen ein
Akt überhaupt erst als des ewigen Lebens würdig qualifiziert werden
kann[20], doch an der oben bereits genannten Stelle, an der Thomas die
ordinatio einführt, ist hiervon nicht explizit die Rede. Der Aquinate
setzt vielmehr grundsätzlicher an. Wenn der Mensch „durch seine
Tätigkeit den Lohn empfängt, zu dem Gott ihm die Wirkkraft bestimmt hat", so ist diese Formulierung zunächst einmal offen für die
Gnade und die Freiheit als Wirkkräfte, die der Mensch Gott verdankt.
Zudem ist die *ordinatio* inhaltlich auf eine Tätigkeit, auf einen geschichtlich-konkreten Akt bezogen, dessen Bedeutung für ein *meritum*
mit dem Hinweis auf den ontologischen Wert der Gnade noch nicht
erschlossen ist. Dass in der thomanischen Theologie des *meritum* die *ordinatio divina* eher als Ausdruck einer Grundstruktur des Schöpfungs-
und Erlösungsplanes Gottes angesehen werden kann, wird ersichtlich
auf dem Hintergrund der Klärungen, die Thomas bereits zu Beginn
der Prima Secunda im Beatitudo-Traktat vornimmt: Hier führt er es
auf den *ordo divinae sapientiae* zurück, dass der Mensch durch viele
Akte, die meritorische Relevanz haben, die Seligkeit erlangt – im
Unterschied zum Engel, für den nur ein einziger Akt zum Erreichen
der Seligkeit vorgesehen ist.[21] Hinter der göttlichen *ordinatio* steht also
der Wille zu einer bestimmten Heils*geschichte*. Heilsgeschichtliche und

---

16 *B. Hamm*, Promissio – Pactum – Ordinatio. Freiheit und Selbstbindung Gottes in der
   scholastischen Gnadenlehre, Tübingen 1977, 405.
17 Vgl. ebd., 467-472.
18 Ebd., 406.
19 Vgl. ebd., 471.
20 Vgl. STh I/II q 114 a 2.
21 STh I/II q 5 a 7. Thomas fügt bei, dass die Notwendigkeit der menschlichen Handlungen keineswegs auf einen Mangel an göttlicher Kraft zurückzuführen ist. Die *operatio hominis* ist vielmehr notwendig, „ut servetur ordo in rebus" (ebd. ad 1).

ontologische Elemente müssen folglich in ihrer inneren Zuordnung zueinander gesehen werden. Der Aktvollzug verlangt die Wirkkraft der Gnade als ontologisches Fundament, damit ihm ein *meritum* im Hinblick auf das ewige Leben zukommt. Doch reicht die ontologische Hinordnung auf das Ziel nicht aus, um ein *meritum* zu begründen, wenn sich nicht die konkret-geschichtliche Begegnung von Gott und Mensch im freien Akt vollzieht.

Nun kann noch einmal die Frage gestellt werden: Was ist der Sinn dieses Gefüges, das die *ordinatio divina* aus sich entlässt? Thomas hat den Menschen vor Augen, der von Gott, der in sich selbst trinitarisch sich verschenkende Liebe ist, als sein Ebenbild mit Freiheit ausgestattet und in den Selbststand gesetzt ist, damit personale Beziehung als Liebe möglich wird. Der Kreislauf der Liebe rundet sich, wenn die von Gott empfangene Freiheit in Freiheit bzw. als Liebe zurückgeschenkt und wiederum angenommen wird. In der das *meritum* konstituierenden *ordinatio divina* lassen sich verschiedene Elemente dieses Zyklus ausmachen: Weil Gott den Menschen auf personale Weise seinem Ziel, der ewigen Gottesgemeinschaft entgegenführen will, verfügt er, dass sich die Entfaltung der Beziehung auf einem geschichtlichen Weg in Akten der Freiheit und Liebe vollziehen soll. Gleichzeitig lässt er aber auch die liebende Hingabe des Menschen nicht ins Leere laufen. Er nimmt sie als *meritum* an und will sie zum Ziel kommen lassen. Die von Thomas herangezogene *ordinatio divina* zielt, so verstanden, auf eine Dynamik des personalen Schenkens und Angenommenwerdens.

Will man das von Thomas Gemeinte in heutiger Sprach- und Denkweise zum Ausdruck bringen, könnte man das Motiv der Anerkennung bzw. Gutheißung heranziehen. Wenn der Mensch in Freiheit tut, was dem Willen Gottes entspricht, so erfüllt er Gott gegenüber seine Pflicht, insofern er seine ihm von Gott gegebene Wirkkraft gott- und sinngemäß zum Einsatz bringt – und doch liegt im Einsatz der Person bei der Pflichterfüllung eine „Zugabe", die über die reine Pflicht hinausgeht und auf die sich das *meritum* bezieht. Der Mensch schenkt Gott im Akt und durch den Akt hindurch seine liebende Anerkennung. Insofern diesem Akt ein *meritum* zugesagt wird, kommt zum Ausdruck, dass Gott diese Liebe wiederum anerkennt und damit zum Ziel kommen lässt.

Das Motiv der Anerkennung wird von Thomas selbst nicht angeführt, doch dass es durchaus geeignet ist, seine Intention wiederzugeben, wird nicht zuletzt an der zentralen Bedeutung der theologischen Tugend der *caritas* für die Meritorialität eines Aktes erkennbar. Der Aquinate bezeichnet sie als *principium merendi* bzw. als *radix merendi*.[22] Mit der *caritas* schenkt Gott dem Menschen eine seine natürlichen Fähigkeiten übersteigende Lebenskraft, die dort, wo sie sich auswirken kann, die menschlichen Vollzüge in einen neuen Bedeutungszusammenhang hineinstellt und auf Gott als letztes Ziel und Grund der übernatürlichen Seligkeit ausrichtet. Von der spezifischen Signatur einer von der *caritas* durchformten Gottesbeziehung soll hier nur auf einen wesentlichen Aspekt aufmerksam gemacht werden: Der hl. Thomas zeichnet die *caritas* nach dem aristotelischen Modell der Freundschaftsliebe, und interpretiert damit das Verhältnis von Gott und Mensch in der Logik einer Beziehung, die nicht von Nutzen oder Leistung geprägt ist, sondern von wechselseitiger personaler Anerkennung und Würde. Der Akt der *caritas* zielt auf die Gutheißung der Person.[23] Eine Interpretation des *meritum* muss diesen besonderen Bezugsrahmen berücksichtigen, sowie die Tatsache, dass die *caritas* als *habitus infusus* eine Realität darstellt, die dem Menschen gnadenhaft von Gott her zuteil wird und bleibend an die göttliche Mitteilung gebunden ist. Die Gottesfreundschaft ist dem Menschen als ein unverdientes Geschenk angeboten; erst in der Kraft der unbedingten göttlichen Liebe wird der Mensch befähigt, selbst auf neue Weise zu lieben bzw. Gott um seiner selbst willen zu lieben. Wenn der Mensch im konkreten Lebensvollzug das Gute tut und den Willen Gottes erfüllt, so kann dieses Tun als Antwort auf die zuvorkommende unbedingt-schenkende göttliche Liebe verstanden werden und damit zugleich als Ausdruck der liebenden Anerkennung Gottes, der Gleichförmigkeit des Willens mit Gott und als ein Moment der Verwirklichung intentionaler Einheit. Wie jede Strebekraft erst zur Ruhe kommt, wenn sie, sich selbst überschreitend, die angestrebte Wirklichkeit als solche in ihrer Konkretheit erreicht, so gelangt auch die im Willen verankerte Freundschaftsliebe erst an ihr Ziel, wenn sie im Gegenüber (in Freiheit!) wahr- und angenommen ist. Daher ist erst dann, wenn dem Akt ein *meritum* zukommt, eine wirkliche reziproke personale Gutheißung gegeben.

---

[22] Vgl. STh I/II q 114 a 4; II/II q 83 a 15; II/II q 182 a 2.

[23] Vgl. STh II/II q 23 a 1 und die aus der aristotelischen Definition der Liebe „velle alicui bonum" entwickelte Unterscheidung zwischen dem *amor amicitiae* und dem *amor concupiscentiae*. Dies bedeutet auf geschöpflicher Seite: „Die wohlwollende Freiheit des Menschen Gott gegenüber vollzieht sich dadurch, daß der Mensch frei will, daß Gott für ihn, den Menschen, genau dasselbe sei, was Gott für sich selbst ist, d.h. wirklich Gott. So wie Gott in sich Gott ist, so soll er auch für den Menschen Gott sein." *T. Horváth*, Caritas est in ratione. Die Lehre des hl. Thomas über die Einheit der intellektiven und affektiven Begnadung des Menschen, Münster 1966, 181. Zur Gottesliebe als Freundschaft im Denken des hl. Thomas vgl. *H. Dörnemann*, Freundschaft als Paradigma der Erlösung (Bonner dogmatische Studien Bd. 25), Würzburg 1997, bes. 105-128.

Mit der Herausarbeitung der Bedeutung der *caritas* verweist der hl. Thomas alle Qualitäten, die einen Akt (rein in sich betrachtet) ansonsten noch auszeichnen können, hinsichtlich ihrer Relevanz für das *meritum* auf einen zweitrangigen Platz. Entscheidend für die meritorische Valenz eines Aktes ist nicht zunächst die Größe der Anstrengung, der natürlichen Tugendhaftigkeit oder der Leistung eines Menschen, sondern das Freundschaftsverhältnis, das den Lebensvollzug trägt bzw. die Größe der Liebe, die sich im Akt einen Ausdruck schafft.[24] Indem das Wachstum der *caritas* zu dem von Gott im *meritum* verbürgten wesentlichen Lohn gehört, wird für den Reifungsprozess (zumindest den Strukturelementen nach) aufgewiesen, dass er sich in einem organischen Wachstum vollzieht; die Frucht der Akte, die *caritas*, wird in den menschlichen Vollzügen wieder neu zur Kraft. Ein in der Gottesliebe wachsender Mensch ist für Thomas ein Mensch, dessen Tun ein immer gefüllterer und klarer werdender Ausdruck der *caritas* wird, ein Mensch, in dessen Lebensvollzügen die Freundschaft mit Gott zunehmend Gestalt annimmt, weil er gnadenhaft Anteil erhält am inneren Leben Gottes und der Lebendigkeit seiner Liebe.[25]

Wie das bisher Gesagte in groben Zügen deutlich gemacht hat, kann das Element des Verdienstes als eine anthropologische und theologische Aussage verstanden werden über das Wachstum der gnadenhaft grundgelegten Gottesfreundschaft auf dem Weg personaler Liebe. Von hierher ist es schließlich auch möglich, einen Zugang zu finden zu dem mit dem *meritum* verknüpften Gedanken eines Anrechtes auf Lohn, der gerade im modernen Verstehenshorizont eine theologische Verwendung des Verdienstbegriffs fragwürdig erscheinen lässt und ein eher juristisch-legalistisches Gott-Mensch-Verhältnis nahelegt. Abgesehen davon, dass Thomas von Aquin die Wirklichkeit des *meritum* einordnet in ein Gefüge von Bedingungen, die in Gottes barm-

---

[24] Der hl. Thomas zitiert 1 Kor 13,3: „Si tradidero corpus meum ita ut ardeam, caritatem autem non habuero, nihil mihi prodest." STh I/II q 114 a 4 ad 3. Nach der göttlichen Anordnung ist eine gewisse Proportion zwischen Akt und Lohn Voraussetzung des *meritum*; der Mensch erhält von Gott das als Lohn, worauf seine Wirkkraft ausgerichtet ist. Es ist die *caritas*, die diese Proportion herstellt, denn ein von ihr getragener Akt ist ausgerichtet auf Gott als das letzte Ziel und den Grund der Glückseligkeit und damit zugleich auf den von Gott dem Menschen verheißenen Lohn.

[25] Eine eingehendere Untersuchung dieser Wachstumsdynamik zeigt freilich, dass Thomas hier nicht einen linearen, im Sinn quasi mathematischer Proportionalität und Stetigkeit sich vollziehenden Prozess vor Augen hat. Er berücksichtigt, dass das Wachstum konkret-geschichtlich von verschiedenen weiteren Faktoren abhängig ist und darum in einer gewissen Offenheit beschrieben werden muss. Vgl. dazu *A. M. Levermann*, Wachsen in der Gottesfreundschaft, 112-117.

herzig-schenkender Liebe ihren letzten Grund haben[26] und somit nicht die Gerechtigkeit den umfassenden Horizont für die Beziehung von Gott und Mensch darstellt, unterscheidet Thomas im menschlichen Miteinander grundsätzlich zwei Formen von Gerechtigkeit: die ausgleichende Gerechtigkeit (*iustitia commutativa*), die ein Verhältnis zweier Personen voraussetzt, die im Hinblick auf das Objekt gleichen Ranges sind und damit im Verhältnis von Gott und Mensch ausgeschlossen ist, und die austeilende Gerechtigkeit (*iustitia distributiva*), bei der in einem Subordinationsverhältnis die ranghöhere Person der untergebenen zuteilt, was ihr gebührt. Ein aus diesem Verhältnis erwachsener Anspruch auf Lohn kann nicht als ein Rechtsanspruch im engeren Sinn verstanden werden.

Interessant ist nun, dass Thomas beide Formen von Gerechtigkeit in der Quaestio „De merito" der STh zwar vorstellt, sich dann aber in der Anwendung auf das *meritum* bei Gott nicht auf ein in irgendeiner Weise ontologisch-naturhaft vorgegebenes (analoges) Gleichheits- bzw. Gerechtigkeitsverhältnis zwischen Gott und Mensch bezieht, sondern das *meritum* einzig aus der *ordinatio divina* heraus begründet, die den Raum für das Gefüge der Gerechtigkeit erst konstituiert.[27] Der Charakter der Gerechtigkeit und der damit verbundene Anspruch sind daher von der *ordinatio* innerlich abhängig und inhaltlich zu bestimmen. Dies bedeutet ein Zweifaches: Zum einen hatte sich gezeigt, dass das *meritum* Ausdruck ist für die Liebe, die, vermittelt durch den menschlichen Akt, zu Gott zurückfließt und von ihm anerkannt und angenommen wird. Dieser Vorgang des Annehmens steht naturgemäß in Proportion zu dem, was es anzunehmen gilt. Die mit dem *meritum* verbundene Gerechtigkeit ist grundsätzlich somit ein Ausdruck dafür, dass Gott den Menschen als personalen Bundespartner achtet. Darüber hinaus beinhaltet aber diese in der Liebe gründende Form der Gerechtigkeit für den Menschen auch ein wirkliches Recht darauf, dass seine Liebe von Seiten Gottes anerkannt und zum Ziel geführt wird. Dieser mit dem *meritum* verbundene Anspruch ist begründet in der Gnade. Thomas verweist hier auf den seinsmäßigen Status des Menschen, der durch die Gnade die Würde der Gotteskindschaft erlangt und Christus gleichgestaltet wird. Darin ist – wie Thomas

---

26 Wie das göttliche Schöpfer- und Erlöserwirken und die Konstituierung einer *ordinatio*, die meritoriales Geschehen erst möglich macht.

27 Vgl. STh I/II q 114 a 1. *J. P. Wawrykow* beobachtet in seiner vergleichenden Studie in diesem Punkt eine Veränderung gegenüber dem Sentenzenkommentar, in dem die genauere Untersuchung der Art der Gerechtigkeit eine größere Rolle spielt. Vgl. God's Grace and Human Action. ,Merit' in the Theology of Thomas Aquinas, London 1995, 77.

mit Paulus argumentiert – das Recht auf das Erbe eingeschlossen.[28] Der im *meritum* wurzelnde Rechtsanspruch ist somit zutiefst eine Aussage über die Würde der Gotteskindschaft. Er ist eingebettet in die Logik der Liebe, denn nicht eine auszugleichende Leistung steht im Vordergrund, sondern die besondere Art der Beziehung, die wiederum den entsprechenden Akt qualifiziert, wie auch der Lohn nicht in einer Sache, sondern in der Gemeinschaft mit Gott besteht, auf deren Vollendung der Mensch kraft seiner Erwählung in die Gotteskindschaft ein Erbrecht hat. So verstanden kann der mit dem *meritum* verknüpfte juridische Aspekt des „Anspruchs" von Seiten des Menschen als Ausdruck des Glaubens an die verlässlich-treue Liebe Gottes betrachtet werden.

3. MERITUM UNTER DEM GESICHTSPUNKT DER GE-SCHICHTLICHEN VERFASSTHEIT MENSCHLICHER EXISTENZ

In der primär auf ontologische Klärungen ausgerichteten Gnadenlehre des Aquinaten ist mit dem Verdienst ein Element gegeben, das durch seine Bezogenheit auf einen konkreten Akt wie auch auf eine Reifungsdynamik bereits über seine ontologischen Bedingungen hinaus in den Raum von Zeit und Geschichte verweist. Wie Thomas in verschiedenen Zusammenhängen bemerkt, ist das *meritum* ausschließlich an den Menschen im *status viae* (bzw. *viatoris*) gebunden.[29] Mit dem Ende des zeitlichen Lebens, dem Übergang vom *status viae* zum *status comprehensoris* als dem Hineingenommenwerden in die Ewigkeit Gottes, endet auch die Möglichkeit, meritoriale Akte zu setzen. So liegt es nahe, das *meritum* auch aus der Perspektive der geschichtlichen Verfasstheit menschlicher Existenz zu untersuchen und nach seinen geschichtstheologischen Implikationen zu fragen.

Menschsein als geschöpflich-irdische Existenz bedeutet, dass es dem Menschen nicht gegeben ist, in einem stehenden Jetzt die Vollgestalt seines Wesens zu besitzen. Sie muss sukzessiv – *„per tempus"*[30] – erworben werden, und dies gilt nicht nur hinsichtlich der ma-

---

28 „Attenditur etiam pretium operis secundum dignitatem gratiae, per quam homo, consors factus divinae naturae, adoptatur in filium Dei, cui debetur hereditas ex ipso iure adoptionis, secundum illud Rom. 8: ,Si filii, et heredes'." STh I/II q 114 a 3. *J. P. Wawrykow* arbeitet heraus, dass in dieser Hinsicht die Gerechtigkeit ein Element der *iustitia commutativa* enthält (wie Thomas in STh II/II q 61 a 4 ad 1 beiläufig bemerkt), auch wenn die commutative Gerechtigkeit im schlechthinnigen Sinn im Verhältnis von Gott und Mensch auszuschließen ist. Vgl. God's Grace and Human Action, 206-209.
29 Vgl. STh I q 62 a 9; II/II q 13 a 4 ad 2; II/II q 182 a 2 ad 2; III q 19 a 3 ad 1.
30 STh I/II q 5 a 1 ad 1.

terial-körperlichen Dimension, sondern auch im Blick auf menschliches Bei-sich-Sein und menschliche Freiheit. Nur wenn der Mensch sich selbst immer wieder neu in einen entsprechenden konkreten Aktvollzug, einen *actus humanus*, hinein verfügt und sich auf diese Weise zum Ausdruck bringt, kann er zu einer größeren Fülle gelangen und die mit seinem Sein gegebene Potentialität verwirklichen. Damit wird nun aber gleichzeitig sein Verhältnis zur Zeit in einer besonderen Weise qualifiziert. Die mit dem je gegebenen Augenblick verbundene Fremdbestimmung, der der Mensch ausgesetzt ist (insofern ihm quasi von außen etwas zugetragen oder angetragen wird), ist gerade als solche Ermöglichung und Herausforderung antwortender Selbstbestimmung und Selbstverwirklichung, denn letztere kann der Mensch nicht allein durch sich selbst erreichen, sondern nur indem er sich in Freiheit investiert an das, was ihm in Raum und Zeit begegnet. Insofern das *meritum* ausdrücklich an den Akt, an eine positive Selbstverfügung gebunden ist[31], ist es dieser Herausforderung innerlich zugeordnet. Im meritorialen Akt gibt der Mensch auf das, was durch die Zeit an ihn herangetragen wird, eine Antwort, und zwar indem er in der Kraft seiner Freiheit das Begegnende und dadurch sich selbst auf das Gute als Ziel bzw. auf Gott hin bewegt. Anders gesagt: Er lässt den Anruf des Guten, Gottes Willen durch den eigenen Willen in der Konkretheit von Raum und Zeit Gestalt annehmen. In personaler Hinsicht ist dies letztlich nichts anderes als Liebe und nur in Liebe möglich. Die Liebe erfährt auf diese Weise eine Art Inkarnation, auf die sie angewiesen ist, um sich zu verwirklichen und zu ihrem Gegenüber vorzustoßen. Sie schafft sich im Akt ein Symbol. Wenn nun einem solchen Akt ein *meritum* zukommen kann, ist damit generell ausgesagt, dass der zeitliche Moment (freilich in der Kraft der Gnade) fähig ist, Raum für den notwendigen Ausdruck (und damit zugleich für die Verwirklichung) der Gottesbeziehung zu sein und in sie hinein zu vermitteln, denn in der Wirklichkeit des *meritum* ist von Gott her die Anerkennung und Vollendung jener Liebe verbürgt, die vom Menschen im Akt symbolhaft realisiert und gemeint ist. In konkreter Hinsicht bedeutet es, dass ein Freiheitsvollzug und mit ihm ein Moment der Geschichte in Gott sein Ziel erreicht hat.

Die innere Mitte des Glaubens an die Heilsbedeutsamkeit von Zeit und Geschichte bildet für das Christentum die Inkarnation, die

---

[31] Der Mensch empfängt Lohn „per suam *operationem*" (STh I/II q 114 a 1); ihm kommt ein *meritum* zu „inquantum propria voluntate *facit* illud quod debet" (ebd. ad 1). Wenn jemand lediglich nicht tut, was er nicht soll, erwirkt dies noch kein *meritum*. Es muss eine bewusste bejahende Reaktion auf den durch Raum und Zeit sich vermittelnden Anspruch des Guten stattfinden. Vgl. STh I/II q 71 a 5 ad 1.

Menschwerdung des Ewigen Sohnes, und seine Erlösungstat. Von hier
aus ist die Geschichtsdimension menschlicher Existenz auf ganz neue
Weise qualifiziert. Wie sich in Christus der Kreislauf der Liebe innerhalb des dreifaltigen Seins Gottes in die Schöpfung hinein weitet und
in ihr abbildet, so wird auch in seiner Person auf vollkommene Weise
diese Abbildlichkeit als Sinn der Geschichte dargestellt.[32] Eine solche im Grundansatz trinitarisch geprägte Geschichtsinterpretation
durchzieht in der Theologie des hl. Thomas auch das Verständnis des
einzelnen meritorischen Aktes: Er betrachtet den Menschen, sofern
dieser einen solchen Akt setzt, als den, der seinsmäßig (gnadenhaft)
in Christus zum Sohn Gottes angenommen wurde und damit quasi
in die Stelle des Ewigen Sohnes eintritt; wohingegen der Akt selbst
als Wirken, als Entgegennehmen und Einswerden in der Liebe, seine tiefste Würde erlangt durch sein Hervorgehen aus dem Heiligen
Geist.[33] Aus dieser Perspektive wird die Meritorialität zum Spiegel
christlicher Geschichtsauffassung und buchstabiert gleichsam das in
Christus geschenkte Heil durch für die Ebene der konkreten je persönlichen und der universalen zeitlichen Erstreckung. Mit dem *meritum* lässt der Aquinate erkennen, dass Geschichte mehr ist als ein
reines Durchgangsstadium zum „Eigentlichen" oder ein unwesent-
liches „Vorspiel"; die als Abbild Gottes gesetzten Vollzüge in der
Geschichte sind zugleich „sinnerstrebend" *und* „sinndarstellend"[34].

Im Blick auf die Bedeutung des Weges, den der Mensch in der
Geschichte als seinen persönlichen Reifungsweg zurücklegt, ist an
dieser Stelle jedoch noch eine Vertiefung notwendig. Der Lohn, auf
den jeder meritoriale Akt als letztes und höchstes Ziel hingeordnet
ist, besteht im Geschenk des ewigen Lebens, das für den Menschen
als *beatitudo* die Erfüllung seines Strebens und seines Wesensvollzuges
schlechthin bedeutet und von dem her das Gewordene erst End-gültig-
keit erlangt.[35] Nun ist Thomas aber überzeugt, dass die den Menschen
beseligende Schau Gottes fundamental abhängig ist vom Sich-zu-er-
kennen-Geben Gottes und dass eine deutliche Diskontinuität besteht
zwischen dem Wachstum der Liebe *in via* und der Vereinigung mit
Gott in der *visio beatifica*.[36] So wäre folglich zumindest denkbar, dass
die *merita* (neben ihrer innergeschichtlichen Bedeutung) allein für

---

32 Vgl. dazu *M. Seckler*, Das Heil in der Geschichte, 106-108.
33 Vgl. STh I/II q 114 a 3.
34 Vgl. *M. Seckler*, Das Heil in der Geschichte, 98-104.
35 STh I/II q 114 a 8 ad 3: „Quolibet actu meritorio meretur homo augmentum gratiae,
    sicut et gratiae consummationem, quae est vita aeterna." STh II/II q 83 a 15 ad 2:
    „Meritum praecipue ordinatur ad beatitudinem."
36 „Caritas viae per augmentum non potest pervenire ad aequalitatem caritatis patria
    propter differentiam quae est ex parte causae: visio enim est quaedam causa amoris

das tatsächliche Erreichen der ewigen Seligkeit eine durch göttliche Anordnung verfügte Rolle spielen, nicht aber für die Vollendetheit selbst oder ihre konkrete Gestalt. Damit würde allerdings der vom Menschen in der Zeit zurückgelegte Weg in seiner Bedeutung für das letzte Ganz-Werden des Menschen wieder weitgehend nivelliert.

Im Denken des Thomas von Aquin kommt an dieser Stelle der Notwendigkeit einer entsprechenden *dispositio* für die Gottesschau eine Schlüsselstellung zu. Der geschaffene Verstand, der mit seiner ihm eigentümlichen Erkenntnisweise prinzipiell nicht in der Lage ist, Gott seinem Wesen nach allein von sich aus unmittelbar zu schauen, bedarf einer übernatürlichen Zurüstung, kraft derer er zur *visio Dei* befähigt ist. Als eine solche führt Thomas das *lumen gloriae* ein, das den menschlichen Intellekt gleichsam auf eine neue, der innigsten Vereinigung mit Gott angemessene Stufe der Gottförmigkeit erhebt.[37] Darüber hinaus ist zur Seligkeit auch eine Disposition des Willens, eine *rectitudo voluntatis*, erforderlich. In einer Hinsicht folgt diese Rechtheit des Willens unmittelbar aus der Wesensschau Gottes, denn wo Gott sich als höchstes Gut jemandem zu erkennen gibt und ihm gegenwärtig wird, ordnet sich in diesem die Liebe; er liebt alles, was er liebt, „sub ordine ad Deum".[38] Aus einer weiteren Perspektive jedoch ist für das Erlangen der Seligkeit eine der *beatitudo vorausgehende* angemessene Ausrichtung des Willens notwendig. Mit dem Hinweis im Beatitudo-Traktat, diese *dispositio* werde erlangt durch *merita*[39], wird (unausgesprochen) die Bedeutung der *caritas* für eine rechte Bereitung des Willens angezeigt. In den der *beatitudo* vorausgehenden Akten, die von der *caritas* geformt sind, streckt sich der Wille (und in seinem Gefolge auch die Vernunft) auf angemessene Weise nach seinem noch nicht erlangten letzten Ziel aus. In ihnen öffnet sich der Mensch für Gott. An dieser Stelle führt der Gedankengang nun wieder zur Ausgangsfrage. Thomas ist überzeugt, dass sich die *beatitudo* bedingt durch die Disposition des Willens in unterschiedlicher Intensität vollziehen kann: Der größeren Liebe entspricht eine größere Sehnsucht bzw. eine größere Bereitschaft, das Ersehnte zu empfangen. Deshalb, so folgert Thomas, wird derjenige, der eine größere Liebe hat, in höherem Maße Anteil am *lumen gloriae* empfangen und infolgedessen auf tiefere Weise der *visio Dei* teilhaftig werden.[40]

(...). Deus autem quanto perfectius cognoscitur, tanto perfectius amatur." STh I/II q 67 a 6 ad 3.
[37] Vgl. STh I q 12 aa 5.6.
[38] Vgl. STh I/II q 4 a 4.
[39] Vgl. STh I/II q 5 a 7.
[40] „Unde intellectus plus participans de lumine gloriae, perfectius Deum videbit. Plus autem participabit de lumen gloriae, qui plus habet de caritate: quia ubi est maior

Objektiv betrachtet bedeutet dies, dass die beglückende Anschauung
Gottes durchaus Unterschiede und Grade zulässt. Der hl. Thomas verweist in diesem Zusammenhang auf die *praedestinatio Dei*, in der die individuelle Gnadenführung des Einzelnen im tiefsten gründet bzw. die
den Menschen zu einer je persönlichen Gottesnähe und Teilhabe am
innertrinitarischen göttlichen Leben beruft und ihn dafür bereitet. In
subjektiver Hinsicht ist aber dennoch jeder gleichermaßen *vollendet*
glücklich, weil sein Verlangen restlos gestillt wird.[41]

Mit diesen Überlegungen gelingt es dem Aquinaten zu zeigen,
dass das im Diesseits Gewordene in der Vollendung nicht einfach-
hin abgelöst wird, sondern deren Gestalt bzw. deren Lebendigkeit
mitbestimmt, und zwar vor allem durch die mit der Liebe gewach-
sene Kraft der Sehnsucht und der Hingabe an Gott. Diese Sehnsucht
und Hingabekraft, die Gott selbst im Menschen grundgelegt, dann
aber im Akt vom Menschen in Freiheit mitvollzogen wurde, kommt in
der *visio Dei* zur Erfüllung. Im Lebensvorgang des *meritum* ist dementsprechend festgehalten, dass die geglückten Vollzüge der Gegenwart
unter dem Einfluss der Gnade in ein Glück hineinführen, das den
Menschen bleibend zu erfüllen vermag. Gleichzeitig wird einsichtig,
dass die Seligkeit im tiefsten ein unverfügbares Geschenk Gottes darstellt, das alles menschliche Vermögen übersteigt und das vorausgehende Verlangen unendlich überbietet. In dieser Hinsicht macht der
Gedanke des *meritum* deutlich, dass das Glück nicht vom Menschen
selbst herbeigeführt werden kann oder muss. Es ist ihm – wie es der
Logik der Liebe entspricht – unverfügbar, wenn es auch seinen ganzen
Einsatz herausfordert. Seine Handlungen sind nicht unmittelbare
Ursache des Glücks, sondern erwirken ein *meritum* und damit eine
gottgeschenkte Realität, die wiederum die vollendete Seligkeit verbürgt. Konzeptionell spiegelt sich die Bedeutung des *meritum* darin,
dass Thomas in der I/II die Quaestio „De merito" ganz an das Ende
stellt und damit nach den vorangegangenen differenzierten Analysen
der menschlichen Kräfte und Handlungsstrukturen mit dem *meritum*
das letzte Bindeglied zu dem hin behandelt, was am Anfang der I/II
im Traktat über die Seligkeit als letztes Ziel und Vollendungsgestalt
des Menschen aufgeschienen ist.

In der Theologie des *meritum* laufen somit entscheidende
Strukturlinien der thomanischen Geschichtstheologie zusammen,

caritas, ibi est maius desiderium. Et desiderium quodammodo facit desiderantem
aptum et paratum ad susceptionem desiderati. Unde qui plus habebit de caritate,
perfectius Deum videbit, et beatior erit." STh I q 12 a 6; vgl. auch STh I/II q 5 a 2; III
q 55 a 1 ad 3.
41   Vgl. STh II/II q 28 a 3 ad 2.

auch wenn der Aquinate keine Phänomenologie der Geschichte im engeren Sinn erarbeitet. Durch den im Begriff des *meritum* gefassten inneren Zusammenhang von geschichtlichem Lebensvollzug und eschatologischer Vollendung wird deutlich, dass dem Jetzt die Würde zukommt, heilsbedeutsam zu sein und in die Unmittelbarkeit Gottes hinein zu vermitteln. Der Aufblick zur eschatologischen Vollendung des Menschen und seiner Geschichte reduziert nicht den Eigenwert des zeitlichen Daseins auf eine unwesentliche Episode, der das „wahre" Leben erst folgt, sondern gerade von der ewigen Berufung des Menschen aus fällt Licht darauf, dass sich seine Erlösung bzw. sein Hineinreifen in die Gottesfreundschaft durch die Geschichte hindurch vollzieht. Der systematische Vorzug des *meritum* liegt in diesem Zusammenhang vor allem in der Konkretheit. Geschichtstheologie wird im *meritum* auf die kleinste Parzelle von Geschichte, auf den einzelnen personalen Akt, seine Bedeutsamkeit und Fruchtbarkeit hin bezogen. Wäre eine solche Konkretion nicht möglich, bliebe die Rede vom Sinn der Geschichte mit der Geschichte selbst letztlich unverbunden und würde sie nicht eigentlich betreffen.

4. MERITUM UNTER DEM ASPEKT DER FRUCHTBARKEIT FÜR ANDERE

Mit der Liebe als Lohn des meritorialen Aktes ist das *meritum* unmittelbar auf die je persönliche Vollendung eines Menschen bezogen. Durch das Hineingelassensein in Raum und Zeit kann jedoch eine Individualgeschichte schon prinzipiell nicht ohne jeden Bezug zur Universalgeschichte gedacht werden, so dass sich die Bedeutung des *meritum* nicht erschöpfen kann in seiner Relevanz für den Einzelnen. Zudem setzt der meritoriale Akt das gnadenhafte Eingegliedertsein in das *Corpus Christi Mysticum* voraus und damit in einen Organismus, der gegenseitige Lebensmitteilung in sich schließt. Die Frage, inwiefern sich die Fruchtbarkeit und die eschatologische Gültigkeit, die das gnadengetragene menschliche Tun im Blick auf die persönliche Heilsverwirklichung erwarten darf, auch auf das Gottesverhältnis anderer auswirken und für sie meritoriale Bedeutung erlangen kann, ist somit einer eigenen Untersuchung wert. Allerdings findet sich beim Aquinaten – auch wenn er, wie Johannes Czerny in seiner theologiegeschichtlichen Studie aufzeigt, eine „merklich vollständigere Lehre"[42] über das sozial wirksame *meritum* entwickelt als seine Vorgänger – kei-

---

[42] *J. Czerny*, Das übernatürliche Verdienst für andere, 44.

ne systematische Behandlung der mit dem Sozialcharakter des *meritum* verbundenen Fragen. Im Rahmen der Quaestio „De merito" in der STh beschäftigt sich ein Artikel mit der speziellen Frage, ob die *prima gratia* für einen anderen Gegenstand des *meritum* des einen sein kann.[43] Darüber hinaus geht Thomas selbstverständlich von einer Fruchtbarkeit im Hinblick auf ein Wachstum der Gnade für andere aus, untersucht es jedoch in keinem seiner theologischen Werke ausdrücklich.[44] Eine Annäherung an den Sozialcharakter des *meritum* kann sich daher nur stützen auf einige Prinzipien und vom Aquinaten in verschiedenen Zusammenhängen eingestreute Hinweise, die es zu interpretieren gilt, insbesondere auf dem Hintergrund der thomanischen Christologie, Soteriologie und Gnadenlehre. Im Folgenden sollen einige wesentliche Grundaussagen kurz skizziert werden.

Für die Rede von einem sozial wirksamen *meritum* besteht eine entscheidende systematische Herausforderung darin, seinen spezifischen Charakter zu fassen in einem entsprechenden Verhältnis zur universal-sozialen Fruchtbarkeit des *meritum* Christi. Thomas stellt in seiner Christologie unmissverständlich fest: „Es ist nicht notwendig, dass auch die übrigen Menschen wie Christus für andere verdienen können."[45] Denn: Christus hat verdient *als Haupt* seines mystischen Leibes und in dieser seiner Stellung hat sein Wirken soteriologische Bedeutung für alle, die als seine Glieder zu ihm gehören.[46] Menschliches *meritum* kann in seiner Bedeutung für andere nicht *neben* Christus als dem universalen Heilsmittler fruchtbar werden, sondern nur in Zuordnung zu ihm.

In der thomanischen Meritumstheologie findet die unterschiedliche soziale Bedeutung des *meritum* Christi und der menschlichen *merita* ihren Ausdruck in der je eigenen Qualifizierung als *meritum de condigno* bzw. *meritum de congruo*. Allein das Erlöserwirken Christi kann im Sinn eines *meritum de condigno* für andere fruchtbar werden. Zur Begründung verweist Thomas wiederum auf die besondere heilsgeschichtliche Stellung, die Christus nach göttlicher Verfügung zukommt: Das Unterscheidende im *meritum* des Erlösers liegt dar-

---

[43]   STh I/II q 114 a 6: „Utrum homo possit alteri mereri primam gratiam."

[44]   Im Sentenzenkommentar und in den QD De Veritate beschäftigt er sich wie in der STh nur mit der *prima gratia* als Objekt des *meritum* (vgl. 2 Sent d 27 a 6; 3 Sent d 19 q 1 a 1; De Ver q 29 a 7). Die soziale Wirksamkeit des *meritum* im Hinblick auf ein Wachstum der Gnade erwähnt er beiläufig im Zusammenhang mit der Frage, auf welche Weise ein satisfaktorisches Tun einem anderen zur Vermeidung zukünftiger Sünden nützen kann, vgl. 4 Sent d 20 q 1 a 2 qc 3.

[45]   „Non oportet quod alii homines possint aliis mereri, sicut Christus." STh III q 19 a 4 ad 2.

[46]   Vgl. STh III q 19 a 4.

in, dass Christus durch die Gnade von Gott nicht nur – wie die übrigen Menschen – so weit bewegt wird, dass er selbst die Herrlichkeit des ewigen Lebens erlangt, sondern so, dass er auch andere dorthin führen kann, entsprechend seiner Stellung als Haupt der Kirche und Urheber (*auctor*) des menschlichen Heils.[47] Mit diesem Argumentationsgang wird auch die soziale Wirksamkeit des *meritum* grundsätzlich formal zurückgeführt auf den göttlichen Heilsplan, denn Gott ist es, der die Wirkkräfte mitteilt, sie auf ein bestimmtes Ziel hinordnet und damit den Rahmen absteckt für eine mögliche Meritorialität. Die Vermittlung der Gottesbeziehung, wie sie im *meritum pro aliis* gefasst ist, ist dementsprechend auf ursprüngliche Weise in der Heilsordnung verankert. Die *ordinatio* als Wirkung des göttlichen Willens und der göttlichen Liebe schließt in sich, *dass* Gott aus sich heraus Schenkender ist und *wie* er es sein will: nicht für sich allein, sondern so, dass andere in irgendeiner Form zu Mit-Schenkenden erhoben werden.[48] Wenn Thomas von Aquin ausschließt, dass kein Mensch für einen anderen ein *meritum de condigno* erlangen kann, so bedeutet das gleichzeitig: nur Christus ist als *auctor* des menschlichen Heils und Quelle der Erlösungsgnade bestimmt, nur durch ihn und sein heilshaftes Wirken gelangt der Mensch zu Gott.

Allerdings kennt Thomas, wie schon gesagt, ein dem Wirken Christi untergeordnetes und von ihm abhängiges Mitwirken und Fruchtbarwerden des Menschen bei der Erlösung eines anderen im Sinn eines *meritum de congruo*. Eine eingehendere Untersuchung würde zeigen, dass der Aquinate diesen Begriff in der STh im Sinn einer Aspektendifferenz benutzt. Er verweist mit ihm auf die Bedeutung einer meritorialen Wirkkraft, die (im Unterschied zu einer solchen, die ein *meritum de condigno* hervorbringt) nicht in intrinsischer Relation zum Lohn steht, aber durch das Einbezogensein in eine seinsmäßig höhere Wirklichkeit dennoch eine reale und eigenwertige Größe im Heilsvorgang darstellt.[49] Für die über das einzelne Subjekt hinausgehende Fruchtbarkeit der menschlichen *merita* ist damit ausgesagt,

---

[47] „Unusquisque nostrum movetur a Deo per donum gratiae ut ipse ad vitam aeternam perveniat: et ideo meritum condigni ultra hanc motionem non se extendit. Sed anima Christi mota est a Deo per gratiam non solum ut ipse perveniret ad gloriam vitae aeternae, sed etiam ut alios in eam adduceret, inquantum est caput Ecclesiae et auctor salutis humanae." STh I / II q 114 a 6.

[48] Bereits im Kontext der Prädestinationsthematik weist Thomas darauf hin, dass die mitursächliche Bedeutung der *merita* der Ausführung des göttlichen Heilsratschlusses zugeordnet ist (vgl. STh I q 23 a 5) und er bekräftigt dies für die soziale Meritorialität in einem eigenen Artikel (STh I q 23 a 8). Gott bezieht demnach ein ganzes Geflecht von geschöpflichen Ursachen ein, um jemandem das Heil zu schenken.

[49] Vgl. dazu *A. M. Levermann*, Wachsen in der Gottesfreundschaft, 117-128.

dass sie im Christusgeschehen bzw. im *meritum Christi* ihren tiefsten Grund hat, aber zugleich einer Realität mitverdankt ist, der eine eigene Bedeutung zukommt.

An dieser Stelle argumentiert Thomas erneut von der Logik der Freundschaft her: „Weil der Mensch im Stand der Gnade den Willen Gottes erfüllt, ist es angesichts des [zwischen Gott und dem Menschen bestehenden] Freundschaftsverhältnisses (*secundum amicitiae proportionem*) angemessen, dass Gott den Willen des Menschen hinsichtlich des Heiles eines anderen erfüllt.“[50] Damit eröffnet Thomas einen entscheidenden Zugang zum Verständnis der Sozialdimension menschlicher *merita*: Den anderen als Freund lieben bzw. ihm um seiner selbst willen wohl wollen heißt, die Güter oder Übel des Freundes als die eigenen betrachten und den Willen des Freundes als den eigenen Willen.[51] Der thomanische Freundschaftsbegriff lebt vom Grundgedanken der liebenden Anerkennung des anderen um seiner selbst willen und schließt daher ein korrelatives, sich gegenseitig bedingendes Verhältnis von Einheit und Selbststand der Partner ein. „Die Freundschaft bejaht und erstellt zugleich und in wechselseitiger Begründung die ausgeprägteste Andersheit und die vollendetste Einheit zweier Personen.“[52] In einer entsprechend analogen Weise lässt sich dies auch auf die Beziehung zwischen Gott und Mensch übertragen. Göttlicher und menschlicher Wille werden in der Liebe eins und bleiben gleichzeitig in gegenseitiger Anerkennung so ernstgenommen, dass man sagen kann: Gott erfüllt den Willen des Menschen hinsichtlich der Rettung eines anderen. Er geht von sich aus auf den Wunsch des Menschen ein, ohne damit etwas gegen seinen eigenen Willen zu tun; gleichzeitig will der Mensch das, was Gott will, ohne damit etwas ihm Fremdes zu wollen. In diesem Sinn kann man von einem gewissen „Recht“ der Freundschaft sprechen, das in der Logik der Liebe selbst wurzelt.[53] In der freundschaftlichen Einheit von göttlichem und menschlichem Willen selbst liegt die Öffnung auf Dritte

---

50 „Quia enim homo in gratia constitutus implet Dei voluntatem, congruum est, secundum amicitiae proportionem, ut Deus impleat voluntatem in salvatione alterius.“ STh I/II q 114 a 6.

51 Vgl. STh I/II q 28 a 2.

52 *S. Pinckaers*, Der Sinn für die Freundschaftsliebe als Urtatsache der thomistischen Ethik, in: Sein und Ethos. Untersuchungen zur Grundlegung der Ethik, hg. v. P. Engelhardt (Walberberger Studien Bd. 1), Mainz 1963, 228-235, 229.

53 Freilich ist dieses „Freundschaftsrecht“ nur transzendental als interpersonale Korrelation zu verstehen, nicht aber als kategoriale Festlegung dessen, was vom Gegenüber als konkrete Antworttat erfolgt. Im Einzelnen kann der Mensch nie wissen, wie weit er eins ist mit dem Willen Gottes, so dass sich das mit dem *meritum* verbundene Freundschaftsrecht im geschichtlichen Lebensvollzug als Bitte äußert. Von hier aus ließe sich das Verhältnis von *meritum* und Fürbitte weiter erarbeiten.

hin. Gottesliebe bedeutet immer gleichzeitig auch die Mitmenschen zu lieben, d.h. für sie das Gute zu wünschen, das Gott für sie ist und sein will.[54] Der meritoriale Akt eines Menschen ist im Hinblick auf den damit verbundenen Wunsch nach der Erlösung eines anderen letztlich ein Nach- und Mitvollzug des vorgängigen göttlichen Heilswillens, dem – insofern er als *meritum de congruo* verstanden wird – eine echte Mitursächlichkeit für die Verwirklichung des göttlichen Heilsplanes zukommt.

Um die Art und Weise der meritorialen Fruchtbarkeit anzunähern, ist noch einmal ein Blick auf den Gegenstand dieses *meritum* hilfreich: die *prima gratia*. Zunächst könnte man fragen, weshalb der hl. Thomas das *meritum pro aliis* lediglich hinsichtlich dieses einen Objektes untersucht. Er gibt selbst keine ausdrückliche Antwort darauf, doch setzt die Argumentation, wie sie im Artikel 6 der Quaestio „De merito" durchgeführt wird, nicht notwendig voraus, die *prima gratia* allein als ein zeitlich dimensioniertes Primum bzw. als ersten Anstoß zur Rechtfertigung zu verstehen. Sie kann all jene „Faktoren" im Heilsprozess bezeichnen, die – ob als innerlich-quellenhaft im Menschen wirkende Gnade oder als äußere Gnade – eine vor-läufige, zuvorkommende Bedeutung für die Gottesbeziehung des Menschen haben, sei es für die Rechtfertigung, sei es für das Wachstum der Gnade oder das Beharren in ihr.[55] Die Konzentration des Thomas auf die *prima gratia* bringt demzufolge zum Ausdruck, dass für den anderen eine Gnade verdient wird, die für diesen Prinzip (und nicht Frucht) meritorialer Dynamik ist. Eine so verstandene *prima gratia* ist (gleich an welcher Stelle sie im Heilsvorgang gedacht wird) nicht Ersatz der menschlichen Freiheitstat dessen, für den verdient wird, sondern deren Ermöglichung. Dementsprechend wird auch das soziale *meritum* nicht an der Freiheit des Menschen vorbei wirksam: In der Christologie verweist Thomas wiederholt darauf, dass das heilshafte Wirken des Erlösers nicht ohne die menschliche Selbstbestimmung zum Ziel kommt[56], und im Blick auf das dem Menschen mögliche *meritum de congruo* für andere erwähnt er, dass durch ein Hindernis im Gegenüber seine Wirksamkeit ausbleiben kann[57]. Sozial ausge-

---

54 Vgl. STh II/II q 25 aa 1.4.

55 Für eine solche offene, das Wirken der Gnade auch über die Rechtfertigung hinaus einbeziehende Bedeutung der *prima gratia* spricht, dass Thomas in den *obiectiones* wie selbstverständlich von der *gratia* auf die *prima gratia* schließt, vgl. STh I/II q 114 a 6 obi. 2.3.

56 Es ist eine *applicatio* der von Christus als Universalursache verdienten Heilsfrucht notwendig, die sich personal, im Zusammenspiel von Gnade und Freiheit vollzieht, vgl. z.B. STh III q 52 a 1 ad 2; q 48 a 6 ad 2.

57 Vgl. STh I/II q 114 a 6.

richtete Meritorialität wird somit fruchtbar als Ermöglichung der Gottesbeziehung und wahrt die Unvertretbarkeit des einzelnen Menschen in der gnadenhaften Gemeinschaft mit Gott.

Für den Weg des Menschen in der Freundschaft mit Gott bleibt festzuhalten: Die Dimension des *pro aliis* gehört auf bestimmte Weise wesentlich zur Fruchtbarkeit des meritorialen Aktes und deutet an, dass Gnade und persönliche Heiligkeit immer auch für andere gegeben sind. Lebendige Verbundenheit mit Gott und liebende *communio* in der Horizontalen gehören zur Entfaltung und zur vollen Gestalt christlicher Existenz. In der Kraft der *caritas* wird die Unmittelbarkeit der persönlichen Gottesbeziehung für andere als Vermittlung in diese Unmittelbarkeit hinein wirksam. Gnadentheologisch ist das *meritum pro aliis* damit ein Hinweis auf die aller Differenzierung zwischen *gratia gratum faciens* und *gratia gratis data* vorausliegende fundamentale Zusammengehörigkeit von individueller und gemeinschaftlicher Dimension der Gnade (wobei die nähere Herausarbeitung innerhalb der STh freilich eher bruchstückhaft bleibt).

5. RESÜMEE

In der Anthropologie und Theologie des Thomas von Aquin steht hinter dem Begriff des *meritum* eine komplexe Einsicht in die Strukturen einer Dynamik, die ontologisch-gnadentheologisch beschreibbar ist als wachsende Teilhabe des Menschen am innertrinitarischen Leben und Lieben Gottes, als ein Hineinreifen in die von Gott für den Menschen und die Heilsgemeinschaft vorgesehene Vollgestalt der *imago Dei*. Dabei konnten im Rahmen dieses Artikels freilich nur einige Grundlinien nachgezeichnet werden. Auch kam vor allem die im *meritum* gefasste *positive* Entwicklungsdynamik zur Sprache; die Fragestellungen, die sich für das *meritum* aus der Fragilität menschlicher Existenz, aus der bleibenden Nähe zur Sünde und der Notwendigkeit des Neuanfangs ergeben, wurden nicht in gleicher Weise berücksichtigt.

Es ist jedoch unverkennbar, wie konsequent der Aquinate den genannten Wachstumsprozess als einen *personalen* Vorgang begreift. Der Verdienstbegriff ist eine Aussage darüber, dass die von Gott im Geschenk der Gnade grundgelegte Freundschaft wächst gerade durch das *Leben* aus der Kraft dieser Freundschaft – welches einschließt, dass der Mensch in seinem Sein und seinem persönlichen Einsatz als liebendes Gegenüber von Gott an- und ernstgenommen wird. Gerade indem die göttlich-schenkende Liebe im Menschen ihre schöpferische Kraft entfaltet, wird sie selbst zum tiefsten Grund für die eigene Würde menschlicher Liebesantwort. Von hier aus lassen sich dann auch die Gemeinschaftsbezogenheit des Menschen und sein Weg in der Geschichte in ihrer Konkretheit heilshaft deuten. Im Denken des Thomas steht demzufolge hinter dem *meritum* als Glaubensgegenstand zum einen ein Stück Theologie, eine Aussage über Gott, sein Verhältnis zur Schöpfung und sein Wirken in ihr und mit ihr. Gleichzeitig impliziert der Verdienstbegriff aber auch eine bestimmte Auslegung des Menschseins und macht deutlich, dass dem Menschen mit der Gnade der Gottesfreundschaft in Wahrheit der Weg eröffnet ist, auf dem sein Leben mehr und mehr in seine Wahrheit kommt.

Petrus Aureoli im Disput mit Thomas von Aquin und Johannes Duns Scotus über die Willensfreiheit Gottes

Thomas Marschler

1. VORBEMERKUNGEN

(1) Zu den markantesten Gestalten scholastischer Wissenschaft im Jahrzehnt nach dem Tod des großen Franziskaners Johannes Duns Scotus gehört dessen französischer Ordensbruder Petrus Aureoli (um 1280-1322)[1]. In der kaum mehr als ein Jahrzehnt umfassenden Zeit seiner theologischen Lehrtätigkeit vor der Ernennung zum Erzbischof von Aix-en-Provence (1321) und dem raschen Tod wenige Monate nach der Bischofsweihe hat er ein Werk hinterlassen, mit dem er nicht bloß „eine sehr eigenständige Stellung"[2] innerhalb der Franziskanerschule einnimmt, sondern sogar als einer der wahrhaft originellen Systematiker seiner Generation erkennbar wird. Im Zentrum steht das gewaltige „Scriptum" zum ersten Sentenzenbuch, das wohl auf Aureolis Lehre in den Studienhäusern seines Ordens zu Bologna und Toulouse vor der Lehrtätigkeit in Paris (ab 1316) zurückgeht[3]. Die Pariser Sentenzenlesung, mit der sich Aureoli auf das 1318 erlangte Magisteramt vorbereitete, ist in Reportationen überliefert, deren literarkritische Probleme bis heute nicht befriedigend gelöst

---

[1]   Kurze Übersichten zu Leben und Werk bieten: Chris Schabel, Theology at Paris 1316-1345. Peter Auriol and the Problem of Divine Foreknowledge and Future Contingents, Aldershot 2000, 67-76; Lauge O. Nielsen, Peter Auriol, in: Jorge J. E. Gracia / Timothy N. Noone (Hg.), A Companion to Philosophy in the Middle Ages, Malden 2006, 494- 503; Russell L. Friedman, Peter Auriol, in: Edward N. Zalta (ed.), The Stanford Encyclopedia of Philosophy (Fall 2008 Edition), URL = <http://plato.stanford. edu/archives/fall2008/entries/auriol/>.
[2]   Werner Dettloff, Aureoli, Petrus, in: BBKL 7, Nordhausen 1994, 334f., hier: 334.
[3]   Da ein erster Anlauf zur kritischen Edition durch Eligius Buytaert fragmentarisch geblieben ist – erschienen sind zwei Teilbände mit den ersten acht Distinktionen (St. Bonaventure/NY, 1952/56) –, ist die Forschung weiterhin auf den frühen römischen Gesamtdruck von 1596 angewiesen.

sind[4]. Ein Quodlibet von 1320 sowie einige kleinere theologische und philosophische Schriften ergänzen das überlieferte Werk.

(2) Die Bedeutung, die dem Denken Aureolis weit über seine Epoche hinaus zugeschrieben werden kann, hat die neuere philosophische Forschung vor allem hinsichtlich seiner Epistemologie und Ontologie herausgestellt. Aber auch im Blick auf zentrale theologische Fragen werden die neuen Wege erkennbar, die das Denken des Franziskaners gewiesen hat[5]. Wie Chris Schabel in seiner minutiösen Studie über die Wirkungsgeschichte der Lehre Aureolis zu Gottes Erfassung der „futura contingentia" zeigt, konnte der Magister keine eigene Schule um sich sammeln, sondern ist mit zentralen Thesen ein auch im eigenen Orden vielfach kritisierter Einzelgänger geblieben. Gerade in dieser Rolle jedoch reicht seine Wirksamkeit weit über das Mittelalter hinaus. Der vorliegende Beitrag möchte diese Relevanz an einem wirkungsgeschichtlich wie systematisch besonders markanten Beispiel illustrieren, nämlich der Frage, wie dem Willen Gottes echte Freiheit bei der Hervorbringung geschöpflicher Wirklichkeiten zuzugestehen ist, ohne dass dadurch Grundaussagen über Gottes

---

[4]   Eine unvollständige und unkritische Druckversion erschien Rom 1605. Als neuester Forschungsüberblick mit Nennung weiterer Lit. vgl. Lauge O. Nielsen, Peter Auriol's way with words. The genesis of Peter Auriol's Commentaries on Peter Lombard's First and Fourth Books of the Sentences, in: G. R. Evans (ed.), Medieval Commentaries on Peter Lombard's Sentences, Leiden 2001, 149-219. Seit den 90er Jahren gibt es konkrete Pläne für eine neue kritische Aureoli-Edition: Lauge O. Nielsen, The Critical Edition of Peter Aureoli's Scholastic Works, in: Alvaro Cacciotti / Barbara Faes de Mottoni (Hgg.), Editori di Quaracchi 100 anni dopo. Bilancio e prospettive (Rom 1997) 217-225; Katherine H. Tachau, The Preparation of a Critical Edition of Pierre Auriol's Sentences Lectures: ebd., 205-216. Eine Sammlung schon verfügbarer Arbeitseditionen und eine umfangreiche Bibliographie offeriert die (leider seit 2004 nicht weiter aktualisierte) „Peter Auriol Homepage" von Russell L. Friedman und Chris Schabel, URL = <http://www.igl.ku.dk/~russ/auriol.html>.

[5]   Vgl. aus den neueren Arbeiten zu theologischen Themen des ersten Sentenzenbuches neben der bereits genannten Studie von Schabel auch: Severin Rudolf Streuer, Die theologische Einleitungslehre des Petrus Aureoli auf Grund seines Scriptum super Primum Sententiarum und ihre theologiegeschichtliche Einordnung, Werl/Westfalen 1968; Calvin Normore, Peter Aureoli and His Contemporaries on Future Contingents and the Excluded Middle, in: Synthese 96 (1993) 83-92; Chris Schabel, Peter Aureol on Divine Foreknowledge and Future Contingents. Scriptum in primum librum Sententiarum, Distinctions 38-39, in: Cahiers de l'Institut du Moyen Age Grec et Latin (CIMAGL) 65 (1995) 63-212; Lauge Olaf Nielsen, Dictates of Faith versus Dictates of Reason. Peter Auriol on Divine Power, Creation and Human Rationality, in: Documenti e Studi sulla tradizione filosofica medievale 7 (1996) 213-241; R. L. Friedman, In principio erat Verbum. The Incorporation of Philosophical Psychology into Trinitarian Theology, 1250-1325, Diss. Iowa 1997; James L. Halverson, Peter Aureol on Predestination. A Challenge to Late Medieval Thought, Leiden 1998; Lauge Olaf Nielsen, The Intelligibility of Faith and the Nature of Theology. Peter Auriole's Theological Programme, in: Studia Theologica 53 (1999) 26-39; Alessandro Conti, Divine Ideas and Exemplar Causality in Auriol, in: Vivarium 38 (2000) 99-116.

Wesenseigenschaften ins Wanken geraten. Die These des Aureoli soll dabei auf dem Hintergrund der Auseinandersetzung mit den Vorgaben des Thomas von Aquin und Johannes Duns Scotus skizziert werden, in deren Kontext sie der Franziskaner selbst entwickelt hat.

2. DIE AUSEINANDERSETZUNG DES AUREOLI MIT THOMAS VON AQUIN UND DUNS SCOTUS

Aureoli präsentiert die Debatte um die Vereinbarkeit von Gottes Willensfreiheit mit seiner Unveränderlichkeit und Ewigkeit in der konkreten Gestalt der Frage, „ob der wirksame Wille Gottes immer und unveränderlich zur Erfüllung kommt"[6]. Der Begriff des uneingeschränkt wirksamen Willens zielt auf die Möglichkeit einer schlechthin vollmächtigen Freiheit, wie sie Aureoli biblisch bezeugt und im Begriff der „Allmacht" Gottes verdichtet sieht. „Allmächtig" ist eine Freiheit dann, wenn sie in der Erfüllung ihrer Absichten durch kein Hindernis eingeschränkt werden kann[7]. Die möglichen Ursachen für eine Behinderung dieser Vollmacht, die Aureoli nennt und später erörtert, stecken den Rahmen ab, innerhalb dessen in seiner Sicht eine Theorie des göttlichen Willensvollzugs entfaltet werden muss. Die Vorstellung eines Gottes, der infolge seines unveränderlichen Wollens jede echte Freiheit einbüßte[8], so dass Schöpfung emanatistisch und nezessaristisch zu denken wäre, ist ebenso abzuweisen wie eine die Durchsetzung seines Willens einschränkende Bindung an das Wirken geschöpflicher Zweitursächlichkeit[9].

Aureoli entwickelt seine Lösung (wie häufig) auf dem Weg der Auseinandersetzung mit zwei großen theologischen Autoritäten der Jahrzehnte vor ihm. Indem Aureoli in den Entwürfen des Thomas von Aquin und Johannes Duns Scotus ernste Probleme benennt, kann

---

[6] Unser Basistext aus Aureolis Scriptum I, d. 47, q. 74: „Utrum voluntas efficax semper et immutabiliter impleatur?", a. 1, findet sich unter den kritischen Arbeitseditionen im Anhang der Dissertation von James L. Halverson, Peter Aureol and the Re-Emergence of Predestinarian Pluralism in Latin Theology 1317-1344, Univ. of Iowa 1993 (Typoskript-Fassung) 405-416. Obwohl die Version einige Fehler enthält und in die publizierte Fassung der Arbeit Halversons (s. Anm. 5) nicht komplett aufgenommen wurde, werden wir uns im Folgenden auf sie stützen und zusätzlich die Stellen der unkritischen Textfassung von d. 47, a. 1 angeben (aus: Commentariorum in primum librum Sententiarum pars prima, Rom 1596, 1097-1103).

[7] Vgl. Aureoli, Scriptum I, d. 47, q. 74, Argumente „contra" (ed. Halverson S. 406, ZZ. 67-79 / ed. Rom 1098aB-C).

[8] Argument (1) (ed. Halverson S. 405, Z. 7-21 / ed. Rom 1097bA-B).

[9] Vgl. Argumente (2) – (6) (ed. Halverson S. 405, Z. 22-46 / ed. Rom 1098aA).

er sich zugleich Teilaspekte daraus für seine eigene Antwort nutzbar machen, die dennoch vorrangig durch seine eigenen zentralen Grundoptionen geprägt ist.

2.1 Die These des Thomas von Aquin und ihre Kritik

(1) Die thomanische Lehre über die Möglichkeit freier Willensentscheidungen Gottes und deren Vereinbarkeit mit den Wesensattributen „Ewigkeit" und „Notwendigkeit", auf die Aureoli zurückgreift, findet sich definitiv ausgefaltet in S. th. I, 19, 3 c. Obwohl Aureoli den Gedanken exakt referiert[10], legt es die Knappheit des thomanischen Ausgangstextes nahe, seine Argumentation systematisch zu rekonstruieren und dabei teilweise nicht explizit benannte Schritte präzise herauszuarbeiten.

[1] Der thomanische Gedanke setzt an mit einer Differenzierung des Begriffs der „Notwendigkeit" im epistemischen Kontext[11]. *Absolut notwendig* ist nach Thomas ein Wahrheitsurteil zu nennen, wenn es aus dem inneren (notwendigen) Verhältnis der darin verwendeten Begriffe zueinander („ex habitudine terminorum") resultiert. Dies gilt dann, wenn eine Prädikataussage in der Subjektdefinition enthalten ist („Ein Mensch – definiert als ‚vernunftbegabtes Lebewesen' – ist ein Lebewesen") oder umgekehrt („Eine Zahl ist gerade oder ungerade", d. h. eine „gerade oder ungerade Zahl" zu sein, deckt den Umfang aller möglichen natürlichen Zahlen ab).

[2] Die Aussage „Gottes Wille ist auf x als Objekt ausgerichtet" ist dann eine *absolut notwendig* wahre Aussage, wenn ein Bezug auf x in der Definition des Willens Gottes eingeschlossen ist oder umgekehrt. In diesem Fall ist die epistemische Notwendigkeit unmittelbare Konsequenz eines ontologischen Zusammenhangs, wie ihn die Definition erfasst.

[3] Der „Wille Gottes" ist dadurch definiert, dass er ein aus sich notwendig auf das höchste Gut ausgerichteter Wille ist. Das höchste

---

[10] Vgl. Aureoli, Scriptum I, d. 47, q. 74 (ed. Halverson S. 405, Z. 96 – S. 406, Z. 137 / ed. Rom, 1098aF-bD).

[11] Vgl. Thomas, S. th. I, 19, 3 c.: „Respondeo dicendum quod necessarium dicitur aliquid dupliciter, scilicet absolute, et ex suppositione. Necessarium absolute iudicatur aliquid ex habitudine terminorum, utpote quia praedicatum est in definitione subiecti, sicut necessarium est hominem esse animal; vel quia subiectum est de ratione praedicati, sicut hoc est necessarium, numerum esse parem vel imparem. Sic autem non est necessarium Socratem sedere. Unde non est necessarium absolute, sed potest dici necessarium ex suppositione, supposito enim quod sedeat, necesse est eum sedere dum sedet."

Gut in materialer Konkretion ist die göttliche Wesenheit, die zudem mit dem göttlichen Willen selbst identisch ist. Dieser Wille besitzt also aus sich notwendig die Ausrichtung auf die göttliche Wesenheit als höchstes Gut[12]; sein notwendiger Vollzug ist die Selbstaffirmation[13]. Die Aussage „Gottes Wille ist aus sich (notwendig) auf die göttliche Wesenheit ausgerichtet" hat damit als eine *notwendig* wahre Aussage zu gelten.

[4] Wenn ein Vermögen dadurch definiert ist, dass es auf ein bestimmtes Objekt von sich her notwendig ausgerichtet ist, dann ist dieses Objekt „primäres Objekt" des Vermögens. Nach dem unter [3] Festgestellten ist demnach die göttliche Wesenheit (als „bonitas") „erstes Objekt" des göttlichen Willens[14]. Diese Verwiesenheit hat eine Entsprechung auf der Ebene des geschöpflichen Wollens, das nach Thomas zwar nicht auf das göttliche Gute in materialer Hinsicht aus sich (notwendig) ausgerichtet ist, wohl aber auf das „umfassend Gute", sofern der Wille notwendig nach seiner eigenen letzten Erfüllung (nach „beatitudo" in einem formalen Verständnis) strebt[15]. Der Wille wäre kein Wille mehr, wenn er sich von der Ausrichtung auf das „bonum" lösen könnte. Er bleibt notwendig daran gebunden wie das Sehvermögen an die Farben.

[5] *Bedingungsweise notwendig* ist ein Wahrheitsurteil zu nennen, wenn es nicht bereits aus dem inneren Verhältnis der darin verwendeten Begriffe zueinander, sondern unter Hinzunahme („ex suppositione") einer weiteren Prämisse resultiert.

[6] Als entscheidende Bedingung für die (korrespondenztheoretisch konzipierte) Wahrheit eines Urteilssatzes hat seine Verifizierbarkeit in der Realität zu gelten: „Sokrates sitzt" ist ein *notwendig wahrer* Satz unter der *Voraussetzung*, dass Sokrates tatsächlich sitzt (und nicht steht oder liegt). Die Aussage „Gottes Wille ist auf y als Objekt ausgerichtet" ist dann eine *bedingungsweise notwendig* wahre

---

12 Vgl. Thomas, S. th. I, 19, 3 c.: „Circa divina igitur volita hoc considerandum est, quod aliquid Deum velle est necessarium absolute, non tamen hoc est verum de omnibus quae vult. Voluntas enim divina necessariam habitudinem habet ad bonitatem suam, quae est proprium eius obiectum. Unde bonitatem suam esse Deus ex necessitate vult; sicut et voluntas nostra ex necessitate vult beatitudinem. Sicut et quaelibet alia potentia necessariam habitudinem habet ad proprium et principale obiectum, ut visus ad colorem; quia de sui ratione est, ut in illud tendat."

13 Vgl. auch Thomas 1 Sent. d. 41, q. 1, a. 3 c.; S. th. I, 19, 1 ad 1-3, bes. ad 3: „Sed obiectum divinae voluntatis est bonitas sua, quae est eius essentia. Unde, cum voluntas Dei sit eius essentia, non movetur ab alio a se, sed a se tantum, eo modo loquendi quo intelligere et velle dicitur motus."

14 Daraus folgt nach Thomas u.a., dass es in Gott kein „Streben" („appetitus") gibt, weil er jedes erstrebbare „bonum" bereits in sich selbst besitzt; vgl. 1 Sent. d. 45, q. 1, a. 1 ad 1.

15 Vgl. Thomas, S. th. I-II, 1, 6-7.

Aussage, wenn zwar ein Bezug auf y nicht in der Definition des Willens Gottes eingeschlossen ist oder umgekehrt, aber ein anderer in der Realität faktisch verifizierbarer Grund für die Verknüpfung zwischen Gottes Willen und y angegeben werden kann.

[7] Zwischen dem Willen Gottes und geschöpflichen Objekten besteht von keiner der beiden Seiten her eine definitorisch bedingte (innerlich notwendige) Beziehung, möglicherweise aber eine solche, die vermittelt ist über das Verhältnis dieser Objekte zum Primärobjekt des göttlichen Willens (zur göttlichen Wesenheit unter der Hinsicht der „bonitas"): „Gott will das von sich selbst Verschiedene, sofern es auf seine Gutheit zielhaft hingeordnet ist"[16].

[8] Weil das Primärobjekt des göttlichen Wollens vollkommen ist und folglich zu seiner Erreichung keiner Vermittlungsinstanzen bedarf, gibt es für Gottes Wollen kein weiteres Objekt, auf das es zur Erreichung des Primärobjekts *notwendig* zielhaft hingeordnet wäre[17]. Derselbe Gedanke kann auch von der Begrenzung geschöpflicher Objekte her entfaltet werden[18] und unterstreicht erneut die absolute Selbstbestimmung des göttlichen Wollens[19], die dieses vom göttlichen Wissen unterscheidet[20].

[9] Wenn Gott darum ein (Sekundär-)Objekt außerhalb des Primärobjekts in Hinordnung auf dasselbe (gemäß seiner „bonitas") will, dann nicht aufgrund einer notwendigen zielhaften Verknüpfung zum Primärobjekt (wie sie im geschöpflichen Bereich vorliegen kann; Beispiel: Wenn ich mein Leben erhalten will, muss ich die Aufnahme von Speisen bejahen), sondern weil Gottes Wille selbst diese Zuordnung faktisch will[21]. Eine formale Entsprechung im geschöpflichen Bereich kann dort erkannt werden, wo ein Wille nicht notwendige Mittel zur Erreichung eines Zieles bejaht, zu denen es auch Alternativen gäbe (Beispiel: Ich wähle zur Reise das Reiten auf einem Pferd, obwohl ich auch laufen könnte)[22]. Fragt man nach einem inhaltlichen Motiv für

---

16 Thomas, S. th. I, 19, 3 c.: „Alia autem a se Deus vult, inquantum ordinantur ad suam bonitatem ut in finem".

17 Vgl. ebd.: „cum bonitas Dei sit perfecta, et esse possit sine aliis, cum nihil ei perfectionis ex aliis accrescat".

18 Vgl. Thomas, S. th. I, 19, 3 ad 4.

19 Vgl. ebd. ad 5.

20 Vgl. ebd. ad 6.

21 „Unde, cum bonitas Dei sit perfecta, et esse possit sine aliis, cum nihil ei perfectionis ex aliis accrescat; sequitur quod alia a se eum velle, non sit necessarium absolute" (Thomas, S. th. I, 19, 3 c.). Vgl. auch I, 19, 5 c.: „Deus autem, sicut uno actu omnia in essentia sua intelligit, ita uno actu vult omnia in sua bonitate. Unde, sicut in Deo intelligere causam non est causa intelligendi effectus, sed ipse intelligit effectus in causa; ita velle finem non est ei causa volendi ea quae sunt ad finem, sed tamen vult ea quae sunt ad finem, ordinari in finem. Vult ergo hoc esse propter hoc, sed non propter hoc vult hoc."

22 Thomas geht darauf nochmals in S. th. I, 19, 10 c. ein.

212   Thomas Marschler

die freie Ausweitung des göttlichen Selbstverhältnisses auf nicht-gött-
liche Objekte, so kann man mit Thomas auf den „ekstatischen", sich
mitteilenden Charakter reiner Vollkommenheit und Liebe verweisen,
mit denen das Wesen Gottes identisch ist[23]. Gerade weil Gott durch
kein anderes Ziel als seine eigene Güte bewegt wird, will er sich selbst
frei zum Ziel anderer, von sich verschiedener Seiender machen[24].

[10] Unter der Voraussetzung, dass Gott etwas will, will er es auch
notwendig, weil sein Wille unveränderlich ist[25]. Darum bringt das
Faktum des göttlichen Wollens geschöpflicher Objekte eine bedingungsweise *Notwendigkeit* dieses Wollens mit sich.

Zusammenfassend kann gesagt werden: Die Erklärung, die Thomas
vorträgt, zielt darauf, aus einer vermögenstheoretischen Perspektive
das Verhältnis des göttlichen Willens zu seinen möglichen Objekten
so zu erläutern, dass Kontingentes als möglicher Gegenstand eines
bedingt notwendigen Wollens neben dem einen Objekt des notwendigen Wollens Gottes in den Blick kommt. Nach Thomas ist es der
im geschöpflichen Objekt anzusiedelnde Mangel an Gutheit, der bedingt, dass Gott dieses Objekt nicht notwendig wollen *muss*, während
diese eingeschränkte Gutheit andererseits positiv zur Folge hat, dass
Gott es über den vermittelten Bezug zu seiner eigenen notwendigen
Gutheit frei wollen *kann*. Das Verhältnis der Teilhabe zwischen Primär-
und Sekundärobjekt des göttlichen Wollens spiegelt den Ursprung des
Geschöpflichen in der freien Teilgabe Gottes. Was Thomas weniger
überzeugend zu leisten vermag, ist eine akttheoretische Reflexion auf
das Identitäts- bzw. Differenzverhältnis zwischen absolut notwendigem
Selbst-Wollen Gottes und bedingt notwendigem Wollen geschöpflicher
Realitäten. Problematisch bleibt so auch, dass wir in Gott Freiheit als
nicht determiniertes Vermögen der Wahl zwischen Alternativen anzunehmen haben, aber diese freie Wahl zugleich mit dem ewigen, unveränderlichen Selbstvollzug identifizieren müssen.

---

[23] Thomas begründet dieses Wollen gewöhnlich aus dem Streben des Vollkommenen,
sich anderes zu verähnlichen, und des Guten, sich an anderes mitzuteilen: vgl. S. th.
I, 19, 2 c.

[24] Vgl. Thomas, S. th. I, 19, 2 ad 2: „Unde, cum Deus alia a se non velit nisi propter
finem qui est sua bonitas, ut dictum est, non sequitur quod aliquid aliud moveat
voluntatem eius nisi bonitas sua. Et sic, sicut alia a se intelligit intelligendo essentiam
suam, ita alia a se vult, volendo bonitatem suam"; ebd. ad 3: „ex hoc quod voluntati
divinae sufficit sua bonitas, non sequitur quod nihil aliud velit, sed quod nihil aliud
vult nisi ratione suae bonitatis."

[25] Thomas, S. th. I, 19, 3 c.: „Et tamen necessarium est ex suppositione, supposito enim
quod velit, non potest non velle, quia non potest voluntas eius mutari." Diese Unveränderlichkeit begründet Thomas an vielen Stellen seines Werkes mit dem Verweis
auf die Bestimmung Gottes als „actus purus", dem keinerlei Potentialität innewoh-
nen kann. Vgl. Thomas, 1 Sent. d. 8, q. 3, a. 1 c.; S. th. I, 19, 8 ad 4.

(2) Exakt an diesem Punkt setzt die Kritik ein, die Aureoli am thomanischen Argumentationsgang übt[26]. Sie zielt primär auf die These, dass Gottes in sich notwendiges Wollen auf geschaffene Objekte hin in der Form einer kontingenten Beziehung in Erscheinung tritt[27]. Aureoli begegnet ihr mit einer „reductio ad absurdum" im Ausgang von einer differenzierten Betrachtung dessen, was mit jener „Beziehung zur Kreatur" gemeint sein soll, die mit der Bejahung des Geschöpfes durch Gott im thomanischen Modell offensichtlich impliziert ist. Entweder, so die prinzipielle Alternative, ist sie [a] sachlich wie für unser Verstehen mit dem „velle divinum" identisch[28], oder man hat sie als relationale Hinzufügung nur gedanklicher [b'] oder realer Art [b''] zu diesem Wollen anzusehen. Aureoli weist [b'] ab, weil eine „relatio rationis" definitionsgemäß nur unter der Bedingung des Gedachtwerdens durch einen Intellekt existiert und folglich als Bestimmungsgröße für ein zweifellos in sich reales Wollen Gottes nicht in Frage kommt. Aber auch [b''] scheidet aus, da unter der in der Scholastik von Augustinus her allgemein akzeptierten Prämisse, dass alles „in Gott" stets mit „Gott selbst" identisch ist[29], eine ihn bestimmende reale Relation mit dem göttlichen Wollen zusammenfallen müsste. Denselben Gedanken formuliert Aureoli etwas später nochmals in leichter Variation: Sobald man eine Beziehung Gottes zur Schöpfung im Akt seines schöpferischen Willens postuliert, muss diese so ewig sein wie Gott selbst, denn sonst wäre mit der Alternative seines Handelns gewissermaßen eine Alternative zu Gott selbst anzunehmen, mit dem dieses Handeln zu identifizieren ist. Damit erweist sich [a] als einzig mögliche Explikationsvariante des thomanischen Gedankens. Dies freilich bedeutete nichts weniger, als dass alles Wollen des Kontingenten in Gott mit dem „ipsum velle divinum" identisch wäre und folglich wie dieses nur in absoluter Weise notwendig sein könnte. Die „voluntas creandi" scheint damit für Gott selbst

26 Vgl. zum folgenden Aureoli, Scriptum I, d. 47, a. 1 (ed. Halverson S. 407, Z. 164 – S. 409, Z. 273 / ed. Rom 1099aA-bC).
27 Vgl. etwa sehr klar Thomas, 1 Sent. d. 43, q. 2, a. 1 ad 3: „quidquid in Deo est, est sua essentia: et ideo totum est aeternum et increatum, et necessarium; sed tamen effectus qui ex ejus operatione procedit, non necessario procedit: quia procedit ab operatione secundum quod est a voluntate; et ideo producit effectum secundum libertatem voluntatis."
28 Tatsächlich gibt es Aussagen des Thomas, die eine solche Identität stark betonen; vgl. etwa S. th. I, 19, 2 ad 4: „sicut intelligere divinum est unum, quia multa non videt nisi in uno; ita velle divinum est unum et simplex, quia multa non vult nisi per unum, quod est bonitas sua."
29 Der in striktester Weise gefasste Identitäts- und Einfachheitsgedanke steht im Zentrum der philosophischen Gotteslehre des Aureoli; vgl. etwa seine Lehre, dass Wesenheit und Attribute in Gott allein vermittels „extrinseca connotata" unterschieden werden können, im Scriptum I, d. 45, q. 72, a. 3 (ed. Halverson S. 361-369 / ed. Rom 1075b-1082b).

schlechthin alternativlos zu werden, was der christliche Theologe „totaliter absonum et erroneum" nennen muss[30]. Somit ist in Aureolis Urteil der thomanische Beweis für Gottes freie Verursachung kontingenter Realitäten gescheitert. Weil es dem Dominikaner nicht gelungen ist, von den Objekten des göttlichen Wollens her auch die Vermögensakte zu differenzieren, endet seine Lösung in der Sackgasse eines inakzeptablen Nezessitarismus. Man könnte diese Kritik Aureolis als Aufdeckung einer stets präsenten emanatistischen Gefahr im „bonum diffusivum sui"-Gedanken interpretieren: Ist in der notwendigen Bejahung des absoluten Guten durch den mit ihm identischen Willen nicht die Bejahung des Sich-Verströmens dieses Guten ins Andere seiner selbst untrennbar impliziert? Einfachheit und Identität des göttlichen Wollens führen dazu, dass am Ende Gottes „velle bonitatem" und sein „velle *propter* bonitatem" als ein einziges, einfaches, ewiges, unveränderliches „velle" betrachtet werden müssen, dem auch die Objektunterscheidung kein anderes Modalprädikat als die „Notwendigkeit" zuzuordnen weiß. Letztere charakterisiert nach Aureoli gerade nicht bloß den Akt des Selbstwollens: Gott liebt notwendig alles Gute, sofern es gut ist, auch das endliche[31]. Zum Zweck seiner Kritik hat Aureoli die Blickrichtung der thomanischen Argumentation umgekehrt: Vor eine freie Liebe zu dem durch den Schöpfungsratschluss *in seiner Realität ermöglichten endlichen Guten* stellt er die notwendige Liebe Gottes zu *allem möglichen (auch endlichen) Guten*. Was immer Anteil an der göttlichen Güte hat, partizipiert an der Notwendigkeit der göttlichen Selbstliebe.

2.2 Die Lösung des Duns Scotus und ihre Zurückweisung

(1) An zweiter Stelle präsentiert Aureoli – in knapperer Form – die These des Scotus, die sich sowohl in der Lectura wie auch in den Pariser Reportationen entfaltet findet, besonders in Rep. IA[32]. Die im

---

[30]   Vgl. Aureoli, Scriptum I, d. 47, a. 1 (ed. Halverson S. 409, Z. 244 / ed. Rom 1099bC).

[31]   Vgl. ebd.: „impossibile quidem est quod Deus non diligat omnem entitatem participantem suam bonitatem" (ed. Halverson S. 408, Z. 213f. / ed. Rom 1099aF).

[32]   Vgl. zum folgenden: Scotus, Lect. I, d. 39, nn. 53-61 (Johannes Duns Scotus, Lectura, Liber I, a distinctione octava ad quadragesimam quintam = Opera omnia XVII, Civitas Vaticana 1966, S. 496, Z. 15 – S. 500, Z. 9); Rep. IA, d. 39-40, a. 3, nn. 38-59 (John Duns Scotus, The examined report of the Paris lecture. Latin text and english translation = Reportatio I-A, ed. Allan B. Wolter / Oleg V. Bychkov, Vol. II, St. Bonaventure/NY 2008, 475-482). In der kritischen Edition der Ordinatio sind die parallelen Passagen zu I, d. 39, qq. 1-5, als sekundäre Ergänzungen in die Appendices verwiesen worden: Scotus, Ordinatio, Liber I, a distinctione vigesima sexta ad quadragesimam octavam = Opera omnia VI, Civitas Vaticana 1963, 400-444. Der Text scheint den Vorgaben der

Rahmen der dist. 39-40 des ersten Sentenzenbuches vorgetragenen Ausführungen des Scotus über die Möglichkeit des göttlichen Willens, Ursache alles Kontingenten zu sein, ohne seine Unveränderlichkeit einzubüßen, gehören in den Zusammenhang der Lehre über Gottes Erkennen der „futura contingentia". Auch sie sollen im Folgenden zunächst in ihren Kernthesen wiedergegeben werden.

[1] Es zeichnet unseren (geschöpflichen) Willen aus, frei zwischen verschiedenen Akten wählen zu können. Mit ihrer Hilfe ist er zugleich frei in der Wahl unterschiedlicher Objekte und der Setzung von Effekten.

[2] Die erstgenannte „indifferentia" (gegenüber den Akten) gehört nach Scotus zur Unvollkommenheit des geschöpflichen Willens, während die zweite (gegenüber den Objekten / Wirkungen) zu seiner Vollkommenheit zählt. Nur die zuletzt angeführte darf darum (gemäß der scotischen Grundregel bei der Übertragung geschöpflicher Eigenschaften auf Gott) auch dem göttlichen Willen zugeschrieben werden; sie gehört zum transzendentalen Begriff des Willens als reiner Vollkommenheit, der vom Modus der Endlichkeit oder Unendlichkeit absieht.

[3] Der Akt des göttlichen Willens ist „ein einziger, einfacher, nicht festgelegt gegenüber verschiedenen Objekten"[33]. Weil er unendlich ist, kann er je nach Art der Objekte, auf die er gerichtet ist, als notwendiges Wollen (gegenüber dem Primärobjekt der göttlichen Wesenheit) oder als kontingentes Wollen auftreten (gegenüber verschiedenen geschöpflichen Sekundärobjekten): „per unum actum est indifferens, quia illimitatus et infinitus"[34]. In einem Akt ist für Gott möglich, was das Geschöpf nur durch eine Vielzahl von Akten leistet; die Multiplikation von Willensakten als Konsequenz pluralen Objektbezugs findet in Gott nicht statt. Scotus erkennt darin nicht eine Minderung der Freiheit Gottes, sondern vielmehr ihre einzigartige Vollkommenheit[35].

[4] Wenn wir die dem Willen Gottes eigene „potentia ad opposita" im Vergleich mit der geschöpflichen zu bestimmen suchen, so ist sie nicht im Sinne der Fähigkeit zu verstehen, an aufeinander folgenden Zeitpunkten einander entgegengesetzte Objekte anzustreben,

Lectura und der Reportatio nachgestaltet worden zu sein (vgl. ebd. 402, Anm. 1). Zur Interpretation: Walter Hoeres, Der Wille als reine Vollkommenheit nach Duns Scotus (= Salzburger Studien zur Philosophie 1), München 1962, 91-112, bes. 101ff.

[33] Scotus, Rep. IA, d. 39-40, a. 3, n. 38 (ed. Wolter / Bychkov, 476).

[34] Ebd.

[35] Vgl. Scotus, Lectura I d. 39, n. 53 (Ed. Vat. XVII, S. 497, ZZ. 1-3): „Est igitur libertas voluntatis divinae quod ipsa unica volitione potest tendere in opposita obiecta, et in infinitum liberius quam nos diversis volitionibus."

denn das macht die Veränderlichkeit geschöpflicher Freiheit aus, die als Moment der Unvollkommenheit Gott nicht zukommen kann. Gemeinsam ist dem göttlichen wie dem geschöpflichen Willen dagegen die Fähigkeit, in einem Zeitpunkt t dasselbe Objekt a *entweder* wollen *oder* nicht wollen zu können („pro eodem instanti divisim"), denn sie ist entscheidend für das Bestehen „kontingenter Ursächlichkeit". Wie somit diese Fähigkeit missverstanden wäre, wenn man sie diachron-transmutativ interpretierte, so wäre es auch falsch, sie synchron gegen das Widerspruchsprinzip ausdeuten zu wollen; sie erstreckt sich nicht auf das gleichzeitige Wollen eines kontradiktorischen Gegensatzes, der logisch unmöglich ist[36].

[5] Was bei der so zu verstehenden gemeinsamen Vollmacht zu kontingenter Verursachung den göttlichen Willen klar vom geschöpflichen unterscheidet, ist die Tatsache, dass der „Zeitpunkt" seines Wollens einzig das „instans aeternitatis" ist. Gottes Wollen umgreift in einem einzigen, ewigen Selbstvollzug sowohl die notwendige Bejahung des göttlichen Wesens wie die kontingente Bejahung aller geschöpflichen Objekte, auf die er sich in Freiheit beziehen will. Der göttliche Wille kennt keinen Übergang aus dem „actus primus" in den „actus secundus", sondern seine „voluntas" ist von Ewigkeit identisch mit der „volitio" in der Vielzahl ihrer möglichen Objektbezüge. Die Möglichkeit zur Wahl entgegengesetzter Objekte geht im Falle Gottes darum nicht zeitlich der vollzogenen Wahl voraus, sondern bezeichnet die in der faktischen Entschiedenheit seit Ewigkeit „aufgehobene" logisch-reale Möglichkeit des unendlichen Aktes[37].

Vergleicht man diese Lösung mit der thomanischen, so fällt auf, dass sie Gottes Fähigkeit zur Verursachung kontingenter Realitäten nicht aus einer objekttheoretischen, sondern aus einer akttheoretischen Analyse begründet. Es ist die Unendlichkeit des Willensvollzuges, die erklärt, wie dieser Akt seine Erfüllung allein im unendlichen Objekt, das Gott sich selbst ist, findet, und wie er zugleich als unverändertselbiger auf die Fülle endlicher Objekte auszugreifen vermag. Weil Scotus zudem „den Willen als reine Vollkommenheit betrachtet, die in Gott in unendlichem Maße verwirklicht ist", nimmt auch Gottes

---

[36] Scotus, Rep. IA, d. 39-40, a. 3, n. 43 (ed. Wolter / Bychkov, 477). Selbstverständlich sieht Thomas diesen Punkt ebenso; vgl. etwa ähnlich bei ihm 1 Sent. d. 39, q. 1, a. 2 c.: „Si enim intelligatur conjunctim, sic Deus non potest scire quod non scit: quia ista duo sunt incompossibilia, quod Deus sciat aliquid quod ab aeterno nescivit. Si autem intelligatur divisim, sic est verum, et designatur potestas libertatis, ut supra dictum est, art. antec., et non mutabilitas scientiae vel voluntatis."

[37] Vgl. Rep. IA, d. 39-40, n. 55 (ed. Wolter / Bychkov, II, 480): „Ad formam ergo argumenti dico quod ista potentia nec est cum actu nec ante actum duratione, sed tantum naturaliter est ante actum, sive prioritate naturae."

Wollen des endlichen Gutes teil an der ihm eigenen „Einheit von Rationalität und Selbstbestimmung"[38], ohne dass irgendein endliches Gut aus sich Gottes Willen notwendig zu bestimmen vermöchte. Gottes Wollen „ad extra" ist darum unableitbar, aber keineswegs willkürlich.

(2) Die Kritik Aureolis an seinem Ordensbruder fällt bündig, aber unmissverständlich klar aus. Wiederum nimmt sie ihren Ausgang vom Axiom der strikten Identität alles zu Gott Gehörigen: Wenn alles Sein Gottes Notwendig-Sein ist, dann ist es unmöglich, mit Scotus anzunehmen, dass jetzt etwas (in) Gott ist, das von Ewigkeit her auch nicht hätte sein können. Einen ewigen Willensakt Gottes zu konzipieren, der sich von Ewigkeit her auch anders hätte bestimmen können, als er sich faktisch bestimmt hat, führt letztlich zur absurden Idee, „Alternativen" zum ewig-notwendigen Gott für möglich zu halten. Das Ungenügen der scotischen Lösung offenbart sich für Aureoli noch an einem zweiten Punkt: Scotus kommt in der Sicht seines Kritikers nicht umhin, in dem durch seine Unendlichkeit gegenüber kontingenten Alternativen indifferenten göttlichen Willen irgendein Bestimmungsmoment anzusetzen, eine „stärkere Tendenz" hin zu derjenigen Seite, auf die faktisch seine Wahl fällt – denn ein konsequent der Potenz gleichgestellter Willensakt hätte keinerlei Kriterium für eine der Alternativen im gleichen Augenblick. Verkennt Aureoli hier schlicht das konsequente scotische Verständnis von Freiheit als Selbstbestimmung, die gerade keines ihr äußerlichen „Grundes" bedarf[39]? Wohl eher ließe sich sein Einwand als Zweifel am scotischen Versuch deuten, in der Unendlichkeit des göttlichen Willensaktes tatsächlich gleichermaßen die Indifferenz und die Entschiedenheit des göttlichen Wollens des Geschöpflichen verankern zu können. Die Stoßrichtung des Aureoli mündet auch hier im Vorwurf, dass im Postulat eines „Sich-entschieden-Habens" der göttlichen Freiheit *als* ewiger und unveränderlicher, weil mit dem Wesensakt identischer, die real getroffene Entscheidung den Charakter strikten Notwendig-Seins erhält. Auch das scotische Modell fände dann sein Ende in der Negation echter Freiheit[40].

---

[38] Hoeres, Der Wille als reine Vollkommenheit (wie Anm. 32), 99.
[39] Vgl. ebd. 108ff.
[40] Scotus selbst ist auf ähnliche Kritik bereits eingegangen in Ord. I, d. 40, n. 8 (Ed. Vat. VI, S. 311, Z. 14 – S. 312, Z. 9).

3. DER VORSCHLAG AUREOLIS: DIE UNTERSCHEIDUNG VON „INNEREM" UND „ÄUSSEREM" WOLLEN ALS GRUNDIDEE FÜR DIE VEREINBARKEIT VON UNVERÄNDERLICHKEIT UND FREIHEIT GOTTES (SCRIPTUM I, D. 47, Q. 74)

(1) Aus der zuvor geübten Kritik an Thomas und Scotus zieht Aureoli zunächst ein doppeltes Fazit[41]:

(a) Die Annahme, dass Gottes Wollen des Geschöpflichen in irgendeiner Weise als „velle intrinsecum" zu konzipieren ist, führt unweigerlich in einen Nezessitarismus, wie ihn das Mittelalter paradigmatisch in der Gotteslehre des Avicenna ausformuliert sah. Denn dieses Wollen müsste sich als schlechthin und absolut notwendig (weil mit Gott selbst identisch) erweisen, was eine Unvermeidlichkeit des Schöpfungshandelns von Ewigkeit her mit sich brächte. Den dazu vorgebrachten Einwand, dass zwar das Wollen Gottes als solches absolut notwendig sei, nicht aber sein Übergehen auf die Kreatur, erkennt Aureoli nicht an, da er keines der beiden konstitutiven Glieder der im Willensakt zwischen Gott und der Kreatur konstituierten Relation als kontingent ansehen kann. Weder ist dies der „terminus", also die Kreatur als von Gott gewollt, denn sie hat zum Zeitpunkt, da Gott sie durch sein Wollen bejaht, selbst noch gar kein eigenes Sein, ist folglich weder notwendig noch kontingent und kann damit nicht den auf sie gerichteten Akt in dieser oder jener Weise qualifizieren. Aber auch das „fundamentum" der Relation, nämlich der Akt des göttlichen Wollens selbst, ist nicht kontingent, sondern (selbst nach Ansicht der Aureoli widersprechenden Theologen) notwendig, so dass diese Qualifizierung gleichermaßen der Übertragung des Wollens auf die Geschöpfe zukommen muss. Da das Sein des Terminus (= das *esse volitum* der Kreatur) erst durch den Akt des göttlichen Willens entsteht und diesen daher nicht zu bestimmen vermag (die Kreatur ist gewollt, *weil* sich der göttliche Willensakt *auch* auf sie bezieht), liegt hier eindeutig der Fall eines allein vom Fundament her bestimmten Aktes vor. Aber selbst wenn man eine Kontingenz des auf die Kreaturen zielenden Willensaktes von Ewigkeit her zugeben wollte, so würde dieser nach Aureoli doch unter der Bedingung, dass das Wollen sich auf Geschöpfliches ausweitet, *notwendig* – hier erinnert der Franziskaner an die früher vorgelegte Argumentation, durch welche die Identität des göttlichen Wollens der Kreaturen mit dem wesenhaften Wollen

---

[41]   Vgl. Aureoli, Scriptum I, d. 46, q. 73, a. 1, „tertia et quarta propositio" (ed. Halverson 409-413 / ed. Rom 1100a-1101b).

Gottes bewiesen wurde. Ein echter kontingenter Modus des Wollens müsste aus der kontingenten *Realität* ebendieses Wollens hervorgehen, die es in Gott niemals geben kann.

(b) Auf diesem Hintergrund formuliert Aureoli seine prinzipielle Absage gegen die Grundannahme, die sowohl dem Modell des Thomas wie auch dem des Scotus zugrundelag: Gott bringt alles Geschöpfliche ohne ein ihn innerlich bestimmendes Wollen („velle intrinsecum") hervor. Diese These steht in bruchloser Kontinuität mit der von Aureoli schon in dist. 46 umfassend begründeten Ablehnung der Vorstellung, dass es in Gott irgendein aus einer Potenz in den Akt überführtes, hervorgebrachtes Wollen geben könne, da dieses seine strikte Identität mit der einfachen Wesenheit einbüßen würde[42]. Im vorliegenden Kontext tritt eine speziellere Begründung hinzu: Ein inneres Wollen kontingenter (d.h. stets eine Alternative besitzender) Tatsachen müsste entweder beide entgegengesetzte Alternativen zugleich bestimmen oder nur eine von ihnen. Im ersten Fall wäre es gerade kein *bestimmendes* Wollen, da ihm der ausschließende Aspekt fehlte, im zweiten Fall hätte, damit Gottes Freiheit real bliebe, neben dem Wollen der einen Alternative ein zweites Wollen zu existieren, das auf deren Gegenteil gerichtet wäre. Um dem Nezessitarismus zu entkommen, sähe man sich aufgrund des Axioms, dass, was immer in Gott ist, mit Gott identisch sein muss, erneut vor die Absurdität gestellt, zwei entgegengesetzte Bestimmungen in Gott anzunehmen. So hat Aureoli im Ausschlussverfahren gezeigt, dass es keine akzeptable Interpretation für ein „velle intrinsecum" als Grundlage des göttlichen Handelns nach außen geben kann. Wer es dennoch behauptet, trägt ein Moment von Unvollkommenheit in den Gottesbegriff ein, das diesen von innen her aufzulösen droht.

(2) Doch wie kann man, wenn der Rekurs auf einen besonderen inneren Willensakt unterbunden wird, trotzdem von einem „freien" Wollen und Hervorbringen Gottes sprechen[43]?

(a) Dazu schränkt Aureoli zunächst das eigentliche Moment der Freiheit gänzlich auf die Liebe des „Wohlgefallens" („complacentia") ein[44], die Gott notwendig und unveränderlich gegenüber jeder *möglichen* (und realen) Kreatur empfindet. Dies ist nach Aureolis Lehre in dist. 46 der einzige Willensakt, der sich überhaupt ohne

---

[42] Vgl. ebd. (ed. Halverson 381ff. / ed. Rom 1097aF-1088aD).

[43] Vgl. zum folgenden Scriptum I, d. 47, q. 74, a. 1 (ed. Halverson 413-416 / ed. Rom 1101bF-1103bB).

[44] Auf die radikalen Konsequenzen dieser Bestimmung für das Verständnis des göttlichen Vorherwissens und seiner Prädestination sei nur am Rand verwiesen. Sie werden ausführlich bei Halverson, Peter Aureol on Predestination (wie Anm. 5), und Schabel, Theology in Paris (wie Anm. 1), dargestellt.

Unvollkommenheit denken und somit Gott in eigentlicher Weise zu-schreiben lässt[45]. In Gott würde sich dieser Akt nicht ändern, wenn nie eine Welt geschaffen worden wäre oder wenn die einmal geschaffene Welt vernichtet würde. Von dieser „Freiheit" (dem mit dem notwen-digen „Wohlgefallen" zu identifizierenden inneren Wollen Gottes) unterscheidet der Theologe einen zweiten Aspekt des „willentlichen Hervorbringens" als Bezeichnung für Gottes vollmächtiges „äußeres Wollen"[46]: „Willentliches Handeln spricht man ihm zu, weil es zum Begriff des Willens gehört, Herr zu sein über äußere Akte und sie so in seiner Gewalt zu haben, dass er sie aufheben kann"[47]. Aureoli sieht es gerade als Ausweis der höheren Vollkommenheit Gottes ge-genüber der Kreatur an, wenn er als Handelnder seine Herrschaft über äußere Akte ohne die Vermittlung innerer Vollzüge ausüben, also äußere Wirkungen setzen kann, ohne selbst irgendeiner inneren Bewegung zu bedürfen. Gott bringt allein kraft seines einfachen gött-lichen Wesens etwas hervor oder auch nicht („per rationem simpli-cem Deitatis producit exterius et non producit"[48]), ohne dass seine Herrschaft eingeschränkt wäre.

(b) Damit kommt das Argument des Aureoli an seinen entscheiden-den Punkt: „Willentlichkeit" wird dem Handeln Gottes nicht aus einer inneren (Willens-)Bestimmung zugesprochen, sondern auf dem Weg über ein „Konnotat", also die Beziehung auf eine ihm als solchem ei-gentlich äußerliche Bezugsgröße. Erst vermittels ihrer gelangen wir zu der Aussage, dass Gott jeden äußeren Akt in seiner Gewalt hat und somit „wirksam" handelt[49]. Wir müssen Urheber und Verursachtes miteinander in Beziehung bringen, ohne diejenige Verknüpfung zwi-schen ihnen annehmen zu dürfen, wie wir sie aus dem geschöpflichen Bereich kennen – der Rekurs auf eine innere Willensbestimmung (eine Sehnsucht, Tendenz, einen Wunsch...) zur Erklärung des Her-

---

45   Vgl. Aureoli, Scriptum I, d. 46, q. 73, a. 2 (ed. Halverson S. 388, Z. 773-777 / ed. Rom 1091aA-B).

46   Zu dem scotischen Hintergrund der Unterscheidung von „amor complacentiae" und „potestas executiva" und ihrer Modifizierung bei Aureoli vgl. Halverson, Peter Aureol on Predestination (wie Anm. 5), 40-75.

47   „Voluntarie vero dicitur agere quia de ratione voluntatis est quod sit respectu exterio-rum actuum domina et habens illos in sua potestate, sic quod possit eos suspendere": Aureoli, Scriptum I, d. 47, q. 74, a. 1 (ed. Halverson S. 413, Z. 516-519 / ed. Rom 1102aB).

48   Vgl. ebd. (ed. Halverson S. 413, Z. 533 / ed. Rom 1102aD).

49   „For Aureol efficaciousness is not attributed strictly to either divine will or divine power; neither one is efficacious in and of itself. 'Efficacious will' refers, rather, to the common extrinsic connotates of both the divine will and power, that is, the set of things both willed in eternity and actualized in time" (Halverson, Peter Aureol on Predestination [wie Anm. 5], 69).

vorbringungsgeschehens scheidet aus. Die Göttlichkeit Gottes als solche („ipsamet ratio Deitatis"[50]) „gemäß der Fülle ihrer Vollmacht" („secundum plenitudinem potestatis"[51]) ist die einzige für uns erkennbare Bestimmungsgröße. Wenn wir Gottes Wirken „willentlich" und „machtvoll" nennen, dann geschieht dies ganz von der Wirkung her, nicht aus einer Analyse seines Handlungsvollzugs. Wie Ursache und Wirkung tatsächlich verknüpft sind, bleibt dunkel, so dass die gewöhnliche Frage nach der Ursächlichkeit eigentlich gar nicht zu stellen ist. Hatte Scotus die Selbstbestimmung als formales Konstitutiv eines göttlichen Wollens gelehrt, dessen „ad intra" evidente Vollkommenheit auch dem Wirken „ad extra" seine Rationalität sichert, so führt Aureoli eine Radikalisierung ein, sofern er scharf zwischen der nach innen und der nach außen gerichteten Seite dieses Wollens trennt und letzteres auf das Faktum einer Setzung reduziert, die in keinerlei Beziehung zu Gottes lichtem Selbstbezug steht. Damit bleibt als einzige geschöpfliche Analogie für Gottes Wirken in der Welt die Unerklärbarkeit des Autonomiemotivs[52]: Wie der menschliche Wille ohne Vermittlungsinstanzen den bestimmten Akt aus sich entlässt, so setzt die mit allem Wollen Gottes identische Wesenheit ihre Wirkungen[53], und erst vermittels ihrer wird sie selbst als wirkend erkennbar und benennbar. Von Freiheit „ad extra" ist dort zu sprechen, wo neben dem durch keine zusätzliche Größe zu bestimmenden Absoluten das Nicht-Absolute erscheint, das seine Existenz selbst nicht zu rechtfertigen vermag. Weil Gott im Kontingenten das eine innerlich nicht mehr liebt als das andere, ist die Realität der Welt nicht Ausweis einer besonderen Liebe oder Wahl, sondern Spur reiner Allmacht, aus der heraus Gott, ohne dass er sich „in bestimmter Weise innerlich auf eines der beiden Glieder eines kontradiktorischen Gegensatzes festlegt, eines von ihnen bewirken kann, und dazu benötigt er keinerlei bestimmendes oder vorgegebenes Prinzip"[54].

---

[50] Vgl. Aureoli, Scriptum I, d. 47, q. 74, a. 1 (ed. Halverson S. 414, Z. 545f. / ed. Rom 1102aF).

[51] Vgl. ebd. (ed. Halverson S. 41, Z. 558f. / ed. Rom 1102aF).

[52] Vgl. ebd. (ed. Halverson S. 414, Z. 572-574 / ed. Rom 1102bB): „et ideo non est querenda causa quare elicit talem actum, nisi quia ita vult".

[53] Vgl. auch ebd. die Antwort zum dritten Einwand (ed. Halverson S. 416, Z. 669-674 / ed. Rom 1103aF).

[54] „Sic ergo patet quale sit velle divinum quod est principium omnium actionum ad extra, et patet quod absque hoc quod Deus determinetur intrinsece ad alteram partem contradictionis determinate, potest producere alteram, nec indiget aliquo determinante aut existente": ebd. (ed. Halverson S. 416, Z. 687-692 / ed. Rom 1103bA-B).

4. ABSCHLIESSENDE BEOBACHTUNGEN

(1) In der Lehre über den Willen Gottes bleibt Aureoli seiner Tendenz treu, alle Thesen abzuweisen, die Gottes Einfachheit irgendwie in Frage stellen könnten. Mit gleicher Stoßrichtung hat er, um nur einige Beispiele zu nennen, im Scriptum wiederholt gegen die scotische Formaldistinktion Stellung bezogen[55], die Verschiedenheit der von uns benutzten Gottesattribute rein „konnotativ" begründet[56], die göttliche Wesenheit ohne jede Annahme göttlicher Ideen als einzige Exemplarursache aller Geschöpfe bestimmt[57], die strikt gemeinsame Konstitutionsfunktion von Wesenheit und Personen in der (trinitarisch verstandenen) Gottheit betont[58] oder eine „potentia generandi" in Bezug auf Gott Vater verworfen[59]. In der Aureoli-Forschung ist diese ganz von der Idee der Transzendenz und Einfachheit beherrschte Gotteslehre des Franziskaners immer wieder als nachdrücklicher Beleg für die These verstanden worden, wie schwierig es für mittelalterliche Denker geblieben ist, das theologische Ideal der griechischen Metaphysik mit den Anforderungen der christlichen Offenbarungslehre in Übereinstimmung zu bringen[60] – der Gott Aureolis wäre in dieser Sicht eher der weltenthobene „Gott der Philosophen" als der in positive Beziehung zur menschlichen Geschichte tretende Gott der Bibel. Dass diesem in Aureolis philosophischer Gotteslehre allzu wenige Konzessionen gemacht worden seien, erklärt nach Chris Schabel die heftige Ablehnung, die dem Franziskaner in seiner Zeit begegnete[61].

---

55 Halverson, Peter Aureol on Predestination (wie Anm. 5), 14f., verweist bes. auf die Distinktionen 8, 35 und 45; weitere Belege ebd. 25-33.

56 Vgl. Halverson, Peter Aureol on Predestination (wie Anm. 5), 34-39.

57 Vgl. Conti, Divine Ideas (wie Anm. 5), bes. 111-115, mit Bezug auf Aureoli, Scriptum, d. 35, p. 3 (ed. Rom 795a).

58 Vgl. die Belege bei Th. Marschler, Die spekulative Trinitätslehre des Francisco Suárez S. J. in ihrem philosophisch-theologischen Kontext (= BGPhMA NF 71), Münster 2007, 382ff.

59 Vgl. ebd. 403f.

60 Vgl. Conti, Divine Ideas (wie Anm. 5), 100: „Auriol's position is particularly interesting since it shows better than any other of his time the sharp conflict between the Greek logico-metaphysical apparatus (in the form of Medieval Aristotelianism and Neoplatonism) and (some of) the chief contents of the Christian faith – a conflict which was the real engine in the development of late-medieval philosophy."

61 Vgl. Schabel, Theology in Paris (wie Anm. 1), 131: „Auriol's employment of God's will of Operation was the one concession to the revealed God of Scripture. (...) This was too much for his successors at Paris to swallow. They could not give up their Christian notion of an anthropomorphic God, attested perhaps by Scripture, desired certainly by the common man."

(2) Ob mit einer solchen Bewertung bereits Absicht wie Durchführung des theologischen Programms Aureolis hinreichend erfasst sind, muss bezweifelt werden. Interessant ist in diesem Kontext ein Blick auf die von Lauge O. Nielsen untersuchten „principia" des Aureoli (seine „Antrittsvorlesungen")[62]. Stärker noch als im Text des nachfolgenden Sentenzenkommentars wird darin von Aureoli die Differenz zwischen christlichem Glauben und natürlicher Vernunft unterstrichen. Demonstrativ stellt sich der Franziskaner gegen eine zu rasche Übernahme des aristotelischen Wissenschaftsverständnisses in die Theologie, wie er sie bei manchen Zeitgenossen beobachtet[63]. Rationale Theologie ist in seiner Sicht gerade der Versuch, die Erkenntnislücke, die der Mensch angesichts der Offenbarung schmerzlich verspürt, zu überbrücken und so die Konsequenzen des Glaubensdunkels zu mildern. Ihre Aufgabe als „habitus declarativus" besteht darin, die Glaubenssätze zu erläutern, ihre Nichtwidersprüchlichkeit aufzuzeigen und als Verstehenshilfe natürliche Ähnlichkeiten zu formulieren. Doch sind theologische Konklusionen dabei nie evident, sondern immer nur wahrscheinlich[64]. Dieses Konzept stellt nach Nielsen geradezu eine „intellektuelle Version der evangelischen Armut"[65] dar, die von den Zeitgenossen nicht wegen ihres intellektualistischen, sondern eher wegen ihres fideistischen Grundzuges abgelehnt wurde. In einer weiteren Veröffentlichung[66] hat Nielsen den Befund am Beispiel von Aureolis Diskussion des berühmten Problems einer ewigen Weltschöpfung bestätigt[67].

(3) Erst auf diesem Hintergrund lassen sich auch die Thesen des Aureoli über die Freiheit Gottes sachgerecht einordnen. Sie sind primär als Zeugnis eines Theologen zu lesen, der die approximativen Bemühungen seiner starken philosophischen Vernunft vor dem Glaubensgeheimnis scheitern sieht und den Ausweg darin sucht, die Anforderungen beider Seiten nominell, durch Sprachnormierung ohne wirkliche Erklärungsvalenz, miteinander in Verbindung zu halten. Die philosophische Logik verlangt es, alle Aussagen über Gott strikt am Maßstab der Einfachheit, Unveränderlichkeit und Notwendigkeit auszurichten. Der Versuch, mit diesem Konzept die

---

[62] Vgl. zum folgenden: Lauge Olaf Nielsen, The Intelligibility of Faith (wie Anm. 5).
[63] Vgl. ebd. 26ff.
[64] Vgl. ebd. 33f.
[65] Ebd. 35: „intellectual version of Evangelical poverty".
[66] Vgl. Lauge Olaf Nielsen, Dictates of Faith (wie Anm. 5).
[67] Vgl. ebd. 227-235 zu Aureolis Verteidigung der „creatio ex nihilo" mit Hilfe einer rational nicht mehr evident einzuholenden Unterscheidung zweier Stufen von „Notwendigkeit".

Forderung der christlichen Offenbarung, dass derselbe Gott als Schöpfer und Erlöser in der veränderlichen Weltzeit handelt, innerlich konsistent zu verknüpfen, kann nach Aureoli nur misslingen – er führt entweder das Denken in Sackgassen, wenn er Gott Veränderung zuschreibt, oder impliziert Glaubensirrtum, wenn er in einen Nezessitarismus mündet. Aureolis Lösung besteht am Ende darin, den „philosophischen Gott" und das Faktum der kontingenten Welt bzw. die Offenbarungsaussage vom Handeln Gottes in ihr einander gegenüberzustellen und sie mit dem „denominativen" Begriff des „äußeren Wollens" zu verbinden. Dieser Begriff kommt über die Funktion der unbestimmten Variablen in einer für uns nicht lösbaren Gleichung kaum hinaus. Gottes „doppeltes Wollen" bei Aureoli ist letztlich Chiffre für einen Trend zur „doppelten Wahrheit" im philosophischen und theologischen Wirklichkeitsverstehen, in dem, wie bereits Raymundus Dreiling festgestellt hat, „die wirklich innere Synthese zwischen Philosophie und Theologie (...) gefährdet ist"[68]. Eine echte Vermittlung der Standpunkte bleibt ein Stück eschatologischer Hoffnung.

Der freie „Gott der Bibel" wird damit keineswegs a priori relativiert. Im Gegenteil: Indem der Theologe darauf verzichtet, die Freiheit des Schöpfers „in ihm selbst", d.h. im Kontext der umfassenderen göttlichen Eigenschaftslehre, zu begründen, wird sie weniger negiert als in eine zuvor nicht gekannte Absolutheit gestellt. Sie manifestiert sich als unableitbare „potestas" im kontingent-externen Faktum der geschöpflichen Realität. Die Welt offenbart Gott als den wesenhaft souveränen Herrn gerade deswegen, weil ihre Geschöpflichkeit das ganz Andere dessen ist, was die philosophische Vernunft über Gottes Notwendig-Sein festhalten muss. Wenn es in der christlichen Theologie des Mittelalters „eine Position des Voluntarismus" gab, „die schließlich dahinführte zu sagen, wir kennten von Gott nur seine Voluntas ordinata"[69], dann gründet sie eher als bei Scotus bei Denkern wie Aureoli. Willkürlich ist der Schritt hin zur Vorstellung vom Willkürgott, dessen entschiedenes Handeln wir immer nur „von außen" begreifen, keineswegs, sondern vielmehr Resultat einer Apologetik, die zwischen den unerbittlichen Ansprüchen philosophischer und theologischer Wahrheit verzweifelt Halt sucht im postulatorischen Niemandsland konnotati-

---

[68]   Raymundus Dreiling, Der Konzeptualismus in der Universalienlehre des Franziskanererzbischofs Petrus Aureoli (Pierre d'Auriole) nebst biographisch-bibliographischer Einleitung (= BGPhMA XI/6), Münster 1913, 202.

[69]   Benedikt XVI., „Glaube, Vernunft, Universität", Vorlesung an der Universität Regensburg am 12.06.2006. URL = <http://www.vatican.va/holy_father/benedict_xvi/speeches/2006/september/documents/hf_ben-xvi_spe_20060912_university-regensburg_ge.html>.

ver Zuschreibungen. Sehr wohnlich, so haben die Kritiker des Aureoli rasch bemerkt, ist dieser Aufenthaltsort nicht. Wenn die Thesen des Franziskaners dennoch in der Diskussion blieben, ja in der Scholastik der frühen Neuzeit sogar neue Anhänger fanden, über die bei anderer Gelegenheit zu sprechen lohnte, bestätigt sich der Ernst der Probleme, die Aureoli scharfsinnig benannt und bearbeitet hat.

Die wiederentdeckte Frau – von Michael Scotus zu Johannes Duns Scotus

Joachim R. Söder

In processu generationis humanae semper crevit notitia veritatis
Duns Scotus, *Ord.* IV d.1 n.256

In Malebolge, dem achten Kreis der Hölle, lässt Dante Alighieri einen Mann Qualen leiden, der sich magischer Praktiken und Wahrsagerei schuldig gemacht hat:

„Quell'altro, che ne' fianchi è così poco,
Michele Scotto fu, che veramente
delle magiche frode seppe il gioco."[1]

Der Nachwelt galt Michael Scotus als nicht ganz geheuer: In Toledo hatte er sich zwischen 1210 und 1220 ein enormes naturkundliches Wissen aus arabischen und antiken Quellen angeeignet. In späteren Jahren war er im Umkreis des Hofes Friedrichs II. unter anderem mit astrologischen Studien beschäftigt. Noch vor der späteren Scheidung von Astronomie und Astrologie, Chemie und Alchemie stehend, erregte das neumodische Interesse an der Natur als Forschungsgegenstand den Argwohn der Zeitgenossen.[2] So versetzt Dante den schottischen Gelehrten zusammen mit anderen, die vorwitzig die Geheimnisse

[1] Dante Alighieri: *Inferno* XX, 115-118.
[2] Ein beredtes Zeugnis der Widerstände gegen das Aufkommen der neuartigen Philosophie insgesamt geben noch Mitte des 13. Jahrhunderts Alberts des Großen verschiedentliche Klagen über Anfeindungen aus den eigenen Reihen: „quidam, quia nesciunt, omnibus modis velint impugnare usum philosophiae, et maxime in praedicatoribus, ubi nullus eis resistit, tamquam bruta animalia blasphemantes in his quae ignorant." (Albertus Magnus: *Super Dionysii epistulas* VII, ed. Simon 504, 28-32) – „Nec ego dixi aliquid in isto libro, nisi exponendo quae dicta sunt, et rationes et causas adhibendo. [...] Et hoc dico propter quosdam inertes, qui solatium suae inertiae quaerentes, nihil quaerunt in scriptis, nisi quod reprehendant: et cum tales sint torpentes in inertia, ne soli torpentes videantur, quaerunt ponere maculam in electis." (Albertus Magnus: *Politica* VIII, 6, ed. Borgnet 803-804.)

der Zukunft lüften wollen, kurzerhand in die Hölle – ungeachtet der großen Verdienste, die sich Michael Scotus um die abendländische Wissenschaft erworben hatte. Denn er ist nicht nur Verfasser eigener naturkundlicher Schriften, sondern eine bei weitem größere Wirkung erzielte er durch die Übersetzung solcher Schriften aus dem Arabischen während seines Toledo-Aufenthalts.

Hierzu gehören auch drei zoologische Traktate des Aristoteles – *Historia animalium, De partibus animalium, De generatione animalium* –, die entsprechend der arabischen Vorlage unter dem gemeinsamen Titel *De animalibus* verbreitet wurden. Der Inhalt dieser Schriften stößt in Westeuropa auf reges Interesse, ist doch der Boden für naturphilosophische Fragen gut vorbereitet. Die Kenntnis der aristotelischen Biologie ist durch die Übersetzungen von *De anima* und der sogenannten *Parva Naturalia* grundgelegt worden. Den systematischen Rahmen zur Einbettung der verschiedenen Einzeluntersuchungen lieferte zunächst vor allem Ibn Sīnā (Avicenna), aus dessen philosophischer Enzyklopädie *Kitāb al-Šifāʾ* die Psychologie (*De anima*) und die Metaphysik (*Prima philosophia*) bereits in der zweiten Hälfte des 12. Jahrhunderts auf Lateinisch vorliegen. Später tritt als Alternative zum avicenneischen Interpretationsparadigma die stärker an Aristoteles selbst orientierte Auslegung Ibn Rušds (Averroes) hinzu. Die in diesem ‚System' vermuteten Lücken werden durch Texte wie *De plantis* des Nikolaus von Damaskus oder *De differentia spiritus et animae* des Qusṭā ibn Lūqā gefüllt. Besonders fasziniert sind die lateinischen Gelehrten von der neuen Sicht der Seele: In aristotelisch-arabischer Perspektive ist sie nicht mehr nur eine rein spirituelle Entität, sondern lebendiges Wirkprinzip *im* Materiellen. Dementsprechend zahlreich sind Abhandlungen, die sich mit psychosomatischen Phänomenen und Problemen auseinandersetzen, so etwa Alfreds von Sareshel (Shareshill) *De motu cordis* oder John Blunds *Tractatus de anima*.

Das Eindringen der aristotelischen Philosophie ins Abendland im Gefolge des großen Wissenstransfers des 11. bis 13. Jahrhunderts ist ein Vorgang von weltgeschichtlicher Bedeutung.[3] Bei der Erforschung dieser Epoche hatte man sich lange Zeit auf die ‚großen' philosophisch-theologischen Themen konzentriert und von einem ‚zweiten Anfang der Metaphysik'[4] oder einem ebensolchen der Ethik[5] gesprochen. Häufig wird dabei jedoch nicht beachtet, dass im 12. und mindestens bis zur Hälfte des 13. Jahrhunderts zunächst naturphilosophische Interessen bei weitem im Vordergrund dieses Rezeptionsprozesses

---

3   Die Literatur zu diesem Thema ist immens. Vgl. zuletzt Honnefelder 2008, 41-50.
4   Honnefelder 1987.
5   Müller 2001, 392-402.

standen. So liegen beispielsweise spätestens beim Tod Gerhards von Cremona 1187 alle vier Bücher der aristotelischen *Meteorologie* auf Lateinisch vor, aber eine Gesamtübersetzung der *Nikomachischen Ethik* wird erst um 1246 angefertigt, die *Politik* folgt gar erst um 1260.[6]

Dass der neuentdeckte Aristoteles, obwohl schlichtweg als „*der* Philosoph" tituliert, eine zwar einflussreiche, aber keineswegs sakrosankte Autorität darstellt, lässt sich besonders deutlich an einer Frage studieren, die durch Michael Scotus' Übersetzung von *De animalibus* virulent wurde: Was ist und was leistet die Frau als Frau? Man kann hierbei verschiedene Stadien der Auseinandersetzung beobachten: Der neu zugängliche Text lässt die ‚Frauenfrage' zum Problem werden, bis sich allmählich eine bestimmte Position als *opinio communis* herausbildet und verfestigt. Trotz dieser ‚Kanonbildung' behält die Frage aber weiterhin ihre Sprengkraft: Im Ringen um die ganze Wahrheit werden formelhafte Verkrustungen immer wieder aufgebrochen, bis schließlich auch scheinbar abgelegene Theoriebereiche in den Prozess der Kohärenzherstellung hineingezogen werden.[7]

Die folgende Skizze will diesen Vorgang profilieren, indem zunächst einige Grundzüge der aristotelischen ‚Gynäkologie' nach *De generatione animalium* herausgearbeitet werden (1). Die Rezeption und Assimilation dieser Theorie, wie exemplarisch bei Albertus Magnus zu beobachten ist, führt zu einem Standardmodell der Geschlechtermetaphysik, welches das Frauenbild bis weit in die Neuzeit beeinflusst (2). Dennoch reicht weder die Autorität des Aristoteles, noch die Alberts des Großen oder Thomas' von Aquin, um die Diskussion über die Wahrheitsfrage abzuschneiden. Duns Scotus nimmt die überlieferten Positionen zum Ausgangspunkt seines Denkens, kommt aber zu gänzlich anderen naturphilosophischen Lösungen, die wiederum bemerkenswerte Konsequenzen für die Theologie mit sich bringen (3).

1. DIE FRAUENFRAGE BEI ARISTOTELES

Weite Teile von *De generatione animalium* sind den Fragen der Zeugung und embryonalen Entwicklung gewidmet. Ausgangspunkt des II. Buches ist deshalb eine Betrachtung der Geschlechterdifferenz, ohne welche es bei Lebewesen, von Ausnahmen abgesehen, keine

[6]   Vgl. Wingate 1931, 19-20; Dod 1982, 47-77.
[7]   Gössmann 1979, 283, hebt hervor, dass „bereits in den scholastischen Texten selbst ein ständiger Prozeß der Kritik im Gange ist, gerade auch was die Anthropologie der Geschlechter betrifft."

Fortpflanzung geben kann. Die vergänglichen Lebewesen haben durch Fortpflanzung Anteil an der Ewigkeit und Unvergänglichkeit der Art. Das Individuum ist sterblich, die Art jedoch erhält sich durch fortwährende Reproduktion. Dies trifft für „Menschen, Tiere und Pflanzen" (732a1) gleichermaßen zu. Um diese generische Unvergänglichkeit durch Zeugung zu gewährleisten, gibt es – so Aristoteles' teleologische Erklärung – den Unterschied von ‚männlich' und ‚weiblich'.[8]

Bereits an dieser Stelle führt Aristoteles Wertprädikate ein, denn er betrachtet die Genese eines Lebewesens in Analogie zur Herstellung eines Artefakts, welches durch das verwendete Material (ὕλη) und die ihm verliehene Struktur (λόγος βζῶ εἶδος) konstituiert wird:

„Da die Ursache der ersten Bewegung, worunter der Logos und die Form (ὁ λόγος καὶ τὸ εἶδος) fallen, besser und von Natur aus göttlicher ist (βελτίονος δὲ καὶ θειοτέρας τὴν φύσιν οὔσης) als die Materie, ist es besser (βέλτιον), dass das Höherwertige (τὸ κρεῖττον) vom Minderwertigen (τοῦ χείρονος) getrennt ist. Deshalb ist, wo immer es geht und soweit es geht, vom Weiblichen das Männliche getrennt. Besser nämlich und göttlicher ist der Ursprung der Bewegung, er ist bei den durch Zeugung entstehenden Wesen das männliche Prinzip, die Materie hingegen das weibliche." (GA II 1, 732a3-9)

Das Bewegungsprinzip wird als Logos und Formkraft mit dem Männlichen identifiziert, das Materialprinzip hingegen mit dem Weiblichen.[9] Das Erstere ist „von Natur aus" „besser", „göttlicher" und „höherwertig" im Vergleich zum „minderwertigen" Letzteren.

Zwar sind beide Prinzipien zur Zeugung neuen Lebens unerlässlich, doch tragen sie auf je verschiedene Art und Weise hierzu bei:

„Das Weibliche als Weibliches ist das passive Prinzip, das Männliche als Männliches hingegen das aktive Prinzip und das, woher der Ursprung der Bewegung kommt. Wenn deshalb beides abstrakt verstanden wird: auf der einen Seite das aktive und bewegende Prinzip, auf der anderen Seite das passive und bewegte, dann ist das, was aus diesen beiden konstituiert wird, nicht einerlei, sondern es entsteht so, wie aus Tischler und Holz die Liege entsteht oder wie aus Wachs und Form die Kugel." (GA I 21, 729b12-18)

Es gibt bei Aristoteles zwei Gründe für die Vorrangstellung des einen Prinzips gegenüber dem anderen, die auf unterschiedlichen Ebenen

---

8 GA II 1, 732a2-3: ἕνεκα τῆς γενέσεως ἄν εἴη τὸ θῆλυ καὶ τὸ ἄρρεν ἐν τοῖς οὖσιν.

9 Vgl. auch GA I 20, 729a9-11: τὸ μὲν ἄρρεν παρέχεται τό τε εἶδος καὶ τὴν ἀρχὴν τῆς κινήσεως τὸ δὲ θῆλυ τὸ σῶμα καὶ τὴν ὕλην. – Ebd. I 2, 716a4-7: καθάπερ γὰρ εἴπομεν τῆς γενέσεως ἀρχὰς ἄν τις οὐχ ἥκιστα θείη τὸ θῆλυ καὶ τὸ ἄρρεν τὸ μὲν ἄρρεν ὡς τῆς κινήσεως καὶ τῆς γενέσεως ἔχον τὴν ἀρχὴν τὸ δὲ θῆλυ ὡς ὕλης. – Ebd. II 4, 738b20-21: ἀεὶ δὲ παρέχει τὸ μὲν θῆλυ τὴν ὕλην, τὸ δ ἄρρεν τὸ δημιουργοῦν. – Ebd. 740b24-25: ὕλην μὲν οὖν παρέχει τὸ θῆλυ τὴν δ ἀρχὴν τῆς κινήσεως τὸ ἄρρεν.

angesiedelt sind: (1) Metaphysisch gesehen ist es die Form, die etwas, das als Materielles bestimmbar ist, zu einem ‚so und so Bestimmten' macht; sie ist deshalb „früher und in höherem Maß seiend als die Materie"[10]. Desgleichen ist das aktive Prinzip dasjenige, welches dem passiven seine Wirklichkeit (ἐνέργεια) aufprägt, „denn die Wirklichkeit des Aktiven und Bewegenden stellt sich im Passiven ein."[11] (2) Biologisch rührt die Minderwertigkeit des Weiblichen im Vergleich zum Männlichen von der unzureichenden Samenbildung her. Zwar wird ansatzweise in beiden Geschlechtern aus dem Überschüssigen der Nahrung eine Vorstufe des Samens gebildet (GA I 18, 725a24-27; 19, 727a2-10). Doch können die weiblichen Exemplare einer Gattung wegen ihrer kälteren Konstitution dieses Produkt nicht bis zum Endstadium ausreifen lassen, sondern scheiden es als Menstrualblut aus: „Auf Grund eines gewissen Unvermögens (ἀδυναμίᾳ τινι) ist etwas ein Weibchen: im Blick darauf, dass es nicht aus der Nahrung Samen der letzten Stufe kochen kann" (GA I 20, 728a18-20).

Aus dieser Auffassung zieht Aristoteles den Schluss, dass „die Frau so etwas wie ein samenloser Mann ist."[12] Diese Definition wird in GA II 3 dahingehend weitergeführt, dass dort an Stelle der Kennzeichnung „samenlos" (ἄγονον) von „verstümmelt", „nicht vollständig entwickelt" (πεπηρωμένον) gesprochen wird:

„Wie nämlich aus etwas Verstümmeltem manchmal wieder etwas Verstümmeltes entsteht, manchmal aber nicht, so entsteht auch aus einer Frau manchmal wieder eine Frau, manchmal aber nicht, sondern ein Mann. Die Frau nämlich ist so etwas wie ein verstümmelter Mann (τὸ γὰρ θῆλυ ὥσπερ ἄρρεν ἐστὶ πεπηρωμένον), und das Menstrualblut der Samen, aber nicht reiner." (GA II 3, 737a25-29)

Das Menstrualblut ist deshalb nicht „reiner" Samen, weil ihm die letzte Stufe der Ausreifung fehlt, und deshalb – so fährt der Text fort (737a29-30) – „besitzt es nur Eines nicht: das Beseelungsprinzip (τὴν τῆς ψυχῆς ἀρχήν)." Dieses kommt nur dem vollständig ausgereiften Samen des Mannes zu, weshalb von ihm bei der Zeugung die Form weitergegeben wird, während sich die Rolle der Frau auf die Bereitstellung der Materie beschränkt. Ein Organismus, der nicht in der Lage ist, das Überschüssige der Nahrung bis zur letzten Stufe ausreifen zu lassen, ist selbst nicht voll entwickelt, sondern eben verstümmelt. Nach dieser Logik stellt nur der Mann ein vollkommenes Exemplar seiner

---

10   *Metaph.* VII 3, 1029a5-6: τὸ εἶδος τῆς ὕλης πρότερον καὶ μᾶλλον ὄν.
11   *DA* III 2, 426a4-5: ἡ γὰρ τοῦ ποιητικοῦ καὶ κινητικου ἐνέργεια ἐν τῷ πάσχοντι ἐγγίνεταὶ – Vgl. ebd. II 2, 414a11-12.
12   *GA* I 20, 728a17-18: ἔστιν ἡ γυνὴ ὥσπερ ἄρρεν ἄγονοὶ.

Gattung dar, während die Bildung weiblicher Nachkommen bereits als erstes Abweichen von der Norm zu verstehen ist:

„Ein Nachkomme, der nicht seinen Eltern ähnlich sieht, ist in gewisser Weise bereits eine Missgeburt (τέρας). Denn die Natur ist in solchen Fällen in gewisser Weise von der Gattung abgewichen. Ein erster Anfang hierzu aber ist gemacht, wenn ein Weibchen entsteht und nicht ein Männchen." (*GA* IV 4, 767b5-8)

Zwar räumt Aristoteles ein, dass diese Form der Abweichung notwendig ist, um die Art zu erhalten. Dennoch strebt die Natur eigentlich danach, vollkommene, d.h. männliche Exemplare hervorzubringen.

2. DIE ANEIGNUNG DER ARISTOTELISCHEN LEHRE ÜBER DIE FRAU

Durch Michael Scotus' Übersetzung wurde *De generatione animalium* der gelehrten Welt Westeuropas zugänglich. Scotus selbst war 1230 nach Paris gereist und hatte in seinem Gepäck, wie Roger Bacon zu berichten weiß, „gar manche Schriften des Aristoteles über Naturkunde und Metaphysik" –, „wodurch die aristotelische Philosophie bei den Lateinern großes Ansehen erlangte".[13] In weitem Umfang wurde das Werk bereits in der frühen Summe *De homine* Alberts des Großen rezipiert, die um 1242 abgeschlossen wurde, deren Vorarbeiten aber vielleicht bis in die 30er Jahre zurückreichen.[14]

Albertus Magnus rezipiert vor allem die von Aristoteles vorgeschlagene Aufgabenverteilung bei der Zeugung: Die Frau stellt die Materie bereit, der Mann hingegen das Wirkprinzip bzw. die Form. An mehreren Stellen zitiert er zum Teil wörtlich die einschlägigen Textbelege.[15] Er teilt auch vorbehaltlos die Begründung für diese Verschiedenheit der Rollen: Der Samen entsteht aus dem Überschüssigen der Nahrung. Der weibliche Organismus kann dieses Produkt aber nicht bis zur Zeugungsfähigkeit ausreifen lassen; es bleibt daher auf der Stufe des Menstrualbluts stehen und dient als Materie beim Zeugungsakt.[16] Der Mann hingegen kann die Nahrung bis zur „vierten Stufe der

---

13 Roger Bacon: *Opus maius* II 13 (ed. Bridges I 55 bzw. III 66): „a tempore Michaelis Scoti, qui annis 1230 transactis apparuit deferens librorum Aristotelis partes aliquas de Naturalibus et Metaphysicis cum expositionibus authenticis, magnificata est philosophia Aristotelis apud Latinos". – Vgl. Endreß 2004, 1-2.
14 Zur Datierung vgl. Anzulewicz 2008, XIV-XV.
15 Vgl. Albertus Magnus: *De homine* (ed. Anzulewicz / Söder 127.60-63; 137.22-23; 137.32-33).
16 Ebd. (ed. Anzulewicz / Söder 122.50; 126.22; 127.20; 569.21).

Verdauung" (*quarta digestio*) verarbeiten und zeugungskräftigen Samen bilden. Deshalb unterscheidet Albert zwei Formen von Samen:

„Es gibt zweierlei Samen: einen mit materieller Funktion und einen mit bewirkender Funktion. [...] Der erste, der mit materieller Funktion, wird von der Frau abgesondert [...]; der zweite hingegen, der mit bewirkender Funktion, wird bei allen Lebewesen, bei denen es die Geschlechterdifferenz gibt, vom Mann abgesondert."[17]

Nur dieser männliche Samen enthält die Kraft zur Herausbildung eines neuen Lebewesens. Dies ist nach Albert aber nicht so zu verstehen, dass im Samen die Seele bereits als eigenständige Entelechie vorliegt.[18] Vielmehr ist es die besondere Art der Wärme, der diese Kraft zuzusprechen ist.

„Wenn aber gefragt wird, was denn dieses Bewirkende sei, ob es die Seele sei oder nicht, so antworten wir mit dem Philosophen: Es ist nicht die Seele, sondern das Warme [...]. Das Warme aber ist das, was in dreifacher Kraft tätig ist, wie wörtlich beim Philosophen *De animalibus* steht: in der Kraft des Feuers (so kann es die Feinstoffe anziehen, die zur Beseelung geeignet sind), in der Kraft des Himmels (so kann es Form- und Artprinzip sein) und in der Kraft der Seele (so empfängt es von der Zeugungskraft des Vaters die Fähigkeit zur Durchbildung und Hervorbringung der Organe). Und deshalb sagt der Philosoph, die Seele sei im Samen wie das Artefakt im Handwerker. Nicht dem Dasein und der Art nach ist das Artefakt im Handwerker, sondern es ist in ihm wie in einem Wirkprinzip, in dem der Plan (*ratio*) des Werkes vorliegt. Dieser Plan besteht in der Hinordnung (*proportio*) des Bewirkenden auf das Werk. Analog sind die sensitive und die vegetative Seele im Samen wie in einem Wirkprinzip, in dem es eine Hinordnung auf eine solche Form und Art entsprechend der Natur gibt."[19]

---

[17] Ebd. (ed. Anzulewicz / Söder 128.65-72): „semen est duplex, scilicet materiale et effectivum. [...] Et primum, scilicet materiale, desciditur a femina [...]; secundum autem, scilicet effectivum, desciditur a viro in omnibus animalibus in quibus est masculus et femina."

[18] Ebd. (ed. Anzulewicz / Söder 86.10-13): „Philosophus non intendit dicere quod anima vegetabilis et sensibilis sint in semine sicut actus in potentia, sed sunt in ipso, ut ibidem dicit, ut artificium in artifice".

[19] Ebd. (ed. Anzulewicz / Söder 141.24-42): „Et si quaeritur, quid sit illud efficiens, utrum sit anima vel non, dicimus secundum Philosophum quod ipsum non est anima, sed est calidum [...]. Calidum autem est id quod agit in triplici virtute, ut expresse habetur in littera Philosophi *De animalibus*, scilicet in virtute ignis, secundum quam habet attrahere subtilia apta animationi, et in virtute caeli, secundum quam potest esse principium formae et speciei, et in virtute animae, secundum quod recipit a virtute generativa patris vim informativam et generativam organorum. Et ideo dicit Philosophus quod anima est in semine sicut artificiatum in artifice. Artificiatum in artifice non est secundum esse et speciem suam, sed sicut in effectivo in quo est ratio operis, quae ratio est proportio efficientis ad opus. Et similiter anima sensibilis

Wie der Tischler bei der Herstellung eines Bettes (so Aristoteles in *GA* I 21) bzw. allgemeiner der Handwerker beim Verfertigen eines Artefakts zwar das aktive Prinzip darstellt, als solches aber nicht einfach einen Teil seiner selbst in das Produkt einbringt, sondern lediglich einen Plan in sich trägt, so gibt auch der Vater im Samen nicht seine eigene Seele oder einen Teil seiner Seele weiter, sondern nur die Strukturformel (*ratio*) einer Seele. Vereinigt sich der väterliche Samen mit dem mütterlichen Menstrualblut, so ist die besondere Wärme des Samens in der Lage, die in der Materie schlummernden Formkräfte zu aktivieren und zu strukturieren.[20] Dies gilt für sämtliche natürliche Zeugungsprozesse – mit Ausnahme des Menschen, denn seine Vernunftseele entsteht nicht im Naturprozess, sondern wird unmittelbar von Gott erschaffen und ihm eingegossen.[21]

Es fällt auf, dass Albert in dieser frühen Anthropologie keinerlei Gebrauch von den aristotelischen Formeln „Die Frau als samenloser Mann" (728a17-18) bzw. „Die Frau als verstümmelter Mann" (737a27-28) macht, obwohl es von der Sache durchaus nahegelegen hätte, diese Zuspitzungen zumindest zu diskutieren. Auch spart Albert trotz intensiver Benutzung von *De generatione animalium* Belegstellen aus, die davon sprechen, dass die Bildung weiblicher Nachkommen eine Abweichung von der Naturnorm darstellt. Auch die Wertprädikate, die dem Mann eine „bessere", „göttlichere" und „höherwertige" Stellung im Vergleich zur Frau zuschreiben, sucht man in *De homine* vergebens.[22] Im Gegenteil: Im theologischen Schlussteil des Werkes findet sich sogar eine Bibelauslegung, die im Sinne der Gleichwertigkeit und Gleichberechtigung von Frau und Mann gelesen werden kann.[23]

---

et vegetabilis sunt in semine sicut in effectivo, in quo est proportio ad talem formam et speciem secundum naturam."

20   Ebd. (ed. Anzulewicz / Söder 137.64-67): „formae omnes praeter animam rationalem potentia sunt in ipsa materia generabilium et corruptibilium, et educuntur per actionem calidi et frigidi et humidi et sicci commixtionem."

21   Ebd. (ed. Anzulewicz / Söder 137.67-70): „De anima autem rationali sola dicimus quod ipsa infundendo creatur et creando infunditur a prima causa, quae est deus gloriosus et sublimis." – Albert lehnt, anders als Thomas von Aquin, die Theorie der Sukzessivbeseelung radikal ab, weshalb er den Menschen, dessen einzige Entelechie die alle anderen psychischen Kräfte beinhaltende Vernunftseele ist, aus dem letztlich biochemisch verstandenen vegetativen und sensitiven Formprozess weitgehend herauszuhalten sucht. Zum Problem vgl. Söder 2005.

22   Im Unterschied hierzu handelt der anthropologische Teil der *Summa fratris Alexandri*, der erst nach dem Tod Alexanders von Hales (1245) und mithin nach Alberts *De homine* entstanden ist, ausdrücklich von der naturalen Minderwertigkeit der Frau; vgl. etwa *Summa* II n.461 ad 2, wo vom „defectus ex parte naturae" gesprochen wird.

23   Vgl. Albertus Magnus: *De homine* (ed. Anzulewicz / Söder 563.29-35): „Ad id quod quaeritur, quare potius sit sumpta mulier de costa [sc. Adae] quam de pede vel capite, respondent sancti quod propter aequalitatem iuris in matrimonio et aequalitatem

Von dieser Zurückhaltung ist in Alberts umfangreichster Schrift, dem großen *De animalibus*-Kommentar, und in der durch Nachschrift überlieferten Vorlesung zu diesem Werk[24] nichts mehr zu spüren. Beide Texte sind etwa zwanzig Jahre nach *De homine* im Rahmen der Auslegung sämtlicher Aristoteles-Schriften entstanden.[25] Natürlich gestattet es bereits der Kommentar-Charakter nicht, irgendeine Äußerung des Aristoteles mit Stillschweigen zu übergehen. Doch es ist aufschlussreich, in welcher Weise der Ausleger zu seiner Textvorlage Stellung nimmt.

Auch im *De animalibus*-Kommentar findet sich die Lehre von den beiden unterschiedlich weit durchgearbeiteten („verdauten") Arten des Samens beim Mann und bei der Frau. Die Aufgabenverteilung ist wie bei Aristoteles: Von Seiten der Frau wird die materielle Grundlage bereitgestellt, von Seiten des Mannes die Formkraft. Zwar mag es bei manchen Tierarten vorkommen, dass auch das Weibchen einen, wenn auch „unvollkommenen" (*imperfecte*) Anteil an der Formung hat, wie die Beispiele von den sogenannten Windeiern zeigen, die ohne männliche Befruchtung ausgebildet werden. Doch fügt Albert sofort hinzu, dass bei den „vollkommeneren Lebewesen", nämlich den behaarten Vierfüßern und dem Menschen, „die Frau überhaupt nichts zur Formung beiträgt."[26] Nur in einem Exkurs diskutiert Albert die von Aristoteles abweichende Ansicht Galens, dass es neben dem Menstrualblut noch eine weitere Flüssigkeit der Frau gibt, die in deren Keimdrüsen (*testiculi mulieris*, gemeint sind die bei Galen beschriebenen Ovarien) gebildet werde und der Galen ebenfalls Formkraft (*virtus informativa*) zuspricht.[27] Zwar wird das Vorhandensein dieser Flüssigkeit nicht prinzipiell in Abrede gestellt, doch kommt Albert auch hier zu dem Schluss, dass ihr „nicht die vollkommene Beschaffenheit (*perfecta ratio*) von Samen" zuzusprechen sei, „weil sie nicht bis zur Verdauungsstufe des Samens gelangt und auch nicht ge-

---

      meriti sumpta est de media parte hominis. Et si sumpta esse de capite, crederetur esse domina et nobilior; si vero de pede, crederetur esse ancilla et vilior."

[24]   Bei den *Quaestiones super De animalibus* handelt es sich um ein *reportatum* von Alberts Vorlesung durch Konrad von Österreich; vgl. Ephrem Filthaut 1955, XLIII-XLV. Wegen der geringeren Authentizität wird dieser Text nur ergänzend herangezogen.

[25]   Anzulewicz 1999, 16: „um 1258-1263/1263".

[26]   Albertus Magnus: *De animalibus* XV 2 8 (ed. Stadler 1047.34-1048.1): „Et in multis animalibus nichil omnino format femina [...] sicut in homine et quadrupedibus pilosis quae perfectiora sunt animalia. In quibusdam autem format quidem, sed imperfecte, sicut in avibus quae faciunt ova venti."

[27]   Ebd. 11 (ed. Stadler 1055.13-30); vgl. Albertus Magnus: *Quaestiones super De animalibus* (ed. Filthaut 271.54-272.4). – Über die Kenntnis der Ovarien vgl. Mitterer 1950, 81, Anm. 3.

langen kann"[28] – die der Frau ermangelnde Wärme verhindert dies grundsätzlich.

Somit steht die Zuordnung ,aktives, formendes Prinzip: Mann / passives, materielles Prinzip: Frau' nicht in Frage, und auch die damit bei Aristoteles verbundenen Wertkonnotationen werden übernommen.

„Weil die Natur stets das anstrebt, was besser ist, trennt sie das, was besser und höherwertig (*melius et nobilius*) ist von dem Minderwertigen (*ab ignobiliori*) [...]. Das Aktive ist im Vergleich zum Passiven höherwertig, wie die Form im Vergleich zur Materie. Deshalb trennt die Natur bei der Zeugung von Lebewesen den Mann als den höherwertigen (*marem tamquam nobiliorem*) von der Frau, denn vollkommene Lebewesen zeugen Nachkommen durch Absonderung von Samen; bei diesem Vorgang ist der Mann das aktive Prinzip und die Frau das passive."[29]

Beim Zeugungsvorgang selbst entsteht ein männliches Individuum, wenn „sich das Warme des männlichen Samens durchsetzt"; für das Auftreten weiblicher Nachkommenschaft hingegen werden die von der Mutter ausgehende Kälte und Feuchtigkeit verantwortlich gemacht.[30]

„Der männliche Samen, der das Formprinzip ist und die Befruchtung bewirkt, hat die Tendenz, immer etwas ihm selbst Ähnliches zu bewirken und immer einen männlichen Nachkommen hervorzubringen, es sei denn, er wird gehindert, indem das Werkzeug, mit dem er wirkt: die Wärme, beeinträchtigt wird und Schaden nimmt (*per occasionem corruptionis instrumenti*). Oder aber ein Hindernis tritt auf, weil die Materie, die der Samen formt und bearbeitet: die Flüssigkeit, Widerstand leistet (*ex inobedientia materiae*)."[31]

Der Text macht klar, dass sowohl auf Seiten des aktiven Zeugungsprinzips eine Beeinträchtigung vorliegen kann (zu geringe Wärme des männlichen Samens) als auch auf Seiten des passiven (zu große Widerständigkeit der weiblichen Flüssigkeit). In beiden Fällen aber ist

---

28 Albertus Magnus: *De animalibus* XV 2 11 (ed. Stadler 1055.36-38): „Humor tamen iste spermatis non habet perfectam rationem [...] quia ad spermatis digestionem nec pervenit nec pervenire potest". – Ähnlich in *Quaestiones super De animalibus* (ed. Filthaut 271.78-83): „sperma repertum in feminis non est conveniens generationi secundum propriam rationem spermatis, quia in spermate proprie est virtus activa et formativa membrorum et inductiva animae, et talis virtus solum est in spermate maris."

29 Albertus Magnus: *Quaestiones super De animalibus* (ed. Filthaut 260.18-25).

30 Albertus Magnus: *De animalibus* XVI 1 14 (ed. Stadler 1100.4-9): „vincente enim calido spermatis viri quod est terminans et formans et proprias virtutes membris conferens, inducetur sexus masculinus in conceptum. Si autem indigestionem patiatur aliquam humidum quod formatur, erit frigidum quod est causa indigestionis: et haec complexionalis frigiditas et humiditas erit causa sexus feminini."

31 Ebd. (ed. Stadler 1100.35-40).

die dadurch verursachte Hervorbringung weiblicher Nachkommen
einem Defekt (*defectus*) geschuldet.[32] Denn, so zitiert Albert die be-
reits tendenziöse arabisch-lateinische Aristoteles-Übersetzung: „Ein
Fetus ist nur dann in seinem Entstehungsprozess auf die bestmögliche
Weise vollkommen, wenn aus ihm ein männliches Exemplar wird."[33]
Dementsprechend sieht sich Albert berechtigt, die Formel von der
Frau als verstümmeltem Mann (in Michael Scotus' Übersetzung: *mas
occasionatus*) affirmativ aufzugreifen[34] und in Termini von Haben und
Nicht-Haben zu erläutern:

„Die Frau verhält sich zum Mann wie die Beraubung (*privatio*) zum
Vorhandensein (*habitus*). [...] Vom ersten Augenblick der Zeugung
an ist die Frau wichtiger Zeugungsorgane beraubt, nämlich der
Keimdrüsen, soweit sie außen liegen (die inneren befinden sich bei
ihr im hinteren Teil der Gebärmutter)."[35]

Wenn die Frau aber nur ein unvollkommenes, verstümmeltes, de-
fizientes Wesen ist, stellt sich die Frage, ob es dann überhaupt in der
Teleologie der Natur, „die immer das Bessere anstrebt", liegt, dass
es weibliche Exemplare einer Gattung gibt. Zwar ziele die Natur im
Einzelfall (*natura particularis*) stets auf die Hervorbringung männlicher
Nachkommen, so Alberts Entgegnung. Da aber zur Aufrechterhaltung
der Art männliche und weibliche Individuen notwendig sind,
müsse von diesem individuellen Naturzweck die Teleologie der
Universalnatur unterschieden werden: „Die Universalnatur (*natura
universalis*) intendiert die Frau, weil ohne sie die Art nicht weiterbe-
stehen kann."[36]

Dennoch hält diese Überlegung Albert nicht davon ab, recht mi-
sogyne Vergleichsreihen aufzustellen: „Die Materie sehnt sich nach
der Form wie die Frau nach dem Mann und das Schändliche nach
dem Guten."[37] Und die Ausführungen in der Vorlesungsnachschrift
klingen noch gehässiger: „Um es kurz zu sagen: Man muss sich vor je-

---

32 Vgl. ebd. (ed. Stadler 1101.29-30): „femineus sexus creatur a defectu principii genera-
    tionis activo vel passivo".
33 Ebd. (ed. Stadler 1101.34-36): „conceptum numquam est completum secundum
    optimum modum suae conceptionis, nisi quando masculus generatur ex eo". – Der
    zugrundeliegende Aristotelestext (*GA* II 4, 737b10-12) lautet im Original: τέλειον δ᾽ ἤδη
    τότ ἐστὶν ὅταν τὸ μὲν ἄρρεν ᾖ τὸ δὲ θῆλυ τῶν κυημάτων.
34 Albertus Magnus: *De animalibus* XVI 1 14 (ed. Stadler 1100.23-34).
35 Albertus Magnus: *Quaestiones super De animalibus* (ed. Filthaut 262.49-64).
36 Ebd. (ed. Filthaut 262.69-261.6).
37 Albertus Magnus: *De animalibus* XVI 1 14 (ed. Stadler 1101.1-2): „materia desiderat
    formam sicut femina masculum et turpe bonum."

der Frau hüten wie vor einer giftigen Schlange und einem gehörnten Teufel."[38]

Nachdem er im Frühwerk *De homine* trotz manifester Benutzung von *De generatione animalium* sowohl die plakativen Formeln als auch die (ab)wertenden Prädikate des Aristoteles vermieden und sich stattdessen ausgesprochen sachlich der Frauenfrage gewidmet hatte, gibt Albert diese Distanz später auf. Seine biologischen Schriften und Vorlesungen aus der Epoche der Aristoteles-Kommentierung (1250-1270) zeigen uns einen Autor, der ganz und gar auf die Linie dessen eingeschwenkt ist, den er auslegt. Mit der zustimmenden Rezeption der *mas occasionatus*-Lehre hat der ,doctor universalis' in den Debatten des 13. Jahrhunderts einem Topos zu Ansehen und Geltung verholfen. Dass Thomas von Aquin, der selbst keine naturkundlichen Interessen verfolgt, die Auffassung seines Lehrers in der Frauenfrage bis in Einzelheiten übernimmt und in sein theologisches Gebäude integriert,[39] ist folgenreich, besonders seitdem der ,doctor communis' als maßgeblicher Kirchenlehrer propagiert wurde. So ringen noch bis weit ins 20. Jahrhundert hinein katholische Interpreten mit der Frage der Vereinbarkeit von thomistischem Frauenbild und neueren biologisch-medizinischen Erkenntnissen.[40] Für die Geringschätzung der Frau ist freilich nicht nur der wiederentdeckte Aristoteles verantwortlich. Die anthropologischen Elemente aus *De generatione animalium* fügen sich als philosophische Puzzleteile erstaunlich passgenau zu bereits vorhandenen theologischen Versatzstücken wie etwa der Lehre von der primären Gottebenbildlichkeit des Mannes im Unterschied zur Frau.[41]

3. EINE NEUE SICHT DER FRAU

Trotz der epochemachenden *mas occasionatus*-Lehre ist damit das Problem einer philosophischen befriedigenden ,Gynäkologie' nicht zum Stillstand gebracht. Sowohl von naturphilosophischer als auch von

---

38 Albertus Magnus: *Quaestiones super De animalibus* XV 11 (ed. Filthaut 265.72-74): „Unde, ut breviter dicam, ab omni muliere est cavendum tamquam a serpente venenoso et diabolo cornuto." – Es wird mit Recht darauf hingewiesen, dass es sich hierbei nur um eine Vorlesungsnachschrift handelt, die nicht Alberts Wortlaut streng wiedergeben muss und vielleicht auch Einfügungen des Schreibers Konrad von Österreich enthält. Vgl. Hossfeld 1982.

39 Vgl. hierzu Mitterer 1933 und 1950; Frank 1988 (mit ausführlich zitierten Belegstellen).

40 Mitterer 1933 und 1950; Hufnagel 1976. Vgl. Bendel-Maidl 1998.

41 Zu den theologischen Aspekten vgl. Gössmann 1979.

theologischer Seite stellen sich neue Fragen: Wo die Individualnatur um der größeren Vollkommenheit die Hervorbringung weiblicher Nachkommen zu vermeiden sucht, erstrebt die Gesamtnatur um der Erhaltung der Art willen beide Geschlechter. Warum stehen *natura particularis* und *natura universalis* in so schroffer Diskrepanz? Wenn sich die Rolle der Frau darin erschöpft, die bloße Materie für den Zeugungsvorgang bereitzustellen, müsste dann nicht auch Adam, aus dessen Rippe Eva entstand, als ,Mutter Evas' bezeichnet werden, und der Erdboden als ,Mutter Adams'?[42]

Am Ende des 13. Jahrhunderts setzt sich Johannes Duns Scotus kritisch mit der inzwischen etablierten *opinio communis* auseinander.

„Es herrscht die Meinung, dass allein dem Vater eine aktive Rolle bei der Zeugung zukomme und der Mutter nur eine passive, dergestalt, dass sie bloß die Materie des Kindes bereitstellt, während allein dem Samen des Vaters die aktive Kraft innewohnt, das Kind zu formen. Dies scheint die Meinung des Philosophen im 15. Buch der *Tierkunde* zu sein. Dort vergleicht er die Kraft, die im Samen des Vaters steckt, mit einem Tischler und die von der Mutter bereitgestellte Materie mit einem Stück Holz, aus dem der Tischler eine Liege macht."[43]

Eine Randbemerkung[44] gibt Aufschluss darüber, dass Scotus nicht nur Aristoteles als Vertreter dieser Auffassung im Sinn hat, sondern vor allem seinen unmittelbaren Zeitgenossen und Ordensmitbruder Richard von Conington.

Scotus problematisiert die gängige naturphilosophische Ansicht über die Frau innerhalb des theologischen Kontexts der Mutterschaft Marias. Dies darf aber nicht darüber hinwegtäuschen, dass es ihm tatsächlich um die richtige Sicht der biologischen Zusammenhänge geht. Der Geltungsanspruch theologischer Aussagen ist nicht abzukoppeln von der Wahrheit der in ihnen – und sei es nur implizit – mitbehaupteten naturphilosophischen Sätze. Letztlich geht es um die Herstellung von Kohärenz zwischen den Wahrheitsansprüchen der verschiedenen Wissenschaften und Disziplinen. Ausdrücklich räumt Scotus ein, dass das etablierte biologische *mas-occasionatus*-Axiom gut mit dem theolo-

---

[42] Vgl. Duns Scotus: *Lectura* III d. 4 n. 5 (ed. Vat. XX 144); *Ordinatio* III d. 4 n. 5 (ed. Vat. IX 198).

[43] Duns Scotus: *Ordinatio* III d. 4 n. 16-17 (ed. Vat. IX 201-202): „Opinio est quod solus pater habet rationem activi et mater rationem passivi, ita quod ipsa tantum ministrat materiam prolis, et in solo semine patris est vis activa formativa prolis. Haec videtur opinio Philosophi XV *De animalibus*, comparantis virtutem in semine patris artifici, et materiam ministratam a matre ligno de quo artifex facit scamnum." – Parallele in *Lectura* III d. 4 n. 11-12 (ed. Vat. XX 145-146).

[44] „Opinio Philosophi, et hanc tenet Conington" (ed. Vat. IX 201). – Über die Beziehung zwischen Scotus und Conington vgl. Dumont 1996.

gischen Axiom der Mutterschaft Marias zusammenpassen würde: „Auf diesem Weg ist leicht zu sehen, auf welche Weise die selige Jungfrau Mutter Christi war: Sie hat die gesamte Materie bereitgestellt, aus welcher durch das Wirken des Heiligen Geistes der Leib Christi geformt wurde."[45] Da die Rolle der Mutter somit ganz und gar passiv ist, ergibt sich auch dann keine Schwierigkeit, wenn – wie im Fall der Formung des Leibes Christi durch den Heiligen Geist – das aktive Prinzip seiner Kraft nach als unendliches angenommen wird, welches augenblicklich (*in instanti*) und nicht prozessual (*successive*) seine Wirkung herbeiführt. Ein Problem ergäbe sich nur, wenn zwei aktive Wirkprinzipien miteinander interagierten, von denen das eine (Maria) von begrenzter Kraft und das andere (der Heilige Geist) von unbegrenzter Kraft wäre: „Wenn jedoch behauptet wird, dass die Mutter etwas aktiv zum Zeugungsvorgang beigetragen hätte, ist es schwieriger zu sehen, auf welche Weise eine endliche Kraft augenblicklich aktiv auf einen Vorgang einwirken könnte, der eigentlich im zeitlichen Nacheinander abläuft"[46]. Dennoch begnügt sich Scotus nicht mit der Theologie und Biologie harmonisch verbindenden *mas-occasionatus*-Lehre, denn es geht ihm, anders als manchen Thomas-Verteidigern des 20. Jahrhunderts[47], zuerst um die Wahrheit der naturphilosophischen Behauptung. Dafür nimmt er das Risiko in Kauf, durch Verwerfung einzelner Sätze der Biologie nicht nur ein neues, in sich konsistentes naturphilosophisches Aussagensystem aufstellen zu müssen, sondern sogar das theologische Bezugssystem so umbauen zu müssen, dass es wieder Anschluss an die Naturphilosophie findet und mit ihr kohäriert.

In der *Lectura* stellt Scotus an die Spitze seiner Einwände gegen die aristotelische ‚Gynäkologie' eine in ihrer Schlichtheit geradezu schockierende Beobachtung: „Die Nachkommenschaft ähnelt der Mutter nicht weniger als dem Vater, sondern manchmal sogar mehr. Ähnlichkeit rührt aber daher, dass ‚ein aktives Prinzip ein passives sich ähnlich macht' [Aristoteles, *GC* I 7, 324a10-11]. Wenn also ein Nachkomme der Mutter ähnelt, folgt daraus, dass sie den Nachkommen sich ähnlich macht, folglich ist sie aktiv. Denn wäre sie nur passiv, gäbe es keinen Grund, warum der Nachkomme ihr ähnlich

---

45   Duns Scotus: *Lectura* III d. 4 n. 13 (ed. Vat. XX 146): „Secundum autem viam istam, facile est videre quomodo beata Virgo fuit mater Christi, quia ipsa ministrabat materiam totam de qua – opere Spiritus Sancti – formabatur corpus Christi."
46   Ebd. n. 14 (ed. Vat. XX 147): „Si autem ponitur quod mater egerit ad hoc, difficilius est videre quomodo virtus finita agat et operetur in instanti ad illud quod natum est fieri in tempore." – Vgl. *Ordinatio* III d. 4 n. 26 (ed. Vat. IX 205-206).
47   Beispiele bei Mitterer 1950 und Bendel-Maidl 1998.

wäre."[48] Bemerkenswerter Weise benutzt Scotus ein Aristoteles-Zitat, um das Grundaxiom von der Passivität der Frau beim Zeugungsakt außer Kraft zu setzen. Um nicht vorschnell zu urteilen, geht Scotus auf einen Gegeneinwand ein, der bis in den Wortlaut hinein an eine Stelle aus Alberts *De animalibus*-Kommentar erinnert:

„Man sagt, der männliche Samen habe von Anfang an die Tendenz, das Kind dem Vater ähnlich zu machen, aber weil die Materie Widerstand leistet (*propter inoboedientiam materiae*), verfehlt er im zweiten Augenblick das Ziel, zu dem er tendiert, und bewirkt nur das, was in seiner Kraft steht. Weil aber die Veränderung nicht in eine beliebige Richtung gehen kann, sondern hin zum Gegenteil, wird das Kind dem Gegenteil ähnlich, nämlich der Mutter."[49]

Über diese „wunderliche Antwort" (*mirabilis responsio*) kann sich Scotus nur belustigen, denn mit dem gleichen Argument könnte man sagen: Wenn eine Wärmequelle einen Gegenstand wegen seiner Widerständigkeit nicht erwärmen kann, dann macht sie ihn eben kalt. Diese Folgerung ist aber absurd. Vielmehr resultiert das Kaltwerden nicht aus dem Umschlag der Aktivität der Wärmequelle ins Gegenteil, sondern erfordert ein eigenes aktives Kälteprinzip. Dementsprechend kann auch die Ähnlichkeit zwischen Mutter und Kind nicht durch Umschlagen der Aktivität des männlichen Samens ins Gegenteil erklärt werden, sondern nur dadurch, dass auch die Mutter als eigenständiges aktives Prinzip angenommen wird.[50]

Eine Abfuhr erteilt Scotus auch dem ‚Brutkasten'-Argument, das die Verteidiger des Aristoteles beibringen: Ihrer Meinung nach ist „die Mutter nichts anderes als gewissermaßen ein Gefäß, in dem wie in einem zur Zeugung passenden Ort ein Kind gezeugt wird". Folglich machte es dann auch keinen Unterschied, so wendet Scotus die Argumentation ins Lächerliche, ob im Leib der Frau ein Kind heranwächst oder vielleicht ein Bandwurm – wenn Mutterschaft sich darin erschöpft, ‚passendes Gefäß' zu sein, dann ist auch eine Bandwurmträgerin oder ein Bandwurmträger ‚Mutter' des Wurms. Einer möglichen Erwiderung, es handle sich ja bei Wurm und Mensch um zwei verschiedene Spezies, kommt Scotus zuvor, indem er schließt: „Das macht den Schluss si-

---

48 Duns Scotus: *Lectura* III d. 4 n. 15 (ed. Vat. XX 147); vgl. *Ordinatio* III d. 4 n. 21 (ed. Vat. IX 203).
49 Duns Scotus: *Ordinatio* III d. 4 n. 22 (ed. Vat. IX 204); vgl. *Lectura* III d. 4 n. 16 (ed. Vat. XX 147). Vgl. das Albert-Zitat in Anm. 31.
50 Duns Scotus: *Ordinatio* III d. 4 n. 23 (ed. Vat. IX 204); *Lectura* III d. 4 n. 17 (ed. Vat. XX 147).

cher nicht ungültig, wenn man bedenkt, dass auch beim Maultier der Pferdehengst Vater und die Eselin Mutter genannt wird."[51]

So bleibt als Schluss nur übrig, dass „die Mutter aktive Ursache des Kindes ist, nicht nur passive [...], so dass Vater und Mutter wie zwei Teilursachen zur Zeugung des Kindes zusammenwirken."[52] Damit kommt Duns Scotus auf die Auffassung Galens zurück, dass auch die Frau einen aktiven Beitrag zur Zeugung leistet. Albertus Magnus hatte diese Theorie aus prinzipiellen Erwägungen über die für die Samenbildung zu kalte Konstitution des weiblichen Organismus verworfen; ihm schloss sich unter anderem Scotus' Zeitgenosse Aegidius Romanus in seinem Werk *De formatione corporis humani in utero* mit einem scharfen Verdikt an:

„Die Aussage Galens weicht von der Wahrheit ab und vom Philosophen [Aristoteles]. Das ist auch nicht weiter verwunderlich, denn bei der Behandlung der Frage, wie Galen es wagen konnte, dem Philosophen zu widersprechen, sagt Avicenna [...] über Galen, dass er als Arzt ‚zwar vieles über die Zweige der Wissenschaft wusste, über ihre Wurzeln jedoch in Unkenntnis war'."[53]

Während Aegidius den Philosophen, der ‚die Wurzeln der Wissenschaft' kennt, über den Spezialwissenschaftler stellt, kehrt Duns Scotus das Verhältnis genau um. In der aristotelischen Unterscheidung von aktivem und passivem Prinzip sieht Scotus nur eine typologische Differenzierung, jedoch keine strikte Zuordnung auf die beiden Geschlechter. „Wenn aber darunter mehr verstanden wird, kann man nicht zustimmen, denn Galen vertritt die gegenteilige Ansicht, wie Avicenna referiert – und in diesen Angelegenheiten ist den Fachwissenschaftlern mehr zu glauben."[54]

Die von der Mutter ausgehende Aktivität beim Zeugungsvorgang unterteilt Scotus in dreierlei Bewegungen (*triplex motus*): Zunächst muss die der Zeugung zugrunde liegende Materie an den dafür geeigneten

---

51 Duns Scotus: *Ordinatio* III d. 4 n. 24 (ed. Vat. IX 204-205); vgl. *Lectura* III d. 4 n. 20 (ed. Vat. XX 148).

52 Duns Scotus: *Lectura* III d. 4 n. 33 (ed. Vat. XX 152): „mater sit causa activa prolis et non tantum passiva (sicut reputo esse magis verum), ita quod pater et mater concurrant ad generationem prolis ut duae causae partiales".

53 Aegidius Romanus: *De formatione corporis humani in utero* 2 (ed. Venet. 5) mit Bezug auf Avicenna: *De animalibus* IX 1 (ed. Venet. 1508 fol. 41ra).

54 Duns Scotus: *Ordinatio* III d. 4 n. 69 (ed. Vat. IX 224): „Et si intelligatur de plus, negatur, quia Galenus sentit oppositum, sicut recitat Avicenna, – et in istis magis credendum est expertis." – Das ‚Expertenprinzip' wird auch von Albertus Magnus vertreten: „Augustino in his quae sunt de fide et moribus plus quam philosophis credendum est, si dissentiunt. Sed si de medicina loqueretur, plus ego crederem Galeno vel Hippocrati; et si de natura rerum loquatur, credo Aristoteli plus vel alii experto in rerum naturis" (Sent. II d. 13 a. 2, ed. Borgnet XXVII 217a).

Ort geschafft werden. Daraufhin setzt ein Umwandlungsprozess ein, durch welchen die Materie so zubereitet wird (*figuratur*), dass sie die nötige Disposition zur Zeugung neuen Lebens gewinnt. Schließlich wird die solcherart vorbereitete Masse, die noch flüssig ist, zu einem festeren Produkt verdichtet. Im letzten Augenblick dieses Prozesses empfängt die Materie die Substantialform, wobei Scotus offen lässt, ob es sich um eine einzige oder um viele aufeinander aufbauende Formen handelt.[55] Auch dieser Akt der Forminduktion geht zumindest teilursächlich von der Mutter aus, denn im Blick auf Maria betont Scotus: „Den organischen Aufbau [des Körpers Jesu] und die Induktion jener Formen hat sie augenblicklich selbst aktiv bewirkt, in Zusammenarbeit mit dem Heiligen Geist."[56] Die generative Rolle der Frau beschränkt sich also keineswegs darauf, nur die Materie so zuzubereiten, dass die im männlichen Samen enthalten Formkräfte dort wirken können, sondern Mütter „wirken unmittelbar aktiv darauf hin, das Endziel des Zeugungsprozesses hervorzubringen."[57] Eine „so große Aktivität (*tantam actionem*) ist der Mutter zuzuerkennen".[58]

Damit ist die strenge Zuordnung ‚Frau: passiv/Mann: aktiv' überwunden. Beide Geschlechter wirken als Teilursachen in aktiver und in passiver Weise an der Zeugung neuen Lebens mit. Auch der Vater steuert nämlich einen passiven Anteil bei: Der männliche Samen ist ja nicht reine Form, sondern was an ihm Formkraft besitzt, ist materiell gebunden. Beim Zeugungsakt wird diese vom Vater stammende Materie zur Mutter hin übertragen, die ihrerseits Materie bereitstellt. Die vereinigte, von Mann und Frau stammende Materie bildet das passive Substrat des Zeugungsprozesses, an dem die ebenfalls von Mann und Frau herkommenden aktiven Formkräfte wirken. Allerdings, so räumt Scotus ein, um wenigstens die typologische Interpretation des Aristoteles zu retten, überträgt der Vater weniger Materie, als die Mutter bereitstellt. Deshalb ist sein passiver Anteil an der Zeugung geringer. Umgekehrt besitzt er die stärkeren Formkräfte, deshalb ist sein aktiver Anteil größer.[59]

---

55 Duns Scotus: *Lectura* III d. 4 n. 34 (ed. Vat. XX 152-153); *Ordinatio* III d. 4 n. 38 (ed. Vat. IX 210-212).
56 Duns Scotus: *Lectura* III d. 4 n. 36 (ed. Vat. XX 153): „beata Virgo sic active operabatur, quia istam organizationem et illarum formarum inductionem egit ipsa in instanti, cooperando Spiritui Sancto".
57 Duns Scotus: *Ordinatio* III d. 4 n. 54 (ed. Vat. IX 218): „Et ita forte est in aliis matribus, quod non tantum per vim activam in materia ministrata agunt, sed etiam [...] immedieate agunt ad terminum generationis producendum."
58 Ebd. n. 56 (ed. Vat. IX 219).
59 Duns Scotus: *Lectura* III d. 4 n. 56 (ed. Vat. IX 157): „minus de materia patris transit et plus de virtute eius activa concurrit; e converso autem est de matre."

Als Dante seine *Commedia* ab etwa 1307 niederzuschreiben begann, wurde Duns Scotus gerade von Paris nach Köln berufen. Im Gepäck hatte er unter anderem die unvollendete *Ordinatio*, vermutlich zusammen mit den Vorlesungsmanuskripten aus der Zeit seiner Oxforder und Pariser Lehrtätigkeit. Knapp hundert Jahre waren vergangen, seit Michael Scotus *De generatione animalium* übersetzt hatte. In dieser Zeitspanne entwickelten sich in Auseinandersetzung mit diesem biologischen Text zwei Paradigmen der ‚Gynäkologie'. Das eine lieferte Jahrhunderte lang eine Legitimationsbasis dafür, dass Frauen als weniger stark, weniger vollkommen und weniger wertvoll angesehen wurden. Das andere sprengt zumindest im Ansatz diese Sichtweise. Die Frau ist nicht nur passives Prinzip, sondern auch aktives, ebenso wie der Mann nicht nur aktives Prinzip ist, sondern auch passives. Dass Scotus mit dieser neuen Sicht der biologischen Geschlechter sich durchaus ernstzunehmende theologische Schwierigkeiten einhandelte, ist angedeutet worden. Wenn die Mutter nicht nur ‚Gefäß' zum Austragen der Leibesfrucht ist, sondern diese aktiv mitformt – wie ist dann die Mutterschaft Marias zu verstehen? Die angesprochene Schwierigkeit, wie eine endliche Teilursache mit einer unendlichen kooperieren kann, ist nur die weniger gravierende. Drängender stellt sich die Frage, ob eine erbsündlich belastete Mutter, gerade weil sie aktiv an der Zeugung neuen Lebens mitwirkt, diese Belastung an die Nachkommen weitergibt. Dann würde sich Jesus durch Maria die Schuld Adams zugezogen haben – eine Folgerung, die theologisch auf jeden Fall vermieden werden muss. Wir wissen, dass Scotus die damals nicht weniger als heute umstrittene Lehre von der ‚unbefleckten Empfängnis Marias'[60] vertreten hat. Hierzu dürfte ihn letztlich nicht nur und vielleicht gar nicht in erster Linie fromme Marienmystik veranlasst haben, sondern ein grundlegend neues, rational begründetes Verständnis von der Frau.

DA	Aristoteles: *De anima* (ed. W. D. Ross, Oxford 1961).
GA	Aristoteles: *De generatione animalium* (ed. H. J. Drossaart Lulofs, Oxford 1965).
GC	Aristoteles: *De generatione et corruptione* (ed. C. Mugler, Paris 1966).
Metaph.	Aristoteles: *Metaphysik* (ed. W. Jaeger, Oxford 1957).

---

[60] Vgl. Koser 1954; Balić 1955; Kaup 1956; Villalmonte 1991; Burger 1996.

Anzulewicz, Henryk: De forma resultante in speculo. Die theologische Relevanz des Bildbegriffs und des Spiegelbildmodells in den Frühwerken des Albertus Magnus. Teil 1. Münster 1999.

Anzulewicz, Henryk: Prolegomena. In: Henryk Anzulewicz / Joachim Söder (Hrsg.): Albertus Magnus – De homine. Münster 2008, V-LXII.

Balić, Carol: Ioannes Duns Scotus et historia Immaculatae conceptionis. Rom 1955.

Bendel-Maidl, Lydia: Die Frau – ein verhinderter Mann oder verhindert durch den Mann? Thomas von Aquin als Quelle für die Frauenfrage im ersten Drittel des 20. Jahrhunderts. In: Martin Thurner (Hrsg.): Die Einheit der Person. Beiträge zur Anthropologie des Mittelalters. Stuttgart 1998, 195-215.

Burger, Maria: Prädestination zur Gnade. Überlegungen zur Immaculata Conceptio. In: Collectanea Franciscana 66 (1996), 167-193.

Dod, Bernard G.: Aristoteles Latinus. In: Norman Kretzman u.a. (Hrsg.): The Cambridge History of Later Medieval Philosophy. Cambridge 1982, 45-79.

Dumont, Stephen: William of Ware, Richard of Conington and the Collationes Oxonienses of John Duns Scotus. In: Ludger Honnefelder u.a. (Hrsg.): John Duns Scotus – Metaphysics and Ethics. Leiden 1996, 59-85.

Endreß, Gerhard: Der arabische Aristoteles und sein Leser – Physik und Theologie im Weltbild Alberts des Großen. Münster 2004 (Lectio Albertina 6).

Filthaut, Ephrem: Prolegomena. In: Bernhard Geyer / Ephrem Filthaut (Hrsg.): Albertus Magnus – Liber de natura et origine animae, Liber de principiis motus processivi, Quaestiones super De animalibus. Münster 1955, XXXV-XLVII.

Frank, Isnard: Femina est mas occasinatus. Deutung und Folgerungen bei Thomas von Aquin. In: Peter Segl (Hrsg.): Der Hexenhammer. Entstehung und Umfeld des malleus maleficarum von 1487. Köln 1988, 71-102.

Gössmann, Elisabeth: Anthropologie und soziale Stellung der Frau nach Summen und Sentenzenkommentaren des 13. Jahrhunderts. In: Albert Zimmermann (Hrsg.): Soziale Ordnungen im Selbstverständnis des Mittelalters. Berlin 1979, 281-297.

Honnefelder, Ludger: Der zweite Anfang der Metaphysik. Voraussetzungen, Ansätze und Folgen der Wiederbegründung der Metaphysik im 13./14. Jahrhundert. In: Jan Peter Beckmann u.a. (Hrsg.): Philosophie im Mittelalter. Entwicklungslinien und Paradigmen. Hamburg ²1996, 165-186.

Honnefelder, Ludger: Woher kommen wir? Ursprünge der Moderne im Denken des Mittelalters. Berlin 2008.

Hossfeld, Paul: Albertus Magnus über die Frau. In: Trierer Theologische Zeitschrift 91 (1982), 221-240.

Hufnagel, Alfons: Die Bewertung der Frau bei Thomas von Aquin. In: Theologische Quartalschrift 156 (1976), 133-147.

Kaup, Julian: Die Bedeutung des Duns Scotus für die Entwicklung der Lehre von der Unbefleckten Empfängnis. In: Franziskanische Studien 38 (1956), 78-85.

Koser, Konstantin: Die Immakulalehre des Johannes Duns Scotus. In: Franziskanische Studien 36 (1954), 337-384.

Mitterer, Albert: Mann und Weib nach dem biologischen Weltbild des hl. Thomas und dem der Gegenwart. In: Zeitschrift für katholische Theologie 57 (1933), 491-556.

Mitterer, Albert: Mas occasionatus oder zwei Methoden der Thomasauslegung. In: Zeitschrift für katholische Theologie 72 (1950), 80-103.

Müller, Jörn: Natürliche Moral und philosophische Ethik bei Albertus Magnus. Münster 2001.

Söder, Joachim: Νοῦς θύραθεν. Über Natur und Vernunft im Ausgang von Aristoteles. In: Ludger Honnefelder u.a. (Hrsg.): Albertus Magnus und die Anfänge der Aristoteles-Rezeption im lateinischen Mittelalter. Von Richard Rufus bis zu Franciscus de Mayronis. Münster 2005, 375-398.

Villalmonte, Alejandro de: Duns Escoto, la inmaculada y el pecado original. In Vincenzo Criscuolo (Hrsg.): Mélanges Bérubé. Études de philosophie et théologie médiévales offertes à Camille Bérubé O.F.M., pour son 80e anniversaire. Rom 1991, 239-255.

Wingate, Sibyl D.: The Medieval Latin Versions of the Aristotelian Scientific Corpus. London 1931.

Das Verborgene und das Erscheinende.
Grundlinien der Philosophie des Petrus Aureoli

Theo Kobusch

Die kollektive Erinnerung hat die historische Bedeutung der Philosophie und Theologie des Franziskaners Petrus Aureoli, der einige Jahre in Bologna und Toulouse lehrte, bevor er 1316/18 in Paris über die *Sentenzen* des Lombarden seine berühmten Vorlesungen hielt, noch längst nicht angemessen erfasst[1]. Das mag auch darin begründet sein, dass die Edition seiner Hauptwerke, des sog. *Scriptum*, d.h. des ersten Buches des Sentenzenkommentars und der anderen Teile des Kommentars, die uns als *Reportationes* vorliegen, noch nicht vollendet ist[2].

Petrus Aureoli ist eine Schlüsselfigur der Philosophie und Theologie des 14. Jahrhunderts. Er schließt in markanter Weise die Entwicklungen des 13. Jahrhunderts ab und stellt in vielen Fragen die eigentliche Reizfigur, d.h. die Herausforderung für den beginnenden Nominalismus des 14. Jahrhunderts dar. Repräsentativ für die Theologie sei hier auf seine Prädestinationslehre verwiesen, in der der *doctor facundus*, der später als Pelagianer Verschrieene, gestützt auf den paulinischen Satz vom universalen Heilswillen Gottes („Gott will, dass alle Menschen gerettet werden"), die These von einer universalen Prädestination im Sinne der Gnadenmitteilung an alle Menschen vertrat, so dass auch der Anspruch der menschlichen Freiheit gewahrt werden konnte[3].

---

[1] C. Schabel hat in seinem Werk Theology at Paris, 1316-1345. Peter Auriol and the problem of divine foreknowledge and future contingents, Hants/Vermont 2000, die Originalität Aureolis durchaus auch in philosophischen Fragen aufgezeigt, die mit dem Problem der *futura contingentia* zusammenhängen. Eine Art Leitmotiv dabei ist der Satz, der auf S. 131 steht: „Auriol tried more than most Christian theologians in the Middle Ages to emphasize the ‚God of the philosophers'." Was fehlt, trotz zahlreicher Bemerkungen Schabels zum Thema, ist eine stringente Darlegung der Freiheitslehre Aureolis und ihrer Wirkungsgeschichte.

[2] Siehe die Aufstellung auf der von Russell L. Friedman unterhaltenen „The Peter Auriol Homepage" (www.igl.ku.dk/~russ/auriol.html).

[3] Vgl. T. Kobusch, Die Universalität des Heils. Der Anspruch des christlichen Glaubens, in: Universalität und Toleranz (FS für G.B. Langemeyer), hg. von N. Klimek,

In der Philosophie nimmt Petrus Aureoli ebenfalls eine markante Stellung ein. Sie wird erkennbar, wenn bestimmte Lehrsätze seiner Erkenntnistheorie und Ontologie einer historischen Betrachtung unterzogen werden. Sie sind alle im Spannungsfeld des Verborgenen und des Offenbaren angesiedelt. Nicht nur weil das „Latente" und „Apparente" Schlüsselbegriffe seiner Philosophie sind, kann man das sagen, sondern auch deswegen, weil Petrus Aureoli die franziskanisch-neuplatonische Tradition der Lehre vom Inklusiven, Unentfalteten, Impliziten und Verborgenen einerseits und vom Expliziten, Apparenten, Objektiven und Gesetzten andererseits vollendet[4]. In diesem Sinne ist die folgende Darlegung der philosophischen Grundlinien des *doctor facundus* als eine Art Bestandsaufnahme aufzufassen, die bestimmte Akzente setzt, aber andere nicht ausschließt und die – ihrem Wesen gemäß – ein vorläufiges Resultat der bisherigen Forschung darstellt.

1. DER BEGRIFF DES SEIENDEN

Der Begriff des Seienden hat bei Aureoli eine besondere, d.h. auch von der scotischen Bestimmung unterschiedene Kontur. Nach Aureoli[5] kann natürlich erforscht werden, was der Ausdruck „Seiendes" besagt, ob er einen Begriff oder die zehn Kategorien bezeichnet, auch inwiefern sowohl das Reale wie auch das nur Gedachte so genannt werden u.dgl. Das sind Probleme der Grammatik. Die wahrhaft metaphysische und „sehr schwierige Frage" aber bezieht sich auf den allgemeinsten Begriff überhaupt, der – mit den Worten Avicennas – die erste Impression unserer Seele und damit auch das von uns Ersterkannte ist, der jede Sache und jede Bestimmtheit in sich schließt, der zugleich auch das Universalste ist, weil er sowohl Gott wie das geschaffene Sein und überhaupt alles, von dem ein Begriff gebildet werden kann, mit umfasst. Der Begriff des Seienden ist aber nicht nur deswegen der allgemeinste, weil er im Hinblick auf alles Individuelle völlig unbe-

---

Essen 1989, 85-96, hier: 86f.; J. Halverson, Franciscan Theology and Predestinarian Pluralism in Late-Medieval Thought, in: Speculum 70 (1995), 1-26.

[4]   Als Hinführung vgl. T. Kobusch, Gott und die Transzendentalien. Von der Erkenntnis des Inklusiven, Impliziten, Konfusen und Unbewußten, in: Die Logik des Transzendentalen (FS für J.A. Aertsen zum 65. Geb.), hg. von M. Pickavé, Berlin/New York 2003, 421-432.

[5]   Der Begriff des Seienden wird am deutlichsten von Aureoli in seinem Scriptum I, d. 2, s. 9, ed. Buytaert, vol. II, 469-523 erläutert. Vgl. auch S.F. Brown, Petrus Aureoli: De unitate conceptus entis (Reportatio Parisiensis in I Sententiarum d. 2, qq. 1-3 et qq. 1-2), in: Traditio 50 (1995), 199-248.

stimmt ist, sondern auch im Hinblick auf die Arten und überhaupt jede Bestimmtheit[6]. Daher ist er der schlechthin konfuse Begriff, der aller Unterschiedlichkeit und damit aller Bestimmtheit entkleidet, aber für jegliche Bestimmung offen ist, also der schlechthin unbestimmte Grund aller Bestimmbarkeit. Das Konfuse ist aber das, in dem das Unterschiedliche verborgen ist. Insofern kennzeichnet den Begriff des Seienden eine bestimmte Form der Verborgenheit[7].

Zugleich stellt er eine Form der Totalität dar, nämlich das Ganze der Unbestimmtheit, das – im Unterschied zum integralen Ganzen – seine Teile gewissermaßen „unter sich" hat, so dass es durch sie explikabel ist, während das integrale Ganze Teile hat, „aus denen" es besteht. Offenkundig steht bei Aureoli Avicennas Unterscheidung zwischen dem universalen und dem integralen Ganzen im Hintergrund, die selbst auf die Totalitätsspekulationen des Proklos zurückgehen mag[8].

Wodurch sich aber der Aureolische Begriff des Seienden am deutlichsten von dem scotischen unterscheidet, ist das folgende: Der Begriff des Seienden hat, gerade weil er höchst konfus ist, selbst auch gar keine einheitliche Bestimmtheit (*ratio*). Duns Scotus hatte ja Thomas von Aquin ausdrücklich kritisiert, weil er nicht zwischen einer konfusen Erkenntnis und dem konfusen Begriff unterschieden habe[9]. Das Konfuse im Sinne des Nichtunterschiedenen kann nach Scotus auf nicht-konfuse Weise, d.h. nicht nur durch einen Namen, sondern distinkt, also durch eine Definition erkannt werden. Der Begriff des Seienden ist der erste solcher distinkt erkennbarer, also eine Bestimmtheit enthaltender Begriffe, die selbst aber etwas Konfuses repräsentieren[10]. Aureolis Begriff des Seienden ist auch eine Kritik dieser Konzeption. Denn dieser Begriff ist zwar ohne jede Bestimmtheit, aber nur im Sinne des explizit Erkennbaren. In Wirklichkeit aber enthält er implizit alle Bestimmtheiten sonst.

---

6   Zur Unbestimmtheit des Seinsbegriffs vgl. jetzt auch C. Gaus, etiam realis scientia. Petrus Aureolis konzeptualistische Transzendentalienlehre vor dem Hintergrund seiner Kritik am Formalitätenrealismus, Leiden/Boston 2008, 237ff.

7   Petrus Aureoli, Scriptum I, d. 43, a. 1, ed. Rom 1596, 1013 b: „[...] sic quod latet distinctio omnium, quae clauduntur in illo conceptu et hanc latentiam facit similitudo quantumcumque distincta in suis propriis distinctivis similia sunt [...]."

8   Petrus Aureoli, Scriptum I, d. 2, s. 9, ed. Buytaert, vol. II, 485-488. Vgl. T. Kobusch, Das Eine ist nicht das Ganze. Die Idee der Totalität im Werk des Proklos, besonders in der Platonischen Theologie, in: Proclus et la Théologie Platonicienne, hg. von A.Ph. Segonds/C. Steel, Leuven/Paris 2000, 311-323, und Art. „Totalität", in: Historisches Wörterbuch der Philosophie, Bd. 10, Basel/Darmstadt 1999, 1300-1303.

9   Johannes Duns Scotus, Quaestiones super II et III De anima, qu. 16 n. 27, Opera philosophica V, Washington, D.C./St. Bonaventure, N.Y. 2006, 154f.

10 Johannes Duns Scotus, Ordinatio I, d. 3, p. 1, qq. 1-2, ed. Vat. III, Rom 1954, 49ff.

Ein spezifischer Begriff, wie z.B. „Mensch", begreift zwar auch alles, was Mensch ist, implizit in sich, aber dadurch, dass in ihm die „Menschheit" bewahrt wird, bleibt eine letzte Bestimmtheit trotz aller Abstraktionen in ihm auch explizit erhalten. Nur im Begriff des Seienden, der schlechthin alle Bestimmtheiten implizit in sich enthält, ist überhaupt kein Erkennbares explizit und distinkt enthalten. Er ist, wie Aureoli sagt, „jeglicher einheitlich-gemeinsamen Bestimmtheit beraubt"[11]. Es ist etwas ganz Besonderes um diesen Begriff des Seienden. Einerseits ist er nichts von all dem, was Bestimmtheit hat, andererseits schließt er konfus, unbestimmt und potentiell alles Bestimmte in sich. Was ihn aber von allen Allgemeinbegriffen sonst unterscheidet, ist, dass er selbst kein „Begreifbares" (*conceptibile*) darstellt, obwohl er alles Begreifbare, d.h. alle Bestimmtheiten (*rationes*) in sich implizit enthält[12]. Er ist die Voraussetzung für alles Begreifbare, eine „Disposition" des Bestimmten, ein Etwas oder eine „Etwasheit", aber selbst weder etwas Bestimmtes noch etwas Begreifbares. W. Goris hat in seiner bedeutsamen Interpretation des Aureolischen Seinsbegriffs dessen epistemologischen Status als den selber unbegreifbaren „Horizont der Begreifbarkeit" bezeichnet[13]. So ist nach Aureoli – mit kritischer Anknüpfung an *Quodlibeta* III des Duns Scotus – der Begriff des Seienden als ein höchst Allgemeines, das das *ens reale* und *ens rationis* verbindet[14], zu denken, das „schlechthin alles Erkennbare, obwohl in unbestimmter Weise und implizit und konfus ist, so dass kein Erkennbares in ihm explizit zurückbleibt"[15]. Das Implizite und Explizite aber sind – wie Aureoli ausdrücklich hinzufügt[16] – keine Gegebenheitsweisen der Dinge, sondern *modi concipiendi*.

Aureoli hat darüber hinaus auf zwei Elemente im Begriff des Seienden aufmerksam gemacht, die gewissermaßen die Grundidee der thomanischen Aktontologie einerseits und den Grundgedanken der Wesensontologie nach dem Vorbild des Duns Scotus repräsentieren[17]. Jedes Seiende birgt in sich etwas Fließendes und ein

---

[11] Petrus Aureoli, Scriptum I, d. 2, s. 9, ed. Buytaert, vol. II, 504.
[12] Ebd. 509.
[13] W. Goris, Implicit Knowledge. Being as First Known in Peter of Oriol, in: Recherches de Théologie et Philosophie Médiévales 69 (2001), 33-65, hier: 49.
[14] Petrus Aureoli, Scriptum I, d. 2, s. 9, ed. Buytaert, vol. II, 475: „enti reali et rationis potest esse unus communis conceptus".
[15] Ebd. 508.
[16] Ebd. 522.
[17] Die beiden Elemente des Seinsbegriffs erläutert R.L. Friedman unter Einbeziehung der Theorie der Modisten, vgl. Conceiving and Modifying Reality: Some Modist Roots of Peter Auriol's Theory of Concept Formation, in: Vestigia, Imagines, Verba. Semiotics and Logic in Medieval Theological Texts (XIIth – XIV Century), hg. von C. Marmo, Brepols 1997, 305-321, hier: 310ff.

Feststehendes. Das Fließende wird durch das entsprechende Verbum, das Feststehende durch das Substantiv ausgedrückt. Dieselbe Realität kann so einerseits als etwas Fließendes, d.h. als etwas Tätiges und aus sich Herausgehendes begriffen werden, andererseits als etwas Ruhendes, in sich Stehendes. „Blühen" ist dem Sachgehalt nach dasselbe wie die „Blume", aber Blühen drückt die Tätigkeit, die Bewegung aus, Blume das Feststehende. Und so kann auch der Begriff des Seienden nach Art eines Aktes oder einer immanenten Tätigkeit verstanden werden, und dieses Fließende nennen wir das „Sein", oder als ein Feststehendes, Ruhendes, das wir als „Seiendes" oder „Wesenheit" bezeichnen. Sein und Wesen drücken nur in allgemeinster Weise aus, was Blühen und Blume explizit ausdrücken. Das Sein enthält als allgemeinster Akt implizit alle anderen Akte in sich, oder wie Aureoli sagt: Der Unterschied zwischen Blühen und Sein ist nur der des Expliziten und Impliziten, „denn Sein meint nichts Explizites". Man könnte auch so sagen: Blühen ist nichts anderes als ein bestimmtes Sein[18]. Dementsprechend muss auch das „Wesen" als jener allgemeinste „ruhende Begriff" (*conceptus quiescens*) angesehen werden, der alles bestimmte Ruhende und Feststehende wie „Menschheit", „Steinheit", „Blume", „Licht" usw. implizit in sich enthält. Aureoli versteht diesen wichtigen Unterschied zwischen dem Fließenden und dem Feststehenden als eine notwendige Voraussetzung jeder Art von Wesensontologie, die, wie z.B. auch die Lehre Heinrichs von Gent, von einer dem Sein und Nichtsein gegenüber indifferenten Wesenheit ausgeht. Denn wenn man wie diese Tradition der Wesensontologie richtigerweise sagt, dass das Wesen erkannt werden kann, auch wenn es nicht in der Naturwirklichkeit existiert, dass diese Existenzweise ihm vielmehr zukommt, dass die Definition das Wesen einer Sache und nicht ihr Sein meint, dass die Wissenschaften und die notwendigen Sätze sich nicht auf die Existenz der Dinge beziehen usw., dann muss man wissen, dass „all dieses der Sache zukommt, insofern sie nach Art eines Ruhenden fern von jedem Fluss begriffen wird". Andererseits kann nach der wesensontologischen Tradition auch ein Begriff von der Sache gebildet werden, insofern sie extramental existiert und Zeit und Raum unterworfen ist. Deswegen bedeutet, eine Sache in ihrer naturwirklichen Existenz zu begreifen nichts anderes, als sie in ihrem Fluss und ihrer bestimmten Tätigkeit zu erfassen.

---

[18] Petrus Aureoli, Scriptum I, d. 8, s. 21, ed. Buytaert, vol. II, 917: „sed determinatum esse exprimitur per florere".

Ruhe und Tätigkeit, Fließen und Stillstand – das sind nach Aureoli die universalen Kategorien, die dem rechten Verständnis von Sein und Wesen zugrundeliegen.

2. DER „SETZENDE" CHARAKTER DES INTELLEKTS ODER DAS ERSCHEINENDE SEIN

Aureoli setzt die franziskanische Tradition fort, indem er das Erkennen – gegen Aristoteles – als eine Aktivität der Seele deutet. Die Seele „setzt" beim Erkennen die Sache in den Modus des erscheinenden Seins. Dieser „setzende" Charakter des menschlichen Bewusstseins liegt schon der Sinneserkenntnis zugrunde. Denn wie der berühmte, im Nominalismus breit aufgenommene Katalog der Sinneserfahrungen zeigt – die vom Schiff aus wahrgenommene Bewegung der Bäume am Ufer, der Kreis in der Luft, die Fraktur des Stabes im Wasser, die zwei Kerzen, die Farben des Gefieders einer Taube, Spiegelbilder u.a.m. –, hat auch der äußere Sinn schon eine „formative" Funktion, indem er Dinge in den Modus des sinnlich erscheinenden Seins, und zwar auch außerhalb des Bewusstseins, „setzt"[19]. Die Sinnestäuschungen dieser Art beruhen nach Aureoli zuletzt darauf, dass auch die Sinnlichkeit und nicht nur der Intellekt einen Setzungscharakter besitzt, aufgrund dessen der eine sinnfällige Gegenstand in den Modus des erscheinenden Seins versetzt wird[20]. Die Vorstellung eines sinnlichen bloß phänomenalen Seins reicht bis zu R. Bacon, Avicenna, ja sogar in der Antike bis zu Poseidonios zurück, wo jeweils im Zusammenhang der

---

[19]   Petrus Aureoli, Scriptum I, d. 3, s. 14, ed. Buytaert, vol. II, 696f. D. Denery, The Appearance of Reality: Peter Aureol and the Experience of Perceptual Error, in: Franciscan Studies 55 (1998), 17-52, hier: 36, hat mit Recht darauf hingewiesen – gegen andere Interpreten –, dass es sich um ein extramentales, phänomenales, d.h. von der menschlichen Sinnlichkeit konstituiertes Sein handelt – wie jedoch auch die traditionellen Theorien vom Regenbogen und den Farben angenommen hatten.

[20]   Die Forschung, besonders wenn sie vom Aureoli-kritischen, nominalistischen Standpunkt Ockhams oder Chattons aus die Position Aureolis beurteilen will, tut sich mit diesen Gedanken häufig schwer. So spricht D. Perler, Zweifel und Gewissheit. Skeptische Debatten im Mittelalter, Frankfurt/M. 2006, 239-241 u.ö. durchgehend vom *esse reale* und *esse apparens* als von zwei „Gegenständen". Das entspricht nicht der Auffassung Aureolis, der Seinsweisen nicht mit Gegenständen verwechselt. Der Problematik angemessen dagegen sagt R.L. Friedman, Peter Auriol on Intentions and Essential Predication, in: Medieval Analyses in Language and Cognition, hg. von S. Ebbesen/R.L. Friedman, Copenhagen 1999, 415-430, hier: 425: „Socrates and a concept grasping Socrates, then, are the same thing with different modes of existence". R. Pasnau, Theories of cognition in the later Middle Ages, Cambridge 1997, 72f. hat mit Recht darauf hingewiesen, dass es bei Aureolis Sinnestäuschungsbeispielen auch um eine extramentale phänomenale Existenz geht.

Farben des Regenbogens oder anderer metarsischer Erscheinungen
die „Emphasis" und „Hypostasis" bzw. das apparente und reale Sein
unterschieden werden[21]. Neben diesem rein formenden Element
enthält das Erkennen aber auch ein rückbezügliches, durch das der
Erkennende sich etwas zur Erscheinung bringt, und dieses will auch
eigentlich die Etymologie des *intelligere* im Sinne des *intus legere* besagen: Erkennen heißt, „in sich die objektive Erscheinung von etwas zu
erfassen"[22]. An anderer Stelle heißt es ähnlich: Eine Sache zu erkennen, bedeutet, sie sich selbst zur Erscheinung zu bringen[23]. Aureoli
gebraucht gleichbedeutend mit dem berühmten Begriff des „erscheinenden Seins" auch die des „intentionalen" oder des „objektiven Seins". Wenn wir also von einer Sache sagen, dass sie erkannt
oder begriffen werde, so meinen wir, dass sie in objektiver Weise dem
Bewusstsein erscheine[24]. Erscheinen ist gar nichts anderes als das
Objiziertwerden der Sache gegenüber dem Bewusstsein. Dasjenige
aber, in dem die Sache dem Bewusstsein erscheint, heißt der „Begriff"
bzw. der „objektive Begriff" oder auch das „Wort". Das Wort oder der
objektive Begriff ist also, wie Aureoli kritisch gegenüber der Schrift
des Hervaeus Natalis über das Wort und mit Berufung auf Augustinus
festhält, nicht der Akt des Erkennens, sondern das innere Resultat des
Erkennens[25]. Genauer gesagt ist es die Sache selbst, aber im Modus
des erscheinenden oder objektiven Seins[26]. Somit muss unterschieden

---

[21] Zum unmittelbaren mittelalterlichen Hintergrund der Lehre vom sinnlichen erschei-
     nenden Sein vgl. bes. K. Tachau, Vision and Certitude in the Age of Ockham. Op-
     tics, Epistemology and the Foundations of Semantics 1250-1345, Leiden u.a. 1988,
     93-100. Zur Entwicklung der Vorstellung einer bloß phänomenalen Existenz in der
     antiken Philosophie und bei Avicenna das Kapitel „Das objektive Sein im Bereich des
     Sinnlichen" in: T. Kobusch, Sein und Sprache. Historische Grundlegung einer Onto-
     logie der Sprache, Leiden 1987, 295ff. K. Tachau hat in ihrem Aufsatz „Some Aspects
     of the Notion of Intentional Existence at Paris, 1250-1320", in: Medieval Analyses in
     Language and Cognition, hg. von S. Ebbesen/R.L. Friedman, Copenhagen 1999,
     331-353, eine „Perspektivisten"-Tradition aufgezeigt, in der die Intention, Species,
     Kraft u.a. als das innere Resultat einer von der Sache ausgehenden Bewegung, wie
     der Lichtstrahl (*lumen*) im Verhältnis zur Lichtquelle (*lux*) aufgefasst wird, ehe Au-
     reoli sie zu Resultaten mentaler Tätigkeiten erklärt. Dabei scheint sie mit Blick auf
     Aureolis Lehre vom objektiven Sein im Sinnlichen ihr Urteil zu revidieren, dass es
     keine extramentale intentionale Existenz gebe (349).
[22] Petrus Aureoli, Scriptum I, d. 3, s. 14, ed. Buytaert, vol. II, 709; vgl. Scriptum I, d. 9,
     p. 1, ed. R.L Friedman/L.O. Nielsen/C. Schabel, www.igl.ku.dk/~russ/auriol.html,
     Text Version 1 of june 7, 2003, 23.
[23] Petrus Aureoli, Scriptum I, d. 9, p. 1, ed. Friedman/Nielsen/Schabel, 23 „rem autem
     apparere sibi est proprie rem intelligere".
[24] Ebd. 11 „concipi autem idem est quod obiective apparere".
[25] Petrus Aureoli, Scriptum I, d. 3, s. 14, ed. Buytaert, vol. II, 700.
[26] Vgl. F. Prezioso, La teoria dell' essere apparente nella gnoseologia di Pietro Aureolo,
     in: Studi francescani 22 (1950), 15-43, hier: 22: „... il conoscere, formalmente, consiste-
     rebbe nel dare alla cosa conosciuta un nuovo modo di essere ...". Ersichtlich fällt es der

werden zwischen der formalen Erscheinung einer Sache, z.B. der Rose, d.i. dem Erkenntnisakt, durch den die Rose erkannt wird, und ihrer objektiven Erscheinung, die den Sachgehalt (*realitas*) der erkannten Sache enthält[27]. In diesem Sinne unterscheidet Aureoli auch zwischen dem Akt des Begreifens (*conceptio*), der ein inneres Hervorbringen meint (*producere intra se*), und dem „objektiven Begriff", der die im Modus des erscheinenden Seins hervorgebrachte Sache ist[28]. Es ist eine Hauptaufgabe der Philosophie, die Notwendigkeit dieses inneren Resultats der Erkenntnis, der menschlichen wie der göttlichen, zu erkennen. Da „keine Erkenntnis vollkommen ist, wenn sie kein Ziel hat", und es somit in der Natur des Erkennens liegt, ein Resultat hervorzubringen, geht der „objektive Begriff" im Bereich endlichen Erkennens genauso wie das göttliche Wort im Bereich göttlicher Erkenntnis „mit naturhafter Notwendigkeit" aus dem Erkenntnisakt hervor[29]. Deswegen repräsentiert der objektive Begriff die Sache nicht in ihrer individuellen Bestimmtheit, sondern sie als allgemeine. Es ist das allgemeine Wesen der Sache, das in dem vom Intellekt konstituierten objektiven Begriff erscheint. Man kann nicht sagen, dass so doch nur die Erscheinung der Sache, aber nicht die Sache selbst erkannt würde. Denn was in dem Wort oder Begriff erscheint, ist die Sache selbst. Die Erscheinung der Sache im Begriff oder im Wort – so sagt Aureoli – ist ein innerer Modus der Sache selbst[30]. Der Intellekt sieht – greifen wir das von Aureoli hundertfach genannte Beispiel auf – die Rose im Modus des erscheinenden Seins als ein „einfaches Eines", so dass er nicht unterscheiden kann zwischen dem erscheinenden Sein der Rose und der Sachhaltigkeit, die erscheint. „Im Gegenteil, es wird nur die einfache Erscheinung der Rose gesehen"[31].

Diese Lehre von dem die Sache in den Modus des erscheinenden Seins setzenden Intellekt ist der vorläufige Höhepunkt einer Entwicklung, in der die Begriffsbildung als eine Zusammenarbeit von Sache und menschlichem Bewusstsein gedacht wurde. Averroes hatte diese neue Sicht der Dinge eingeleitet. In seinem Physikkommentar

---

Forschung schwer, diesen modalen Charakter des erscheinenden Seins zu denken. Der objektive Begriff ist kein rein subjektives Phänomen, sondern der vom Intellekt konstituierte Seinsmodus der Sache selbst, in dem sich Anteile des konstituierenden oder „setzenden" Intellekts mit der Realität der Sache verbinden. S. dazu die exakten Bemerkungen bei D. Denery, The Appearance of Reality (s. Anm. 19), 37f.

27 Petrus Aureoli, Scriptum I, d. 5, s. 17, ed. Buytaert, vol. II, 799.
28 Petrus Aureoli, Scriptum I, d. 9, p.1, Friedman/Nielsen/Schabel, 12.
29 Petrus Aureoli, Scriptum I, d. 6, s. 18, ed. Buytaert, vol. II, 831-835.
30 Petrus Aureoli, Scriptum I, d. 8, s. 23, ed. Buytaert, vol. II, 1018.
31 Petrus Aureoli, Scriptum I, d. 2, s. 11, ed. Buytaert, vol. II, 604; vgl. ebd. d. 5, s. 17, 786.

steht jener Satz, auf den die Autoren des 13. und 14. Jahrhunderts vielfach Bezug nehmen: *„Entia completa sunt illa, in quorum esse nihil facit anima [...] scilicet quoniam est (scil. tempus) de numero entium, quorum actus completur per animam"*.[32] Was hier vom Sein der Zeit gesagt wird, wird während der großen Rezeptionsgeschichte alsbald auf andere Kategorien und schließlich auf das Sein des Allgemeinen insgesamt übertragen. In dieser bedeutenden Rezeptionsgeschichte, in die fast alle großen Denker zwischen 1250 und 1320 – außer Duns Scotus – verwickelt sind, wird die Bildung des Begriffs durch den Intellekt als die „Vollendung" der Sache verstanden[33]. Auch Petrus Aureoli bezieht sich auf jenen Satz des Averroes, nach dem die Zeit zu denjenigen Seienden gehöre, „deren Akt durch die Seele ergänzt wird"[34]. In diesem Sinne sind auch die Zahlen und die Zahlenverhältnisse, die neben der Zeit zur Kategorie der Quantität gehören, vom Intellekt „fabrizierte" Begriffe, die den Modus des objektiven Seins haben und gleichwohl – wiederum mit Bezug auf Averroes – das äußere Sein der Dinge vollenden, indem sie die in ihnen nur potentiell angelegte Zahlenhaftigkeit aktualisieren[35]. Ein Blick auf das Problem der Relation bestätigt diese Sicht der Dinge. Averroes hatte ihr unberechtigterweise ein schwächeres Sein im Vergleich zu den anderen Kategorien zugeschrieben. Doch nach Aureoli gehört sie zu jenem kategorialen Sein, das extramental nur potentiell und verborgen vorhanden ist und durch

---

[32] Averroes, In Phys. IV 88, Venetiis 1562-74, ND Frankfurt/M. 1962, 174.

[33] Vgl. T. Kobusch, Begriff und Sache. Die Funktion des menschlichen Intellekts in der mittelalterlichen Philosophie, in: Internationale Zeitschrift für Philosophie 2 (2004), 140-157; Die Vernunftordnung als Vollendung der Naturordnung. Zur Funktion der menschlichen Vernunft in der mittelalterlichen Philosophie, erscheint demnächst in: Philosophie nachdenken – Denken denken (FS für B. Mojsisch), hg. von C. Asmuth/K. Kahnert, Amsterdam/Philadelphia (im Druck).

[34] Petrus Aureoli, Scriptum I, d. 23, a. 2 (43), ed. D. Perler, in: Peter Aureol vs. Hervaeus Natalis on Intentionality: A Text Edition with Introductory Remarks, in: Archives d'histoire doctrinale et littéraire du Moyen Age 61 (1994), 227-262, hier: 254: „[...] quia Philosophus expresse dicit IV *Physicorum* quod tempus non esset nisi anima numerans esset. Et Commentator, commento 88, dicit quod tempus est de numero entium quorum actus completur per animam."

[35] Petrus Aureoli, Scriptum I, d. 24, a. 2, ed. Rom 1596, 554 aB: „nihilominus illa pluralitas vel paucitas est in mente cum sint quaedam clausiones ab intellectu fabricatae". Ebd aF: „[...] quoniam tempus et numerus sunt in praedicamento quantitatis nec ex hoc sequitur quod habeant esse reale. [...] similiter etiam ad praedicamentum quantitatis pertinent quantitates continuae permanentes, quae sunt reales et tempus et numerus quae non habent nisi in anima obiective, sicut Philosophus dicit." Ebd. bB: „duplum autem non potest poni in rerum natura absque opere intellectus, [...]." Ebd. bE: „Dicit enim Commentator quarto Physicorum quod perscrutatio de tempore magis est metaphysica quam naturalis et statim dixerat de eo quod non habet esse perfectum et actuale nisi in anima." Vgl. auch ebd. a. 4, 560 bA: „[...] quantumcumque numerus sit aliquid in anima, est tamen vere in praedicamento quantitatis".

die konstitutive Tätigkeit der Seele „ergänzt" und aktualisiert wird[36].
Complementum oder *complere* sind die Stichwörter, die Aureoli in diesem Zusammenhang, Averroes rezipierend, öfter gebraucht. Sie entsprechen dem griechischen συμπλήρωσις und meinen die Vollendung im Sinne der Vervollständigung oder Ergänzung. In diesem Sinne sind die Kategorien nach Aureoli vom Intellekt konstituierte Begriffe, aber sie sind deswegen weder bloße *entia rationis* noch materielle Dinge wie die *entia artificialia*, die auch vom Intellekt stammen, sondern sie stellen eine Ergänzung der äußeren, endlichen, d.h. unvollkommenen Realität durch die Akte des Bewusstseins dar[37].

So wichtig jedoch im Rahmen einer Theorie vom „setzenden" Intellekt die Begriffsbildung auch sein mag – sie ist nur die eine Seite der Medaille. Die andere Seite dieser Theorie, die an anderer Stelle ausführlich dargelegt ist, ist die augustinische Idee der Selbstsetzung des Geistes. Wie Aureoli sie erläutert, „setzt sich" der Geist im Erkennen „vor sich", während er im Wollen oder Lieben sich ekstatisch außerhalb seiner selbst setzt[38].

---

36 Petrus Aureoli, Scriptum I, d. 30, a. 2, ed. Rom 1596, 674 aE: „Commentator dicit 12. Metaphys. quod relatio inter omnia praedicamenta est esse debilioris, sed secundum eundem 4. Physic. entium quaedam sunt completa, in quorum esse nihil facit anima; quaedam vero sunt, quorum actus completur per animam, quia esse eorum completur ex actione animae, in eo quod est de eis extra animam, et talia sunt entia latentia, quae non essent nisi in potentia si anima non esset et ait quod de talibus est tempus. Ergo relatio, [...] necessario erit de istis entibus, quorum actus est ab anima: fundamentum autem et potentialitas in re extra vel non erit verum, quod habeat esse debilius inter omnia entia." Vgl. ebd. a. 3, 688 aD: „relationes vero sunt extra in potentia et actus earum completur ab anima". Ähnlich ebd. d. 33, a. 1, 734 aB: „reducit enim intellectus ipsum de potentia fundamenti ad actum et complementum".

37 Petrus Aureoli, Scriptum I, d. 30, a. 3, ed. Rom 1596, 686 bE: „dicendum [...] quod non oportet, omnia praedicamenta habere esse completum extra animam, sed sufficit quod sint extra in potentia et eorum actus per animam compleatur, ut Commentator dicit de tempore [...]." Ebd. bF: „unde apparet, quod sufficit ad distinctionem praedicamentorum diversitas rerum fabricatarum ab intellectu, nec oportet quod sint actu exterius sed sufficit quod sint in potentia et quod intellectus reducat illas ad actum, sic autem est de relatione et de quando, ubi, situ et habitu, [...]." Unvollständigkeit ist ein Merkmal des geschaffenen Seins. Deswegen sagt Petrus Aureoli, ebd. d. 31, a. 2, 716 aF: „nullum enim complebile per intellectum est in divinis, alioquin essentia divina esset quoad aliquid incompleta et in potentia expectans per intellectum compleri et reduci ad actum, quod omnino poni non potest."

38 Petrus Aureoli, Scriptum I, d. 26, ed. Friedman/Nielsen/Schabel, 11: „ponit se ante se". Vgl. Scriptum I ,d. 3, s. 11, ed. Buytaert, vol. II, 606: „secundum vero esse intentionale, scilicet idem Sortes positus in esse prospecto et apparenti; tertium [...] ipse Sortes qui ex hoc quod in seipsum fertur et fluit per amorem, ponitur in esse lato et flato [...]." Ebd. d. 3, s. 14, 700: „[...] sic anima ante se posita ut conspicua, et extra se posita per amorem [...]." Ebd. 700f.: „[...] ut conspicuus ante se positus per intellectionem [...] ut egressus ex vi amoris extra se et positus in esse dato". Ähnlich Scriptum I, d. 27, p. 2, ed. Friedman/Nielsen/Schabel, 23: „unde anima ponens se ante se per cogitationem [...] non differt nisi in ponere et poni". Zur Theorie der Selbstsetzung des Geis-

3. INNERE ERFAHRUNG

Nach Aureoli beruht die gesamte Lehre vom objektiven oder apparenten Sein, vom ekstatischen Geschenkt- und Dargebrachtsein auf
einer Erfahrung. „Keiner kann nämlich leugnen" – so sagt er wörtlich –, „dass er die Erfahrung macht, durch den Erkenntnisakt etwas
ihm Präsentes zu haben, wie z.B. eine Rose, wenn er sie erkennt. [...]
Man muss also fragen, was das sei, was die Seele erfährt"[39]. An anderer Stelle spricht Aureoli von der Erfahrung des Intellekts, dass ihm
die allgemeine Rose objektiv entgegenstehe[40]. Ja, jeder erfährt sogar
die Verschiedenheit und Andersartigkeit der Modi des „Vor sich hin"
(coram se) und des ekstatischen Geschenkt- und Dargebrachtseins an
seiner eigenen Seele[41]. Offenkundig handelt es sich hier wie auch
an anderen Stellen seines Werkes um die sog. innere Erfahrung, die
auch schon für Duns Scotus ein Prinzipienwissen von unumstößlicher
Gewissheit garantiert. Aureoli hat die innere Erfahrung auch ausdrücklich vom Erkennen unterschieden. Eines ist es nämlich zu erkennen, dass man Schmerzen empfindet, und ein anderes, dasselbe
zu erfahren. Mag der Intellekt auch den Schmerz erkennen können,
aber der Mensch kann nicht durch den Intellekt seine Schmerzen
erfahren. „Sondern wir erfahren das durch dasselbe, durch das der
Mensch sowohl die Erfahrung macht, dass er erkennt, als auch die,
dass er Schmerzen empfindet"[42]. Was Aureoli hier vor Augen hat,
ist also ein einheitliches Prinzip – eben die innere Erfahrung –, das
allem Wissen, sowohl der äußerlich bedingten Schmerzempfindung
als auch dem intellektiven Erkennen bedingend zugrunde liegt.

Was Aureoli genauer unter der inneren Erfahrung versteht, die das
intellektive Erkennen ermöglicht und begleitet, wird erst durch einen
Vergleich mit dem Element unseres Erkennens deutlich, das Aureoli
mit Augustinus die memoria nennt. Aus dieser Gegenüberstellung geht
hervor, dass die innere Erfahrung so etwas meint wie unser bewusstes
Erkennen, während die memoria ein Element des Unbewussten aus-
drückt. Denn in unserem intellektiven Erkennen wird die erkannte
Sache, wie die innere Erfahrung es ausweist (experimentaliter), in den

tes sowohl im „antestatischen" als auch im ekstatischen Sinne vgl. T. Kobusch, Petrus
Aureoli. Philosophie des Subjekts, in: Philosophen des Mittelalters. Eine Einführung,
hg. von T. Kobusch, Darmstadt 2000, 236-249, und besonders T. Suarez-Nani, „Appa-
rentia" und „Egressus". Ein Versuch über den Geist als Bild des trinitarischen Gottes
nach Petrus Aureoli, in: Philosophisches Jahrbuch 93 (1986), 19-38.
[39]   Petrus Aureoli, Scriptum I, d. 36, ed. Rom 1596, 838 aD.
[40]   Petrus Aureoli, Scriptum I, d. 3, s. 14, ed. Buytaert, vol. II, 713.
[41]   Petrus Aureoli, Scriptum I, d. 13, ed. Friedman/Nielsen/Schabel, 11.
[42]   Petrus Aureoli, Rep. II, d. 17, q. un., a. 2, ed. Rom 1605, 238 bE.

Modus des objektiven oder angeschauten Seins gesetzt, wie es jedem ergeht, der „aufmerksam" über irgendeinen Gegenstand spricht. Die *memoria* dagegen hat nicht die innere Erfahrung als Grund ihrer selbst und ist doch eine Weise wahren Erkennens. Sie ist genauer gesagt eine Form der unthematischen, aller Aufmerksamkeit entzogenen, ständigen Selbsterkenntnis. Denn „ob der Mensch schläft oder wacht, immer erkennt er auf diese Weise sich selbst, wenn er es auch nicht bemerkt, wie z.B. der die Psalmen Rezitierende, der, auch wenn er es nicht bemerkt, doch immer eine Erkenntnis hat"[43]. Indem Aureoli die innere Erfahrung als eine besondere Art der Aufmerksamkeit des Bewusstseins auf sich selbst erklärt, nimmt er unmittelbar Bezug auf den augustinischen Begriff der Aufmerksamkeit, damit aber auch auf jene gewaltige antike und spätantike Tradition, in der die Philosophie überhaupt als die Aufmerksamkeit der Seele auf sich verstanden wurde[44].

Philosophie ist freilich hier, bei dem Augustinusschüler des 14. Jahrhunderts, nicht nur Philosophie der Aufmerksamkeit, nicht nur Philosophie des Bewusstseins und des Bewussten, sondern gerade auch Philosophie, wenn nicht des Unbewussten, dann des Vorbewussten, also dessen, was sich der Aufmerksamkeit noch entzieht, sie aber als Bedingung möglich macht, oder was, wie Aureoli sagt, dem Bewusstsein der Möglichkeit nach präsent ist[45]. Das Bewusstsein, insofern es für dieses vorbewusste, der bloßen Möglichkeit nach Präsente zuständig ist, aber heißt die *memoria*. Indem Aureoli das Vorbewusste, d.h. das der Aufmerksamkeit Entgangene, zu einem konstitutiven Element unseres Erkennens erklärt, nimmt er zahlreiche Anregungen von Heinrich von Gent und besonders aus der franziskanischen Tradition auf[46]. Es ist konstitutives Element eines jeden Bewusstseins, d.h. nach der augustinischen Tradition auch des göttlichen, dessen modifizierte Form freilich einer eigenen Darstellung bedürfte. Jedenfalls kann Aureoli auch von Gott sagen, dass er ein komprehensives Erkennen im Sinne der Erfahrung seiner selbst habe, so, dass er selbst sich erscheint[47]. Ja, an einer anderen Stelle heißt es sogar, dass Gott, der Lebendige, als „ein subsistierendes Erfahren" seiner

---

[43] Petrus Aureoli, Scriptum I, d. 3, s. 14, ed. Buytaert, vol. II, 708.

[44] Vgl. T. Kobusch, Christliche Philosophie. Die Entdeckung der Subjektivität, Darmstadt 2006, 36-38 u.ö.; P. Hadot, Qu'est-ce que la philosophie antique?, Paris 1995, 214f. 364-367.

[45] Petrus Aureoli, Scriptum I, d. 3, s. 14, ed. Buytaert, vol. II, 708: „et iterum notitia cui potest esse praesto, non tamen concipitur ut est praesto [...]. Intelligentia quidem prout concipitur cum re cognita in prospectu, memoria vero cum concipitur ut cui potest esse praesto."

[46] Vgl. dazu T. Kobusch, Gott und die Transzendentalien (s. Anm. 4).

[47] Petrus Aureoli, Scriptum I, d. 35, p. 1, ed. Friedman/Nielsen/Schabel, 18.

selbst begriffen werden muss, weil Leben nichts anderes bedeutet, als Erfahrungen zu machen[48]. Wann je ist im Rahmen scholastischer Philosophie so etwas vorher gesagt worden?

4. DAS SELBSTVERSTÄNDLICHE

Seit Aristoteles weiß man, dass all unser Wissen auf selbstverständlichen Voraussetzungen beruht. In der Sprache erscheinen sie als die unmittelbaren, selbstevidenten, unbeweisbaren, wahren, ersten Prinzipien. Aureoli ist in der neueren Philosophiegeschichtsschreibung als derjenige Autor bekannt geworden, der als erster eine Unterscheidung getroffen hat zwischen den „unmittelbaren" Sätzen, die sich aufgrund der Termini notwendig ergeben, und den „selbstverständlichen Sätzen" (*propositiones per se notae*), die neben den unmittelbaren noch andere Arten von Sätzen mit umfassen[49]. Zwei traditionelle Charakteristika kommen allen selbstverständlichen Sätzen zu: sie werden „plötzlich", d.h. intuitiv erfasst und sie bedürfen keines Lehrers[50]. Indem Aureoli auf diese Weise den Bereich des Selbstverständlichen erheblich erweiterte, forderte er die Kritik Ockhams und anderer Nominalisten heraus, durch die das neuzeitliche Denken weitgehend bestimmt wurde.

Während Duns Scotus die selbstverständlichen Sätze auf die später sog. analytischen Sätze beschränkte, in denen das Prädikat schon im Subjekt enthalten ist, hat Aureoli auch induktiv durch Sinneserfahrung gewonnene Wahrheiten, wie z.B. „Der Schnee ist weiß", oder auch durch ein einmaliges Sinnesurteil gestützte Sätze, wie „Es gibt den Himmel" oder „Es gibt die Bewegung", zum selbstverständlichen Bestand unseres Wissens gezählt[51]. Was dadurch be-

---

[48] Petrus Aureoli, Scriptum I, d. 35, ed. Rom 1596, 802 aD: „experiri dicitur proprie vivere et e converso, dum desinit experiri dicitur mori et res dicuntur mortuae, quando nihil possunt experiri. Comprehendere autem non est aliud quam experiri." Ebd. aF: „et intelligendum de ratione Deitatis: quod est quoddam experiri subsistens"; vgl. Scriptum I, d. 35, p. 1, ed. Friedman/Nielsen/Schabel, 18: „sic igitur Deus habet esse experimentale comprehensivum et vividum, [...]."

[49] Vgl. dazu R. Schmücker, Propositio per se nota. Gottesbeweis und ihr Verhältnis nach Petrus Aureoli, Werl 1941, 141-196.

[50] Vgl. dazu besonders C. Bolyard, *Knowing* naturaliter: Auriol's Propositional Foundations, in: Vivarium 38 (2000), 162-176, hier: 169f. Wenn Aureoli, Scriptum I, d. 2, s. 10, ed. Buytaert, vol. II, 558 sagt: „propositio per se nota [...] non indiget instructore", so zieht Bolyard daraus ziemlich weitgehende Konsequenzen für die Rolle des Individuums. Aber Aureoli nimmt wohl doch nur den alten Topos auf, nach dem die *propositio per se nota*, bzw. – bei Proklos und Julian – die *koinai ennoiai „adidaktoi"* genannt werden.

[51] Petrus Aureoli, Scriptum I, d. 2, s. 10, ed. Buytaert, vol. II, 556-558.

wirkt und in die Wege geleitet wurde, war von großer historischer Bedeutung: nämlich die Problematisierung des Verhältnisses zwischen den Wahrheiten der äußeren Erfahrung und den Prinzipien der intellektiven Erkenntnis. Ockham wird die Konsequenz aus dieser bei Aureoli aufscheinenden Problematisierung ziehen, indem er selbstevidente Prinzipien der intellektiven Erkenntnis (*principia per se nota*) und Erfahrungsprinzipien (*principia per experientiam nota*) unterscheidet, auf die in gleicher Weise als notwendige Prämissen das in der Konklusion Gewusste zurückgeführt werden können muss. Wie man zeigen kann, führt diese Prinzipiendiskussion auf verschiedenen Umwegen hin zu der berühmten Leibnizschen Unterscheidung zwischen den „Tatsachenwahrheiten" und den „Verstandeswahrheiten"[52].

Doch nicht nur solche auf unmittelbarer Sinneserfahrung beruhenden Wahrheiten sind nach Aureoli Selbstverständlichkeiten, sondern auch die Inhalte der sog. inneren Erfahrung, die auch schon nach Duns Scotus den gleichen Gewissheitsgrad haben wie die selbstevidenten Sätze. Aureoli hat das in der inneren Erfahrung Wahrgenommene, wie z.B. „ich bin wach" oder „ich lebe", ausdrücklich als ein Selbstverständliches bezeichnet[53].

Was Aureoli darüber hinaus als wichtiges Element des Selbstverständlichen erschließt, ist das, was man das Unbewusste nennen könnte. Aureolis These ist, dass oft solchen Sätzen, die traditionell für erste, selbstevidente Wahrheiten gehalten wurden, wie z.B. dem berühmten Satz „Jedes Ganze ist größer als jeder seiner Teile", in Wirklichkeit ein unbemerkter Syllogismus zugrunde liegt, d.h. eine vermittelte Ableitung, die „in nicht bemerkbarer Zeit gemacht und niemandem verborgen ist". Deduziert aber ist dieser Satz aus den beiden Prämissen, nämlich dass das Ganze den Teil enthält und dass das Ganze größer ist als der Teil. Da der Satz aber „plötzlich" und „unbemerkt" in den menschlichen Geist gelangte, gilt er als ein „selbstverständlicher" Satz[54]. Obwohl er „niemandem verborgen", d.h. allen bekannt ist, ist doch der Vorgang der syllogistischen Deduktion dem

---

52 Vgl. T. Kobusch, Der Experte und der Künstler. Das Verhältnis zwischen Erfahrung und Vernunft in der spätscholastischen Philosophie und der neuzeitliche Wissensbegriff, in: Philosophisches Jahrbuch 90 (1983), 57-82; Luther und die scholastische Prinzipienlehre, in: Medioevo 13 (1987), 303-340.

53 Petrus Aureoli, Scriptum d. 39, a. 2, ed. C. Schabel, in: Peter Aureol on Divine Foreknowledge and Future Contingents, in: Cahiers de l'Institut du Moyen-Âge grec et latin 65 (1995), 63-212, hier: 172: „Illud enim quod immediate sub experientia cadit, per se notum est [...]. Sicut per se notum est cum dicimus ista verba, quod non sumus in somnis, sed in vigilia [...]. Et similiter, per se notum est cuilibet, quod vivit."

54 Petrus Aureoli, Scriptum I, d. 2, s. 10, ed. Buytaert, vol. II, 558.

Bewusstsein etwas Dunkles, somit ein Unbewusstes. Aureoli nennt ihn deswegen den in den Geist aller gelangenden „heimlichen und unbemerkten Syllogismus"[55].

5. KATEGORIEN

Ein anderes großes Problem in der Philosophie der ersten beiden Dekaden des 14. Jahrhunderts ist die Frage nach dem ontologischen Charakter der Kategorien. Damit wird eine Frage erneut aufgenommen, die schon in der Ammoniusschule, bei Simplicius und Boethius und vermittelt durch ihn auch im frühen Mittelalter umstritten war. Die zehn Kategorien des Aristoteles werden fast nie als ontologisch gleichwertig angesehen. Sie haben eine unterschiedliche ontologische Dignität. So werden z.B. auch in der Boethius-Exegese des 12. Jahrhunderts, besonders deutlich bei Thierry von Chartres, anlässlich der Frage, welche Kategorien von den endlichen Dingen auf Gott übertragbar sind, die ersten drei Kategorien, Substanz, Quantität und Qualität, vor den anderen ontologisch ausgezeichnet. Ähnliches ist auch bei Gilbert von Poitiers zu beobachten, wenn er die Übertragbarkeit der Kategorien vom Bereich der Naturdinge auf andere Bereiche, z.B. der Mathematika, reflektiert. Im 13. Jahrhundert entwickelt sich eine Diskussion um die Kategorien, an der neben dem Dominikaner Dietrich von Freiberg auch die Franziskaner, wie z.B. Petrus Johannis Olivi, beteiligt sind. Vitalis de Furno referiert um die Jahrhundertwende herum Positionen, nach denen nicht alle Kategorien voneinander realverschieden sind, besonders – und diese Position sollte für Wilhelm von Ockham wichtig werden – ist kein Unterschied zwischen Quantität und Substanz festzustellen, oder nach denen überhaupt nur zwei realunterschiedene Kategorien, nämlich Substanz und Qualität, anzunehmen sind[56]. Hervaeus Natalis wendet sich gegen solche philosophischen Entwürfe, die nur den drei ersten Kategorien eine formale Entität zuschreiben, während die anderen sieben Kategorien nur im Sinne einer *denominatio extrinseca* ausgesagt würden und somit als bloße *entia rationis* aufzufassen seien. Vielmehr sind alle zehn Kategorien *entia realia*, wenngleich die ersten vier im Sinne einer *denominatio intrinseca*, die anderen sechs jedoch nur im Sinne einer *denominatio extrinseca* von einem Seienden ausgesagt werden.

---

[55] Petrus Aureoli, Scriptum I, d. 3, s. 12, ed. Buytaert, vol. II, 616.
[56] Vitalis de Furno, Memoralia (ex IV Sent.), in: Quodlibeta tria, ed. F.M. Delorme, Rom 1947, 243f.

Aureolis Lehre von den Kategorien, die wir in den Distinktionen 2, 13, 30 und 36 des ersten Buches des Sentenzenkommentars am deutlichsten fassen können, ist eine kritische Auseinandersetzung mit Hervaeus Natalis. Nach Aureoli sind die Kategorien höchst einfache, in keine anderen auflösbare, voneinander gänzlich verschiedene, in keiner gemeinsamen Bestimmtheit zusammenkommende Begriffe, die verschiedene Formen oder Entitäten, d.h. verschiedene Modi, Akte oder Dispositionen der Substanz bezeichnen. Sie sind die Explikationen des Seinsbegriffs[57]. Was von der Kategorie erfasst wird, sind zwar die Dinge, aber nicht nach ihrem präzisen Realitätsgehalt, den sie als extramentale Dinge haben – sonst wäre ja nur das Individuelle in Kategorien fassbar –, sondern die Ersten Intentionen, „denen etwas vom Werk des Intellekts beigemischt ist"[58]. Erste Intentionen sind also zwar vom Intellekt gebildete Begriffe, aber sie enthalten immer einen bestimmten, von der Sache stammenden Realitätsgehalt, so dass sie eine „ununterscheidbare" Einheit von Sachgehalt und passivem Begriff darstellen[59].Nicht die äußeren Dinge also sind das eigentlich Kategorisierbare, sondern die Intentionen, und zwar sowohl die ersten wie auch – gegen Hervaeus Natalis – die Zweiten Intentionen. Deswegen fallen auch beide unter den Begriff des „objektiven Begriffs"[60]. Eine Art Kategorisierung scheint angenommen werden zu müssen, wenn Aureoli die transzendentalen Bestimmungen formell der Kategorie der Relation zuordnet[61].

Bestimmte Kategorien, wie z.B. die Relation, die Lage, das Haben, haben nur ein objektives Sein in der Seele, denn es ist die Seele, die aus der Masse des Seienden ein zurückgelassenes Sein, wie z.B. das

---

57 Petrus Aureoli, Scriptum I, d. 2, s. 9, ed. Buytaert, vol. II, 501-505. 521. Ebd. 523: „Unde, non est divisio alicuius rationis communis per sua inferiora, sed magis alicuius impliciti per explicantia."

58 Petrus Aureoli, Scriptum I, d. 36, ed. Rom 1596, 839 bA.

59 Ebd. 836 bF: „[...] aliud est passiva conceptio, quae indistinguibiliter adunatur cum realitate in conceptu simplici objectivo [...]." Auch in der von D. Perler herausgegebenen d. 23 (64) ist von dieser ununterscheidbaren Einheit des objektiven Begriffs die Rede. D. Perler in seiner Einleitung zur Edition wird dieser Lehre von den zwei Elementen des objektiven Begriffs nicht gerecht. Zur Kritik an Perler vgl. K. Tachau, Some Aspects (s. Anm. 21), 336; R.L. Friedman, Peter Auriol on Intentions (s. Anm. 20), 420f., 426, ferner F. Amerini, Realism and Intentionality: Hervaeus Natalis, Peter Aureoli, and William Ockham in Discussion, in: Philosophical Debates at Paris in the Early Fourteenth Century, hg. von S.F. Brown/T. Dewender/T. Kobusch, Leiden/Boston 2009, 239-260.

60 Petrus Aureoli, Scriptum I, d. 23 (39), ed. D. Perler (s. Anm. 34), 252: „Ergo secundae intentiones sunt in aliquo praedicamento." Vgl. Scriptum I, d. 33, a. 3, ed. Rom 1596, 740 bB: „unde ipsi objectivi conceptus sunt intentiones primae et secundae."

61 Petrus Aureoli, Scriptum I, d. 2, s. 9, n. 124, ed. Buytaert, vol. II, 516. Dazu vgl. R. Lay S.J., Zur Lehre von den Transzendentalien bei Petrus Aureoli O.F.M., Düsseldorf 1964, 239.

Theo Kobusch

Geschmückt- oder Bewaffnetsein, als die kategoriale Bestimmtheit des „Habens" hervorhebt. Die Theorie Aureolis läuft schließlich darauf hinaus, dass nur die fünf Kategorien der Substanz, Quantität, Qualität, Tun und Leiden ein reales, vollständiges Sein in der extramentalen Wirklichkeit haben, während der Relation, Zeit, Ort, Lage und Haben extramental nur ein potentielles Sein zukommt, das erst durch den entsprechenden Erkenntnisakt der Seele im Sinne der oben thematisierten Idee der „Vollendung" aktualisiert wird[62].

6. DAS WAHRHEITSVERSTÄNDNIS

Was Wahrheit ist, scheint zwar schon von Aristoteles klar gesagt worden zu sein, aber die Auslegung seiner Worte in der mittelalterlichen Philosophie ist so vielfältig, dass kaum von einem einheitlichen Begriff der Wahrheit im Mittelalter gesprochen werden kann. Aureoli nimmt auch bei der Erklärung des Begriffs der Wahrheit eine besondere Stellung ein. Dabei setzt er sich nicht nur von Thomas von Aquin, sondern auch von Heinrich von Gent, Duns Scotus, Gottfried von Fontaines, Hervaeus Natalis, Durandus a Sancto Porciano und anderen ab[63]. Es war insbesondere Heinrich von Gent, der die Wahrheit einer Sache, die terminologisch auch vom „Wahren" derselben unterschieden werden muss, als ihre washeitliche Bestimmtheit, insofern sie als erkannte im Erkennenden ist, bestimmt hatte. Die Wahrheit ist nach Heinrich genauer das in einer reflexiven Erkenntnis, d.h. in einem Urteil Erkannte. Das Urteil hat eine reflexive Struktur, weil es eine Art der komplexen Erkenntnis darstellt (*notitia declarativa*), in der der Intellekt die durch ein einfaches Erfassen erfasste Sache noch einmal erkennt, ja noch mehr: in der der Intellekt erkennt, dass er die erkannte Sache erkennt[64]. Insofern hat die Wahrheit als das in

---

[62] Belege bei T. Kobusch, Substanz und Qualität. Die Reduzierung der Kategorien nach Wilhelm von Ockham, in: Kategorie und Kategorialität. Historisch-systematische Untersuchungen zum Begriff der Kategorie im philosophischen Denken (FS für K. Hartmann), hg. von D. Koch/K. Bort, Würzburg 1990, 75-98. Zur Kategorie der Relation jetzt genauer T. Dewender, Der ontologische Status der Relationen nach Durandus von St. Pourçain, Hervaeus Natalis und Petrus Aureoli, in: Philosophical Debates at Paris (s. Anm. 59), 287-307.

[63] Vgl. T. Kobusch, Adaequatio rei et intellectus. Die Erläuterung der Korrespondenztheorie der Wahrheit in der Zeit nach Thomas von Aquin, in: Die Geschichte des philosophischen Begriffs der Wahrheit, hg. von M. Enders/J. Szaif, Berlin 2006, 149-166.

[64] Heinrich von Gent, Summa a. 58, q. 1, ed. J. Badius Ascensius, Paris 1520, ND St. Bonaventure, N.Y./Leuven/Paderborn 1953, fol. 124 L. „notitia declarativa qua intelligit se intelligere rem intellectam".

dieser reflexiven Erkenntnis Erkannte den Charakter des objektiven Seins. Sie ist nämlich Objekt des vergleichenden Verstandes, der die Konformität dessen, was wahr oder konform ist, feststellt. „Dieses Wahre aber, zwischen dem ein Vergleich [...] angestellt werden muss, [...] sind die Sache selbst, die die wahre Sache außerhalb in ihrer Wesenheit und Natur ist, und der Intellekt selbst, der wahr ist aufgrund des wahren Begriffs jener Sache". Der Vorgang des Vergleichs ist dabei so zu denken, dass der Intellekt zusieht, „ob der Begriff im Intellekt weder mehr noch weniger enthält als die Natur der Sache außerhalb enthält, [...] so dass, wenn der Intellekt findet, dass der Begriff davon weder mehr noch weniger enthält als die Natur der äußeren Sache enthält, er urteilt, dass der Begriff des Intellekts wahr ist"[65]. Auch Hervaeus Natalis und Durandus a Sancto Porciano haben die Wahrheit in ähnlicher Weise als ein *ens rationis* aufgefasst, dem nur ein objektives Sein zukommt.

Alle diese und andere Theorien, die die Wahrheit als eine Beziehung oder Angleichung oder Konformität des Intellekts zu bzw. mit der äußeren Sache begreifen oder auch als die Konformität der Sache als erkannter mit sich, sofern sie äußerlich gegeben ist, verwirft Aureoli zugunsten eines Begriffs der Wahrheit im Sinne der „reinen Natur". Denn die quiditative Bestimmtheit einer Sache im Sinne der avicennischen Idee der reinen Natur sieht gerade ab von jedem intramentalen und extramentalen Sein und meint den reinen Sachgehalt der Sache. Deswegen besteht die allgemeine Bestimmtheit der Wahrheit in nichts anderem als in der unvermischten Reinheit und Lauterkeit der Wesenheit, die durch die Absonderung von allem Äußeren hergestellt werden kann. Die Affirmation einer Sache, d.h. ihre „Setzung", fügt deswegen nicht irgendeine Bestimmtheit noch hinzu, sondern schließt vielmehr jeden vermindernden Modus von ihr aus. Wenn ich also sage: „Der Stein ist", dann bezeichnet das ausgesagte Sein die Wahrheit der Sache, und das bedeutet: die Affirmation oder Setzung der Steinheit (*lapideitas*) unter Ausschluss jeder anderen vermindernden Bestimmung[66].

Nach diesem Wahrheitsverständnis können auch „Stufen der Wahrheit" vorgestellt werden, deren höchste die Gottheit selbst darstellt, die in jeder Hinsicht von allem anderen abgesondert, rein und lauter subsistiert. Sonst aber gibt es im Reich der Dinge keine subsistierende Wahrheit, sondern nur mehr oder weniger Wahres in den jeweils an ein Substrat gebundenen Wesenheiten der Dinge, je nach-

---

[65] Heinrich von Gent, Summa a. 34, q. 5, ed. R. Macken (Henrici de Gandavo Opera omnia XXVII), Leuven 1991, 220.
[66] Petrus Aureoli, Scriptum I, d. 8, s. 21, n. 86, ed. Buytaert, vol. II, 909.

dem, wie viele äußere Bestimmtheiten ausgeschlossen sind. In diesem Sinne können wir von wahrem oder falschem Gold oder Silber sprechen oder vielmehr: der Intellekt urteilt über diese äußeren Dinge, weil er ihre Wahrheit schon erkannt hat. „Daher kann allein im Intellekt die Pferdheit, die nur Pferdheit ist, sein und die Menschheit und so jede Natur, und so ist offenbar, dass die Wahrheit und die Reinheit des Wahren nur im Intellekt sind"[67]. Die Wahrheit hat also auch nach Aureoli – wie schon nach Heinrich von Gent, Durandus und Hervaeus – den Seinsmodus des objektiven Seins, insofern sie nur als erkannte im erkennenden Intellekt sein kann, aber es ist allein die unvermischte Reinheit der Wesenheit einer Sache, ihre quidditative Bestimmtheit in ihrer Lauterkeit, die als erkannte wahr genannt werden kann. Aureoli nennt diese erkannte Lauterkeit des Wesens auch die „Konformität". Somit ist zu unterscheiden zwischen dem ontologischen Sinn des Begriffs der Konformität, den Aureoli positiv verwendet, und dem erkenntnistheoretischen, von Aureoli abgelehnten Sinn der Konformität, nach dem er das Resultat eines Vergleichs darstellt[68].

Die quiditativen Bestimmtheiten, sofern sie als erkannte im Erkennenden sind, sind einer bestimmten Tradition gemäß immer Erste Intentionen genannt worden. Deswegen nennt auch Aureoli die Wahrheiten der Dinge, verstanden als ihre washeitlichen Bestimmtheiten, „Erste Intentionen". Dadurch wird der Unterschied zu Heinrich, Durandus und Hervaeus am deutlichsten markiert, denn nach diesen Autoren hat die Wahrheit, als reflexiver Begriff, den Charakter einer Zweiten Intention. Die Zweiten Intentionen, die Aureoli auch die Begriffe „Zweiter Ordnung" nennt, haben zwar auch den Modus des objektiven Seins, aber sie sehen nicht, wie die Ersten Intentionen, von dem intramentalen Seinsstatus ab, sondern beziehen sich auf die Sache, insofern sie ein objektives Sein in der Seele hat. Die Ersten Intentionen dagegen, die zwar auch den Modus des objektiven Seins haben, beziehen sich auf die Sache, nicht insofern

---

67 Petrus Aureoli, Scriptum I, d. 19, ed. Rom 1596, 493 bA/B. Zu Aureolis Umdeutung der avicennischen *natura communis* vgl. C. Gaus, etiam realis scientia (s. Anm. 6), 291: „Das vermeintlich verstandesunabhängige Gegebensein der *natura communis* bzw. das wesenhaft-washeitliche Sein der Formalitäten als solcher erweist sich für Aureoli vielmehr eindeutig als erscheinendes Sein [...]."

68 Petrus Aureoli, Scriptum I, d. 2, s. 10, ed. Buytaert, vol. II, 548 deutet diesen Doppelsinn des Begriffs *conformitas* selbst an. Er unterscheidet die Konformitätsrelation von der Konformität im Sinne des Bildes und Gleichnisses. Zur letzteren vgl. K. Tachau, Vision and Certitude (s. Anm. 21), 102f. Den Doppelsinn des Ausdrucks *conformitas* scheint auch D. Denery, The Appearance of Reality (s. Anm. 19), 44 nicht durchschaut zu haben.

sie als objektiv erkannte im Intellekt ist, sondern insofern sie eine modusfreie, an sich seiende Wesenheit nach dem Muster der avicennischen „Pferdheit" ist[69].

7. DER SATZ VOM WIDERSPRUCH

Die Geschichte des Satzes vom Widerspruch ist noch nicht geschrieben[70]. Aureoli müsste in ihr ein bedeutender Platz eingeräumt werden. Die 42. Distinctio des 1. Buches des Sentenzenkommentars befasst sich traditionellerweise mit den Problemen der göttlichen Allmacht, in diesem Zusammenhang auch (seit Heinrich von Gent) mit dem Begriffspaar der *potentia obiectiva* und *potentia subiectiva* und nicht zuletzt auch mit dem Problem des Möglichen. Nun war die göttliche Allmacht traditionellerweise immer formal als das definiert worden, wodurch Gott all das und nur das machen könne, was keinen Widerspruch impliziert. Aureoli sagt dazu: „*non est sufficienter dictum, quod Deus tantummodo possit facere, quod non implicat contradictionem aut repugnantiam, nisi ulterius distinguatur de repugnantia et contradictione*"[71]. Die systematische Differenzierung dessen, was für in sich widersprüchlich gehalten werden kann, ist eine weitere philosophische Großtat Aureolis, die auch für das zukünftige Verständnis des Widersprüchlichen bedeutsam werden sollte. So ist vor allem eine zweifache Weise des Widerspruchs zu unterscheiden: Die erste Art des Widerspruchs liegt vor, wenn das Prädikat etwas negiert, was vom Subjekt im sog. *primus modus dicendi per se* (Standardbeispiel in der Scholastik: der Mensch ist ein Lebewesen) ausgesagt wird, oder auch, wenn es negiert, was in der Definition des Subjekts der Formbestimmtheit nach eingeschlossen ist, wenn ich also z.B. von einem *homo irrationalis*, d.h. von einem Menschen, der nicht vernunftbegabt oder auch nicht wahrnehmungsbegabt oder nicht beseelt ist, spreche. Die zweite Art des Widerspruchs liegt vor, wenn das Prädikat etwas negiert, was in der Definition des Subjekts nicht unmittelbar, nicht der Formbestimmung nach, sondern nur abgeleiteterweise eingeschlossen ist, wenn also der Widerspruch auf den sog. *secundus modus dicendi per se* (Standardbeispiel in der Scholastik: Der Mensch ist ein lachfähiges Wesen) zurückgeführt werden kann,

---

69 Petrus Aureoli, Scriptum I, d. 19, p. 3, a. 2, ed. Rom 1596, 492 aD/E. Vgl. Petrus Aureoli, Scriptum I, d. 23, ed. D. Perler (s. Anm. 34), 262: „Intentiones vero secundae sunt conceptus secundi ordinis".

70 Ansätze zu einer solchen Geschichte finden sich bei R. Rieger, Contradictio. Theorien und Bewertungen des Widerspruchs in der Theologie des Mittelalters, Tübingen 2005.

71 Petrus Aureoli, Scriptum I, d. 42, ed. Rom 1596, 988 aD.

z.B. wenn von einem „geistigen Lebewesen" oder einem „nicht organischen Lebewesen" oder vom „nicht bildungsfähigen Menschen" die
Rede ist. In diesen Fällen negieren die Prädikate, was die Subjekte af-
firmieren. Allgemein gesagt: Wenn Proprietäten, also notwendig im
Gefolge eines zusammengesetzten Seienden stehende Formen in der
Rede aufgehoben werden, wie das in Ausdrücken wie „ein rundes
Pferd" oder „ein kugelförmiger Mensch" geschieht, dann handelt es
sich um einen Widerspruch und eine Realrepugnanz, die auf den *secundus modus dicendi per se* zurückzuführen sind[72].

Die erste Art des Widerspruchs ist die, die durch das Widerspruchsprinzip ausgeschlossen wird. Sie bezeichnet eine „schlechthinnige Unmöglichkeit", die auch die Grenze für die göttliche Allmacht
darstellt. Die zweite Art, die auf dem *secundus modus dicendi per se* beruht, setzt nicht eine derartige schlechthinnige Unmöglichkeit, sondern gewissermaßen nur eine sekundäre Unmöglichkeit oder besser gesagt: eine Inkompossibilität. Während unser Intellekt diese
Art der Unmöglichkeit nicht denken kann, kann Gottes Allmacht
durchaus ein Zugleichsein dessen bewirken, was hinsichtlich der
Formbestimmtheit einen Widerstreit darstellt und einen Widerspruch
im Sinne der zweiten Weise der Per-se-Prädikation einschließt. Denn,
so macht Aureoli ein Prinzip geltend, das später auch von Descartes
wiederholt wird: *„quod plus potest Deus facere quam intellectus noster intelligere"*[73].

Aureoli hat durch seine feine Differenzierung – langfristig gesehen
– die weitere Entfaltung des Möglichkeitsbegriffs in der neuzeitlichen
Philosophie möglich gemacht.

---

[72] Ebd. 988 bB-D.
[73] Ebd. 990 aE.

Bemerkungen zu den lateinischen Predigten Meister Eckharts

Yoshiki Nakayama

1.

In Band IV der lateinischen Werke Meister Eckharts sind insgesamt 56 Predigten enthalten[1]. Nach Josef Koch, dem Herausgeber dieser Texte, sind sie hinsichtlich der Vielseitigkeit der Betrachtung, der Tiefe der Gedanken und der Wucht der Sprache erstaunenswert[2] und bieten bisweilen „eine unerhörte Steigerung des Gedankenganges"[3]. Dabei sind diese Texte nur Predigtentwürfe und ein Torso. Wären es vollständig ausgearbeitete Predigten, müsste man sie wohl über die Auslegung des Johannesevangeliums (Expositio sancti Evangelii secundum Iohannem) stellen, in der die überlieferten Werke Eckharts den höchsten Grad der Vollendung erreichen[4].

Es ist fragwürdig, ob die bisher bekannten 56 Texte alle Predigten umfassen, die Eckhart geschrieben hat. In der Auslegung des Johannesevangeliums finden sich gelegentlich Hinweise darauf, dass "die Predigt am Ende dieses Buches" (sermo in fine libri) eine bestimmte Schriftstelle behandelt. In den bisher bekannten Predigten kann man freilich nur einen Teil dieser Schriftstellen finden[5]. Viele der angeführten Schriftstellen lassen sich in den überlieferten Predigten nicht auffinden.[6] Man kann deshalb annehmen, dass nur ein Teil der von Eckhart geschriebenen Predigten überliefert worden ist. Viele Predigten sind wahrscheinlich im Überlieferungsprozess verloren gegangen. Auch in diesem Sinn sind die überlieferten Predigten nur ein

---

[1] Meister Eckhart, Die deutschen und lateinischen Werke, Die lateinischen Werke, Bd. IV, Sermones, Stuttgart 1987 (LW IV ; Sermo).

[2] Meister Eckhart, Die deutschen und lateinischen Werke, Die lateinischen Werke, Bd. III, Expositio sancti Evangelii secundum Iohannem, Stuttgart 1994 (LW III; In Ioh.). Vgl. LW III, S. XXI.

[3] Vgl. LW IV, S. XXXVI.

[4] Vgl. LW III, S. XXI.

[5] Vgl. LW III, S. 674.

[6] Cf. In Ioh. n. 657.

Torso, wie J. Koch schreibt[7]. Um das aber genauer zu verstehen, muss man zunächst fragen, welche Stellung die überlieferten Predigten in den lateinischen Werken Eckharts einnehmen.

2.

Es ist allgemein anerkannt, dass die Hauptschriften der überlieferten lateinischen Werke ursprünglich zu dem großen unvollendeten dreiteiligen Werk *Opus tripartitum* gehören sollten. Das *Opus tripartitum* sollte aus vier Büchern bestehen: den Vorreden (*Prologi*), dem Werk der Thesen (*Opus propositionum*), dem Werk der Quaestionen (*Opus quaestionum*) und dem Werk der Auslegungen (*Opus expositionum*). Das *Opus expositionum* sollte zwei Teile beinhalten: die Auslegungen im eigentlichen Sinn (*Expositiones*) und das Werk der Predigten (*Opus sermonum*). Von diesem gewaltigen Plan existieren heute nur einige Vorreden und Kommentare zu diversen Büchern der Bibel. Von den Vorreden sind erhalten: die Hauptvorrede zum *Opus tripartitum* (Prologus generalis in opus tripartitum), die Vorrede zum Werk der Thesen (Prologus in opus propositionum) und die Vorrede zum Werk der Auslegungen (Prologus in opus expositionum). Bekannt sind ferner die Auslegung zu Genesis (Expositio libri Genesis), das Buch der Bildreden der Genesis (Liber parabolarum Genesis), die Exodusauslegung (Expositio libri Exodi), die Sapientiaauslegung (Expostio libri Sapientiae), die Auslegung des Johannesevangeliums, die Auslegung des Hohenliedes (Expositionis Cantici Canticorum) und nach J. Koch[8] die Predigten und Vorlesungen über Jesus Sirach, Kap. 24 (Sermones et Lectiones super Ecclesiastici c. 24). Das *Opus propositionum* und das *Opus quaestionum* sind bisher nicht aufgefunden worden. In der Hauptvorrede zum *Opus tripartitum* findet sich lediglich eine Skizze dieser Werke.

Die Pariser Quaestionen (Quaestiones parisienses) werden gewöhnlich nicht zum Werk der Quaestionen gezählt. Die beiden lateinischen Predigten aus der Frühzeit Eckharts, d.h. seine Predigt am Osterfest 1294 (Sermo Paschalis a. 1294 Parisius habitus) und die am St. Augustinustag in Paris gehaltene Predigt (Sermo die b. Augustini Parisius habitus), gehören nicht zum *Opus tripartitum*. Übrigens wird in den Werken Eckharts neben den bekannten noch auf viele andere Schriften verwiesen. Loris Sturlese meint, dass sie von Anfang an

---

[7]   LW III, S. XX.
[8]   Vgl. LW III, S. XVIII.

nicht existiert hätten.[9] Wahrscheinlicher ist, dass sie verloren gegangen sind, zumal Eckhart nach seinem Tod als Häretiker verurteilt wurde.

Zu fragen ist, ob die bekannten 56 lateinischen Predigten ursprünglich zum *Opus sermonum* gehörten. Ohne nähere Begründung vertritt J. Koch die Auffassung, dass sie nicht zum *Opus sermonum* gehören, wahrscheinlich, weil es nur Entwürfe sind[10]. K. Ruh dagegen meint, dass sie dem *Opus sermonum* zuzurechnen sind, obwohl es sich nur um Entwürfe handelt und verweist darauf, dass lateinische Predigten in der Regel nur als Entwürfe schriftlich überliefert wurden.[11] Es sei Eckhart zudem darum gegangen, eine Schriftstelle auf zwei verschiedene Weisen zu interpretieren, nämlich als Kommentar und als Predigt, wie es in der Tabula der Auslegung des Johannesevangeliums beschrieben ist[12]. Deshalb ist es wahrscheinlich, dass das *Opus expositionum* ursprünglich in die Auslegungen im eigentlichen Sinn (*Expositiones*) und das Werk der Predigten (*Opus sermonum*) eingeteilt war. Dafür spricht auch, dass viele Schriftstellen in der Auslegung des Johannesevangeliums in "der Predigt am Ende dieses Buches" wieder behandelt werden[13]. Es ist deshalb mit K. Ruh anzunehmen, dass die 56 bekannten lateinischen Predigten ursprünglich zum *Opus sermonum* im *Opus tripartitum* gehören sollten.

3.

Wann nun sind die lateinischen Predigten Eckharts entstanden? Diese Frage ist m.W. bisher nie erörtert worden. Hinweise auf die Datierung der lateinischen Predigten finden sich in der Auslegung des Johannesevangeliums. Zum einen wird dort auf Schriftstellen verwiesen, die in „der Predigt am Ende dieses Buches" behandelt sind. Das macht wahrscheinlich, dass die lateinischen Predigten zur Zeit der Entstehung der Auslegung des Johannesevangeliums bereits vorlagen. Zum anderen benutzt Eckhart in der Auslegung des Johannesevangeliums den Titel „sanctus Thomas", obwohl er Thomas sonst „frater Thomas" nennt[14]. Thomas von Aquin wurde im Jahre 1323 heilig gesprochen. Im gleichen Jahr wurde Eckhart Rektor des

---

9 Vgl. Loris Sturlese, Meister Eckhart. Ein Porträt, Regensburg 1993, S. 16.
10 Vgl. LW IV, S. XXIV.
11 Kurt Ruh, Meister Eckhart. Theologe, Prediger, Mystiker, München 1985, S.74.
12 Vgl. LW III, S. 699.
13 Cf. In Ioh. n. 407.
14 Cf. In Ioh. n. 343.

Studium generale in Köln, wo er früher studiert hatte. Weil Eckhart 1328 in Avignon gestorben ist, ist anzunehmen, dass er die Auslegung des Johannesevangeliums, zumindest teilweise, in seinen letzten Jahren in Köln geschrieben hat.

Zu beachten ist nun, dass sich die Bezeichnung „sanctus Thomas" auch in den lateinischen Predigten findet.[15] Das zeigt, dass Eckhart auch die lateinischen Predigten, wenigstens zum Teil, während seines Aufenthalts in Köln verfasst hat. Diese Annahme wird dadurch bestätigt, dass sich lateinische Predigten als akademische Predigten im Unterschied zu den deutschen Kanzelreden nicht an normale Gläubige, sondern den gebildeten Klerus als Zuhörerschaft richteten. Die Hauptaufgaben des damaligen Theologieprofessors bestanden darin, erstens die Schrift auszulegen, zweitens Quaestionen zu leiten und drittens lateinische Predigten zu halten.

Deshalb ist mit großer Sicherheit anzunehmen, dass Eckhart sowohl die lateinischen Predigten wie auch die Auslegung des Johannesevangeliums zumindest teilweise in seinen letzten Lebensjahren geschrieben hat und dass die lateinischen Predigten bei der Auslegung des Johannesevangeliums bereits vorlagen. Damit erklärt sich auch, dass die lateinischen Predigten ein Torso geblieben sind. Man wird deshalb voraussetzen können, dass die lateinischen Predigten Eckharts spätes Denken zum Ausdruck bringen. So findet sich einzig in diesen Predigten die lateinische Terminologie seines letzten Gedankenmotives der „partus dei in anima" (die Gottesgeburt in der Seele)[16].

4.

Was aber ist der zentrale Inhalt der lateinischen Predigten? Meines Erachtens nimmt der Begriff Liebe (amor, dilectio, caritas) unter den christlichen Tugenden eine besondere Stellung ein, und auch Eckhart behandelt ihn in seinen verschiedenen Schriften ausführlich. Im Folgenden soll kurz skizziert werden, wie er den Liebesbegriff in seinen lateinischen Predigten erklärt.

Am ausführlichsten behandelt Eckhart den Liebesbegriff in der lateinischen Predigt „am achtzehnten Sonntag nach dem Fest der heiligen Dreieinigkeit" (Dominica octava decima post Trinitatem)[17] anhand des Doppelgebots der Liebe nach Matthäus: „Du sollst den

---

[15] Cf. Sermo n. 34.
[16] Cf. Sermo n. 544.
[17] Sermo n. 388-405.

Herrn, deinen Gott, lieben von ganzem Herzen" (Mt 22,37) und „deinen Nächsten wie dich selbst" (Mt 22,39).

Für Eckhart ist Liebe eine Bewegung (motus) zum Geliebten hin, die sich mit dem Geliebten vereinen will. Die Liebe zu Gott will daher mit Gott eins werden.[18] Das bedeutet aber zugleich, dass alles, was man „von ganzem Herzen" liebt, der eigene Gott ist und als Gott verehrt wird. In diesem Sinne kann es von den „Feinden des Kreuzes Christi" in Phil 3,19 heißen, dass „ihr Gott der Bauch ist." (Phil. 3,19)[19]. Eckhart versteht die Liebe zu Gott also nicht als eine Gegebenheit, sondern als eine Möglichkeit, die leicht in ihr Gegenteil verkehrt werden kann. Die Hinordnung auf Gott hin (ordo in deum) als Liebe zu Gott ist für Eckhart der einzige und volle Grund der Gutheit. Das bedeutet, dass auch die unten zu erklärende Liebe zum Nächsten erst auf dem Grund dieser Hinordnung auf Gott hin möglich wird.

5.

In der Erklärung der Nächstenliebe („Du sollst deinen Nächsten lieben wie dich selbst") führt Eckhart zunächst ausführlich aus, was die Liebe bewirkt.[20] Erstens befreit die Liebe die Seele vom Tod, indem sie ihr Leben verleiht. Zweitens öffnet sie den Zugang zur Betrachtung und Erkenntnis der göttlichen Dinge, indem sie den Verstand erleuchtet. Drittens bekundet sie ihren Hass gegen den Teufel. Voraussetzung dafür ist, dass der natürliche Mensch ohne die Liebe die Neigung zum Bösen hat und das Böse nicht hassen kann. Viertens macht die Liebe den Menschen Gott ähnlich und dadurch zum Sohn Gottes. Der natürliche Mensch kann ohne die Liebe nicht Sohn Gottes werden.

Was aber ist nun die Nächstenliebe? Nach Eckhart können wir unseren Nächsten nur in Gott wahrhaft lieben, so wie wir uns selbst nur in Gott wahrhaft lieben können[21]. Den Nächsten „so viel wie" (tamquam) sich selbst zu lieben bedeutet, an dessen Lohn und Verdienst die gleiche Freude zu haben wie am eigenen Lohn und Verdienst. Deswegen ist alles, was meinem Nächsten gehört, auch mein Eigentum und zugleich gemeinsamer Besitz. Aber auch Übel, Unglück und Krankheit des Nächsten sind als meine eigenen zu verstehen, freilich nicht mehr als Strafe, sondern als Geschenk. Denn wenn ich sie für mich als

---

[18]   Cf. Sermo n. 389.
[19]   Ibid.
[20]   Cf. Sermo n. 393.
[21]   Cf. Sermo n. 394.

gottgewollt annehme, sind Übel, Unglück und Krankheit keine Last mehr, sondern ein „süßes" Geschenk Gottes.

6.

Nach Eckhart entrückt die Liebe den Liebenden aus sich heraus in das Geliebte. Darin liegt für ihn im Anschluss an Dionysius das Wesen der Liebe als Ekstase (exstasis)[22]. Liebe bedeutet, das Eigene zu verneinen und aus sich selbst herauszugehen. Daher sucht der wahrhaft Liebende allein nach dem Geliebten. Je weniger der Liebende sich selbst im Geliebten sucht, umso wahrer liebt er das Geliebte. Wer Gott vollkommen liebt, der liebt nichts anderes mehr, noch liebt er etwas mehr als Gott. Ein solcher Mensch liebt alles Gute außer Gott, mag es an sich Tugend sein, allein aus dem Grund, dass in ihm das Abbild Gottes aufleuchtet, das allein er liebt. Andernfalls wäre der Mensch nach Eckhart noch nicht vollkommen in der Liebe. Denn die vollkommene Liebe kennt keine Begehrlichkeit (cupiditas)[23]. Die wahre Liebe ist für Eckhart die göttliche Liebe (caritas), die von jeder Selbstbezogenheit und Begehrlichkeit frei ist. Man wird sagen können, dass der Begriff der göttlichen Liebe den Höhepunkt der Ethik Meister Eckharts bezeichnet.

---

[22]   Cf. Sermo n. 398.
[23]   Cf. Sermo n. 400.

Die transzendentale Struktur des göttlichen Seins und die Seligkeit bei Meister Eckhart

Tatsuya Yamazaki[1]

EINLEITUNG

Am Ende seines *Prolog generalis in opus tripartitum* erklärt Eckhart: „aus den ersten vorausgeschickten Sätzen lassen sich, wenn sie richtig abgeleitet werden, alle oder doch fast alle Gott betreffenden Probleme leicht lösen und die Schriftworte über ihn – fast immer auch die dunklen und schwierigen – mit natürlicher Begründung lichtvoll auslegen."[2] „Der erste Satz", den Eckhart oben anspricht, heißt „das Sein ist Gott" (esse est deus). In „allen Gott betreffenden Problemen" ist nach Eckhart die Lehre des heiligen christlichen Glaubens und der Schrift beider Testamente eingeschlossen.[3] Eckhart hat also die Absicht, das göttliche Sein mit der natürlichen Begründung der Philosophen (rationes naturales philosophorum) zu erläutern,[4] um die damit verbundenen Probleme lösen zu können. Die Erläuterung muss uns aber den Weg auf die Vollendung des Menschen und die Seligkeit zeigen, indem und insofern diese Erläuterung im theologischen Bereich geführt wird und sich der Logos als Heilsprinzip offenbart. Im Folgenden möchte ich ausführen, wie Eckhart die Erläuterung des göttlichen Seins auf die Vollendung des Menschen und die Seligkeit bezieht.

---

[1]   Anm. der Herausgeber: Herr Kollege Yamazaki spricht ein ausgezeichnetes Deutsch. Dennoch hat er die Herausgeber gebeten, seinen Beitrag kritisch durchzusehen und ggf. zu korrigieren. Tatsächlich haben wir hier und da Korrekturen vorgenommen, aber nur zögerlich und zurückhaltend. Wer von Meister Eckhart nichts versteht, wird auch diesen Beitrag unverständlich finden. Der Kenner aber wird in jedem Fall wissen, was gemeint ist, und diesen Artikel mit Gewinn lesen.

[2]   Prolog generalis in opus tripartitum n. 22. Lateinische Werke (= LW) I, 165, 9-12: Postremo notandum quod ex praemissa prima propositione, si bene deducantur, omnia aut fere omnia, quae de deo quaeruntur, facile solvuntur, et quae de ipso scribuntur – plerumque etiam obscura et difficilia – naturali ratione clare exponuntur.

[3]   Expositio sancti evangelii secundum Iohannem (= In Ioh.) n. 2; LW III, 4, 4-6: intentio est auctoris, sicut et in omnibus suis editionibus, ea quae sacra asserit fides christiana et utriusque testamenti scriptura, exponere per rationes naturales philosophorum.

[4]   In Ioh. n. 2; LW III, 4, 4-6.

1. ENS IN QUANTUM ENS
ALS GEGENSTAND DER THEOLOGIE

Im Sapientiakommentar führt Eckhart im Blick auf die Erläuterungen der Metaphysik aus, die Moses Maimonides gab: „Was auch immer Aristoteles über alles Seiende von der Mondsphäre bis zum Mittelpunkt der Erde gesagt hat, ist ohne Zweifel wahr. Was Aristoteles jedoch von dem Seienden über die Mondsphäre gesagt hat, beansprucht nur Wahrscheinlichkeit", und weiter: „Was auch immer Aristoteles zu all dem gesagt hat, was unter der Mondsphäre liegt, kommt aus der sinnlichen Ordnung, und seine Worte sind das Ergebnis vernünftiger Überlegungen und offenbaren die natürlichen Ursachen."[5] Mit den Worten des Psalmisten (Ps 113,24) definiert er aber, dass nur der Schöpfer allein mit höchster Vollendung die Wahrheit der Dinge, die im Himmel sind, kennt.

Der Grund dafür, dass es wahr ist, was zum Seienden unterhalb der Mondsphäre gesagt wird, besteht darin, dass die Worte aus der Vernunft kommen. Die Worte gehören zur Physik. Mit der Vernunft aber können wir das Seiende über der Mondsphäre, nämlich der übersinnlichen Welt, betrachten. Die Worte indes, die über das Seiende oberhalb der Mondsphäre gesagt werden, sind nicht wahr, sondern wahrscheinlich und gehören zur Metaphysik. Nur Gott allein kann von der Wahrheit alles Seienden oberhalb der Mondsphäre sprechen. Diese Worte liegen in der Theologie vor.

Im Johanneskommentar sagt Eckhart: „evangelium comtemplatur ens in quantum ens."[6] Er führt weiter aus, dass das Evangelium Ewiges, das Alte Gesetz Zeitliches versprechen, und zieht aus der Auslegung zum Wort des Psalmisten: „von deinem Antlitz lass mein Urteil ausgehen" (Ps 16,2) die Konsequenz, dass aus demselben Adler die Wahrheit und die Lehre der Theologie, die der Naturphilosophie und Moralphilosophie, die der praktischen und theoretischen Kunst und auch die des positiven Rechtes herkommen.[7] Entsprechend dieser Konsequenz ist das Evangelium als Theologie zu verstehen. Theologie lässt sich dem metaphysischen Bereich zuordnen, in Hinsicht darauf, dass das Seiende als Seiendes der Gegenstand der Metaphysik ist und mit dem Seienden oberhalb der Mondsphäre zu identifizieren ist.

---

[5]   Expositio libri Sapientiae (= In Sap.) n. 208; LW II, 542, 2-5.
[6]   In Ioh. n. 444; LW III, 380, 13-14.
[7]   In Ioh. n. 444; LW III, 381, 5-6: ex eadem vena descendit veritas et doctrina theologiae, philosophiae naturalis, moralis, artis factibilium et speculabilium et etiam iuris positivi.

Eckhart begreift daher das Evangelium als Theologie und gleichzeitig als Metaphysik. Dennoch gilt es, zwischen Theologie und Metaphysik zu differenzieren: Das metaphysische Verständnis des Seienden oberhalb der Mondsphäre ist nur wahrscheinlich. Nur Gott allein vermag hier die Wahrheit über das Seiende zu erkennen. Wir müssen daher das Evangelium als Theologie im engeren Sinn definieren, obwohl sein Gegenstand identisch ist mit dem der Metaphysik.

Zum Ersten möchte ich eine Beschreibung aus seinem *Sapientiakommentar* anführen, um zu verstehen, wie Eckhart das Seiende als Seiendes interpretiert.

„Jedes Ding hat hinsichtlich dessen, was es ist, weder eine Wirkursache noch eine Zielursache. Der Grund dafür besteht darin, dass weder der Metaphysiker, der das Seiende als Seiendes betrachtet, noch der Mathematiker etwas durch diese Ursachen lehrt, beweist oder definiert. Der Philosoph sagt daher, dass ,im Bereich des Mathematischen vom Guten nicht die Rede ist‘, weil Gutes und Ziel identisch sind. Außerdem besteht der Grund dafür darin, dass Wirkursache und Zielursache äußere Ursachen genannt werden und sind.“[8]

Die Ursachen, die die Wesenheit des Dinges bestimmen, sind nicht äußere, sondern innere. Eckhart betrachtet auch die Material- und Formursache als innere Ursache,[9] weil er nach Aristoteles beachtet, dass Erkennen eines konkreten Einzeldings, das aus Materie und Form zusammengesetzt ist, aus der Definition seiner Wesenheit entspringt. Er führt weiter aus, dass ein Ding das, was es ist, nicht von einem anderen hat, die Existenz oder das Sein selbst des Dinges aber auf eine äußere Ursache hinweisen. Der Satz „der Mensch ist ein Sinneswesen“ beispielsweise ist noch wahr, wenn auch kein Mensch existiert, weil „ist“ im Satz Kopula ist und der Satz nichts darüber aussagt, dass ein Ding existiert, sondern darüber, dass ihm gewisse Bestimmungen zukommen.[10]

Dinge in der äußeren Welt sind als Bewegende zu betrachten. Insofern sind in dieser Welt das Ziel der Bewegenden und das Wirkende gesetzt. Diese Welt ist also als ein Werden oder als ständige

---

8   In Sap. n. 20; LW II, 340, 12-341, 6.
9   Liber parabolarum Genesis (= In Gen. II) n. 121; LW I, 586, 7-9: Forma enim et materia causae sunt rei intrisecae.
10 In Sap. n. 20; LW II, 341, 7-342, 1: Quod enim homo sit aut animal sit, habet ab alio; quod autem homo sit animal aut corpus aut substantia, a nullo propsus habet nisi a se ipso: aut enim non est homo aut est animal, si est homo. Unde haec est vera: "homo est animal" quodcumque extra subtracto, etiam per intellectum, quia secundum logicos tales praedicationes, in quibus "est" est tertium adiacens praedicati, non praedicant rei exsistentiam, sed terminorum inhaerentiam.

Änderung zu betrachten. Beim Seienden über der Mondsphäre wird darum nur die Formursache untersucht, weil sich das Seiende unter der Mondsphäre, das aus Materie und Form zusammengesetzt ist, wegen der Materialität ständig ändert. Eckhart sagt daher entsprechend der Aristotelischen Metaphysik, dass im Bereich des Mathematischen weder vom Guten noch vom Ziel, sondern nur von der Formursache die Rede ist, so erst im Bereich des Metaphysischen und Göttlichen.[11] Diese Betonung der Formursache kommt aus seiner Erklärung, dass das Sein zur Form gehöre und die Form selbst sei.[12] Der Ursprung also, durch den das Seiende sein, erkennen und lieben kann, ist die Form, weil es nur in ihr und durch sie sein Sein hat.[13] Im Anschluss daran führt Eckhart aus, dass der göttliche Mensch (homo divinus) der Liebhaber der göttlichen Form ist und Gott als Wirkursache oder Schöpfer und als Ziel nur kennt und liebt, insofern Wirkursache und Ziel in Gott selbst mit seiner Form und seinem Sein zusammenfallen und mit ihm eins sind.[14]

In der Auslegung zum Wort des Ecclesiasticus (24,14): „von Anfang an und vor der geschaffenen Welt bin ich (die göttliche Weisheit), bis zur künftigen Welt werde ich nicht aufhören" begreift Eckhart „vor der geschaffenen Welt" als Mangel der Wirkursache und „bis zur künftigen Welt werde ich nicht aufhören" als Mangel des Ziels. Dieser Mangel des Wirkenden und Ziels bedeutet, dass das, was jedem Seienden das Sein gibt, die Form ist, welche von sich selbst das Sein ist. Das göttliche Sein, von dem in der Auslegung die Rede ist, offenbart sich als das reine Sein, das von allem, was außerhalb ist, von der Wirkursache und dem Ziel losgelöst ist.[15]

Aus den bisherigen Ausführungen wird deutlich: 1. Die Wahrheit kommt aus der hinsichtlich der Form angestellten Betrachtung des Seienden als Seiendes, welches der gemeinsame Gegenstand der

[11] In Ioh. n. 336; LW III, 284, 8-10: Si enim "in mathematicis non est bonum" et finis, sed solum causa formalis, ut ait philosophus, quanto magis in metaphysicis et divinis.
[12] In Ioh. n. 325; LW III, 273, 10-11: esse autem formae est et ipsamet forma. – In Ioh. n. 338; LW III, 287, 3-4: esse autem omne est a forma vel forma est.
[13] In Ioh. n. 338; LW III, 287, 4-5: In ipsa (forma) et per ipsam solam res habet esse, ipsa principium formaliter essendi, cognoscendi, amandi et operandi.
[14] In Ioh. n. 338; LW III, 287, 5-8: Unde homo divinus, amator formae divinae, nescit nec amat ipsum deum, ut efficiens sive creator, nec ut finem, nisi in quantum efficiens et finis sunt in ipso deo ipsa forma et esse dei et unum cum illo.
[15] In Ioh. n. 342; LW III, 290, 12-291, 1: Secundum hoc exponi potest illud Eccli. 24; „ab initio et ante saecula creata sum", id est antequam saecula crearentur, propter carentiam principii efficientis; „usque ad futurum saeculum non desinam" propter carentiam finis sive propter formam quae dat esse et ipsa est esse, mundum, absolutum ab omni quod extra est, puta efficiens et finis.

Theologie und Philosophie ist. 2. Das Sein des göttlichen Menschen ist ursprünglich die göttliche Form, die Gott selbst ist. Die zweite Konsequenz ergibt sich aber nicht aus der traditionellen Reflexion der Metaphysik, sondern aus der vollkommenen Erkenntnis der Wahrheit über das Seiende als Seiendes. Diese Erkenntnisweise gehört zur Theologie, insofern sich diese Weise auf die menschliche Seligkeit orientiert. Auf Eckharts Verständnis für das Sein als den Gegenstand der Theologie werde ich im Folgenden genauer eingehen.

2. DIE TRANSZENDENTALEN BESTIMMUNGEN ALS DIE EIGENTÜMLICHKEIT GOTTES

Im *Prologus in opus propositionum* werden die so genannten transzendentalen Bestimmungen (transcendentia)[16], nämlich das Sein oder Seiendes (esse, ens), das Eine (unum), das Wahre (verum) und das Gute (bonum) als die Eigentümlichkeit Gottes definiert.[17] Die Konvertierbarkeit und die Austauschbarkeit dieser vier Begriffe bauen sich auf der Einheit der göttlichen Natur auf. Erst mit der Verwendung dieser Begriffe können wir gründlich von der Ausfließung der Personen (emanatio personarum) in Gott und von der Wahrheit über die Schöpfung der Welt reden.

Über jeden Begriff führt Eckhart aus: „Das Seiende oder das Sein ist ungezeugt, nicht zeugend und nicht gezeugt, ohne Ursprung und nicht von einem andern; das Eine ist aber ohne Ursprung, ungezeugt, aber zeugend; das Wahre ist aber gezeugt, und es hat den Ursprung von einem andern; das Gute ist aber von einem andern und dem Ursprung, ist nicht gezeugt, doch nicht zeugend, sondern erschaffend und bringt das Geschaffene nach draußen ins Sein hervor."[18]

Das Eine verhält sich nach Eckhart zum Sein am unmittelbarsten, und es bestimmt dieses zuerst und am geringsten.[19] Diese

---

16 Den Terminus „transcendentia" verwendet Eckhart nur im *Geneniskommentar*. Vgl. Expositio libri Genesis (= In Gen. I) n. 128; LW I, 283, 4-6: dicuntur sana secundum naturam analogiae, qua omnia huiusmodi transcendentia se habent ad creaturas, puta ens, unum, verum, bonum.

17 Prologus in opus propositionum (= Prol. op. prop. n.) 4; LW I, 167, 9-10: Notandum ergo prooemialiter primo quod solus deus proprie est ens, unum, verum et bonum.

18 In Ioh. n. 564; LW III, 492, 3-6: ens sive esse est ingenitum nec gignens nec genitum, sine principio nec ab alio; unum vero est sine principio, ingenitum, sed gignens; verum autem est genitum, sed non gignens, habens principium ab alio; bonum autem est ab alio, habens principium, non genitum, tamen non gignens, sed creans, creata extra in esse producens.

19 In Ioh. n. 513; LW III, 444, 1-2: immediatius se habet ad esse, et primo et minimo determinat ipsum.

Verhältnisweise des Einen zum Sein, das in Gott mit seinem Wesen identisch ist, verleiht Gott den Charakter des „Zeugenden". Diese Verhältnisweise stellt aber nicht dar, dass das Eine das Sein als seinen Ursprung nämlich als das andere hat, wie Eckhart äußert, dass das Eine ohne Ursprung ist. Das Sein ist das Eine in diesem Sinne, und das Sein ist die Kraft, die jedes Seiende, das geschaffene als auch das ungeschaffene, ursprünglich entspringen lässt.

Das Wahre hat aber das Eine als seinen Ursprung nämlich als das andere, insofern das Wahre vom Einen gezeugt wird. Das Gute hat seinen Ursprung, in dem das Wahre und das Eine eins sind, aus welchem das Wahre kommt. Das Gute kommt aus dem anderen gleich wie das Wahre. Die Struktur des Seins-Einen-Wahren-Guten bildet wirklich die Differenzierung der göttlichen Personen. Das Eine ist der Vater aller Göttlichen und Geschaffenen, indem und insofern es der erste Ursprung jedes Seienden, des geschaffenen sowie des ungeschaffenen ist. Das Wahre aber gehört zum Sohn, insofern es nur aus dem Einen gezeugt wird. Das Gute geht aus dem Einen und dem Wahren hervor, das aus dem Einen gezeugt wird. Das Gute kommt also dem Heiligen Geist zu, der zur Liebe und zum Band der beiden, nämlich des Vaters und des Sohnes, gehört, insofern die beiden eins sind. Das göttliche Verhältnis vom Vater, dem Sohn und dem Heiligen Geist entspricht daher dem vom Einen, Wahren und Guten.

Aufgrund der begrifflichen Relation von der Einheit (unitas), Gleichheit (aequalitas) und Ungleichheit (inaequalitas) erklärt Eckhart darüber hinaus die logische Struktur des Ausfließens der göttlichen Personen und den Prozess der Schöpfung.

In der theologischen Betrachtung geht die Gleichheit unmittelbar aus der Einheit hervor, wie Boethius lehrt, so dass die Einheit dem Vater und die Gleichheit dem Sohn zukommt.[20] Außerdem geht so die Gleichheit ihrer Natur nach von der Einheit hervor, dass sie in der Einheit bleibt und die Einheit in ihr.[21] In der Heiligen Schrift kommt das Verhältnis von der Einheit und Gleichheit zum Ausdruck: „ich bin im Vater, und der Vater ist in mir" (Joh 14,10 und 11). Dieses Verhältnis entspricht aber nicht dem von der Gleichheit und Ungleichheit, da Ungleiches kein Gleiches ist. Das Ungleiche ist das Vielfältige, Mannigfache, das als solches in der vorgegebenen und umgebenden Einheit des Gleichen aufgehoben wird. In diesem

---

[20]   In Ioh. n. 556; LW III, 485, 12-486, 2: ut ait Boethius in fine Arithmeticae, sic ipsa aequalitas ab unitate nascitur. Hinc est ergo quod, sicut sancti et doctores appropriant patri unitatem, sic filio aequalitatem.

[21]   In Ioh. n. 557; LW III, 486, 6-7: aequalitas ex sui natura sic procedit ab unitate quod manet in ipsa unitate et unitas in illa.

Sinne bedeutet die Ungleichheit die Verneinung der Einheit. Diese Verneinung stellt eine wesentliche Bestimmung des Geschaffenen dar, insofern Geschaffenes etwas, das von Eckhart „ens hoc et hoc" genannt wird, das bedeutet, was vermittels der ursprünglichen Zwei, nämlich des Himmels und der Erde, von der Einheit abgefallen ist.[22] Das Eine als der Ursprung des Seienden steht jedoch in unmittelbarster Beziehung zum Seienden, aufgrund der Verneinung, die dem Einen zukommt.[23]

Es ist dennoch unmöglich, dass die Ungleichheit unmittelbar aus der Einheit hervorgeht. Nach dem Wort des Johannesevangeliums: „Alle Dinge sind durch dasselbe (das Wort) gemacht, und ohne dasselbe ist nichts gemacht, was gemacht ist" (1,3), setzt notwendig dieses Hervorgehen nur die Vermittlung des Sohnes als der Gleichheit voraus. Die Ungleichheit aber verhält sich mit der Gleichheit nicht in der Weise, dass diese in jener oder jene in dieser der Form nach bleibe. Dieses Verhältnis erklärt Eckhart so: „die Ungleichheit bleibt aber in der Gleichheit der Kraft nach."[24] Dieser Satz sagt aus, dass die Gleichheit die Idee der Ungleichheit sei. Die Gleichheit ist die Idee, nach der das Hervorgehende von dem Hervorbringenden hervorgebracht wird.[25] Die Ungleichheit verhält sich daher mit der Einheit in der Weise, dass die Einheit der wesentliche Ursprung (principium essentiale) ist, indem die Gleichheit, die die Idee der Ungleichheit ist, in der Einheit bleibt. Die Ungleichheit steht also im analogen Verhältnis zur Gleichheit und der Einheit. Die Gleichheit steht dagegen im univoken Verhältnis zur Einheit, weil die Gleichheit, wie Eckhart sagt, eine gewisse Einheit ist.[26] Die Ungleichheit, die sich analog zur Gleichheit verhält, geht also aus der Einheit nur vermittels der Gleichheit hervor, die sich univok zur Einheit verhält. Diese logische Struktur von der Ungleichheit, Gleichheit und Einheit bedeutet in der theologischen Betrachtung, dass der Mensch als Geschaffenes aus dem wesentlichen Ursprung vermittels des Sohnes hervorgeht.

Insofern das Seiende als Seiendes der Gegenstand der Theologie ist, muss es das göttliche Seiende (ens divinum) oder Sein sein. Indem

---

22 In Gen. I n. 26; LW I, 205, 3-4: aliquid creatur et creatum est, cadit ab unitate et simplicitate. 6-7: omne quod cadit ab uno, primo omnium, cadit in duo immediate; in alios autem numeros cadit mediante dualitate.

23 Prol. op. prop. n. 15; LW I, 175, 14-15: unum, utpote negationis negatio, immediatissime se habet ad ens.

24 In Ioh. n. 557; LW III, 486, 12: manet tamen haec (inaequalitas) in illa (aequalitate) virtute.

25 Vgl. In Ioh. n. 4; LW III, 6, 8-9: procedens est in producente sicut ratio et similitudo, in qua et ad quam producitur procedens a producente.

26 Vgl. In Ioh. n. 557; LW III, 486, 13: Ipsa enim aequalitas est quaedam unitas.

Eckhart die transzendentalen Begriffe auf die Eigentümlichkeit
Gottes anwendet und auf die logische Struktur des Ausflusses der
göttlichen Personen ein Licht wirft, kann das göttliche Seiende, das
Dietrich Freiberg (Theodoricus de Vriberch, Theodoricus Teutonicus,
1245/50 - nach 1310, vermutlich 1318/20) als den Gegenstand der
Theologie definiert hat,[27] exakter analysiert werden. Der Angelpunkt
der Erläuterung über das göttliche Sein von Eckhart besteht aber
nicht in der Analysis dieses Seins. Insofern sich Theologie auf die
Vollendung des Menschen und die Seligkeit bezieht und sich der
Logos schon als Heilsprinzip offenbart, muss erläutert werden, wie
sie sich mit dem göttlichen Sein als dem Gegenstand der Theologie
beziehen.

3. DIE RÜCKKEHR ZUM EINEN

Im *Johanneskommentar* sagt Eckhart: „Unsere Vollendung und Seligkeit
aber besteht im Einen. Daher machen Vater und Sohn und Heiliger
Geist uns selig, insofern sie eins sind. Im Einen gibt es keinen
Unterschied überhaupt."[28] Die Ununterschiedlichkeit der Einheit
stellt dar, dass in der Einheit jedes Ungleiche aufgehoben wird. In
der Einheit schwinden Werden, Veränderung und das Leid, das ihnen eigen ist, und in der Einheit ruhen also alle Dinge. Denn das
Eine ist, wie gesagt, der Ursprung, aus welchem der Sohn und der
Heilige Geist hervorgehen und welcher also über den Ursprung des
Zeitlichen Hervorbringendes des Geschöpfes hinaus ist. Daher sagt
Eckhart: „das Eine selbst fließt, sprießt, blüht und haucht oder er-
gießt sich seiner eigenen Wesenheit nach in jedes Seiende, sowohl
das ungeschaffene als geschaffene."[29]

[27] Theodoricus de Vriberch, *De subiecto theologiae* 3(5); ed. Sturlese, L., *Opera omnia; Corpus Philosophorum Teutonicorum Medii Aevi* II, 3; 281, 69-75: Quia igitur in hac scientia
tractatur de tota universitate entium – et secundum processum eorum a Deo et secundum ordinem in ipsum et secundum dispositionem entium et proprios modos
eorum inditos ipsis entibus a Deo, ... – necesse est omnia convenire in una ratione
subiecti, quod vocetur, sicut et vere est, ens divinum.

[28] In Ioh. n. 548; LW III, 478, 7-9: cosummatio autem et beatitudo nostra consistit in
uno. Unde pater et filius et spiritus sanctus beatificant, ut unum sunt. In uno enim
nulla distinctio prorsus est.

[29] In Ioh. n. 515; LW III, 446, 5-6: ipsum unum ex sui ratione propria redundat, germi-
nat, floret et spirat sive diffunditur in omne ens tam increatum quam creatum.

Das Eine ist also die Quelle des allerersten Ausfließens.[30] Aus dieser Quelle kommt die Genüge der Seligkeit.[31] Unsere Vollendung und Seligkeit verwirklicht sich daher nur durch die Rückkehr zum Einen, dem allerletzten Ursprung, aus dem wir hervorgegangen sind. Eckhart zieht diese Erläuterung aus der Auslegung zum Schriftwort: „Herr, zeige uns den Vater, und es genügt uns" (Joh 14,8). Der Vater zeigt sich uns, da offenbart sich das Eine als solches. Dieses „Da" heißt nach Eckhart „Da", insofern wir Mit-Väter Gottes, nämlich Väter eines einzigen Bildes sind[32]. Dieses Verständnis baut sich auf dem Erkenntnisprinzip auf, dass der Erkennende und das Erkannte eins seien. Das Schriftwort „Ich und der Vater sind eins" (Joh 10,30) ist aus diesem Prinzip so auszulegen, dass sich das Eine vom Vater und Sohn im Erkennen konstituiert. Daraus ergibt sich also, dass „Väter eines einzigen Bildes", zu denen wir werden sollen, Söhne sind, welche der Natur nach mit dem Vater eins sind.

Bei der Auslegung zum Schriftwort: „Ich und der Vater sind eins" erklärt Eckhart weiter: „eins" (unum) bezeichnet die Einheit, in der Vater und Sohn der Natur nach eins sind, und „sind" kommt aus der Unterschiedlichkeit der Personen, nach der der Vater als der Zeugende, der Sohn als der Gezeugte beschrieben wird. Erst da werden wir die Söhne Gottes, also erst da ist er in der Seele geboren, erst da zeigt sich uns der Vater. Vater und Sohn stehen aber als zwei unterschiedliche Seiende nebeneinander, insofern die beiden sowohl der Natur nach als dem Erkennen nach eins sind.

3.1 Die Theorie der species

Ich möchte nun Eckharts Theorie über *species*[33] ansprechen, um das Verständnis für das Eine von Vater und Sohn zu vertiefen. Im *Johanneskommentar* sagt Eckhart: „in allen unsern sinnlichen oder vernünftigen Vermögen muss zuerst eine species, ein Spross des Gegenstandes gezeugt werden."[34] Im Begriff der *species* sind die bei-

---

30 In Ioh. n. 564; LW III, 492, 9: unum fons est primo primae emanationis. Eckhart bezeichnet dabei das Gute als „Quelle des zweiten Ausfließens (fons secundae)".

31 In Ioh. n. 565; LW III, 493, 1: Sufficientia tamen beatitudinis est ex primo fonte, unitate.

32 In Ioh. n. 573; LW III, 500, 8-9: pater nobis ostenditur, quando dei compatres sumus, patres unius imaginis.

33 Vgl. Yamazaki, Tatsuya, Die Theorie der Species bei Meister Eckhart (jap.), in: STUDIA NEOPLATONICA Vol. IV, 2005, S. 29-53.

34 In Ioh. n. 57; LW III, 47, 17-48, 1: in omni potentia sensitiva vel rationali nostra primo omnium necesse est gigni speciem, prolem obiecti.

den *species*, nämlich *species sensibilis* und *species intelligibilis*, eingeschlossen und bezeichnen sich als ein Spross des Gegenstandes. Eckhart
sagt weiter: „Die Erkenntnis als Spross ist also völlig die gleiche
Species oder das Bild, wodurch der sichtbare Gegenstand erkannt
wird und wodurch der Sehende oder das Sehen durch das Vermögen
in Wirklichkeit sieht."[35] Hier wird *species* mit Bild gleichgesetzt.

Im Anschluss daran zeigt Eckhart nach Averroes, dass der
Erkennende und das Erkannte eins sind, und zwar mehr als Materie
und Form. Der Grund dafür lautet: „denn der Vater, der Gegenstand
–, und der Sohn, der gezeugte Spross, – Species oder Akt, das Sehen
selbst – sind im Sehen und Gesehenen eins."[36] Die wesentliche
Bestimmtheit des wirklichen Seienden (ens reale) oder des Seienden
außerhalb der Seele (ens extra anima), das aus Materie und Form
zusammengesetzt ist, wird also derselben des Sehens, nämlich des
Seienden innerhalb der Seele (ens in anima), gegenübergestellt.[37]
Darüber hinaus zeigt sich, dass das Eine von diesem Seienden vor-
trefflicher als das von jenem ist. Es ist auch bemerkenswert, dass das
Eine vom Erkannten und Erkennen im analogen Verhältnis zum
Einen vom Vater und Sohn steht. Die analoge Ursache der Einheit, in
der sich unsere Erkenntnis verwirklicht, ist also die Einheit von Vater
und Sohn im göttlichen Bereich. Wenn wir beispielsweise einen roten
Apfel sehen, zeugt er so seine *species* in unserem Gesichtssinn, wie der
Vater seinen Sohn zeugt. Die *species* gibt das ganze Sein des Apfels als
den Gegenstand, welcher der Natur nach mit ihr eins ist, zu welchem
mit anderen Worten die *species* im univoken Verhältnis steht, ebenso
kund, wie der Sohn alles offenbart, was der Vater ihm mitgeteilt hat.

In einer lateinischen Predigt erwähnt Eckhart aber „Species Gottes":
„Dann ist es nötig, dass die Seele ringsherum fest und verschlossen
sei, damit die Species Gottes auf die Weise gezeugt wird, wie der Berg,
der das Echo erzeugt, so dass sie nicht nur Tochter, sondern auch ge-

---

[35] In Ioh. n. 505; LW III, 436, 2-4: Est ergo proles notitia species sive imago eadem prorsus qua visibile obiectum cognosciur et qua videns sive visus potentia videt actu.
[36] In Ioh. n. 505; LW III, 436, 7-8: quia pater, obiectum –, filius, proles genita, – species
sive actus, visio ipsa – in visu et vidente unum sunt.
[37] In der *Quaestio Parisiensis I* sagt Eckhart: „Ens ergo in anima, ut in anima, non habet
rationem entis" (n. 7; LW V, 43, 13). In der folgenden *Quaestio II* bezeichnet Eckhart
„Esse autem est finitum ens" als „finitum, determinatum ad genus et speciem"(n. 1; LW
V, 49, 9-10) oder „ens, quod dividitur in decem praedicamenta" (n. 4; LW V, 51,4).
Daraus zieht er so die Konsequenzen: „ens in anima non est ens. Species autem est
in anima" (n. 4; LW V, 51, 6-7) und folglich "species non est ens" (n. 5; LW V, 51,13).
Vgl. dazu Gerwing, Manfred, Theologie im Mittelalter. Personen und Stationen theo-
logisch-spiritueller Suchbewegungen im mittelalterlichen Deutschland. Paderborn/
München/Wien/Zürich ²2002, 163 – 168.

bärend sei und so eine noch größere Ähnlichkeit mit Gott erreiche."[38] Das Auge muss so erleidend sein, dass es überhaupt keine Farbe besitzt, damit es eine Farbe sehen kann. Gleicherweise muss die Seele so erleidend und nackt sein, dass sie aller Geschaffenen ledig ist, damit die „Species Gottes" im Grund der Seele gezeugt werden kann. Dieser Grund bedeutet die Lauterkeit der Seele, die in einer deutschen Predigt als „bürgerlîn" bezeichnet wird.[39] Gott zeugt also seinen einzigen Sohn in der „bürgerlîn" der Seele. Darauf muss sie vorbereiten. Sie muss also sich selbst aus allen Geschaffenen befreien und in ihrer Lauterkeit stehen. Sie muss also eine „Tochter" oder „Jungfrau" sein. Dies ist aber kein endgültiges Ziel der Seele. Die Seele muss ein „Weib" sein, die den Sohn Gottes in Gottes väterliches Herz wiedergebiert.[40]

Die *species* empfängt vom Gegenstand ihr Sein, durch das der Intellekt in der Seele geformt wird. Das heißt, dass mit dem Intellekt, den Gott in uns einhaucht, wir Gott sehen und gleichzeitig Gott uns sieht.[41] Hier zeugt der Zeugende nicht nur etwas ihm Ähnliches, sondern zeugt sein anderes Selbst.[42] Hier also ist der Zeugende mit dem Gezeugten in seinem anderen Selbst eins.[43]

3.2 Das Verhältnis des Glaubens zum Schauen

In der Auslegung zum Schriftwort: „Ich bin der Weg und die Wahrheit und das Leben; niemand kommt zum Vater denn durch mich" (Joh. 14,6), bezieht Eckhart den Weg, auf dem der Mensch dank des

---

38 Sermo XL, 3 n. 405; LW IV, 345, 7-10: Oportet enim quod anima sit solida et clausa circumquaeque, ut in ipsa gignatur species dei ad modum montis gignentis ipsum echo, ut sic non solum sit filia, sed [pariens sive parens propter] maiorem assimilationem ad deum.

39 Predigt (= Pr.) 2; Deutsche Werke (=DW) I, 42, 1.

40 Pr. 2; DW I, 27, 1-9: Daz nû der mensche iemer mê juncvrouwe wære, sô enkæme keine vruht von im. Sol er vruhtbære werden, sô muoz daz von nôt sîn, daz et ein wîp sî. Wîp ist das edelste wort, daz man der sêle zuo gesprechen mac, und ist vil edeler dan juncvrouwe. Daz der mensche got enpfæhet in im, daz ist guot, und in der enpfenclicheit ist er maget. Daz aber got vruhtbærlich in im werde, daz ist bezzer; wan vruhtbærkeit der gâbe daz ist aleine dankbærkeit der gâbe, und dâ ist der geist ein wîp in der widerbernden dankbærkeit, dâ er gote widergebirt Jêsum in daz veterlîche herze.

41 In Gen. I, n. 185; LW I, 328, 14-329, 1: Sic ergo quia intellectus, quem dues inspirat, est quo deum videmus et quo deus nos videt.

42 In Ioh. n. 162; LW III, 133, 4-5: generans enim non solum generat sibi simile, quod ad alterationem pertinet, sed generat alterum se.

43 Sermo XLIX, 2 n. 510; LW IV, 425, 5-8: Septimo, consequenter oportet quod in sola intellectuali natura sit imago, ubi redit idem super se reditione completa et pariens cum parto sive prole est unum idem in se altero et se alterum invenit in se altero.

Glaubens und der guten Werke voranschreitet, auf das Verdienst (meritum), die Wahrheit aber auf das Schauen und das Leben auf den Affekt. Der Weg des Glaubens führt also zum Vater. Er führt zum Schauen des Vaters.

Nachfolgend möchte ich Eckharts Glaubenslehre ansprechen, um zu verdeutlichen, wie sich der Glaube zum Schauen Gottes verhält. In der Auslegung zum Wort des Johannesevangeliums: „Wie viele ihn aber aufnehmen, denen gab er Macht, Gottes Söhne zu werden, denen, die an seinen Namen glauben" (Joh 1,12) beachtet Eckhart das Wort: „denen, die an seinen Namen glauben" und erklärt so, dass das Verhältnis des Glaubens (credere) zum Schauen (videre) oder dem vollkommenen Erkennen gleichsam wie das der Meinung zum Beweis, also wie das des Unvollkommenen zum Vollkommenen ist.[44] „Werden" (fieri) vom Satz: „Gottes Söhne zu werden" zeigt sich nach Eckhart als etwas Unvollkommenes.[45] Die Bezeichnung des Glaubens als Unvollkommenes weist aus, dass „viele, die an seinen Namen glauben" noch nicht Söhne Gottes sind. Denn nach dem Schriftwort (Mt 11,27) kann niemand den Vater schauen als nur der Sohn. Dies bedeutet jedoch nicht, dass sie keine Sohnschaft besitzen, sondern dass sie auf die Sohnschaft hingeordnet sind.

Aus den bisherigen Ausführungen kommt Eckhart zu folgender Definition: Das Glauben und der Glaube sind gleichsam eine Bewegung und ein Werden auf das Sohnsein.[46] Das Verhältnis des Glaubens zum Sohnsein, nämlich dem Schauen, entspricht dem des Werdens zum Sein. Der Grund für die Vollkommenheit des Seins besteht darin, dass sich das Sein unmittelbar auf Gott als die erste Ursache bezieht.[47] Werden muss sich darum zum Sein verhalten,

---

[44] In Ioh. n. 158; LW III, 130, 8-10: Quod autem interponitur+:*his qui credunt in nomine eius* signanter dictum est. Sciendum enim quod credere et videre sive perfecte cognoscere se habent quasi opinio et demonstratio, utpote imperfectum et perfectum.

[45] In Ioh. n. 159; LW III, 131, 7-8: *Fieri*, ait, *filios dei, fieri* imperfectum est, moveri est; *filios* perfectum est.

[46] In Ioh. n. 158; LW III, 131, 3-4: Est ergo credere et fides quasi motus et fieri ad esse filium. Vgl. Thomas von Aquin, *Summa Theologiae II-II*, qu. 2 art. 1 co.: motus animi deliberantis nondum perfecti per plenam visionem veritatis.

[47] In Ioh. n. 325; LW III, 273, 13-274, 3: Differenter enim se habet omnis res in natura, ut dictum est, in suo fieri et in suo esse: fieri enim, distinctum ab esse, ad imperfectionem pertinet et ad imperfecta, esse autem ad perfectionem et ad perfecta et ad ipsam causam primam, quae deus est, per se et immediate, secundum illud Deut. 32: "dei perfecta sunt opera". Fieri ergo imperfectionis est, esse vero perfectionis. In Gen. I n. 149; LW I, 300, 10-12: Rursus sexta ratio est, quia ipsum fieri rerum et ipsarum motus figitur per esse et in esse, quod a deo est, et per consequens quietatur in illo. Esse enim desideratissimum est, quiescens, dulcorans et quietans omnia.

weil Werden ohne Sein nicht bestehen kann.[48] Werden ist, streng gesagt, kein Sein. Jedoch wird das „sein" im Werden verbürgt, insofern Werden im Sein selbst ruht. Das „Sein" im Werden steht also im analogen Verhältnis zum Sein selbst.

Das Sein ist eigentlich der nur Gott eigentümliche Name (d.h."ego sum qui sum") und das „Sein" ist das nur ihm eigentümliche Prädikat. Aber wir bilden uns ein, dass wir aus uns selbst haben, dass wir sind. Eckhart behauptet aber, dass wir vom Wort selbst, vom Sohn Gottes haben, dass wir sind. Denn die geschaffenen Seienden haben nichts aus sich selbst noch aus dem ihnen Eigenen. Im Johannesevangelium steht, wie bereits erwähnt: „Wie viele ihn aber aufnehmen, denen gab er Macht, Söhne Gottes zu werden". Daraus offenbart sich, dass selbst die Macht, den Sohn Gottes aufzunehmen, von Gott ist.[49] Auf diese Weise lässt sich die Hinordnung des Glaubens auf das Schauen verstehen. Das Schauen stellt dar, dass wir Söhne Gottes werden und zum Einen mit dem Vater zu unserem Ursprung kommen. Beim Schauen gibt es jedoch einen Unterschied zwischen dem Schauenden und dem Geschauten, obwohl beide der Natur nach eins sind. Der Andere in diesem Unterschied heißt zwar nach Eckhart der männlich Andere, um so auf die Entstehung und Zeugung hinzudeuten,[50] aber wir müssen den Unterschied sogleich überschreiten, weil es im Einen, zu welchem wir zurückkehren sollen, keinen Unterschied gibt. Auf die Ununterschiedlichkeit des Einen werde ich nun genauer eingehen.

3.3 Die Ununterschiedlichkeit des Einen

Im deutschen Traktat: *Von dem edeln menschen* führt Eckhart aus: „das erste, worin die Seligkeit besteht, ist dies, dass die Seele Gott unverhüllt schaut."[51] Diese Erklärung beruht auf der Auslegung des

---

48 In Sap. n. 190; LW II, 525, 8-9: Constat autem quod ipsum fieri nec est nec fieri est sine esse, quin immo ipsum fieri semper fundatur et figitur in quodam esse et est quoddam esse.

49 In Ioh. n. 99; LW III, 85, 1-7: Quod autem sequitur: *sui eum non receperunt*, quantum ad tres expositiones praemissas eius quod dicitur *in propria venit*, potest exponi quod nec entia nec quae unum sunt aut vera et bona, non habent ex se nec quod sunt nec quod unum sunt nec quod vera et bona – et hoc est quod hic dicitur: *sui eum non receperunt* –, sed habent hoc ab ipso verbo, dei filio – et hoc est quod sequitur: "quotquot autem receperunt eum, dedit eis postatem". Nam et ipsa potestas recipiendi eum ab illo est.

50 In Ioh. n. 133; LW III, 114, 13-14: alius masculine, quod solum originem et generationem significat.

51 Von dem elden menschen (= VeM); DW V, 116, 28-29: daz êrste, dâ sælicheit ane geliget, daz ist, sô diu sêle schouwet got blôz.

Offenbarungswortes: "Ich bin der Erste und der Letzte" (22,13). Das Wort offenbart, dass die göttliche Natur eins sei und jede Person auch eins sei und dasselbe Eine sei, das die Natur sei, und es zeigt, dass es keinen Unterschied zwischen dem göttlichen Sein und Wesen gebe. Jedes Vermittelnde ist folglich Gott ganz fremd.[52] Auch die Seele, die Gott zu schauen sucht, darf kein Vermittelndes haben. Die göttliche Einheit postuliert, dass wir gleicherweise nackt sein sollen. Im Vermittelnden sind nicht nur die Gleichnisse, durch die wir uns „Gott" vorstellen, sondern auch der Name „Gott" eingeschlossen, auch die Selbstreflexion der Seele. Denn die Seele erkennt die beim seligen Schauen nur Gott allein und die Reflexion darüber, dass die Seele Gott schaut, ist nichts anderes als das Wissen, dass die Seele weiß, dass sie Gott schaue.

Gott erkennt aber sich selbst ohne Bild und ohne Gleichnis, indem jedes Vermittelnde Gott fremd ist. Daher dürfen wir Gott nur auf diese Weise erkennen, wie er sich selbst erkennt. Wir müssen also mit Gott eins werden, damit wir Gott genau erkennen können. Diese Einheit kommt in einer deutschen Predigt zum Ausdruck: „Soll ich Gott unmittelbar und ohne Bild und ohne Gleichnis erkennen, so muss Gott geradezu ich werden und ich geradezu er."[53] Der Intellekt der Seele müsste Gott ohne Bild als Sohn Gottes erkennen, insofern er Gott unmittelbar erkennt. Die Ununterscheidbarkeit zwischen dem Vater und dem Sohn veranlasst uns dazu, das Bild des Sohnes zu überschreiten und den Vater unmittelbar zu erkennen, indem Eckhart in dem deutschen Traktat: *Das buoch der götlîchen trœstunge* sagt: „Gleichheit, die vom Einen geboren ist, zieht die Seele in Gott, wie er das Eine ist in seiner verborgenen Einung, denn das ist mit Eins gemeint."[54] Aber der Unterschied zwischen dem Vater und dem Sohn muss aufgehoben werden, insofern im Einen jeder Unterschied verneint. In der deutschen Predigt Nr. 69 führt Eckhart aus: „Der Intellekt blickt hinein und durchbricht alle Winkel der Gottheit und nimmt den Sohn

---

52 VeM; DW V, 114, 21-115, 4: Allerleie mittel ist gote vremde. "Ich bin", sprichet got, "der êrste und der jungeste". Underscheit enist noch in der natûre gotes noch in den persônen nâch der natûre einicheit. Diu götlîche natûre ist ein, und ieglîchiu persône ist ouch ein und ist daz selbe ein, daz diu natûre ist. Underscheit in wesene und in wesunge wirt genomen ein und ist ein.

53 Pr. 70; DW III, 194, 13-195, 2: Sol ich got bekennen âne mittel und âne bilde und âne glîchnisse, sô muoz got vil nâhe ich werden und ich vil nâhe got.

54 Das buoch der götlîchen trœstunge (= BgD); DW V, 31, 5-7: daz glîchnisse, geborn vom einem, ziuhet die sêle in got, als er ist ein in sîner verborgenen einunge, wan daz meinet ein.

im Herzen des Vaters und im Grunde und setzt ihn in ihren Grund."[55]
Der Intellekt durchbricht so ständig und ruht nicht mehr, dass es ihm
weder an Gutheit, Weisheit, Wahrheit noch an Gott selber genügt.
Er bricht weiter in den Grund ein, wo Gutheit und Wahrheit ausbrechen. Dieser Grund ist als das Eine zu verstehen.

Zum Schluss möchte ich eine abschließende Frage stellen: Wo befindet sich das Eine? Hier möchte ich noch einmal darauf hinweisen, dass das Eine das Sein am unmittelbarsten und am geringsten
bestimme. Der Ort also, wo der Intellekt ruht, ist das göttliche Sein.
Dort kann er aber keinen Namen finden, mit dem er das Sein als solches zum Ausdruck bringen kann. Der Begriff „die stille wüeste", den
Eckhart in den deutschen Predigten oft anspricht, dürfte jedoch als
Ausdruck für das Sein zu verstehen sein. In dieser Wüste gibt der
Intellekt der Seele schon auf, den Vater zu suchen, weil der Intellekt
mit dem Vater vereinigt ist. Dort wird der Intellekt als „die vernünfticheit, diu dâ niht suochende enist"[56] genannt. Dort, wo das Ziel des
Sohnes erlangt worden ist, verlangt er nicht mehr, den Vater zu schau-
en. Das Eine, zu dem wir zurückkehren sollen, ist die erste Ursache,
wo wir von allen geschaffenen Dingen und sogar von Gott gelassen
haben. Die Ursache ist unser Ursprung und gleichzeitig Ursprung
Gottes. Dort ist Gott nicht „Gott", der in dem geschaffenen Seienden
ist, sondern was Gott war.[57]

---

[55] Pr. 69; DW III, 178, 3-179, 2: Vernünfticheit diu blicket în und durchbrichet alle die
winkel der gotheit und nimet den sun in dem herzen des vaters und in dem grunde
und setzet in in irn grunt.
[56] Pr. 71; DW III, 217, 2.
[57] Pr. 52; DW II, 492, 3-9: Dô ich stuont in mîner êrsten sache, dô enhâte ich keinen
got, und dô was ich sache mîn selbes; dô enwolte ich niht, noch enbegerte ich niht,
wan ich was ein ledic sîn und ein bekenner mîn selbes nâch gebrûchlîcher wârheit.
Dô wolte ich mich selben und enwolte kein ander dinc; daz ich wolte, daz was ich,
und daz ich was, daz wolte ich, und hie stuont ich ledic gotes und aller dinge. Aber
dô ich ûzgienc von mînem vrîen willen und ich enpfienc mîn geschaffen wesen, dô
hâte ich einen got; wan ê die crêatûren wâren, dô enwas got niht »got«, mêr: er was,
daz er was.

„Verum enim vero consonat" oder: Nikolaus von Kues auf der Jagd

Manfred Gerwing

1. ZUR FRAGE

„Verum enim vero consonat", behauptet Nikolaus von Kues in seinem Spätwerk „Die Jagd nach der Weisheit" (De venatione sapientiae).[1] Doch stimmt das überhaupt? Befindet sich tatsächlich „die Wahrheit in Übereinstimmung mit der Wahrheit", wie dieser Satz recht frei übersetzt wird? Stimmt es, dass das Wahre mit dem Wahren übereinstimmt? Was ist überhaupt mit dieser von Nikolaus von Kues scheinbar lapidar hingeworfenen Aussage gemeint? Wie muss man ihn richtig übersetzen, wie ist er sinnvoll zu verstehen?

Um die Beantwortung dieser Fragen soll es im Folgenden gehen; nicht um eine die bisherige Forschung zusammenfassende oder gar in theologisch-philosophischer Hinsicht innovative Gesamtinterpretation von „De venatione sapientiae".[2] Dabei wird freilich vorausgesetzt, dass der Kusaner den Satz von der Übereinstimmung des Wahren mit dem Wahren nicht, um mit Immanuel Kant zu sprechen, für „steril" und „tautologisch", sondern für „lebendig" und „innovativ", ja für grundle-

---

[1] Ich zitiere der Einfachheit halber aus der Lizenzausgabe für die Wissenschaftliche Buchgesellschaft Darmstadt der Felix Meiner Ausgabe, Hamburg 2002: Nikolaus von Kues: Philosophisch-theologische Werke. Lateinisch-Deutsch. Bd. 4: De venatione sapientiae. Auf der Grundlage der Ausgabe von Paul Wilpert neu hrsg. von Karl Bormann. Darmstadt 2002, 1 – 192; hier: c. 2 n. 6, 11 – 12, p. 10. Vgl. auch Bormanns kritische Stellungnahme zu dem von Mischa von Perger besorgten Verriss seiner Edition, Bormann, Karl: De venatione sapientiae. Bemerkungen zu einer Rezension. In: Mitteilungen und Forschungsbeiträge der Cusanus-Gesellschaft 30 (2005) 233 – 238.

[2] Guter Überblick bei Flasch, Kurt: Nicolaus Cusanus. München ³2007, 49 – 65 (= Beck'sche Reihe Denker 562); ders.: Nikolaus von Kues. Geschichte einer Entwicklung. Vorlesungen zur Einführung in seine Philosophie. Frankfurt a. M. ²2001, 602 – 622; dazu aber meine Rezension in: Theologie und Glaube 90 (2000) 364 – 366; Leinkauf, Thomas: Nicolaus Cusanus. Eine Einführung. Münster 2006 (= Buchreihe der Cusanusgesellschaft Bd. 15); dazu ebenfalls meine Rezension in: Rottenburger Jahrbuch für Kirchengeschichte 26 (2007) 326 f.; Winkler Norbert: Nikolaus von Kues zur Einführung. Hamburg ²2009.

gend hält.[3] Denn so „lapidar" wie der Satz auf den ersten Blick erscheinen mag: Es fällt doch bei näherem Betrachten des Kontextes auf, dass die von Nikolaus getroffene Aussage wie ein Schlussstein (non lapis sed medium saxum!) am Ende eines Gedankengangs artikuliert wird, eines Gedankenganges, der zu Beginn des zweiten Kapitels dargeboten wird:

Thales von Milet, so heißt es, nenne Gott den Uralten, da er ungezeugt sei. Die Welt aber sei, so behaupte dieser „Erste unter den Weisen", urschön; und zwar deswegen, weil sie von Gott geschaffen sei.[4] Die Welt strahle, wie Nikolaus von Kues betont, in der Tat „Gottes höchste Gutheit, Weisheit und Herrlichkeit" wider. Und der Kusaner gesteht: „Ich fühle mich hingezogen, nach dem Künstler dieses so bewunderungswürdigen Werkes zu suchen, und ich sage zu mir: Man kann zum Wissen des Unbekannten nicht durch ein noch Unbekannteres kommen. Ich muss also eine Grundgewissheit zu fassen bekommen, die alle Jäger außer Zweifel lassen und voraussetzen. Nur in ihrem Licht kann ich dann nach dem Unbekannten suchen. Die Wahrheit ist doch in Übereinstimmung mit der Wahrheit."[5]

Das, was der Mensch dank seiner Vernunft zu fassen bekomme, ist das, was sich zeigt und dessen der erkennende Mensch, weil es sich zeigt, gewiss ist. Nikolaus von Kues denkt an das vor Augen Liegende und konkret Greifbare. Dieses ist zunächst das, was sich zeigt, ist auch das, was, weil und sofern es sich zeigt, zeigend ist, aber eben nicht nur auf das, was sich zeigt, sondern auch auf das, was sich nicht zeigt, also hinweist auf etwas anderes, kurz: „ausstrahlt", ausstrahlt auf das, was

3   Kant, Immanuel: Kritik der reinen Vernunft. Nach der ersten und zweiten Originalausgabe neu hrsg. von Raymund Schmidt. Hamburg 1956, 334 (Ausg. von 1787, 359): „Denn Wahrheit oder Schein sind nicht im Gegenstande, sofern er angeschaut wird, sondern im Urteile über denselben, sofern er gedacht wird. Man kann also zwar richtig sagen: daß die Sinne nicht irren, aber nicht darum, weil sie jederzeit richtig urteilen, sondern weil sie gar nicht urteilen." In der Ausg. von 1787, 113 (ebenda 124) heißt es – fast Mitleid erheischend – zu der Transzendentien-Lehre „ens est unum, verum bonum": „Ob nun zwar der Gebrauch dieses Prinzips in Absicht auf die Folgerungen (die lauter tautologische Sätze gaben) sehr kümmerlich ausfiel, so, daß man es auch in neueren Zeiten beinahe nur ehrenhalber in der Metaphysik aufzustellen pflegt, so verdient doch ein Gedanke, der sich so lange Zeit erhalten hat, so leer er auch zu sein scheint, immer eine Untersuchung seines Ursprunges".
4   Nikolaus von Kues: De venatione sapientiae c. 2 n. 6, 3 – 5, p. 10: „Dicit inter sapientes primus Thales ille Milesius deum antiquissimum, quia ingenitus, mundum pulcherrimum, quia a deo factus."
5   Ib. c. 2 n. 6, 7 – 11, p. 10: „Moveor ad quaerendum huius tam admirandi operis artificem et intra me dico: Cum ignotum per ignotius non possit sciri, capere me oportet aliquid certissimum, ab omnibus venatoribus indubitatum et praesuppositum".

noch unbekannt, ungewiss und verborgen ist: „in luce illius ignotum quaerere. Verum enim vero consonat."[6]

Doch noch einmal gefragt: Wie versteht Nikolaus diesen Gedanken? Was meint er, wenn er vom Wahren spricht, das mit dem Wahren übereinstimmt? Um die Frage zu beantworten, ist es notwendig, mit Cusanus auf die Jagd zu gehen, auf die Jagd nach Weisheit. Diese Jagd, so stellt sich heraus, ist eine Jagd angesichts des Todes (2.), die gesuchte Weisheit ist das Wahre, was vorausgesetzt wird (3.) und das in den verschiedenen Jagdrevieren (4.) nicht nur in horizontaler, sondern auch in vertikaler Richtung ebenso variationsreich wie vertiefend in den Blick gerät und zur Sprache kommt. Die Antwort auf unsere Frage lässt sich hören und verleiht mit ihrem „metaphysischen Mitlaut" der Frage nach der Wahrheit ihren besonderen Klang (5.).

2. ANGESICHTS DES TODES

Um aber überhaupt mit Nikolaus auf die Jagd gehen zu können, bedarf es bestimmter Vorbereitungen. Sie betreffen vor allem Fragen nach dem Grund, dem Ziel und der Art und Weise der bevorstehenden Jagdzüge. Nikolaus von Kues sucht diese Fragen zu Beginn seiner in den Wintermonaten 1462/63 verfassten Schrift zu beantworten, indem er auf seine bisherigen „Jagdveranstaltungen" verweist, auf seine bisherige Suche nach Weisheit.[7]

Überhaupt darf nicht übersehen werden, dass der Kusaner „De venatione sapientiae" offensichtlich als eine Art geistiges Testament verstanden wissen möchte. Jedenfalls spielt der inzwischen Einundsechzigjährige sogleich im ersten Satz auf sein Sterben, näherhin darauf an, dass er nicht nur nicht wisse, wie lange er überhaupt noch zu leben habe, sondern ebenfalls nicht angeben könne, wie lange er noch in der Weise zu leben vermöchte, dass er Ausschau nach der Wirklichkeit im Ganzen halten und sich wissend und wertend, mit einem Wort denkend, in der Weltwirklichkeit zurechtfinden könne.[8]

Nikolaus von Kues spricht hier erstmals von seinem Tod. Er weiß, dass er sterben muss. Überdies erkennt und bekennt er öffentlich und

---

6   Ib. c. 2 n. 6, 11, p. 10.
7   Ib. Prol. n. 1, 5 – 9, p. 1.: „Propositum est meas sapientiae venationes, quas usque ad hanc senectam mentis intuitu veriores putavi, summarie notatas posteris relinquere, cum nesciam, si forte longius et melius cogitandi tempus concedatur; sexagesimum enim primum transegi annum."
8   Ib. Prol. n. 1, 14 – 17, p. 1: „Et quae diligentissima meditatione repperi, licet parva sint, ut acutiores moveantur ad melius mentem profundandum, peccator homo timide verecundeque pandam, hocque ordine procedam."

kritisch genug, dass die ihm verbleibende Lebenszeit nicht unbedingt identisch ist mit der Zeit, die ihm noch zum Denken und zum „Jagen nach Weisheit" verbleibt. Die Lebenszeit ist nicht identisch mit der Zeit des Philosophierens. Er bringt mit dieser Differenzierung zugleich und mit wenigen Strichen sein Philosophieverständnis in Erinnerung: Philosophieren ist ihm Denken und Erkennen, Denken von Wahrem und Wahrheitserkenntnis; und zwar nicht irgendwann und irgendwie, sondern angesichts des Todes. Gemeint ist wiederum nicht der Tod schlechthin, wobei der so den allgemeinen Tod Denkende und obenhin über die Sterblichkeit des Menschen Räsonierende wider allen Schein doch insgeheim von seiner eigenen Unsterblichkeit überzeugt ist.[9] Vielmehr wird deutlich, dass Nikolaus den eigenen Tod bei all seinen Überlegungen mit ins Auge fasst. Philosophieren ist dem Kusaner denken und erkennen angesichts des eigenen Sterbens, des eigenen Todes. Gerade im Bezug auf die eigene Existenz wird bloßes Wissen allererst zur Weisheit.

Es geht bei der Jagd nach Weisheit also nicht um Erkenntnisse von irgendetwas, von diesem oder jenem, es geht nicht um angehäuftes Wissen – wer viel weiß, weiß noch nicht viel –, sondern um wahre Erkenntnis, um Erkenntnis von Wahrheit, mehr noch: von Wahrheit, die den Menschen so betrifft, dass sie ihn „voranbringt", vollkommener macht und gerade so „höchste Befriedigung gewährt", mit einem Wort: „beglückt"; und das, nochmals sei es betont, angesichts des eigenen Todes.[10]

In diesem Zusammenhang weist Nikolaus empfehlend auf das Buch „De vitis atque sententiis philosophorum" des Diogenes Laertius hin, das er im Herbst 1462 erhielt und ihm einen Überblick über die Breite und Vielfalt der antiken Philosophie verschafft.[11] Die Lektüre dieses Buches, so betont er, regte ihn an, selbst noch einmal den Ertrag seines angestrengten Nachdenkens zusammenzufassen, in der Hoffnung, „scharfsinnigere Geister" als er selbst in Gefilde zu führen,

---

[9] "All men think all men mortal but themselves." Young, Edward: The Complaint or Night-Thoughts. London 1774, 17 (= Works III). Vgl. ebenfalls das bekannte Diktum aus Thomas Manns „Der Zauberberg": „Der Tod ist eine Angelegenheit der Anderen." Ebenfalls Heidegger, Martin: Sein und Zeit. Tübingen [12]1972, 153: „Die öffentliche Daseinsauslegung sagt: ‚man stirbt', weil damit jeder andere und man selbst sich einreden kann: je nicht gerade ich; denn dieses Man ist das *Niemand*."

[10] Nikolaus von Kues: De venatione sapientiae Prol. n. 1, 11 – 14, p. 1: „Nunc vero [...] concitatus ingenium totum contuli tam gratae speculationi, qua nihil dulcis homini potest advenire."

[11] Ambrogio Traversari hat dieses Buch 1433 ins Lateinische übersetzt. Das MS, das Cusanus benutzt hat, befindet sich heute im Britischen Museum, London: Cod. Harleinan. 1347.

die – seiner Ansicht nach – überreich an Weisheit seien und nur darauf warteten, „erjagt", d. h. als solche auch erkannt zu werden.[12]

Cusanus geht davon aus, dass der Mensch ein natürliches Verlangen (appetitus naturae) nicht nur nach dem Besitz von Wissen (ad scientiam habendum), sondern auch nach dem von Weisheit (ad sapientiam habendum) habe.[13] Dieses natürliche Verlangen ist ihm Grund für die Jagd nach Weisheit. Die Jagd nach Weisheit ist für Cusanus gleichbedeutend mit „Philosophie", mit einer Philosophie freilich, die sich im Wissen um den Tod dessen vollzieht, der philosophiert. Und bemerkenswert, weil, soweit ich sehe, in den zahlreichen Interpretationen dieser alle Beachtung verdienenden Spätschrift des Kusaners kaum berücksichtigt: Mit diesem Philosophieverständnis verändert sich die Sichtweise. Die Jagd nach Weisheit ist ein Philosophieren nicht angesichts des Todes des Erjagten, sondern des Todes angesichts des Jägers beim Jagen selbst. Der Jäger nach Weisheit „stellt" im Jagen nicht bloß etwas ihm Fremdes. Er „stellt" in der Jagd nach Weisheit auch sich selbst.

Damit kommt neben dem Grund auch schon die Art und Weise und das Ziel des „Jagens" in den Blick: Es ist ein Philosophieren, das sich – im Sinne Platons, der dabei stets auf Sokrates blickt – als ein Sterbenlernen vollzieht. Platon benutzt bekanntlich diese Metapher von der Jagd in zahlreichen Variationen und Facetten geradezu leitmotivisch in seinem Dialog „Sophistes". Die Arbeit am Begriff ist ihm ein Jagen, die Jäger sind ihm die Philosophen, sind diejenigen, die sich von den „gesprochenen Schattenbildern" verabschieden, sich vom Untauglichen und Schlechten lösen und nach dem „wahren Wesen der Dinge" streben.[14] Cusanus greift diese starke Metapher auf und treibt sie mit christlichem Verve voran, verbunden mit dem überraschenden, ja geradezu paradox erscheinenden Ziel: durch das Sich-selbst-Stellen angesichts des eigenen Sterbens unsterblich zu werden.[15]

---

[12]   Nikolaus von Kues: De venatione sapientiae Prol. n. 1, 14 – 17, p. 1.

[13]   Ib. Prol. c. 1 n. 1, 18 – 19, p. 1.

[14]   Dazu immer noch bedenkenswert Classen, Carl Joachim: Untersuchungen zu Platons Jagdbildern. Hamburg Univ. Diss. 1952; Kurzfassung Berlin 1960 (= Schriften der Sektion für Altertumswissenschaft. Deutsche Akademie der Wissenschaften zu Berlin Bd. 25); Vgl. Platon: Sophistes. 221 c 5 – 22 b 5; 222 b 6 – 223 a 10; 234 c: „Wie nun aber? Können wir nicht erwarten, dass es auch in Worten eine andere ähnliche Kunst gebe, vermöge deren es möglich wäre, Jünglinge und solche, die noch in weiter Ferne stehen von dem wahren Wesen der Dinge, durch die Ohren mit Worten zu bezaubern, indem man gesprochene Schattenbilder von allem vorzeigt, so dass man sie glauben macht, es sei etwas Wahres gesagt, und der, welcher es sagt, der weiseste unter allen in allen Dingen?" Aufschlussreich auch Platzer, Katrin: Symbolica venatio und scientia aenigmatica. Eine Strukturanalyse der Symbolsprache bei Nikolaus von Kues. Frankfurt a. M. 2001.

[15]   Nikolaus von Kues: De venatione sapientiae c. 32. n. 96, 13 – 17, p. 140: „Sed cum nulla sapientia nos liberet ab hac sensibili et horribili morte, vera erit sapientia, per

Was sich hier – mitten in der Philosophie des Cusanus – bemerkbar macht, ist seine Theologie, genauer noch, seine Christologie.
Nikolaus von Kues weiß es: Keine Weisheit befreit uns von dem
schrecklichen Sterbenmüssen, vor dem leiblichen Tod: Diesen Sold
der Sünde Adams gilt es zu zahlen.[16] Wahre Weisheit besteht darin, aus
der Not des Sterbens eine Tugend zu machen, eine „virtus", die uns
den Weg weist durch den Tod hindurch zur Auferstehung des Lebens:
zum Auferstandenen selbst. „Nur denen, die den Weg Jesu einhalten", einen Weg, der auch vom Kreuz gekennzeichnet und insofern
auch ein Kreuzweg ist, „widerfährt dieses", d.h.: Es widerfährt ihnen
„die Auferstehung"; und zwar „in seiner Kraft", d. h. in der Kraft des
Auferstandenen selbst, in der Kraft des lebendigen Wortes Gottes.[17]

Nikolaus von Kues macht hier auf den Kern der christlichen Botschaft
aufmerksam: dass wir auf dem Weg des gekreuzigt Auferstandenen sind,
auf dem Weg also, den der gekreuzigt Auferstandene selbst ist. „In seiner
Kraft", d. h. in der Kraft des gekreuzigt Auferstandenen werden wir selbst
auferstehen zum Leben, das er, Christus, ebenso selbst ist wie der Weg.

Fassen wir kurz zusammen: Was hier mit wenigen Worten angedeutet wird, aber umso beeindruckender aufblitzt, „ist noch nicht
Pascals Einsicht, das christliche Leben bestehe darin, bei Jesus in
seiner Agonie auszuhalten. Aber es ist doch ein neuer Ton christlichen Ernstes und einer gewissen Distanzierung von der spekulativen
Verdrängung des furchtbaren Sterbens."[18] Nikolaus von Kues plädiert in „De venatione sapientiae" dafür, das eigene Sterbenmüssen
nicht zu verdrängen. Im Gegenteil: Es wird als die entscheidende
Wegzehrung beim Jagen nach Weisheit erkannt. Erst dadurch gewinnt die „Beute" ihren Geschmack. Philosophieren wird zum funda-
mentalen Existenzakt.

quam necessitas illa moriendi vertitur in virtutem et fiat nobis certum <iter> et se-
curum, ad resurrectionem vitae; quod solum vitam Iesu tenentibus et eius virtute
continget."
[16] Nikolaus von Kues: De venatione sapientiae c. 32. n. 96, 17 – 19 p. 140: „Ultimum
igitur studium ibi ponendum, et in hac sola via secura est venatio, quam certissima
sequitur immortalitatis possessio."
[17] Ib. c. 32. n. 96, 1 – 7, p. 140: „Quinimo scimus mortalem naturam soluta moriendi
possibilitate per nexum, quo mortali nectitur, posse ad vitam immortalis spiritus re-
surgere in virtute verbi dei, per quod omnia facta sunt, in nomine Iesu Christo incar-
nati – in quo humanitas non solum medium est conexionis inferioris et superioris
naturae, temporalis et perpetuae, sed et dei creatoris et aeternae immortalitatis –, si
ipsi mediatori nostro conformes fuerimus; quod fide fit et amore."
[18] Flasch 2001, 604.

3. ZUM VORAUSGESETZTEN

Bei der Jagd nach Weisheit zeigt sich bereits der Weg in die Nachfolge
Jesu. Doch dieser Weg, obgleich signiert vom Kreuz, ist für Nikolaus
von Kues durch- und überstrahlt vom Glanz der Freude. Die Freude
selbst aber ist Frucht des Erkennens, mithin etwas Zweites. Sie resultiert aus einem Wachstum an Erkenntnis,[19] nicht erst in jensei-
tiger Existenz in der ewigen Anschauung Gottes, sondern bereits
im Hier und Jetzt des Diesseits: bei der „Anstrengung des Begriffs",
bei der Suche nach Weisheit, im Erkennen von Wirklichem vor
dem Tod und angesichts des Todes.[20] Wer Wirklichkeit erkennt, erkennt Wahres. Er wird so zum Wissenden, zum Wissenden auch seines eigenen Nichtwissens. Wer aber das Wissen wie das Nichtwissen
„schmeckt" (sapere), d. h. in sich aufnimmt, auf sich – angesichts eigener Sterblichkeit – zukommen lässt und sich selbst der Wirklichkeit
an der Grenze zum Nicht-Wirklichen und Verwirkten „stellt", wie der
Jäger das Wild, lässt sie zu, verwandelt sein Wissen zur Weisheit und
wird selbst verwandelt: vom Wissenden zum Weisen. Dabei wird – gerade angesichts des Todes – und im konkreten Blick auf das Wirkliche
deutlich, dass alles Geschaffene sich nicht selbst verdankt, sondern
von Gott, dem Schöpfer, kommt und auf ihn hinweist. Gott ist jene
Wirklichkeit, ohne wen nichts ist. Alles, was ist, ist von Gott; deswegen
verweist alles, was ist, auf Gott. „Daraus ergibt sich das Wissen, dass
nichts von allem, was ist, ganz und gar des Guten entbehren kann,
ebenso wenig wie des Großen, des Wahren und des Schönen."[21]

Es zeigt sich: Nikolaus von Kues sucht auf der Jagd Gott. Er ist ihm
nicht die letzte Stufe, sondern vor allen Stufen und damit der eigentliche Garant auch seiner Koinzidenztheorie. Überhaupt, so erklärt
Cusanus, sei es seine Intention und das letzte Ziel seiner Jagd nach
Weisheit, den einen schöpferischen Urgrund von allem zu finden,
jene Wirklichkeit, die aller Wirklichkeit des Werdens und Vergehens,
ja dem Werden-Können selbst noch vorausliege. Darin kämen seine Jagdzüge zur Ruhe: in der Erkenntnis, dass es nur eine einzige
Ursache für alles gebe, „quod non est nisi una omnium causa".[22] Diese
Ursache sei die Schöpferin von allem. Was zu werden vermöge, gehe
selbst allem Werden-Können voraus und sei zugleich das Ziel, der letzte Terminus von allem, „quod illa omne posse fieri praecedat sitque

---

[19] Nikolaus von Kues: De venatione sapientiae c. 16 n. 46, 1, p. 44.
[20] Dazu einsichtsvoll Kobusch, Theo: Christliche Philosophie. Die Entdeckung der
Subjektivität. Darmstadt 2006, bes. 131 – 137.
[21] Nikolaus von Kues: De venatione sapientiae c. 15 n. 44, 4 – 5, p. 62.
[22] Ib. c. 7 n. 16, 4, p. 24.

ipsius terminus".[23] Diese schöpferische Erstursache entziehe sich aller Benennung und Teilhabe. Dennoch gebe es eine Teilhabe an dieser Erstursache; und zwar eine Teilhabe durch Ähnlichkeit, an der alles, was ist, teilhabe.[24]

Nikolaus präzisiert hier den Partizipationsgedanken und lehrt zugleich, wie man richtig von Gott spricht. Die Dinge weisen durch ihr Sosein und Dasein auf Gott hin, sind ihm „ähnlich". Sie sind aber nicht mit Gott zu verwechseln, auch nicht „teilweise". Gott ist der Erste, der Einzige, der Eine und der Einfache. Es gibt keine Teile von ihm. Insofern ist Gott auch „kein Stück Welt". Es kann Gott nicht „am Stück" oder gar als „ein Stückchen" geben, wenngleich nichts in der Welt und die Welt selbst, d. h. alles, was nicht Gott ist, die Schöpfung, ohne Gott wäre. Die vielen Schöpfungsdinge, die es gibt, die werden und vergehen, ja, das Werdenkönnen in den Dingen selbst, sind nicht Gott, sondern verweisen dank ihrer Teilhabe durch Ähnlichkeit auf Gott, der allem Seienden vorausliegt.

Nikolaus von Kues wird diese Jagd nach der Einheit und dem Einen, die zweifellos an den frühen Augustin und dessen Satz von der Philosophie als einer einzigen Theorie der Einheit erinnert,[25] in seiner letzten Schrift, die er vier Monate vor seinem Tod schrieb, „De apice theoriae"[26] noch einmal reflektieren. Das dabei zur Anwendung kommende Verfahren nennt er schon jetzt, in „De venatione sapientiae", „resolutio".[27] Es besteht in der Erkenntnis dessen, was jeweils vorausgesetzt wird.[28] Drei Erkenntnisschritte sind zu differenzieren:

---

23 Ib. c. 7 n. 16, 5, p. 24.
24 Ib. c. 7 n. 16, 6 – 7, p. 24: „quae nec est nominabilis nec particiabilis, sed eius similitudo in omnibus participatur."
25 Trelenberg, Jörg: Das Prinzip „Einheit" beim frühen Augustinus. Tübingen 2002, 167 – 171 (= Beiträge zur historischen Philosophie Bd. 125); Beierwaltes, Werner: Nicolaus Cusanus. Innovation durch Einsicht aus der Überlieferung – paradigmatisch gezeigt an seinem Denken des Einen. In: ,Herbst des Mittelalters'? Fragen zur Bewertung des 14. und 15. Jahrhunderts. Hrsg. von Jan A. Aertsen und Martin Pickavé. Berlin / New York 2004, 351 – 370, bes. 356 – 360, 363 – 370, hier 363 f. (= Miscellanea Mediaevalia. Veröffentlichungen des Thomas-Instituts der Universität zu Köln Bd. 31).
26 Nikolaus von Kues: De apice theoriae. In: Nikolaus von Kues. Philosophisch-theologische Werke. Lateinisch-deutsch. Bd. 4. Mit einer Einleitung von Karl Bormann. Darmstadt 2002, 1 – 176 [3] (= Hamburg 2002); dazu Gerwing, Manfred: Was Gott vermag. Vom „Können selbst" nach Nikolaus von Kues oder: Zur Fragwürdigkeit der Theodizeeproblematik. In: Jesus hominis salvator. Christlicher Glaube in moderner Gesellschaft. Festschrift für Bischof Dr. Walter Mixa. Hrsg. von Erwin Möde, Stephan E. Müller, Burkard M. Zapff im Auftrag der Theologischen Fakultät der Katholischen Universität Eichstätt – Ingolstadt. Regensburg 2006, 135 – 151 (= Eichstätter Studien Bd. 55).
27 Vgl. etwa Nikolaus von Kues: De venatione sapientiae c. 26 n. 76, 17, p. 112.
28 Gerwing 2006, 143.

1. Die subsistente Washeit subsistiert unveränderlich allen Substanzen: „[...] quiditatem in se subsistentem esse omnium substantiarum invariabilem subsistentiam."[29]

2. Weil aber die subsistente Washeit unveränderlich allen Substanzen subsistiert, kann sie „weder vermehrt noch vervielfältigt werden." Den existierenden Dingen kommt, so Nikolaus, keine je eigene Washeit zu. Vielmehr gebe es für alle nur eine in sich bestehende Subsistenz, griechisch formuliert: nur eine einzige Hypostase: „et hinc non aliam et aliam aliorum entium quiditatem, sed eandem omnium hypostasim."[30]

3. Die „quiditas in se subsistens" ist die Subsistenz aller Substanzen und damit auch die einzige „hypostasis von allen Dingen". Wenn aber, so ist zu folgern, diese Hypostase, diese Subsistenz aller Substanzen sein kann, dann kann nur das Können selbst jene gesuchte Washeit sein, die ihren Bestand in sich selbst hat. Ohne das Können kann überhaupt nichts sein. Und genau darin besteht die letzte Stufe der Erkenntnis: Das „Posse ipsum", das Können selbst oder, wie auch zu übersetzen ist, das „Vermögen" ist dasjenige, „dem gegenüber nichts Grundlegenderes bestehen kann. Deshalb ist es das gesuchte Was oder die Washeit selbst."[31]

Damit entdeckt Nikolaus die Einheit der Realität, ohne freilich die Vielheit zu übersehen. In dieser kommt die Einheit zur Erscheinung und zeigt sich die Wahrheit: Ursprung von allem ist in „De apice theoriae" das „Posse", das Können selbst. Dieses ist noch vor allem Werdenkönnen und identisch mit dem in allem mächtigen Gott.

Hier, in „De venatione sapientiae", spricht Nikolaus noch vom „Possest". Aber er sucht bereits mit dem Verfahren, das er selbst „resolutio" nennt, nach dem, was diesem „Possest" vorausliegt und allererst ermöglicht. Er findet es in Gott.[32] In „De venatione sapientiae" teilt Nikolaus von Kues zum ersten Mal mit, wem er dieses grundlegende Gottesverständnis überhaupt verdankt: Anselm von Canterbury. „Non enim potest quicquam rationabiliter videri, quo ipsum possest careat, cum omnia comprehensibilia et omnem comprehensionem excedentia perfectissime actu exsistat, beato Anselmo veraciter asserente

[29] Nikolaus von Kues: De apice theoriae n. 4, 4–5, p. 6.
[30] Nikolaus von Kues: De apice theoriae 4, 7–8, p. 6.
[31] Nikolaus von Kues: De apice theoriae 4, 12–15, p. 6 „Ideo posse ipsum, sine quo nihil quicquam potest, est quo nihil subsistentius esse potest. Quare est ipsum quid quaesitum seu quiditas ipsa, sine qua non potest esse quicquam."
[32] Leinkauf, Thomas: Nicolaus Cusanus und Bonaventura. Zum Hintergrund von Cusanus' Gottesname ‚Possest'. In: Recherches de Théologie et Philosophie médiévales. Forschungen zur Theologie und Philosophie des Mittelalters (2005) 113–132.

deum esse maius quam concipi possit."³³ Auch erwähnt Nikolaus in diesem Zusammenhang Thomas von Aquin, der gerade im Blick auf die Allmacht Gottes deutlich artikuliere, dass und warum Gott „alles Denken und alle Fähigkeit" übersteige.³⁴

Kurt Flasch zeigt sich über diese Angabe des Kusaners verwundert. Er findet es „merkwürdig", dass in „De venatione sapientiae" Thomas von Aquin gelobt, „Anselm von Canterbury erwähnt und Augustinus zweimal zitiert" wird, während Cusanus von „Eriugena, Thierry, Albert, Eckhart, Lull", Denkern, denen Cusanus „am meisten verdankt", schweigt.³⁵ Doch die Antwort auf die durch die Verwunderung ausgelöste Frage ergibt sich doch klarerweise aus dem Kontext. Nikolaus von Kues geht es hier um die Darstellung seines „Jagdverfahrens", um die „resolutio"; die Zurückführung des Vielfältigen auf die Einheit, die sich in Gott findet. Das Gottesverständnis aber, das diesem Verfahren zugrunde liegt, geht eben letztlich nicht auf Raimundus Lullus, auch nicht auf Eckhart und den anderen Denkern zurück, denen Nikolaus von Kues zweifellos viel zu verdanken hat, sondern auf den 2009 vor 900 Jahren verstorbenen Anselm von Canterbury. Der Aquinat wird übrigens auch nur deswegen erwähnt, weil dieser Dominikaner, wie Cusanus betont, den Gedanken des Anselm „noch klarer" (et clarius), artikuliert habe. Hier hat Flasch Recht: Das Lob des Thomas durch Nikolaus von Kues bezieht sich nicht auf seine Originalität und die Größe seines Denkens, sondern „auf die Sorgfalt im Unterscheiden von Wortbedeutungen, also auf einen untergeordneten Gesichtspunkt."³⁶ Doch genau darauf kommt es Nikolaus von Kues hier an: auf einen „untergeordneten Gesichtspunkt": auf die Verdeutlichung dessen, was voraus gesetzt wird. Das aber, was vorausgesetzt wird, ist das Gottesverständnis des Anselm.

---

33 Nikolaus von Kues: De venatione sapientiae c. 26 n. 77, 2 – 6, p. 112. Anselm von Canterbury: Proslogion 2 und 15. Hrsg. von Franciscus S. Schmitt. Stuttgart – Bad Cannstatt 1968, 89 – 139 hier 101 und 112 (= S. Anselmi opera omnia 1). Dazu auch Cuozzo, Gianluca: Anselm und Cusanus. Prolegomena zu einem Strukturvergleich ihres Denkens. In: Analecta Anselmiana 3 (1972) 112 – 140.
34 Nikolaus von Kues: De venatione sapientiae c. 26 n. 77, 6 – 10, p. 112: „Et clarius dicit sanctus Thomas in libello De aeternitate mundi sic aiens: 'Cum enim ad omnipotentiam dei pertineat, ut omnem intellectum et virtutem excedat, expresse omnipotentiae derogat, qui dicit aliquid posse intelligi in creaturis, quod a deo fieri non possit.'" Thomas von Aquin: De aeternitate mundi 3 (ed. Paris 1949, Bd. 1, 55).
35 Flasch 2001, 622; vgl. dazu auch die sorgfältige Untersuchung von Frost, Stephanie: Nikolaus von Kues und Meister Eckhart. Rezeption im Spiegel der Marginalien zum ‚Opus tripartitum' Meister Eckharts. Münster 2006, bes. 11 f. (= Beiträge zur Geschichte der Philosophie und Theologie des Mittelalters NF. Bd. 69).
36 Ebenda.

3.1 Zum vorausgesetzten Gottesverständnis

Nikolaus von Kues rekurriert auf das Gottesverständnis des Anselm
von Canterbury. Anselm von Canterbury wiederum betont ausdrücklich, dass dieses Gottesverständnis sowohl von Christen wie auch von
Juden und Muslimen geteilt, ja von jedem Denkenden geteilt werden
könne. Mit „Gott", so Anselm, sei jene Wirklichkeit angezielt, „worüber hinaus nichts Größeres gedacht werden" könne: „id quo maius cogitari nequit".[37] Mehr noch: „Gott" bezeichne jene Wirklichkeit, die
größer ist als alles, was gedacht werden könne: „Also, Herr, du bist
nicht nur das, über das hinaus nichts Größeres gedacht werden kann,
sondern du bist größer als alles, was überhaupt gedacht werden kann":
„es quiddam maius quam cogitari possit".[38]

Damit unterstreicht Anselm, dass Gott unbegreiflich ist, eine
Wirklichkeit, die im Grunde eine völlig andere Wirklichkeit ist als
jene Wirklichkeit, mit der wir es da und dort sowie dann und wann
zu tun haben. Und in der Tat: Gerade darin liegt ja die Schwierigkeit,
von Gott zu reden; denn die „Gott" genannte Wirklichkeit darf
nicht mit der Wirklichkeit der Welt verwechselt werden. Sie ist auch
nicht eine Teilwirklichkeit, schon gar nicht ein „Etwas" innerhalb
der Weltordnung. Ein „Etwas" von Gott gibt es nicht, denn, wie sodann Thomas von Aquin verdeutlicht, „Gott ist ganz, wo immer er
ist"[39]. Dabei sprengt die mit „Gott" bezeichnete Wirklichkeit all unser
Begreifen und unsere Begriffe. Sie ist jenseits all unseres differenzie-
renden und definierenden Sprechens.

Sollen wir aber dann nicht doch von Gott schweigen? Tatsächlich
spricht ja nach Meister Eckhart derjenige am schönsten von Gott,
„der aus der Fülle inneren Reichtums vor allen Dingen von ihm zu
schweigen vermag"[40]. Der frühe Wittgenstein (+ 1951) spricht es klipp
und klar aus: „Wovon man nicht sprechen kann, darüber muss man
schweigen".[41] Er kommt damit dem sehr nahe, wovon die Sprache des
Glaubens von ihrem Thema her signiert ist, was die Religion zu kulti-
vieren und die Theologie zu reflektieren sucht: dass der Mensch nur
„an der Grenze zum Schweigen" von Gott zu sprechen vermag.[42]

---

[37] Anselm von Canterbury: Proslogion 2 (ed. Stuttgart – Bad Cannstatt 1968, 101).
[38] Ebenda 15 (ed. Stuttgart – Bad Cannstatt 1968, 112).
[39] Thomas von Aquin: Contra gentiles 3, 68.
[40] Meister Eckhart: Traktat 2, DW 5, 292. Er bezieht sich dabei auf Dionysius Pseudo-
       Areopagita: De mystica Theologia 1,1, PG 3, 997.
[41] Wittgenstein, Ludwig: Tractatus Logico-Philosophicus 7. Frankfurt a. M. 3. Aufl. 1960,
       188.
[42] Gerwing, Manfred: „Christliche Spiritualität" aus dogmatischer Perspektive. Eini-
       ge Thesen. In: Erwin Möde (Hrsg.): Theologie der Spiritualität – Spiritualität der

Das Woraufhin der Schöpfung, das wir Gott nennen, fällt nicht mehr „unter" unsere Begriffe. Es ist das uns vorgegebene Geheimnis, auf das hin wir unterwegs sind. Es begründet das Eigensein des Geschaffenen, ist ihm vorgeordnet, hält es zugleich und übersteigt es unendlich. Das, was wir mit der natürlichen Vernunft einsehen können und was traditioneller Weise „natürliche Gotteserkenntnis" heißt, ist, dass Gott – vgl. 1 Tim 6,16 – „in unzugänglichem Licht" wohnt.[43] „Die Tatsache, dass wir von Gott wissen, was er nicht ist, tritt bei der Erkenntnis Gottes an die Stelle der Erkenntnis dessen, was er ist. Denn wir unterscheiden ein Ding von anderen Dingen ebenso dadurch, dass wir wissen, was es nicht ist, wie dadurch, dass wir wissen, was es ist."[44]

Mit anderen Worten: Aus der Tatsache, dass es keinen Gottesbegriff gibt, dass Gott also „unbegreiflich" ist, darf nicht der Schluss gezogen werden, er, Gott, sei auch unerkennbar. Vielmehr eröffnet sich gerade für Nikolaus von Kues in der Unbegreiflichkeit Gottes allererst die „Jagd nach Weisheit", d. h. im konzentrierten Blick auf all jene Wirklichkeit, die nicht Gott ist, nach Gott zu suchen, variationsreich und in immer wieder neuen Anläufen.[45]

Denn auch das gehört zum christlichen Gottesverständnis, woran Nikolaus nachdrücklich erinnert: dass einerseits von Gott nicht so gesprochen werden dürfe, als identifiziere man ihn mit der Schöpfungswirklichkeit, mit der Welt und den Dingen dieser Welt, dass andererseits aber auch nicht von einer Außerweltlichkeit Gottes die Rede sein könne. Es gilt in der Tat zu unterscheiden: die Nicht-Identität von Schöpfer und Schöpfung einerseits sowie das Darüberhinaus Gottes über alle Kreatur und kreatürlichen Fassungskräfte andererseits. Denn gerade weil Gott jene Wirklichkeit ist, die größer ist als all unser Denken, kann die Welt nicht so gedacht werden, als stünde sie Gott gegenüber. Eine wie auch immer näherhin vorzustellende Juxtaposition von Gott und Welt widerspricht dem Gottesverständnis. Ein Gegenüber Gottes, das nicht wiederum Gott ist, kann es nicht geben; ansonsten wäre Gott nicht Gott. Es müsste sodann nämlich eine dritte Wirklichkeit gedacht werden, die beide „Größen", Gott und Welt, umfasste. Diese dritte Größe aber wäre dann jene Wirklichkeit, worüber hinaus nichts Größeres gedacht wer-

Theologie(n). Eine fächerübergreifende Grundlagenstudie (Eichstätter Studien NF. 57). Regensburg 2007, 77 – 94.

43 Vat. I: Dei filius. Dogmatische Konstitution (DH 3015 – 1016).
44 Thomas von Aquin: In librum Boethii, De trinitate expositio 2 q. 2 a ad 2.
45 Gerwing, Manfred: Theologie im Mittelalter. Personen und Stationen theologisch-spiritueller Suchbewegungen im mittelalterlichen Deutschland. Paderborn/München/Wien/Zürich ²2002, 229 f.

den könnte. Nikolaus von Kues verdeutlicht das Gemeinte im Blick auf seine Koinzidenzlehre.[46]

Gerade darin liegt ja der springende Punkt der Koinzidenzlehre des Kusaners, die er in „De venatione sapientiae" noch einmal autoritativ erklärt:

> „Nam quocumque demonstrato hoc deus non est, quia hoc potest fieri aliud. Non est deus parvus, quia parvum potest esse maius, neque magnus, quia magnum potest esse minus, sed ante omnia, quae aliter fieri possunt, et ante omnia, quae differunt. Est enim ante differentiam omnem: ante differentiam actus et potentiae, ante differentiam posse fieri et posse facere, ante differentiam lucis et tenebrae, immo ante differentiam esse et non esse, aliquid et nihil, atque ante differentiam indifferentiae et differentiae, aequalitatis et inaequalitatis, et ita de cunctis."[47]

Gott ist nicht dieses oder jenes in der Welt. Er ist überhaupt nichts, was werden kann. Er ist „vor" und „über" allem, was wird; weswegen ja gerade alles, was wird, ohne ihn nichts wird, ja ohne ihn nichts und nicht ist. Gott ist „vor" jeder Differenz, vor der Differenz von Licht und Finsternis, von Sein und Nichtsein, von Akt und Potenz, sogar vor der Differenz von Indifferenz und Differenz.

Halten wir fest: Das Vorausssein des gesuchten Einen vor den affirmativen wie negativen Prädikaten findet Nikolaus von Kues in Gott. Die Suche nach dem Einen ist ihm die Suche nach Weisheit, diese wiederum ist ihm permanente Suche nach Gott. Dabei entdeckt Nikolaus von Kues aber etwas, was ihm wichtig und bedeutsam ist. Seine Sprache wird feierlich. Er will noch einmal die Aufmerksamkeit seines geschätzten Lesers erheischen; spricht ihn direkt an und betont, dass das von ihm Entdeckte über alle Maßen staunenswert sei: „Adicere tibi volo unum, quod video super alia mirabile."[48]

3.2 Zur Koinzidenzlehre oder: von der Kunst des Künstlers

Es geht noch einmal um die Koinzidenzlehre. Nikolaus beruft sich auf Dionysius.[49] Mit Recht habe dieser betont, dass wir im Blick auf Gott „die gegensätzlichen Bestimmungen zugleich bejahen und vernei-

---

46 Nikolaus von Kues erklärt in „De venatione sapientiae" die Koinzidenzlehre an drei verschiedenen Stellen: im Felde des „Possest" (c. 13), im Felde des „Non aliud" (c. 14) und im Felde der „unitas" c. 21 – 22.

47 Nikolaus von Kues: De venatione sapientiae c. 13, n. 35, 1 – 10, p. 50 s.

48 Nikolaus von Kues: De venatione sapientiae c. 22, n. 67, 1, p. 96.

49 (Pseduo-)Dionysius Areopagita: Peri mustikes theologias (De mystica theologia) I, 2 (PG 3, 990 B; Dionysiaca I, 571).

nen müssen."[50] Das Staunenswerte sei aber nun, dass wir diese „gleiche Erfahrung" machen, wenn wir uns „allen Dingen" zuwenden. Das
Gesuchte ist die Einheit, nicht das Nebeneinander von Gott und Welt.
Alle Dingen bilden in sich das Abbild des einen Gottes, der als der Eine
über der Koinzidenz steht; „denn da es Einzeldinge sind, sind sie in
gleicher Weise ähnlich, eben als Einzeldinge, und unähnlich, wieder
als Einzeldinge; sie sind weder ähnlich, als Einzeldinge, noch unähnlich, weil Einzeldinge. Dasselbe gilt vom Selben und Verschiedenen,
vom Gleichen und Ungleichen, vom Einzelnen und Vielfachen, vom
Einen und den Vielen, vom Einzelnen und Vielfachen, vom Geraden
und Ungeraden, von der Verschiedenheit und Übereinstimmung und
von ähnlichen Bestimmungen, mag solches auch den Philosophen
absurd erscheinen, die am Grundsatz, dass ‚jedwedes ist oder nichts
ist', auch in der Theologie festhalten."[51]

Im Blick auf die Schöpfungswirklichkeit, noch deutlicher im
Blick auf das konkret vor Augen Liegende, das konkrete „Dieses-Da",
„fühlt" Nikolaus sich, wie fälschlich übersetzt wird, „hingezogen nach
dem Künstler" dessen, der das und all das, was vor Augen liegt, geschaffen hat.[52] Vom „Fühlen" ist zwar im lateinischen Text keine Rede,
hier heißt es schlicht „moveor", aber wer Nikolaus' Äußerung über
den Tod und das eigene Sterben noch im Ohr hat, erkennt die existentiellen Zusammenhänge. Wer angesichts seines eigenen Todes
über das, was vor Augen liegt, reflektiert, hält sich selbst nicht zurück.
Vielmehr weiß er sich selbst in Frage gestellt und dazu gedrängt, im
letzten Ernst nach dem Woher und Wohin all dessen zu forschen, was
existiert. Die Schöpfung insgesamt ist jedenfalls dem Kusaner wie jegliches natürliche Ding „Kunst Gottes". Gott selbst ist der „Künstler",
wobei mit „Kunst" nicht so sehr das künstlerische Schaffen und die
tatsächlichen Kunstgegenstände zu verstehen sind, sondern gemeint
ist vor allem das innere Vermögen des Künstlers selbst, kraft dessen
er schafft.[53]

---

50   Nikolaus von Kues: De venatione sapientiae c. 22, n. 67, 3, p. 98.
51   Nikolaus von Kues: De venatione sapientiae c. 22, n. 67, 3 – 10, p. 98: „Ita, si te ad universa convertis, parifomiter comperies. Nam cum sint singularia, sunt pariter similia,
     quia singualria, et dissimilia, quia singularia; ‚neque similia, qui singularia', neque
     dissimilia, quia singularia. Sic de eodem et diverso, aequali et inaequali, singulari et
     plurali, uno et multis, pari et impari, differentia et concordantia, et similibus, licet
     hoc absurdum videatur philosophis principio, quodlibet est vel non est' etiam in theologicis inhaerentibus."
52   Ib. c. 2 n. 6, 7 – 11, p. 10: „Moveor ad quaerendum huius tam admirandi operis artificem et intra me dico: Cum ignotum per ignotius non possit sciri, capere me oportet
     aliquid certissimum, ab omnibus venatoribus indubitatum et praesuppositum".
53   Eco, Umberto: Kunst und Schönheit im Mittelalter. München ²1993, bes. 195 – 200
     (= dtv wissenschaft 4603); Leinkauf 2006, 161 f.

So erinnert Nikolaus von Kues mit seinen Ausführungen zur Koinzidenz klarerweise an den Satz von der transzendentalen Wahrheit. Dieser Satz besagt vor allem, dass alles Seiende rückbezogen sei auf den schöpferisch erkennenden göttlichen Geist[54] und impliziert mindestens ein Doppeltes: Erstens, dass alle Dinge durch Gott erkannt sind und dass – zweitens – Gottes Erkennen schöpferisch ist. Der Mensch sieht die Dinge, weil sie sind. Sie sind aber, weil Gott sie sieht,[55] wie bereits Augustinus betont, auf den sich – zum Ärger von Kurt Flasch, wie wir sahen – Nikolaus von Kues ebenso ausdrücklich in „De venatione sapientiae" bezieht wie auf Anselm von Canterbury und Thomas von Aquin. Sodann aber bedeutet der Satz von der transzendentalen Wahrheit, dass ‚seiend' und ‚wahr' füreinander stehen, „quia quaelibet res naturalis per suam formam arti divinae conformatur", wie der späte Thomas diese Lehre in seinem unvollendet gebliebenen Kommentar zum zweiten Buch des Organon meisterhaft zusammenfasst.[56] Ohne hier auf die kritischen Unterschiede zwischen Thomas von Aquin und Nikolaus von Kues näher eingehen zu können,[57] soll doch festgehalten werden, dass hier durchaus noch die „Leuchtspur" des Aquinaten zu erkennen ist, wobei – in Abbreviatur gesprochen – die Ideenlehre mit der Logoslehre verbunden wird. Dass dabei der Rekurs auf Thomas keineswegs zwangsläufig bedeuten muss, hier verlasse Nikolaus von Kues die vor allem von Augustinus und Bonaventura signierte Denktradition, belegt noch einmal, wie sehr wir uns vor allzu raschen Einordnungen und Etikettierungen zu hüten haben. Sie verstellen und verzerren mehr als sie erhellen. Wie

---

54 Thomas von Aquin: STh I, q. 16, a. 1.: „Unde unaquaeque res dicitur vera absolute, secundum ordinem ad intellectum a quo dependet." Schlechthin wahr ist ein jegliches Ding kraft seiner Hinordnung auf den erkennenden Geist, von dem es abhängt."
55 Augustinus: Confessiones 13,38; vgl. dens.: De trinitate 6,10.
56 Thomas von Aquin: Expositio libri Peryermeneias 1, lectio 3, n. 8.
57 Nikolaus von Kues hatte Thomas intensiv studiert. Er kannte nachweislich von Thomas nicht nur die „Summa theologiae", sondern auch andere seiner Werke, etwa „De veritate"; vgl. dazu Haubst, Rudolf: Nikolaus von Kues auf den Spuren des Thomas von Aquin. In: Mitteilungen und Forschungsbeiträge der Cusanus-Gesellschaft 5 (1965) 15 – 62; ders.: Die Thomas- und Proklos-Exzerpte des Nicolaus Treverensis in Codicillus Straßburg 84. In: Ebenda 1 (1968); kenntnisreich bes. Kremer, Klaus: Praegustatio naturalis sapientiae. Gott suchen mit Nikolaus von Kues. Münster 2004, 489 – 511 (= Buchreihe der Cusanus-Gesellschaft Sonderbd.); dazu mit bes. Blick auf „De venatione sapientiae" Beierwaltes 2004, 363 – 371; Benz, Hubert: Nikolaus von Kues. Wegbereiter neuzeitlicher Denkweise oder kritischer Interpret traditioneller philosophisch-theologischer Konzeptionen? In: ‚Herbst des Mittelalters'? Fragen zur Bewertung des 14. und 15. Jahrhunderts. Hrsg. von Jan A. Aertsen und Martin Pickavé. Berlin/New York 2004, 371 – 392, bes. 374 – 381, 388, Anm. 77 (= Miscellanea Mediaevalia. Veröffentlichungen des Thomas-Instituts der Universität zu Köln Bd. 31); mit Blick auf die veränderte Spiritualität vgl. Gerwing, Manfred: Devotio moderna oder: Zur Spiritualität des Spätmittelalters. In: Ebenda 594 – 615, bes. 611 – 615.

erinnerlich: Augustinus ist es, der die „Kunst" Gottes mit dem „Logos"
identifiziert und damit auf ein Beziehungsgeflecht verweist, das im
Mittelalter vor allem von Bonaventura dankbar aufgegriffen, intensiv
reflektiert und geistvoll entfaltet wird.[58]

Das Wahre, was der Jäger auf seiner Jagd nach Weisheit erkennt,
indem er auf das vor Augen Liegende blickt, ist nur insofern wahr, als
es auf seine Wesensform und damit auf das verweist, wodurch es ist,
was es ist: auf die Kunst des Künstlers, das Können Gottes. Nikolaus
von Kues setzt die Lehre von der Erkanntheit der Dinge durch Gott
voraus; weswegen er auch an der bereits zitierten Stelle im Blick auf
das konkrete Dieses-Da nicht nur von einer „Grundgewissheit" (certissimum), sondern auch von dem Licht dieser Grundgewissheit
(lux illius) sprechen kann.[59] Nichts Seiendes ist in sich selbst „irrati-
onal", unerkannt und undurchschaut. Alles Seiende ist vielmehr als
Seiendes durchschaut und also grundsätzlich auch durchschaubar,
wenngleich für den menschlichen Intellekt in nie vollendeter Weise.
Die Wesenheiten der Dinge, „essentiae rerum", können vom menschlichen Intellekt nicht erkannt werden. Nikolaus von Kues ist skeptisch,
aber keineswegs skeptizistisch. Die „ratio rei", der Begriff, ist intellektuelle Annäherung, „assimilatio", und Ähnlichkeit, „similitudo".[60]
Sie ist aber nicht die Erfassung des Wesens der Dinge. Das Wesen der
Dinge findet sich allein in Gott, der Ursache von allem. Doch da die
„mens" Abbild des göttlichen Geistes ist, vermag sie im intellektuellen Akt die Wahrheit der Dinge begrifflich so zu erfassen, dass sie
stets wahrnimmt, dass sie diese noch besser zu erfassen vermag. In seiner Reflexion über die Bedeutung des Wortes, „De vi vocabuli",[61] unterstreicht Nikolaus von Kues genau diesen Gedanken. Die Relation
und Adaequation von Wort und Sache ist noch nicht optimal. Auch
die Vokabeln, die aus der Vernunft hervorgehen, erreichen nicht
die Wesenheiten der Dinge. Intellekttheorie wie Vokabeltheorie entsprechen einander. Sie verweisen auf die Unzulänglichkeit mensch-

58 Augustinus: De trinitate 6,10: "Verbum perfectum [...] et ars quaedam omnipotentis
    atque sapientis dei, plena omnium rationum viventium incommutabilium." Bona-
    ventura: Commentarius in IV libros sententiarum Petri Lombardi 1. d. 31. 2,1; ders.:
    Collationes in Hexaemeron 1,13. Dazu auch Leinkauf, Thomas: Nicolaus Cusanus
    und Bonaventura. Zum Hintergrund von Cusanus' Gottesname 'Possest'. In: Recher-
    ches de Théologie et Philosophie médiévales 72,1 (2005) 113 – 132.
59 Ib. c. 2 n. 6, 7 – 11, p. 10: „Moveor ad quaerendum huius tam admirandi operis arti-
    ficem et intra me dico: Cum ignotum per ignotius non possit sciri, capere me opor-
    tet aliquid certissimum, ab omnibus venatoribus indubitatum et praesuppositum,
    ab omnibus vantoribus indubitatum et praesuppositum, et in luce illius ignotum
    quaerere. Vero enim vero consonat."
60 Nikolaus von Kues: De venatione sapientiae c. 29 n. 86, 3 – 19, p. 124.
61 Ib. C. 33 n. 97 – 100.

lichen Denkens und Redens und damit auf jene Wahrheit, die sich im Anselm'schen Gottesverständnis andeutet: Gott ist jene über alles Begreifen größere Wirklichkeit.[62]

Doch bei aller Skepsis. Der Vernunftsoptimismus des Kusaners bricht sich immer wieder Bahn, auch in „De venatione sapientiae": Nichts ist dunkel, sondern alles, was ist, ist, weil es ist, hell. Mehr noch: Es verweist mit seiner Helligkeit und Klarheit, kurz: mit seiner Wahrheit auf das überhelle Licht, von dem es selbst gelichtet ist. Es weist über sich selbst hinaus: auf jenes Licht, in dem alles, was ist und sofern es ist, geschaut ist: auf Gott, dessen Licht sein Sehen ist, „visio Dei".[63]

4. ZU DEN JAGDREVIEREN

Nikolaus von Kues sucht dieses hier zur Sprache gebrachte Beziehungsgeflecht von „Grundgewissheit", Lichtem und Wahrem bei seiner Jagd nach Weisheit exemplarisch in den Blick zu nehmen. Dabei zeigt er, wie zerklüftet das Jagdrevier ist, und schlägt vor, es zunächst einmal aufzuteilen. Dabei orientiert er sich *erstens* an dem Ewigen, *zweitens* an dem Dauerhaften, das eine Spiegelung des Ewigen sei, und *drittens* an dem Zeitlichen. In diesen drei Regionen gebe es, so Cusanus, wiederum zehn verschiedene Felder (campi), so dass, wie Flasch rechnet, insgesamt dreißig verschiedene Gebiete zu sichten und zu durchjagen seien.[64]

Doch stimmt die Rechnung? Nur auf den ersten Blick: Nikolaus von Kues zieht Resümee, fasst zusammen und versucht, das von ihm zuvor erjagte noch einmal punktgenau zu präsentieren. Einige von den „campi" erinnern bereits auf den ersten Blick an frühere Schriften des Nikolaus von Kues: an „De docta ignorantia" aus dem Jahr 1440,[65] an

---

[62] Elpert, Jan B.: Loqui est revelare – verbum ostensio mentis. Die sprachphilosophischen Jagdzüge des Nikolaus Cusanus. Frankfurt. a. M. 2003; erhellend Mojsisch, Burkhard: Philosophie der Sprache bei Nikolaus von Kues. Explikation und Kritik. In: Die Grenzen der Sprache. Sprachimmanenz – Sprachtranszendenz. Hrsg. von Christoph Asmuth, Friedrich Glauner und Burkhard Mojsisch. Amsterdam 1998, 71 – 83.

[63] Nikolaus von Kues: De visione Dei. Ediert von Adelaida D. Riemann. Hamburg 2000 (= Opera omnia, iussa et auctoritate academiae litterarum Heidelbergensis ad codicum fidem edita. VI); dazu Gerwing, Manfred: „Multas autem figuras facit". Zum Menschenverständnis des Nikolaus von Kues. In: Sein und Sollen des Menschen. Zum göttlich-freien Konzept vom Menschen. Hrsg. von Christoph Böttigheimer, Norbert Fischer und Manfred Gerwing. Münster 2008, 313 – 334.

[64] Flasch 2001, 602.

[65] Nikolaus von Kues: De docta ignorantia. Die belehrte Unwissenheit. Übers. und hrsg. von Paul Wilpert und Hans Gerhard Senger. Hamburg 2002 (= Nikolaus von Kues. Philosophisch-theologische Werke. Lat.-deutsch Bd. 2).

das zwanzig Jahre später entstandene Werk „De possest"[66] und an das nur wenig später verfasste Buch über das Nichtandere, „De non aliud".[67] Andere Felder zeigen erst bei näherer Betrachtung ihre Nähe zu früheren Werken. So erinnert etwa das Feld vom Licht an die 1445 entstandene kleine Schrift „De quaerendo deum"[68], die, wie wir wissen, eng mit der Predigt „Dies sanctificatus" vom 6. Januar 1445 zusammenhängt.[69]

Doch typisch für Cusanus: Er will nicht nur sein geistiges Testament hinterlassen. Er will sich auch noch einmal neu auf die Jagd begeben. Er gibt sich nicht zufrieden mit dem Erreichten, dem relativ Großen, sondern strebt nach mehr und noch Größerem; und zwar dadurch, dass er immer wieder in neuen Anläufen nach der Ursache des Großen und Größeren fragt: nach dem, was das ist, weswegen das, was ist, das ist, was es sein kann.

In der Regel wendet Cusanus jedem Jagdfeld die Aufmerksamkeit eines Kapitels zu, in dem er seine Beute zu stellen versucht. Doch mitunter verliert der Jäger die Übersicht und erfährt gerade so das Schlingern im Kugelspiel. Es gibt „Forstsetzungen": so bei dem vierten Feld, dem Feld des Lichts (cap. 15 – 17); so auch bei dem des Lobes (cap. 18 – 20), bei dem der Einheit (cap. 21 – 22), dem der Verbindung (cap. 24 – 26), dem der Grenze (cap. 27 – 29) und schließlich auch bei dem der Ordnung (cap. 30 – 32).

Gerade das Ordnen aber ist Cusanus lieb und teuer. Auch der „ordo" richtet sich nach der trimorphen „höchsten Weisheit" (summa sapientia), nach der „im Himmel, auf der Erde und in allen Dingen."[70] Die sich hier zeigenden „ordines" gelte es sorgfältig zu beachten. Doch bevor sie sich zeigen, gilt es, sie zu „jagen" und zu „stellen". So bleibt Nikolaus von Kues auf der „Jagd", auch nachdem er die verschiedenen Felder durchforstet hat. Er sucht Weisheit, fragt immer wieder nach den Voraussetzungen des Altbekannten, des Neugefundenen und gerade erst Entdeckten. Doch der Zug ins Eine bleibt dominant,

---

66 Ders.: Trialogus de possest. Dreiergespräch über das Können–Ist. Übers. und hrsg. von Renate Steiger. Hamburg 2002, [3] 2 – 135 (= Nikolaus von Kues. Philosophisch – theologische Werke. Lat.-deutsch, Bd. 3).

67 Ders.: Directio speculantis seu de non aliud. Ediert von Ludwig Baur und Paul Wilpert. Hamburg 1944 (= Opera omnia, iussa et auctoritate academiae litterarum Heidelbergensis ad codicum fidem edita. XIII).

68 Allesamt um 1445 entstanden die Opuscula „De deo abscondito", "De quaerendo Deum", „De filiatione Dei", „De dato patris luminum", „De genesi", „De coniectura de ultimis diebus", „De transmutationibus geometricis" und „De arithmeticis complementis". Leinkauf 2006, 20.

69 Nikolaus von Kues: „Dies Sanctificatus", sermo 48: Mainz Epiphanie 1445. In: Ders., Opera omnia. XVII, 2, 200 – 212.

70 Nikolaus von Kues: De venatione sapientiae c. 32 n. 95, 3 – 4, p. 138.

die Suche nach der Einheit wirkt systemstabilisierend und – nicht zu
verschweigen – auch hierarchiebildend:

De tribus regionibus et decem campis sapientiae

AETERNALITER	IN PERPETUA	IN TEMPORALI FLUXU
Docta ignorantia	Docta ignorantia	Docta ignorantia
Possest	Possest	Possest
Non aliud	Non aliud	Non aliud
Lux	Lux	Lux
Laus	Laus	Laus
Unitas	Unitas	Unitas
Aequalitas	Aequalitas	Aequalitas
Nexus	Nexus	Nexus
Terminus	Terminus	Terminus
Ordo	Ordo	Ordo

An der Spitze steht das Alles-Machenkönnen. Es ist ewig und spiegelt sich im Werden-Können, das nicht zeitlich, sondern von Dauer
und bleibend ist, „aevum et perpetuum": geformt, gestaltet und also
terminiert vom Alles-Machenkönnen. Das Gemacht-Wordensein hingegen ist zeitlich und in sich noch einmal hierarchisch gegliedert.
Was dem Werden-Können am nächsten ist, steht dabei an der Spitze
und ist bleibend (perpetua), was von ihm aber am weitesten entfernt
ist, rangiert am untersten Wirklichkeitslevel, ist zeitlich und vergäng-
lich. Diejenigen Wirklichkeiten aber stehen dem Werden-Können
am nächsten, die tatsächlich das verwirklichen, was sie von ihrer
Wesensnatur aus sein könnten, während diejenigen Wirklichkeiten,
die nur wenige ihrer natürlichen Möglichkeiten wahrgenommen, ge-
schweige denn ausgeschöpft haben, dem Werden-Können sehr weit
entfernt sind.[71]
Auffallend ist die trimorphe Wirklichkeitssicht des Kusaners:
das Ewige, das Zeitüberlegene und das Zeitliche. Sie geht zurück
auf die antike Kosmologie, die Nikolaus von Kues, angeregt durch
die Lektüre des Diogenes Laertius, mit ihren Abstufungen und
Schattierungen übernimmt: Es gibt die erste Ursache. Sie ist ewig.

---

[71] Ebenda c. 3. n. 8, 4 – 8, p. 12 ff.: „Quae autem facta sunt id quod fieri possunt, haec
caelestia et intelligibilia nominantur. Quae autem sunt, sed non id quod fieri possunt, numquam fixa sunt et deficiunt. Imitantur igitur perpetua et non attingent um-
quam illa. Temporalia igitur sunt et terrena sensibiliaque vocantur."

Davon aber ist der Kosmos zu differenzieren mit seinen Sternen und
Intellekten. Sie sind weder ewig noch bloß zeitlich-vergänglich. Sie
liegen „dazwischen", sind von Dauer und beständig. Nikolaus sucht
die Wirklichkeit zu differenzieren, aber keineswegs zu enthierarchi-
sieren oder gar zu egalisieren. Flasch, dessen Cusanus-Interpretation,
wie angedeutet, insgesamt zum differenzierten Widerspruch reizt,[72]
beobachtet hier durchaus Richtiges: „Das Pathos der Unendlichkeit,
das nur die Unterscheidung einer begrenzenden und einer begrenz-
ten Unendlichkeit kannte (De principio), tritt zurück gegenüber
einem antikisierenden Ordnungsdenken, das neben dem Vorrang
der Unendlichkeit seit *De docta ignorantia* vorhanden war. In diesem
Dreierschema des Universums lag keine theoretische Neuerung, und
doch kommt es 1462/63 zu einer neuen Akzentuierung. Sie hängt zusammen mit dem vertieften kosmologischen Interesse, das sich in *De
ludo globi* kenntlich macht. Es hat zu einem verlorenen Buch *De figura
mundi* geführt, von dem Cusanus berichtet, er habe es 1461 in Orvieto
geschrieben, und das ich, Raymond Klibansky folgend, mit *De ludo globi* nicht identifiziere."[73]
   Doch Flasch hat genau aus diesem Ordnungsdenken des Nikolaus
von Kues heraus Unrecht, wenn er von dreißig Jagdfeldern spricht,
die er in „De venatione sapientiae" auszumachen glaubt. Es sind nur
zehn „campi", wenngleich diese sich oft ins Unübersichtliche verlieren. Wir dürfen bei Cusanus nicht einfach additiv vorgehen, sondern
müssen lernen, inklusiv zu denken; gerade weil es um die Jagd nach
„Weisheit" geht. Die zehn Felder sind dabei dreifach strukturiert;
und zwar nicht in einem horizontal ausgerichteten Neben- oder gar
Nacheinander, sondern in einem vertikal orientierten Fragen nach
dem jeweils Vorausgesetzten. Die Weisheit, um die es ja geht, ist erst
dann gefunden, wenn sie sich in dem stellt, was sich zeigt. Sie zeigt
sich aber in dem, was vor Augen liegt; denn das, was vor Augen liegt,
ist sinnlich und zeitlich, verweist aber für den ordnenden Intellekt
– sapientis est ordinare[74] – auf das Überzeitliche, Dauernde und
Ewige hin, nämlich auf jene erste, ausgezeichnete Ursache, von dem
her alles andere das ist, was es ist, auf Gott, der die Weisheit selbst
ist. Gerade darauf kommt es ja bei der Jagd nach Weisheit an: alles,
was ist, in seinem Zusammenhang als geordnetes Ganzes zu erkennen, weil dieser Gesamtzusammenhang zwar nicht selbst die Weisheit
ist, aber auf die Weisheit selbst verweist und ohne die Weisheit nicht

---

[72] Gerwing, Manfred: Rezension in: Theologie und Glaube 90 (2000) 364 – 366.
[73] Flasch 2001, 607.
[74] Aristoteles Latinus: Metaphysica I, 1; vgl. dazu Krings, Hermann: Sapientis est ordinare.
      In: Philosophie und Weisheit. Hrsg. von Willi Oelmüller. Paderborn 1988, 161 – 166.

sein könnte. Gerade angesichts des Todes, dann, wenn der denkende Mensch sich im Blick auf das, was ist, selbst stellt, erkennt er, dass er bei allem Jagen– nach einem Gut strebt, dass er, der jagende Mensch, aus sich selbst nicht besitzt, wonach er aber Ausschau hält: suchend, fragend, verlangend. Dabei gilt es nicht so sehr in Abwendung von den Dingen dieser Welt, sondern im Durchblick auf das, was sich in unserer Lebenswelt und -wirklichkeit zeigt und ereignet, also durch das Sinnliche hindurch, das, wahrzunehmen, was „in" ist und was sich zugleich, indem es in diesen Dingen ist, als das erweist, wodurch diese Dinge sind. Es gilt den Schein der Sinne und der Affekte zu durchstoßen, um so vom Sinnlichen und Veränderbaren zum Intellegiblen und Dauernden, ja zum Ewigen zu gelangen. Cusanus spricht von der Mannigfaltigkeit der Seinsweisen, „varietas modorum essendi", die gerade dank ihrer Varietät dem nach Weisheit Jagenden zu ermöglichen, den Blick auf diese Welt nicht zu überspringen und seinzulassen, sondern gerade so *sein* zu lassen, dass sich dabei Fenster und Türen öffnen, die Macht und Möglichkeit Gottes zu vernehmen.[75]

5. SUMMA

Damit komme ich zum Schluss auf die Ausgangsfrage zurück: Wie versteht Nikolaus von Kues in seiner Spätschrift „De venatione sapientiae" den Satz von der Wahrheit: „Verum enim vero consonat"? Um diese Frage beantworten zu können, muss Folgendes festgehalten werden:

Erstens: Nikolaus von Kues versteht den Satz von der Wahrheit streng vom Gottesverständnis des Anselm von Canterbury her. Nikolaus erkennt: Anselm will nicht, wie bis heute fälschlicherweise behauptet wird, die Existenz Gottes aus dem Gottesbegriff ableiten, sondern unterstreicht vielmehr die Tatsache, dass Anselm einen Gottesbegriff entschieden ablehnt. Mit Recht behaupte er, so Nikolaus, Gott sei das über alles Begreifen Größere: „[...] beato Anselmo veraciter asserente deum esse maius quam concipi possit."[76]

Zweitens: Aus der Tatsache aber, dass es keinen Gottesbegriff gibt, dass Gott also „unbegreiflich" ist, eine Lehre, die in der Tradition übrigens vornehmlich von den so genannten „Kappadozischen Vätern" Basileios dem Großen (um 330 – 379), Gregorios von Nazianz (um 330 – 390) und Gregorios von Nyssa (um 335 – 394) in der

75   Nikolaus von Kues: De venatione sapientiae . 16 n. 48, 4 – 5, p. 68: „Varietas igitur modorum essendi ipsius aliud alia et alia sortitur nomina."
76   Ib. c. 26 n. 77, 5 – 6, p. 112.

Auseinandersetzung mit arianischen Positionen entfaltet wurde,[77] zieht Nikolaus von Kues nicht etwa die Konsequenz, dass Gott auch unerkennbar sei. Vielmehr eröffnet ihm die Unbegreiflichkeit Gottes allererst den Denk-Raum, variationsreich und wortgewandt, in immer wieder neuen Anläufen, nach Gott – und damit nach Weisheit – dort zu suchen, wo jene Wirklichkeit anzutreffen ist, die von Gott verschieden ist: in der Schöpfung und im Blick auf die Schöpfungswirklichkeit.

Drittens: Die Suche nach Weisheit beginnt bei dem, was alle „Jäger der Weisheit", wie Nikolaus betont, „außer Zweifel lassen und voraussetzen". Das aber, was alle Jäger voraussetzen und keineswegs bezweifeln, ist das, was schlicht vor Augen liegt, sich ihnen zeigt und zu erkennen gibt. Das wiederum, was erkannt wird, ist wahr, „verum". Es stellt damit jene „Grundgewissheit" dar, die zur Schöpfungswirklichkeit gehört und zugleich jenes „Licht" spendet, mit dem „nach dem Unbekannten" Ausschau gehalten werden kann.[78]

Viertens: Im Blick auf das, was vor Augen liegt, zieht es dem, der das, was vor Augen liegt, zum Künstler. Denn das, was vor Augen liegt und sich dem Jäger stellt, ist jene Wirklichkeit, die sich zunächst zeigt und als erkannte Wirklichkeit wahr ist. Das Wesen der Dinge findet sich allein in Gott, der Ursache von allem. Doch da die „mens" Abbild des göttlichen Geistes ist, vermag sie im intellektuellen Akt die Wahrheit der Dinge begrifflich so zu erfassen, dass sie stets wahrnimmt, dass sie diese noch besser erfassen könnte. Gerade dadurch aber werde sie auf Gott verwiesen: auf jene über alles Begreifen größere Wirklichkeit.

Fünftens: Die Erforschung der Wahrheit und des Wesens der Dinge kommt an kein Ende. Sie ist Streben und Jagen nach einem Gut, das der Mensch von sich aus nicht besitzt, das er aber angesichts seines wissenden Nichtwissens[79], nicht zuletzt auch seiner Sterblichkeit, um seiner selbst willen sucht. Diese Suche folgt den Weisungen des Seins; und zwar „der Reihe nach". Diese Reihe aber lenkt unseren Blick nicht in die horizontale, sondern in die vertikale Richtung. Wissenschaft wird zur Weisheit, wenn sie nicht zur bloßen Heerschau des Seienden verkommt, sondern das Denken im Blick auf das Seiende zur Binnen- und Aufschau nach dem Einen „in", „vor" und „über" allem bewegt. Dieses Eine ist, wir sahen es, für Cusanus der Grund von allem und ist

---

[77] Guter Einblick bei Drecoll, Volker Henning: Die Entwicklung der Trinitätslehre des Basilius von Cäsarea. Sein Weg vom Homöusian zum Neonizäner. Göttingen 1996 (= Forschungen zur Kirchen- und Dogmengeschichte Bd. 66).

[78] Nikolaus von Kues: De venatione sapientiae c. 15 n. 44, 8 – 10, p. 64.

[79] „Ich weiß, dass ich nichts weiß". Platon: Apologia 20 c – 23 c; Ders.: Lysis 218 a; Ders.: Gorgias 509 a.

nicht nur vor dem Seienden, sondern selbst noch vor dem Sein und dem Nichtsein. Dieses Eine zeigt sich als das Wahre in allem und ist gleichsam sein „metaphysischer Mitlaut".

Demnach dürfte der Satz des Kusaners „verum enim vero conso-nat" nicht mit „die Wahrheit ist doch in Übereinstimmung mit der Wahrheit", sondern müsste vorsichtiger und sachgemäßer mit „das Wahre klingt doch im Wahren mit" oder, noch treffender, mit „das Wahre hallt im Wahren wider" übersetzt werden. Jedenfalls kommt es Nikolaus von Kues in „De venatione sapientiae" darauf an, dass wir Gott „in allem" wahrnehmen; allerdings in dieser Welt nicht offenen und unverhüllten Blicks, sondern, wie er mit Paulus formuliert, nur „im Spiegel und Gleichnis".[80] Dieses Wahrnehmen Gottes führt im Glauben an Christus auf den Weg zur Weisheit. Der Weg zur Weisheit aber ist der Weg der Weisheit, ist, wie Cusanus betont, der Weg, den Christus, „die inkarnierte Weisheit", uns zu gehen weist und selbst ex-emplifiziert. Er ist das „Ziel alles Suchens", ist der Weg, „auf dem der Tote zur Auferstehung des Lebens kommt."[81]

---

[80] Nikolaus von Kues: De venatione sapientiae c. 39 n. 124, 5 – 7, p. 178: "quia in speculo et aenigmate in hoc mundo, ut divinus Paulus refert, ascendi oportet, ubi partim scimus et partim prophetamus."
[81] Ib. c. 32 n. 96, 10 – 12, p. 140.

Autorenverzeichnis

HEINRICH J. F. REINHARDT, em. Prof. Dr., Lehrstuhl für Kirchen-recht an der Katholisch-Theologischen Fakultät der Ruhr-Universität Bochum

BERND MATECKI, Dr. theol., lic. iur. can., Wiss. Mitarbeiter am Lehr-stuhl für Kirchenrecht an der Katholisch-Theologischen Fakultät der Ruhr-Universität Bochum

ROLF PEPPERMÜLLER, Dr. phil., Dr. theol., Evangelisch-theologi-sche Fakultät der Rheinischen Friedrich-Wilhelms-Universität Bonn

WENDELIN KNOCH, em. Prof. Dr., Lehrstuhl für Dogmatik und Dogmengeschichte an der Katholisch-Theologischen Fakultät der Ruhr-Universität Bochum

HORST SCHNEIDER, PD Dr., Wiss. Mitarbeiter am Projekt Fontes Christiani, Lehrstuhl für Alte Kirchengeschichte, Patrologie und Christliche Archäologie an der Katholisch-Theologischen Fakultät der Ruhr-Universität Bochum

JÜRGEN BÄRSCH, Prof. Dr., Professur für Liturgiewissenschaft an der Theologischen Fakultät der Katholischen Universität Eichstätt-Ingolstadt

THEODOR SCHNEIDER, em. Prof. Dr., Lehrstuhl für Dogmatik und ökumenische Theologie an der Katholisch-Theologischen Fakultät der Johannes Gutenberg-Universität Mainz

KLAUS HEDWIG, em. Prof. Dr., Lehrstuhl für Philosophie am Grootseminarie, Rolduc, Kerkrade (NL)

BURKHARD MOJSISCH, em. Prof. Dr., Lehrstuhl für Geschichte der Philosophie unter besonderer Berücksichtigung der Philosophie der Antike und des Mittelalters am Philosophischen Institut der Ruhr-Universität Bochum

GERD LOHAUS, Dr. theol., Zentralabteilung Glaubenslehre, Liturgie und Ökumene des Bistums Essen

ALOISIA M. LEVERMANN, Dr. theol., Referat Bildung an der Zentrale der Schönstätter Marienschwestern, Vallendar-Schönstatt

THOMAS MARSCHLER, Prof. DDr., Lehrstuhl für Dogmatik an der Katholisch-Theologischen Fakultät der Universität Augsburg

JOACHIM R. SÖDER, Prof. Dr., Professur an der Katholischen Hochschule NRW, Abt. Aachen

THEO KOBUSCH, Prof. Dr., Lehrstuhl für Philosophie des Mittelalters am Institut für Philosophie der Rheinischen Friedrich-Wilhelms-Universität Bonn

YOSHIKI NAKAYAMA, Prof. Dr., Doshisha Universität, Kyoto

TATSUYA YAMAZAKI, Prof. Dr., Universität Tokio

MANFRED GERWING, Prof. Dr., Lehrstuhl für Dogmatik und Dogmengeschichte an der Theologischen Fakultät der Katholischen Universität Eichstätt-Ingolstadt

Personenregister

Aaron, bibl. Gestalt 49, 52, 90
Abraham, bibl. Gestalt 33, 35, 83, 91
Achard von Bridlington (s. Archardus
    von St.-Victor)
Achardus von St.-Victor 30-31, 33, 42
Adam, bibl. Gestalt 49-50, 75, 238, 243
Adam (St. Andreas, Köln) 75
Adolf I. von Altena 67
Ägidius Romanus 138, 148-151, 241
Aertsen, J. A. 139, 151, 247, 295, 302
Alberigo, G. 27
Albertus Magnus 138, 152, 226, 228,
    231-237, 240-241, 244-245
Albrecht von Brandenburg 111
Alexander III., Papst 31
Alexander von Hales 233
Alkuin 83
Althaus, R. 3, 44
Amann, E. 13
Amerini, F. 261
Andreas, Heiliger 68
Andrieu, M. 97
Andronikus, bibl. Gestalt 105
Angenendt, A. 81-82, 85, 88
Anselm von Canterbury 296-298, 302,
    304, 308
Anselm von Laon 1
Anzulewicz, H. 231-234, 244
Aristoteles 109, 116, 121-123, 126-130,
    137, 141-151, 157, 227-231, 233-
    241, 243-245, 251, 258, 260, 262,
    274-275, 307
Arroyabe, E. 125
Arx, W. von 95
Asmuth, C. 254, 304
Auer, J. IX
Auf der Maur, H. 81
Aufgebauer, P. 93
Augustinus von Hippo 34, 71, 124,
    137-138, 150, 181, 213, 241, 252,
    256, 268, 302-303
Augé, M. 82

Austin, J.-L. 117, 135
Averroes, Ibn R. 141-143, 146, 148,
    150, 227, 253-255, 282
Avicenna, Ibn S. 227, 241, 247-248,
    251-252

Bacon, R. 231, 251
Badius Ascenius, J. 262
Bächtold-Stäubli, H. 97
Bärsch, J. V, 76-99, 311
Baldwin von Canterbury 29
Balić, C. 243-244
Basileios der Große 308
Basilius von Cäsarea 309
Bauer, D. R. 44-45
Baumgartner, J. 88
Baur, L. 305
Beckmann, J. P. 117, 120, 244
Beda Venerabilis 38, 40
Beierwaltes, W. 295, 302
Beinert, W. 47, 104
Beitl, K. 76
Bellarmin, R. 110
Bendel-Maidl, L. 237, 239, 244
Benedikt XVI., Papst VI, IX, XI, 114,
    153-156, 159-163, 169-183, 224
Benedikt von Aniane 85
Benjamin von Tudela 60
Benz, H. 302
Berger, K. 166
Berger, R. 78
Berglar, P. 111
Bernard, R. 116
Berndt, R. 29-30
Bernhard von Clairvaux V, 43-58, 73
Berrouard, M. F. 117
Bérubé, C. 245
Bérubé, M. 245
Besch, W. 60
Bien, G. 129
Binding, G. 44
Bischoff, B. 83

Eberhard (St. Jakobus, Köln) 75
Eberhart, H. 76
Eckhardt, K. A. 93
Eco, U. 301
Egeria 82
Eggensperger, T. 132
Eissing, D. 78
Eizenhöfer, L. 85
Elders, L. 123
Elpert, J. B. 304
Elze, R. 90
Enders, M. 117, 137-138, 151-152, 262
Endres, J. 128
Endreß, G. 231, 244
Engelbert von Köln 61
Engelbert von Zülpich 59
Engelhardt, P. 202
Engels, O. 111
Ensfried (St. Andreas, Köln) V, 59, 62-75
Eriugena, J. S. 297
Ernst, S. 44
Eva, bibl. Gestalt 49-50, 238
Evans, G. R. 207
Everhard (St. Jacobus, Köln) 59, 66

Fabre, P.-A. 78
Faes de Mottoni, B. 207
Favreau-Lilie, M.-L. 93
Fernández, V. A. 125
Férotin, M. 84
Ferri, L. 136, 151
Filthaut, E. 234-237, 244
Fischer, B. 78, 150
Fischer, N. 304
Fischli, D. 152
Flammer, T. 85, 92
Flasch, K. 288, 293, 297, 302, 305, 307
Flatten, H. 2
Fleckenstein, J. 23
Fleischer, M. 125
Fontaines, G. von 262
Frank, I. 237, 244
Franz, A. 78, 85, 92-94, 97
Freisen, J. 1, 8-9, 17-18, 23
Frey, J. 104
Fried, J. 134
Friedberg, E. 2
Friedman, R. L. 206-207, 246, 249, 251-253, 255-258, 261

Friedrich (St. Andreas, Köln) 65-66, 68
Friedrich II., röm.-dt. Kaiser 226
Frings, J. 70
Frost, S. 297
Fuchs, G. 44-45
Fulbert von Chartres 1
Furno, V. de 260

Gahn, P. 78
Galen (Galenos von Pergamon) 234, 241
Gandavo, H. de 263
Garrisson, F. 88, 92
Gaudemet, J. 5, 9, 12-13, 15-16, 22, 27
Gaudemet, N. 14-15
Gaus, C. 248, 264
Gauthier, R. A. 129-130
Geffken, H. F. 8
Georg, Heiliger 60
Gereon von Köln 65
Gerhard von Cremona 228
Gerhard von Heisterbach 62
Gerhards, A. 77-78, 91, 98
Gerwing, M. VI, *VII-XII*, 282, *288-310*, 312
Geyer, B. 244
Gideon, bibl. Gestalt 49, 52
Gilbert von Poitiers 260
Giles, C. 89
Gilles, H. 93
Gilson, E. 118
Glauner, F. 304
Glorieux, P. 28-30
Godel, W. 83
Gössmann, E. 228, 237, 244
Götz, J. B. 93
Gorgias 309
Goris, W. 249
Gottfried (St. Andreas, Köln) 69
Grabmann, M. VII-VIII
Gracia, J. J. E. 206
Gratian 2, 8-10
Gregor VII., Papst 13, 15-17, 19-20, 25
Gregorius von Nazianz 308
Gregorius von Nyssa 308
Greishofer, F. 76
Gresser, G. 13, 15, 19, 24
Groen, B. 78
Groten, M. 60

Rainer Berndt SJ (Hg.)
Hugonis de Sancto Victore
De Sacramentis Christiane fidei

648 Seiten, geb. 75,– €
ISBN 978-3-402-10420-0
Corpus Victorinum. Textus historici, Vol. I

Mit dem nun vorliegenden Band wird in fünf Bänden die rekonstruierte Ausgabe der Werke Hugos von Sankt Viktor († 1141) eröffnet, welche Abt Gilduin von Sankt Viktor († 1155) nach Hugos Tod als editio princeps hat zusammenstellen lassen. Mit De sacramentis Christiane fidei kommt unstrittig Hugos Hauptwerk zum Druck, das in seinem letzten Lebensjahrzehnt entstanden ist und insofern ein intellektuell und theologisch reifes Werk darstellt. De sacramentis Hugos von Sankt Viktor kann als eine der frühen theologischen Summen verstanden werden, wie sie seit dem Beginn des 12. Jahrhunderts von zahlreichen zeitgenössischen Autoren in unterschiedlichen Formen und Ausprägungen konzipiert und ausgeführt wurden. Die hugonische Summe De sacramentis Christiane fidei jedoch erreicht im Kontext ihrer Zeit aufgrund der Fülle der in ihr rezipierten Quellen, der in ihr entwickelten neuen Standpunkte in vielen Detailfragen sowie der systematischen Kohärenz der theologischen Grundoptionen einen bis zum 13. Jahrhundert nicht mehr überbotenen Höhepunkt. Die neue Edition ist mit vier Apparaten ausgestattet: Der Textapparat weist alle Interventionen am Text aus. Der Editionenapparat belegt alle Differenzen zum bisherigen textus receptus der Patrologia latina 175, Paris 1854, 173–618. Im Zitatenapparat werden alle im Text als Zitate gekennzeichneten Verweise nachgewiesen. Der Quellenapparat benennt zum einen die Parallelstellen zwischen De sacramentis und den übrigen Werken Hugos, zum anderen will er so weit wie möglich die Quellen belegen, die der Viktoriner in seinem Werk verarbeitet hat. Der textus historicus wird begleitet von entsprechenden Registern (Bibelstellen, Autoren und ihre Werke, Personennamen, griechische und hebräische Wörter).

ASCHENDORFF VERLAG
www.aschendorff-buchverlag.de

Beiträge zur Geschichte der Philosophie und der Theologie des Mittelalters – Neue Folge

Begründet von Clemens Baeumker, fortgeführt von Martin Grabmann, Michael Schmaus, Ludwig Hödl und Wolfgang Kluxen. Im Auftrag der Görres-Gesellschaft herausgegeben von Manfred Gerwing und Theo Kobusch

61 Paul Gondreau: The Passions of Christ's Soul in the Theology of St. Thomas Aquinas. 2002, 516 Seiten, kart. 62,– €.

62 Isabelle Mandrella: Das Isaak-Opfer. Historisch-systematische Untersuchung zu Rationalität und Wandelbarkeit des Naturrechts in der mittelalterlichen Lehre vom natürlichen Gesetz. 2002, 336 Seiten, kart. 44,– €.

63 Andrew Traver: The Opuscula of William of Saint-Amour. The Minor Works of 1255–1256. 2003, 232 Seiten, kart. 36,– €.

64 Thomas Marschler: Auferstehung und Himmelfahrt Christi in der scholastischen Theologie bis zu Thomas von Aquin. 2003, 2 Bände, zus. 1040 Seiten, kart. 119,– €.

65 Gerhard Krieger: Subjekt und Metaphysik. Die Metaphysik des Johannes Buridan. 2003, 352 Seiten, kart. 47,– €.

66 Meik Schirpenbach: Wirklichkeit als Beziehung. Das strukturontologische Schema der Termini generales im Opus Tripartitum Meister Eckharts. 2004, 269 Seiten, kart. 37,– €.

67 Johannes Wolter: Apparitio Dei. Der Theophanische Charakter der Schöpfung nach Nikolaus von Kues. 2004, 320 Seiten, kart. 44,– €.

68 Rolf Peppermüller (Hg.): Anonymi auctoris saeculi XII. Expositio in epistolas Pauli (Ad Romanos – II Ad Corinthios 12). 2005, XX und 449 Seiten, kart. 60,– €.

69 Stefanie Frost: Nikolaus von Kues und Meister Eckart. Rezeption im Spiegel der Marginalien zum Opus tripartitum Meister Eckharts. 2006, XXX und 298 Seiten, kart. 45,– €.

70 Hannes Möhle: Mormalitas und modus intrinsecus. Die Entwicklung der scotischen Metaphysik by Franciscus de Mayronis. 2007, VIII und 380 Seiten, kart. 49,80 €.

71 Thomas Marschler: Die spekulative Trinitätslehre des Francisco Suárez S.J. in ihrem philosophisch-theologischen Kontext. 2007, X und 789 Seiten, kart. 96,– €.

Aschendorff

www.aschendorff-buchverlag.de

Sein und Sollen des Menschen

Zum göttlich-freien Konzept vom Menschen

Herausgegeben von Christoph Böttigheimer, Norbert Fischer, Manfred Gerwing

496 Seiten, kart. 39,80 €

ISBN 978-3-402-12760-5

Kurz vor seiner Wahl zum Papst hat Joseph Kardinal Ratzinger die Katholische Universität Eichstätt-Ingolstadt gebeten, »drängende Fragen bezüglich des Naturbegriffs bzw. des natürlichen Sittengesetzes zu vertiefen«. Die Katholische Fakultät der Universität kam dieser Bitte des Papstes gern nach und veranstaltete unter dem Thema »Sein und Sollen des Menschen« vom 23. bis 25. Januar 2008 ein internationales Symposion. Der Wissenschaftskongress fand weltweite Aufmerksamkeit. Die dort gehaltenen Vorträge werden hier veröffentlicht.

Das erste Wort hat die Philosophie. Grundlegende wie aktuelle Problemstellungen bis hin zu konkreten Fragen nach dem politischen Handeln in der Gegenwart kommen zur Sprache. Sodann werden die Ergebnisse des interreligiösen Dialogs zu diesem Thema ausgeleuchtet und schließlich unter systematischer Perspektive noch einmal fokussiert: auf Jesus Christus hin. In ihm ist Gott Mensch geworden. In ihm, dem Angesicht Gottes, suche der Mensch sich selbst: »Mensch – erkenne deine Würde«!

ASCHENDORFF VERLAG
www.aschendorff-buchverlag.de